Johann Georg Lehmann

Die Grafschaft und die Grafen von Spanheim

der beiden Linien Kreuznach und Starkenburg bis zu ihrem Erlöschen im

fünfzehnten Jahrhunderte

Johann Georg Lehmann

Die Grafschaft und die Grafen von Spanheim
der beiden Linien Kreuznach und Starkenburg bis zu ihrem Erlöschen im fünfzehnten Jahrhunderte

ISBN/EAN: 9783744613798

Hergestellt in Europa, USA, Kanada, Australien, Japan

Cover: Foto ©ninafisch / pixelio.de

Weitere Bücher finden Sie auf **www.hansebooks.com**

Die Grafschaft

und die

Grafen von Spanheim

der beiden Linien Kreuznach und Starkenburg

bis zu ihrem Erlöschen im fünfzehnten Jahrhunderte;

aus größtentheils ungedruckten geschichtlichen Quellen und Urkunden

erläutert von **J. G. Lehmann,**

prot. Pfarrer zu Nußdorf, correspondirendem Mitgliede der k. b. Akademie der Wissenschaften in München, Inhaber der großherzoglich hessischen und der königlich-schwedischen goldenen Verdienst-Medaillen für Wissenschaft und Kunst, sowie mehrerer geschichtlicher Vereine Ehren- und ordentlichem Mitgliede.

I. Theil: Die kreuznacher Linie.

Mit zwei genealogischen Tabellen.

Kreuznach 1869.
Druck und Verlag von R. Voigtländer.

Seiner Königlichen Hoheit

dem

Grossherzoge

Friederich von Baden ꝛc.

dem allerdurchlauchtigsten Nachkommen

der

Miterben an der Grafschaft Spanheim,

widmet

diese Geschichte derselben

in tiefster Verehrung und aus reiner Dankbarkeit

Der Verfasser.

Vorrede.

Dem Freunde und Kenner der Vergangenheit unseres rheinischen Landes ist es bekannt, welche hervorragende Stellung die, zwischen dem Rheine, der Mosel und Nahe gesessenen Grafen von Spanheim während des Mittelalters einnahmen, indem sie Jahrhunderte lang an den wichtigsten kirchlichen und politischen Vorgängen und Wirren, besonders des sogenannten Hunnsrückens, einen regen Antheil hatten und zugleich wurde das Ansehen derselben durch ihre nahen Verbindungen mit anderen rheinischen Familien, namentlich mit den Grafen von Veldenz, Kazenelnbogen, Nassau, den Wild- und Rauhgrafen rc. auch mit den Prälaten von Mainz, Trier und Cöln, hauptsächlich aber mit den mächtigen kurpfälzischen und badischen Fürstenhäusern, noch bedeutend erhöht. Obgleich nun die Wichtigkeit des Würkens und Waltens der spanheimer Grafen bisher allgemein anerkannt war, so fand doch die Geschichte derselben bis jezt noch keinen Bearbeiter, was einzig und allein in dem Mangel oder im Geheimhalten der dahin gehörigen Urkunden und Beweisen seinen Grund hat und nur ein pfälzischer Gelehrter, Christoph Jacob Kremer (der Verfasser der gründlichen und vorzüglichen Geschichte des pfälzer Kurfürsten Friedrichs I. oder des Siegreichen) machte in der zweiten Hälfte des vorigen Jahrhunderts (in seinen diplomatischen Beiträgen zur teutschen Geschichtskunde 1756) einen, sonst schätzenswerthen Versuch, die in den ältern Zeiten sehr dunkeln Schicksale des spanheimer Grafengeschlechtes aufzuhellen, wobei ihm jedoch nur 34 ungedruckte Documente zu Gebote standen, aus welchem Umstande sich auf das Ungenügende seiner genealogischen Untersuchungen, ein Schluß ziehen läßt.

Dem Verfasser des gegenwärtigen Werkes hat indessen ein schönerer Stern geleuchtet, indem ihm, durch die höchst preiswürdige Gnade und Liberalität Seiner Königlichen Hoheit des jetzigen Großherzogs von Baden, so wie durch die Zuvorkommenheit des Vorstandes des kaiserlichen Präfecturarchives zu Straßburg (ich kann mir's nicht versagen, den Namen dieses Gelehrten und Ehrenmannes, des Herrn Archivisten Spach, öffentlich zu nennen), die diplomatischen Schätze zu Karlsruhe und in leztgenannter Stadt geöffnet wurden, deren freie Benutzung ihn in den Stand sezte, mehrere tausende wichtige, bis lang ganz unbekannte, Urkunden über das spanheimer Geschlecht zu sammeln und mittelst derselben eine vollständige Geschichte dieses gräflichen Hauses liefern zu können, welche ich in zwei Theilen den Geschichtsfreunden und dem Publikum hiermit darbiete. Ich habe nach Pflicht und Gewissen mühsam geforscht und die Schicksale der Spanheimer wahrheitsgetreu geschildert und ich glaube also durch diese Arbeit, für deren sämmtliche urkundliche Angaben ich bürge, keinen unwesentlichen Beitrag zur Aufhellung der Zustände unseres mittelrheinischen teutschen Vaterlandes geliefert zu haben, welches Werk zugleich, weil die ansehnliche vordere und hintere Grafschaft Spanheim nach dem Erlöschen ihrer Beherrscher 1437 an das Herzogthum Zweibrücken und an das Markgrafthum Baden als Erbe fiel, mit eine Hauptgrundlage der Geschichte, sowohl des pfalzbayerischen, als auch des badischen Staates und Landes bildet.

Nußdorf, im April 1869.

Der Verfasser.

Inhalt.

Kurze Einleitung.

Der Schleier, der über dem Ursprunge sämmtlicher alten rheinischen Grafen- und Dynastengeschlechter liegt, kann nie zur Genüge, oder durch ganz sichere Beweise gelüftet werden, woran hauptsächlich der Umstand schuld ist, daß die ehemaligen Gaugrafen, aus welchen die meisten gräflichen Familien entsprossen sind, gewöhnlich in Urkunden nur mit ihren Vornamen bezeichnet werden, und sich theilweise schon gegen Ende des eilften, besonders aber erst mit dem Beginne des folgenden Jahrhunderts, bald von dieser, bald von jener ihrer Burgen und Besitzungen, welche sie sich entweder während der schweren Kämpfe des salischen Kaiserhauses mit dem römischen Primate, oder nach dem Unterliegen des ersteren, zugeeignet und sich darin niedergelassen hatten, benannten und schrieben, wozu noch kommt, daß sich manchmal in einem weitläufigen Gaue, wie z. B. im Nahegaue, mehrere Grafen zugleich befanden, so daß also deswegen dergleichen mühsame und kritische Forschungen in jenen dunkeln Jahrhunderten ohnmöglich zu einem zuverlässigen Ergebnisse führen können, daher wir auch, weil dergleichen Untersuchungen nur für eigentliche Geschichtsforscher von Werth und Bedeutung sind, unsere Leser damit nicht ermüden oder behelligen wollen. Eben diese Ungewißheit und Dunkelheit in der Urgeschichte des spanheimer Grafengeschlechtes war daher auch für manche Gelehrten aus den beiden vorigen Jahrhunderten eine erwünschte Veranlassung, durch die abentheuerlichsten Märchen und Fabeln das Dasein desselben bis sogar an die Zeiten der Römer und der sächsischen Kaiser hinaufzuschrauben, um, weil die bedeutenden spanheimer Lande im Laufe der Jahrhunderte in den Besitz des kurpfälzischen, pfalzzweibrückischen und markgräflich badischen Hauses gelangt waren, dadurch nach ihrer Ansicht und Meinung, den Glanz dieser fürstlichen Familien zu erhöhen. Wiewohl wir nun in unserer nachfolgenden geschichtlichen Darstellung blos Urkunden und sonstige zuverlässige archivalische oder chronistische Quellen zu Grunde legen werden, so müssen oder wollen wir doch dergleichen historische Träumereien oder Schwindeleien, zur Ergötzlichkeit mancher Leser, hier nur mit einigen Worten berühren und voranschicken.

Ein nassauischer Chronikenschreiber stellt die tolle Behauptung
auf: zur Zeit des römischen Kaisers Severus hätten sich im Jahre
210 zwanzig teutsche Grafen und unter diesen auch zwei von Span=
heim, Namens Ernst und Warmund, bei jenem, damals in Mainz sich
aufhaltenden Monarchen für die Grafen von Nassau, der Schlichtung
eines Streites wegen, verwendet! [1] Andere leiten den Ursprung der
Spanheimer aus Frankreich her, indem sie vorgeben: die beiden Söhne
des Grafen Wilhelm von Orleans oder von Arelat, Ludwig und Hugo,
hätten im zehnten Jahrhunderte ihr „Fortun" in Teutschland gesucht;
jener seie der Stammvater der Landgrafen in Thüringen und Hessen
geworden, dieser aber habe als Hofmeister des mainzer Erzbischofs
Erckenbald (von 1011 bis 1021), eine Gräfin von Spanheim geehe=
licht, durch dieselbe die Grafschaft erworben und dessen Sohn Wigand
hätte drei Söhne erzeugt: Hartwig, Friederich und Heinrich; ersterer
wäre Erzbischof in Salzburg geworden, welcher seinen Bruder Friederich
nachher dahin gezogen, der sich mit der Tochter des Herzogs Heinrich
von Kärnthen vermählt habe, dessen Nachkommen dem kärnthner Lande
mehrere Herzoge gegeben, auch die Markgrafschaft Histerich (Istrien)
nebst der Grafschaft Lavant inne gehabt, einige Klöster daselbst gestif=
tet, sowie die zwei Vesten Ortenburg, eine in Kärnthen, die andere aber
in Baiern, erbauet und davon später den Namen als Grafen von Or=
tenburg angenommen hätten, deren baierischer Zweig heute noch blühe,
während der kärnthner Stamm im fünfzehnten Jahrhunderte erloschen
seie; der dritte Sohn Wigands, Heinrich, seie aber erst der eigentliche
Stammvater der Grafen von Spanheim im Nahegaue geworden, wel=
cher sich auf einem Turniere zu Trier im Jahre 1019 ritterlich und
mannhaft erwiesen habe, und dessen Sohn Eberhart wir nachher als
den ersten bekannten Grafen von Spanheim kennen lernen werden.
Außer den bisher Genannten soll auch noch Waramund, Graf von
Spanheim, ein berühmter Kriegsoberster gewesen sein und als Marschall
das Heer befehligt haben, welches die drei rheinischen Erzbischöfe und
der Pfalzgraf Konrad im Jahre 933 dem Kaiser Heinrich I. gegen die
Hunnen zur Hülfe gesandt hätten. [2]

---

[1] Joh. Textor's nassauische Chronik fol. 33.
[2] Siehe über diese abentheuerlichen falsche Angaben: Fried. Lucae Graffen=
Saal Seite 591 bis 599, auch Joannis Tom. II. rerum moguntiac. fol.
365 und 400. Imhof notitia S. R. J. procerum 2c. fol. 543 2c.

Es unterliegt keinem Zweifel, daß die Spanheimer, gleich den
von Veldenz und den Wild= und Rauhgrafen, von den alten Grafen
des Nahegaues herstammten, welche sich nach dem gewälithätigen Untergange der früher so mächtigen salischen Herrscherfamilie zu Anfang des
XII. saec., die durch sie als kaiserliche Beamten oder Gaugrafen bisher verwalteten Ländereien als Eigenthum zueigneten und sich dann,
wie bereits oben bemerkt, von dieser oder jener Burg, die sie im Nahe-
sowie auch in anderen benachbarten Gauen in Besitz nahmen oder auch
neu erbauten und bewohnten, später den Namen beilegten und führten.
Die beträchtlichen Besitzungen der spanheimer Familie, welche wir am
Schlusse unseres Werkes namentlich aufführen werden, befanden sich in
den alten Gauen der Nahe, der Hunnsrüche oder des Hunnsrückens,
der Mosel und in dem Trechir= oder Trachgaue; diejenigen Güter aber,
die sie am linken Moselufer besaßen, z. B. das sogenannte Cröverreich ꝛc.
erhielten unsere Grafen, wie sich urkundlich ergeben wird, erst in
den folgenden Jahrhunderten durch die Oberhäupter des teutschen Reiches und den möglichen verwandtschaftlichen Zusammenhang jener mit
den Grafen von Vianden, werden wir später, bei Erwähnung des freilich noch etwas dunkeln Lehensauftrages der Starkenburg an das Erzstift Trier zu Anfang des XIII. Jahrhunderts, kurz erwähnen. Die
Grafschaft Spanheim lag demnach zwischen dem Rhein (jedoch nur von
der Nahemündung bei Bingen an, bis nach Heimbach in der Nähe
Bacharachs), der Mosel und der Nahe, sie hatte an den Ufern dieser
Flüsse, vorzugsweise der beiden lezteren, bedeutenden Weinwachs und
herrliche Fruchtgefilde, während der übrige Theil derselben, besonders
der Hunnsrücken, größtentheils gebürgig war und eine Fülle von Waldungen in sich schloß, daher in solchen Gebürgsstrichen die Viehzucht
die natürliche und Haupt=Nahrungsquelle der Einwohner ausmachte,
während sich aber doch auch in lezteren mit der Zeit schöne fruchtbare
Thäler, mit sehr ergiebigem Ackerfelde und sonstigen Geländen bildeten
und befanden.

Erster Abschnitt.

Aelteste Geschichte der spanheim'schen Familie bis zur Theilung und Trennung der Grafschaft in zwei Haupt-Linien im dreizehnten Jahrhunderte.

(Genealogische Tabelle Nro. 1.)

---

1. Graf Eberhart.

Aus vorstehendem kurzen Vorworte entnehmen wir, wie schwankend und ungenügend die ältesten Nachrichten von dem Ursprunge der spanheimer Grafen sind und hätten wir nicht die, durch den gelehrten Abt Johannes Trithem verfaßte, oder vielmehr aus den in seiner geistlichen Anstalt aufbewahrten uralten Aufzeichnungen und Urkunden zusammengestellte [3]), spanheimer Chronik zum sicheren Führer, so würden wir bezüglich der Geschichte jener Grafen während des eilften und noch im Beginne des folgenden Jahrhunderts im Dunkeln schweben und keinen Anfang zu finden wissen, zumal uns auch erst vom J. 1125 eine durch einen Grafen von Spanheim ausgestellte Urkunde bekannt ist, so wie überhaupt aus dem zwölften Jahrhunderte und bis zum J. 1218 nur noch zwei selbstständige Documente von denselben vorhanden sind, welcher eigenthümliche Umstand auf vielfache und bedeutende, jedenfalls störend einwürkende, Vorgänge unter den Gliedern unserer gräflichen Familie einen sicheren Schluß machen läßt.

---

[3]) Trithem sagt ausdrücklich in dem Eingange seiner Chronik des Klosters Spanheim: er überliefere der Nachwelt dasjenige, was er während fünfzehn Jahren, diuersis ex monumentis veterum, habe sammeln können. Siehe dessen Chronicon Sponheimense im zweiten Bande seiner Werke. Frankfurt 1601, Folio 236.

Im J. 1044 errichtete Graf Eberhart, zwei Stunden von der jetzigen Stadt Kreuznach entfernt (und vermuthlich bei der durch ihn ins Leben gerufenen, später Spanheim geheissenen, Burg, um in solcher Waldeinsamkeit und Abgeschiedenheit des Gottesdienstes pflegen zu können), eine Kirche auf einer Stelle, die man von Alters her den Feldberg nannte, deren Bau er in drei Jahren vollbrachte, so daß dieselbe 1047 durch den Erzbischof Bardo von Mainz zur Ehre der Jungfrau Maria eingeweihet werden konnte, welches Gotteshaus er auch, zum Heil seiner unsterblichen Seele, mit stattlichen Gütern und Gefällen in den umliegenden Dörfern Spanheim, Pedersheim, Rüdesheim, Hagenheim, Mannendal, Bockenau, Auen, Monzecha (Monzingen), Werngisbach und Eschelbrunn, reichlich begabte. Nachdem jener mainzer Erzhirte diese Stiftung bestätigt hatte, ward sie, zur Versehung und Bedienung der darin befindlichen vier Altäre, einigen Geistlichen übergeben, deren Ernennung, so wie die Verleihung der Pfründen, Graf Eberhart aber sich und für die Zukunft immer dem ältesten oder regierenden Gliede seiner Familie vorbehielt [4]. In dieser Nachricht begrüßen wir also die Uranfänge unseres gräflichen Geschlechtes, weil das vorbehaltene Patronat sammt den Vogteirechten über jene Kirche und über die aus derselben bald darauf hervorgegangene berühmte Abtei Spanheim, von jeher bei dem spanheimer Hause und namentlich bei der kreuznacher Linie desselben blieben, so wie auch die Vorstände dieser geistlichen Anstalt jederzeit die spanheimer Grafen als ihre Gründer anerkannten und verehrten, obgleich Eberhart damals noch nicht den bestimmten Zunamen v. Spanheim führte, wie wir sogleich hören werden, sondern sich gewönlich nur von derjenigen seiner Burgen schrieb und benannte, die er eben bewohnte. Aus einer Urkunde des Enkels jenes Eberharts vom J. 1130 werden wir ersehen, daß letzterer aus frommem Gemüthe und gemeinschaftlich mit seiner Mutter Hadewig, auch das Kloster Schwabenheim an der Appel (Pfaffenschwabenheim geheißen und zwei Stunden von Kreuznach entlegen) gestiftet habe; wann dies aber geschehen seie, ist eben so ungewiß, als es ohnmöglich ist den Namen und die Familie des Vaters unsers Eberhart's zu ergründen, was einige Schriftsteller, jedoch ohne genügenden Erfolg, früher versucht haben [5].

---

[4] Trith. Chron. sponh. Daselbst fol. 237.

[5] Kremer's diplomatische Beiträge zur teutschen Geschichtskunde S. 9 und folgde.

Dieser Eberhart wird durch zwei Urkunden aus dem J. 1065 von Wichtigkeit für uns, indem der damals noch minorenne und unter der Vormundschaft seiner Mutter, der Kaiserin Agnes, stehende König Heinrich (IV.), auf Anstehen der letzteren und des Erzbischofs Adelbert von Hamburg, so wie seiner Getreuen, jenem die beiden im Nordgaue (des Grafen Gerhart, in dem nachherigen Elsasse) gelegenen Dörfer Hochfelden und Schweighausen, sammt dem Heiligenforste bei Hagenau, mit allen möglichen Zubehörden, die Kirche und das Lehen des Herzogs Bertolb und Adalhalms in ersterem Orte allein ausgenommen, für ewige Zeiten zum Eigenthume schenkte, um damit nach seinem Belieben schalten und walten zu können [6], worin zwar Eberhart nur Graf genannt wird, daß aber der unsrige darunter zu verstehen seie, geht zuverläßig daraus hervor, weil die Urschrift dieses seltenen Documentes von je her in dem spanheimer Archive aufbewahrt wurde. Jene zwei Dörfer gelangten später, vermuthlich der lästigen weiten Entfernung von der Grafschaft Spanheim wegen, vielleicht durch Kauf in die Hände der mächtigen Dynasten von Lichtenberg im untern Elsasse, der weitläufige Heiligenforst aber kam in den Besitz der Reichsstadt Hagenau, von welcher er seitdem den Namen führte, und am 30. August des nämlichen Jahres übergab derselbe König dem Bischofe Einhart von Speyer, um dessen treue Dienste zu belohnen, das Dorf (villa) Kreuznach im Nahegaue und in dem Gebiete des Gaugrafen Emichs gelegen (unter welcher Schenkung jedoch, allem Vermuthen nach, nur das dasige palatium, oder die bisherige königliche Pfalz, nebst den damit verbundenen Gütern und Gefällen zu verstehen ist), nebst dem Lehen des Grafen Eberhart's von Neuenburg mit allen sonstigen Zubehörungen [7], allein obgleich auch diese Verleihung ebenfalls zu ewigem Eigenthume

---

[6] Signum Domini Heinrici quarti regis. Sigehardus Cancellarius vice Sigefridi Archicancellarii recognovi. Data XI. Kl. Juny anno Dom. incarnat. M.LXV. Indictione III. anno aut. ordinat. Domini Heinrici IIII. regis. XII. Regni uero VIIII. Actum Ganceburch in Domini nomine feliciter. Amen. (22. Mai). Original im Präfectur-Archive zu Straßburg. Fasc. I, No. 1; s. auch Kremer's bipl. Beitr. 137, No. I.

[7] Signum Domini Henrici quarti Regis. Sigehardus Cancellarius vice Sigifridi archicancellarii recognovi. Data tertia Kalend. Septembr. anno dominice incarnationis millesimo LXVo. indictione tertia. anno autem ordinat. Domini Heinrici quarti Regis XII. Regni vero nono. Actum Goslarie. In Dei nomine feliciter. Amen. Von einer durch Joannis vom Orig. genommenen eigenhändigen Copie; s. auch Kremer c. l. 139, No. II. (30. Aug.).

geschah, in dessen Genusse jener geistliche Herr durch Niemand gestört werden dürfe, so gieng doch die nachherige Stadt Kreuznach allmälig in den eigenthümlichen Besitz des spanheimer Hauses über, so daß daselbst sogar die Residenz einer der beiden Hauptlinien unserer Grafschaft errichtet werden konnte. In dieser Urkunde erhält Graf Eberhart den Zunamen von Newenburg (Neuenburg, Nunburg, später Naumburg, eine spanheimer Veste an der Nahe, indem die Grafen von Spanheim, zur Sicherung ihrer Unterthanen, so wie zum Schutze des Landes, während jener unruhigen Zeiten der Auflösung der Einheit des teutschen Reiches durch den Einfluß von Rom, nothwendiger Weise in ihrem Gebiete haltbare Orte oder Burgen erbauen mußten), wodurch zugleich unsere früher ausgesprochene Behauptung der zufälligen Benennung der alten Grafen von ihren augenblicklichen Wohnsitzen, gerechtfertigt und begründet wird, welcher wechselnde und schwankende Umstand bis gegen Ende des eilften Jahrhunderts leider so viele Schwierigkeit in die Genealogie alter Familien bringt. Das Sterbejahr Eberhart's hat uns kein Zeitbuch aufbewahrt und eben so ist uns auch der Name seiner Lebensgefährtin unbekannt, mit welcher er einen Sohn Namens Stephan erzeugte; derselbe mag noch mehrere Kinder gehabt haben und es steht auch zu vermuthen, daß die Gattin des Grafen Bertold zu Stromburg und Ravengirsburg, Hadewig oder Hedwig geheißen, wo nicht eine Tochter, aber doch eine Schwester Eberhart's war, welches kinderlose Ehepaar 1074 die Augustinerpropstei zu Ravengirsburg gegründet und derselben ihr sämmtliches Besitzthum in dem Nahe- und Trechirgaue, so wie auf dem Hunnsrücken geschenkt hat; der Erzbischof Siegfried von Mainz bestätigte diese Stiftung und nennt darin jene Hedwig ausdrücklich seine Verwandtin, daher es sehr zu bedauern ist, den Familiennamen jenes Prälaten nicht zu kennen [8]).

2. Graf Stephan von Spanheim.

Dieser Sohn Eberhart's erscheint zum erstenmale unter der Benennung Graf von Spanheim im J. 1075 als Zeuge in einer Verschreibung des Erzhirten Udo von Trier für das Sanct Simeonsstift daselbst [9]) und so hätten wir denn damit den urkundlichen Beweis

---

[8]) Günther Cod. dipl. rheno-mosellanus I, 145 No. 65; Gudeni Cod. dipl. mogunt. I, 377 No. CXLI und Kremer's dipl. Beitr. S. 10 u. 11.

[9]) Hontheim hist. trevir. diplom. I, 419 No. CCLXXI: Signum Stephani de Spainheim, woraus wir zugleich ersehen, daß der Name unserer gräf-

für das Vorhandensein der Stammburg Spanheim in der Nähe Kreuznach's, so wie für die Benennung unseres Geschlechts nach jener Veste
im eilften Jahrhunderte, dessen Reihenfolge, Thaten und Schicksale wir
nun, bis zum Aussterben desselben 1437, ohne Unterbrechung aufstellen
und auseinandersetzen können. Stephan kommt nur noch einmal, als
erster Zeuge unter den Laien, in einer Urkunde des Erzstifts Cöln
über Clotten an der Mosel 1090 und zwar ohne seinen Familiennamen
vor [10]), eine abermalige Bestätigung, wie schwankend solche Benennun-
gen damals noch waren.

Derselbe ist jedoch für uns von der höchsten Bedeutung durch
die Gründung des Klosters Spanheim, welche wichtige Begebenheit uns
der bekannte Abt Trithem, der seit 1483 längere Zeit Vorstand dieser
geistlichen Anstalt war, nach Angabe der alten Nachrichten, in seiner
spanhemer Chronik folgendermaßen schlicht und einfach erzählt: Der
erlauchte Graf Stephan war ein guter gottesfürchtiger Mann, der den
Dienern der Kirche, so wie den Dürftigen und Armen viele Wohlthaten erzeigte und deshalb auch im J. 1101, auf göttliche Eingebungen
hin, den frommen Entschluß faßte, die durch seine Vorältern, nämlich
seinen Vater Eberhart und seine Großmutter Hedwig (welche dabey
ebenfalls thätig gewesen seyn soll) errichtete Kirche auf dem Feldberge
in ein Kloster zu verwandeln und in dem gedachten Jahre fieng er
an, die Wohnungen für die Mönche, nach Maßgabe der Ordensregel
des heiligen Benedictus, zu erbauen, allein durch widerliche Beschäfti-
gungen und Vorgänge (unter denen das Schwinden der kayserlichen
Hoheit unter den damaligen lezten Saliern und die, durch das römische
Primat herbeygeführte, Zertrümmerung der Einheit und Macht des
teutschen Reiches, zuverläßig nicht die geringsten waren), so wie auch
durch Kränklichkeit verhindert, erlebte er die gänzliche Vollendung des
begonnenen Werkes nicht, daher er seinen ältesten Sohn, Erben und
Nachfolger, Megenhart oder Meinhart, an sein Sterbelager kommen
ließ, demselben die vollständige Ausführung des Klosterbaues ganz dringend empfahl und darauf am 25. Februar 1118 in dem Herrn sanft
entschlief. [11]).

1101

lichen Familie ursprünglich Spanheim und nicht Sponheim lautete; woher aber diese Benennung stamme, ist sehr schwer, oder vielmehr ohnmöglich
zu ermitteln.

[10]) Hontheim hist. trevir. diplom. I, 439 No. CCXCI: Laici: Stephanus comes.
[11]) Trithemij Chron. sponh. fol. 237.

Ueber die Familien=Verhältnisse Stephan's finden wir erwünsch=, ten Aufschluß in der Bestätigung der Besitzungen der, oberhalb des Einflusses des Glan in die Nahe gelegenen, Abtei Disibodenberg durch den Erzhirten Adelbert I. zu Mainz im J. 1128, in welcher dessen Gattin Sophia, nebst dem Sohne Megenhart und der Tochter Jutta vorkommen [12]); die spanheimer Chronik nennt uns aber noch einen Sohn, Namens Rudolf, dessen Ehefrau Richarde hieß [13]), und ein jün= gerer Sohn Hugo war Dombechant zu Cöln, er wurde 1137 zum Erzbischofe daselbst erwählt, starb jedoch bald nach seiner Consecration im folgenden Jahre [14]). Ob jener Rudolf, von welchem wir überhaupt sonst gar keine Nachrichten haben, Erben hinterlassen habe, wissen wir nicht, allein von der Tochter Jutta berichtet uns der bekannte span= heimer Chronist [15]), dieselbe hätte nebst drey andern Jungfrauen und unter diesen auch die spätere Heilige, Hildegart von Beckelnheim, in dem gleichfalls auf dem Disibodenberge befindlichen Nonnenconvente, noch bey Lebzeiten ihres Vaters Stephan, im J. 1112 den Schleier genommen, wo sie nachher zur Würde einer Aebtin erhoben worden und am 31. December 1136 in dem Geruche der Heiligkeit verstorben sey, denn sie soll viele Wunderthaten verrichtet und unter anderm Wasser in Wein verwandelt haben, so wie auch mehrmals trockenen Fußes durch die Fluthen des Glan gegangen seyn! —

3. Graf Megenhart von Spanheim.

Dieser Herr kam dem letzten Auftrage seines sterbenden Erzeugers hinsichtlich des spanheimer Klosterbaues gewissenhaft nach, denn er be= schleunigte und beförderte denselben auf alle mögliche und thunliche Weise, besondere Sorgfalt verwandte er aber auf die, größtentheils noch vorhandene, herrliche Kirche, bis nach Verlauf weniger Jahre das Ganze vollendet war, wozu ihn hauptsächlich noch die inständigen Bitten seiner frommen Gattin Mechtilde ermuntert und begeistert hatten. Auch sein Bruder Rudolf trug, nebst seiner Lebensgefährtin Richarde, sehr vieles zur schleunigen Ausführung dieses Gotteshauses bei und so brach dann am 22. April 1123 der festliche Sonntag an, an welchem der Bischof Buggo von Worms, im Namen und aus Auftrag des Prälaten Adel-

---

[12]) Joannis Spicilegium tab. et lit. veterum pag. 109.
[13]) Trith. Chron. sponh. fol. 238.
[14]) Kremer's dipl. Beitr. S. 20.
[15]) Trith. Chron. sponh. fol. 247.

berts I. zu Mainz, sämmtlichen Conventsgebäuden, vor allem aber
der prachtvollen Kirche und den in derselben befindlichen drei Altären,
die feierliche Weihe ertheilte, wobei die ganze geistliche Anstalt die Jung=
frau Maria, so wie den heiligen Bischof Martin zu Patronen erhielt;
Meinhart räumte dieselbe sogleich zwölf Benedictinermönchen aus den
Sanct Alban's= und Jacobs=Klöstern bei Mainz ein, welche sich darauf
einen aus ihrer Mitte, Namens Bernhelm, einmüthig zum ersten Abte
erwählten. Nach Verlauf eines Jahres übergab unser Graf, in Ver=
bindung mit seiner Lebensgefährtin Mechtilde, nebst seinem Bruder
Rudolf und dessen Gattin Richarde, jenem Erzhirten Adelbert, oder
vielmehr dem Erzstifte Mainz und dem heiligen Martin als Schutz=
heiligen desselben, unser Kloster mit allen Gerechtsamen zu immerwäh=
rendem Eigenthume und zugleich erneuerte er dem neuen Gotteshause
nicht nur die durch seinen Großvater Eberhart der früher erwähnten
Kirche auf dem Feldberge im J. 1044 gemachten, oben bezeichneten
Schenkungen an Gütern und Gefällen, sondern er fügte zu seinem und
der Seinigen Seelenheile, so wie zum Lebens=Unterhalte der Mönche,
denselben noch neun Mansen (oder Hofgüter je zu 30 Morgen Feldes)
in Husen und Slirscheit, nebst 40 Mansen zu Dalen, bestehend in
Aeckern, Häussern, Weinbergen, Wiesen und Wäldern, aufs neue hinzu,
welche großartige Schenkung seine Schwägerin Richarde mit einer Wiese,
nebst einem Krautgarten und zwei Aeckern noch vermehrte, während
Meinhart sich und seiner Familie nur die weltliche Vogtei= oder Schirm=
rechte über diese neugegründete Abtei vorbehielt, welche Vorgänge und
Verhältnisse wir dem Bestätigungsbriefe derselben durch den genannten
mainzer Erzbischof entnehmen [16]).

Unser Spanheimer hatte sich also damit aller Eigenthums=An=
sprüche an den durch eigene Familiengüter und sonstige Wohlthaten
sehr gut versorgten Convent urkundlich begeben und sich nur das Schutz=
recht über letzteren vorbehalten, allein da eben damals, nach der Demü=
thigung und dem schmählichen Untergange der salischen Kaiser=Dynastie,
als eine Folge der Kämpfe mit dem römischen Stuhle, die Hierarchie
allerwärts, hauptsächlich aber im zerklüfteten, getrennten teutschen Reiche,
durch häufige Errichtung von Klöstern ihre Macht vest und dauerhaft
zu begründen suchte, wobei man äußerst schlau und vorsichtig zu Werke
gieng, so mochte demohngeachtet dem mainzer Prälaten der Vorbehalt

[16]) Anno dominicae incarnationis MCXXIV Ind. IIda. etc. Data per manus
Godescalci Capellani VII Idus Junij. (7. Juni).

für den Grafen Meinhart und seine Nachkommen, bezüglich der Vogteirechte über das spanheimer Gotteshaus für alle möglichen künftigen
Fälle, noch nicht bestimmt und genau genug ausgedrückt dünken, daher
der Letztgenannte, in Gegenwart jenes Erzbischofs, des Oberhirten von
Speyer, so wie des Abtes Bernhelm, seines Conventes und vor anderen
Zeugen, nach Jahresfrist in einer besonderen Urkunde noch folgendes
darüber vestsetzen mußte: die fraglichen Vogteigerechtsamen blieben zwar
ihm, so wie nach seinem Tode seinem ältesten Sohne und so später
immer dem ältesten seines gräflichen Geschlechtes, welcher jedoch zugleich
ein Herr über Kreuznach seyn müsse, vorbehalten, allein wenn einer
seiner Nachkommen so pflichtvergessen seyn und die Besitzungen oder
Personen des Klosters, dessen eigentlicher Schirm- und Schutzherr er
seye, auf irgend eine Weise belästigen und beeinträchtigen würde, so
sollten der Abt und seine Brüder ihre Klage vor den Erzbischof in
Mainz bringen, welcher den Schirmvogten deßhalb zurechtweisen müsse,
würde aber derselbe sich nach einem dreymaligen Verweise nicht bessern,
so habe, jedoch erst wann der dadurch angerichtete Schaden und das
Unrecht ersetzt und vergütet seye, jener Erzhirte die Macht, ihn, mit
der Zustimmung des Abteyvorstandes und der Conventsherrn, seines
Vogteyamtes zu entsetzen und einen anderen anzuordnen, welchen letztere
selbst erwählen dürften, was überhaupt so oft zu geschehen hätte, als
es der Abt und die Seinigen für nothwendig erachteten, damit dieselben
fortwährend einen solchen Schirmherrn erhielten, der mächtig und zugleich geneigt wäre, sie kräftig zu schützen; auch seye es dem Vogte
nicht erlaubt, von dem Convente noch sonstige Dienste oder Abgaben
zu verlangen und zudem habe er die Verpflichtung, auf jedesmalige
Einladung des Abtes, das Gericht innerhalb des Klosterbereiches zu
besitzen oder abzuhalten, ohne aber dafür zu hohe oder sonst lästige
Gebühren verlangen zu dürfen, mit einem Worte, der Vogt müsse sich
in allen Angelegenheiten des Gotteshauses jederzeit als einen frommen,
gütigen und bescheidenen Mann erzeigen, damit er seines Namens
würdig seye und wegen seiner treu geleisteten Dienste von Gott einst
als Belohnung das ewige Leben empfangen möge [17]. — Diese Urkunde
scheint einige Merkmale der Unächtheit an sich zu haben und also entweder ohne Vorwissen unseres Grafen, oder später fabrizirt worden zu
sein, wohin besonders der Ausdruck gehört: Vogt seye nur derjenige

[17] Acta sunt haec anno Dominicae incarnationis MCXXV Indict. IIIa. —
XII Calendas Septembris. (21. Aug.).

Graf von Spanheim, der zugleich ein Herr von Kreuznach seye, eine
Benennung, die erst im XIII. Jahrhunderte und nach der Theilung des
spanheimer Stammes in zwei Linien gebräuchlich wurde, auch sind die
vorhin erwähnten Bestimmungen und Einschränkungen der Vogteirechte
überhaupt sehr unwahrscheinlich und zu herabwürdigend für unsere
Familie, welche allerdings für ihre Freigebigkeit und Wohlthaten auf
keinen Dank von Seiten der Geistlichkeit rechnen konnte. Bereits vorher, im Februar 1125, hatte Kaiser Heinrich V. bei seiner Anwesenheit
in Mainz, auf Anstehen des Grafen Meinhart, diese Abtei mit ihren
sämmtlichen Gütern u. s. w. in seinen und des Reiches Schutz und
besondere Fürsprache aufgenommen [18]) und zwei Jahre später erlangte
Abt Bernhelm auch die Bestätigung seiner geistlichen Anstalt vermöge
einer Bulle (zu deren Auswürkung er einen seiner Conventualen, Namens
Anselm, eigens nach Rom gesendet hatte) des Papstes Honorius II. [19]),
so daß also dieselbe, durch die Erfüllung aller gesetzlichen Formalitäten
von weltlicher und geistlicher Seite, in ihrem Bestande als vollkommen
gesichert angesehen werden konnte.

Meinhart der Spanheimer dehnte indessen seine Wohlthätigkeit
auch noch auf andere Klöster aus, denn der Abtei Disibodenberg, wo,
wie wir oben hörten, in dem dabei befindlichen Nonnenconvente seine
Schwester Jutta später Vorsteherin war; schenkte er, bei Gelegenheit
der Einkleidung derselben und auf deren Bitten, das Dorf Neuenkirchen,
nebst der Kirche, dem Zehnten und allen übrigen Zuständigkeiten, so
wie früher seine Mutter Sophia und nach deren Absterben er selbst
dies alles besessen hatte, welche eben genannte sehr religiöse Frau
überdem, wie uns der Bestätigungsbrief der Güter und Besitzungen
des Disibodenberges durch den mainzer Prälaten Adalbert I. vom
J. 1128 belehret, dieser Abtei bei dem früheren Erzbischofe Ruthart
von Mainz noch viele Rechte und Freiheiten ausgewürkt hatte [20]).

---

[18]) Datum VI calend. Martij anno etc. MCXXV. Ind. tertia etc. Actum
est Moguntiae. In nomine Domini Amen. (24. Februar).

[19]) Data per manus Diaconi sanctae sedis apostolicae X cal. April. Ind.
Vta. etc. MCXXVII Pontificatus nostri anno III. — Siehe über die oben
geschilderten Vorgänge, nebst den vier angeführten Urkunden: Trith. Chron.
sponh. folio 237 bis 241 u. fol. 245. (23. März).

[20]) Acta sunt hec anno dominice incarnacionis M⁰. centesimo vicesimo octo
Indiccione Sexta. Regnante dno. Lothario huius nominis tercio etc.
Cod. dipl. Disibodenberg. msc. fol. 125 u. 126; siehe auch Gudeni Cod.
dipl. mogunt. I, 73 etc. u. Joannis Spicilegium 109 u. 111.

Zwei Jahre darauf unterstellten und übergaben unser Graf und seine Gemalin Mechtilde zu ihrer beider Seelentroste, ebenso wie sie auch vorher mit der Abtei Spanheim gethan hatten, das durch den Grafen Eberhart und dessen Mutter Hedwig ursprünglich gestiftete Kloster zu Schwabenheim an der Appel, dem Erzbischofe Adelbert I. von Mainz, oder vielmehr dem heiligen Martin und dem Erzstifte, mit der dasigen Kirche, nebst sämmtlichen Zehnten und dem neunten Theile ihres Eigenthums an Leibeigenen, Dörfern, Aeckern, Weinbergen, Wiesen und Wäldern, mit Ausnahme der Lehensleute und ihrer Güter, zu erb und eigen und zwar unter der Bedingung, daß jener Prälat dasselbe mit Augustiner Chorherrn besetzen müsse, während unserem Meinhart und seinen Nachkommen, welche die nahe Burg Spanheim besitzen würden, die Schirmvogtei darüber ebenfalls vorbehalten blieb [21]). In diesem Altenstücke heißt es ausdrücklich, jene eigenthümlichen Besitzungen in Schwabenheim seien der vorgenannten Mechtilde von ihren Vorältern erblich zugefallen und dieselbe muß demnach von den Grafen des alten Wormsgaues hergestammt haben, in welchem Gaue Schwabenheim früher, nachher aber im Nahgaue gelegen war, dessen Gränzen, der Bildung der mainzer Diöcese halber, später, gegen Süden hin, auf der rechten Seite der Nahe, ansehnlich erweitert wurden [22]).

Außerdem kommt unser Graf bis zum J. 1132 mehrmals größtentheils in mainzer Urkunden, jedoch 1131 nur einmal in einem Erlasse des Kaisers Lothar I., als Zeuge vor und zwar unter der Benennung Meinhart und nur noch zweimal mit dem Namen Megen- oder Megynhart, aber dann verschwindet er plötzlich und sein Sohn Gotfried I. erscheint bereits 1136 als Graf von Spanheim, weil sein Vater vermuthlich durch Leibesgebrechen gehindert worden war, an öffentlichen Verhandlungen Theil zu nehmen, indessen taucht derselbe noch einmal auf im J. 1150, als, auf dessen dringendes Verwenden, der Abt Bernhelm von dem mainzer Erzhirten Heinrich und von der heiligen Hildegart zu Rupertsberg einen Schenkelknochen des seligen Ruperts für das Kloster Spanheim zum Geschenke erhielt! [23]). Am 28. Februar 1155

---

[21]) Adelbert's I. Confirmation ist datirt: Acta sunt hec anno dominice incarn. MCXXX ind. XIII regnante Dno. Lothario glorioso Rom. Reg. huius nominis quarto. Archiv für rhein. Gesch. v. Graf Reisach u. Linde II, 247 No. III, siehe auch Gudeni Cod. dipl. mog. I, 89 No. XXXIII und daraus Würdtwein Monast. pal. IV, 170 u. V, 126.

[22]) Kremer's Gesch. des rhein. Franziens 147 rc.

[23]) Trith. Chron. sponh. fol. 251 ad a. 1150.

schied er aus diesem Leben, mit dem Nachruhme: er seye in jeder Be=
ziehung ein herrlicher Mann und ein Vater der Armen gewesen, daher
auch dessen Sohn Crafsto, damals Abt in Spanheim, zum Andenken
seines Vaters, als Stifters der Abtei, herrliche Jahrgedächtnisse für
ihn daselbst anordnete [24]). Seine Gattin Mechtilde haben wir schon
mehrfach erwähnt, denn sie war von gleichem Eifer wie ihr Eheherr
beseelt, geistlichen Stiftungen Wohlthaten und Güter zuzuwenden; die=
selbe erfreute ihn zugleich mit mehreren Kindern, nämlich mit Gotfried I.,
seinem Nachfolger, Crafsto und Hiltrud. Letzterer Sohn hatte ein ro=
mantisches Geschick, denn er ward frühzeitig mit der schönen und klugen
Tochter des Grafen Adolf v. Homberg verlobt, welcher er auch mit
inniger Liebe zugethan war; weil diese aber Jesu ihrem himmlischen
Bräutigame bereits heimlich das Gelübde der Keuschheit abgelegt hatte,
ersuchte sie ihren irdischen Verlobten um seine Einwilligung zur Aus=
führung dieser gottseligen Zusage, die sie endlich von demselben erhielt
und darauf in dem Kloster der heiligen Irmina zu Trier den Schleier
nahm, wodurch jedoch Crafsto so ergriffen wurde, daß er sich der Jung=
frau Maria zum Bräutigam weihete und in Spanheim das Gewand
des heiligen Benedict erwählte, in welchem Stande er sich durch seine
Einsichten und Gottesfurcht sehr hervorthat und sich so beliebt machte,
daß ihn die Conventualen nach dem Hinscheiden des ersten Abtes Bern=
helm am 27. April 1151 einstimmig zu ihrem Vorgesetzten erwählten,
welches Amt er auch vier und zwanzig Jahre lang würdig und in
großem Segen verwaltete, bis ihn der Herr am 28. Mai 1175 im
acht und fünfzigsten Lebensjahre, zu sich in die Ewigkeit rief. Sein
Bruder Gotfried I. hatte ihm vorher schon die Burg Koppenstein nebst
Zubehörden zu seinem Unterhalte angewiesen und übergab endlich 1155,
beim Antritte der gräflichen Regierung, jene Veste dem Kloster Span=
heim zum Eigenthume, in deren Besitze dasselbe lange Zeit blieb, bis
sie die Grafen endlich im J. 1355 wieder an sich brachten [25]). Die
Tochter Meinharts, Hiltrud, ergab sich ebenfalls dem beschaulichen
klösterlichen Leben; sie ward unter ihrer Verwandtin, der Aebtin Jutta,
auf dem Distbodenberge eingekleidet, wo sie sich aufs innigste an die
heilige Hildegart anschloß, und mit derselben nach dem Rupertsberge
bei Bingen auswanderte, zu welchem Klosterbaue ihr Vater gleichfalls
vieles beigetragen hatte, woselbst sie auch am 17. November 1177, im

---

[24]) Trith. Chron. sponh. fol. 253 ad a. 1155.
[25]) Daselbst fol. 250, 252, 253 et 255.

Rufe großer Frömmigkeit ihren Geist aufgab [26]). Einer Nachricht zufolge soll unser Graf noch einen Sohn, Meinhart mit Namen, gehabt haben [27]), von welchem jedoch alle näheren Angaben fehlen und dessen wir später nochmals gedenken werden.

4. Gotfried I., Graf von Spanheim.

Dieser Gotfried I. kommt, wie wir bereits früher erwähnt haben, im J. 1136, also noch bei seines Vaters Leben, als Zeuge in einem Vergleiche des Erzbischofs Adelbert I. von Mainz zwischen zwei Stiftern in Trier und in Bamberg vor, welche bisher über einen Zehnten in Hönlingen streitig gewesen waren [28]) und vier Jahre später zog derselbe mit dem Nachfolger jenes Prälaten Adelbert II. und dem Abte Bernhelm zu Spanheim nach Rom, wo er, durch des ersteren Fürsprache von dem Papste Innocenz II. viele und kostbare Reliquien erhielt, namentlich einen Zahn des Apostels Paulus, etwas von dem Haupte des Märtyrers Hyppolitus, einige Haare des Apostels Petrus, ein Stückchen vom heiligen Kreuze, einiges von dem Kleide des heiligen Benedictus und vom Kreuze des Apostels Andreas, dann noch Ueberreste von der Maria Magdalena, der ägyptischen Maria und andern [29]), welche Heiligthümer er, aller Wahrscheinlichkeit nach, bei seiner Heimkunft der spanheimer Abtei zum Geschenke machte; nachher erscheint er noch mehrmals während der Jahre 1144 bis 1146 in mainzer und trierer Erlassen für geistliche Anstalten und nach seines Vaters Hinscheiden bezeugte er seit 1156 bis zum J. 1173 ebenfalls viele Urkunden jener beiden Erzstifte, so wie auch mehrere des Kaisers Friederich I. des Hohenstaufen, deren Daten wir jedoch, ohne sonst weitläufig zu werden, nicht alle namhaft machen wollen. Der spanheimer Abt Craffto erlangte, was wir hier erst nachtragen können, 1153 von seinem Vater Meinhart eine, nahe bei seinem Kloster und neben dem durch die Gräfin Richarde früher geschenkten Krautgarten gelegene, Almente als Eigenthum für seine Abtei, die er jedoch den armen Leuten in den Dörfern

---

[26]) Trith. Chron. sponh. fol. 250 et 256.

[27]) Trith. opera II, fol. 132 Chron. hirsaug. ad a. 1149, wo es heißt: Craffto Comes de Spanheim, filius Megenhardi senioris et frater junioris etc.; in der vollständigen Ausgabe der hirschauer Annalen vom J. 1690, I, fol. 419 ad a. 1149 sagt Trithem blos: Craffto filius Megenhardi.

[28]) Hontheim hist. trevir. diplom. I, 533 No. CCCLVII.

[29]) Trith. Chron. sponh. fol. 249.

Spanheim und Dalen und zwar hauptsächlich zum Besten derjenigen aus diesen Orten, welche dem gräflichen Hause und seinem Convente mit ihren Fuhren zu fröhnten verpflichtet waren, als Waide für ihr Zugvieh überließ, was zuverläßig eine äusserst wohlthätige Handlung für jene Unterthanen war [30]).

Gotfried I. ward auch in den Krieg verwickelt, welchen der Pfalzgraf Herrmann, dessen Helfer er nebst noch einigen anderen rheinischen Grafen war, im J. 1155 mit dem Erzbischofe Arnold von Mainz, während des Kaisers Friederich I. Abwesenheit in Italien, führte, während dessen Dauer den Rheinlanden großer Schaden zugefügt wurde, allein jener Monarch kehrte, auf die erste Nachricht von solchen nachtheiligen Unruhen, schnell an den Rhein zurück, stellte die gestörte Ordnung sogleich wieder her und strafte alle Theilhaber des Aufstandes nebst ihren Helfern als Landfriedensbrecher, die sich, nach dem Ausspruche des gerechten Hohenstaufen, sämmtlich und darunter auch unser Graf, der entehrenden Strafe des Hundetragens unterwerfen mußten [31]). In der Nähe der Abtei Spanheim befand sich auch ein, wahrscheinlich durch die mildthätigen Glieder unserer Familie errichtetes, Spital für Nothleidende, nebst einer Capelle, mit welcher letzteren jedoch die Rechte der Pfarrkirche in Dalen verbunden waren, als aber jenes Spital mit seinen Zugehörungen im Jahre 1156 durch einen Brand eingeäschert ward, kam der Pfarrsitz wieder nach Dalen und statt jener Capelle gründete man nun, an einem Bergabhange nahe bei dem Kloster, ein neues Gotteshaus, dem alle Rechte einer Mutterkirche übertragen wurden, allein das Hospital ward nicht mehr erbaut, theils, wie Trithem ausdrücklich sagt, wegen der Abtei (?), theils aber auch deshalb, weil Gotfried I. sich damals wenig um die Unterstützung der Armen zu kümmern, oder dafür nicht zu sorgen schien [32]). Der Nachfolger des Abtes Craffto in Spanheim seit 1175, Namens Adelger, muß ein sehr einsichtsvoller und wissenschaftlich gebildeter Mann gewesen sein, weil er so eifrig für die Büchersammlung seiner Anstalt sorgte und unter anderem im J. 1178 eine schöne Abschrift des Alten und Neuen Testamentes in drei Bänden, durch seinen, in dieser Kunst äusserst gewandten

[30]) Trith. Chron. sponh. fol. 253.
[31]) Daselbst fol. 253 u. dessen Chron. hirsaug. ed. S. Gall. 1690, I fol. 428 et 429 ad a. 1155.
[32]) Trith. Chron. sponh. fol. 254.

und geübten, Schreiber, den Mönch Gotschalk, besorgen ließ ³³), in welchem Streben wir die ersten Anfänge der später so berühmten und reichhaltigen spanheimer Klosterbibliothek zu erblicken glauben.

Unserem Grafen Gotfried I. begegnen wir noch zweimal als Zeugen im J. 1181 und zwar zuerst allein in einer Urkunde des Abtes von Sanct Alban in Mainz für Flanheim ³⁴) und dann gemeinschaftlich mit seinen, jedoch nicht einzeln genannten, Söhnen in einem Erlasse des Erzbischofs Arnold in Trier bezüglich einer Besitzung seines Erzstiftes ³⁵). Nach Verlauf von zwei Jahren hatte jener das Stift Springirsbach wegen der zu dessen Hofe in Traben an der Mosel gehörigen Güter durch allerlei Ansprüche beunruhigt, daher die Stiftsherrn den Pfalzgrafen Konrad um seinen Beistand ersuchten, der auch diese Irrung durch die vermittelnde Entscheidung beilegte: die Geistlichen sollten dem Spanheimer und dessen Söhnen 25 Mark verabreichen und damit ihre trabener Besitzungen von allen ferneren Ansprüchen derselben befreyen, welche lezte Handlung Gotfrieds I. zu Garden in seiner und seiner Söhne Gegenwart geschah, wobei ausser denselben und nach dem Grafen Gerlach von Veldenz, unter den Zeugen noch Heinrich, Simon und Ludwig von Spanheim als Herrn besonders gemeldet werden ³⁶). Diese ebengenannten drei Namen haben bisher eine große Verwirrung in die spanheimer Genealogie gebracht, denn Söhne Gotfrieds I. waren sie nicht, weil diese, nach Ausweis unserer Note, mit ihrem Vater besonders angeführt, jene aber erst unter den Zeugen namentlich genannt ³⁷) und auch nicht näher als Verwandte bezeichnet werden; spanheimische Ministerialen waren sie ebenfalls nicht, indem solche nie den Titel Herrn führten und dieselben scheinen also Söhne des Grafen Meinhart des Jüngern gewesen zu sein, unter welchem wir sie auch in der Stammtafel eingestellt haben. Daß sie nur Herrn heißen hat entweder darin seinen Grund, weil ihr Vater Meinhart sich damals noch am Leben befand, oder weil sie

---

³³) Trith. Chron. sponh. fol. 256 ad a. 1178.

³⁴) Senckenberg Meditat. de univ. jure et hist. 61 No. I.

³⁵) Honth. hist. trevir. dipl. I, 610 No. CCCCXXIII: Godefridus comes de Spanheim et filii sui.

³⁶) Acta sunt hec Cardoni anno Dominice incarnat. M. C. LXXXIII regnante Friderico imperatore etc. ipso presente predicto comite Godefrido de Spanheim et filiis suis presentibus. Acta Acad. Theod. pal. III, 120 No. XXVII u. Archiv für rhein. Gesch. v. Graf Reisach ꝛc. II, 250 No. IV.

³⁷) Dominis Henrico, Simone, Ludovico de Spanheim.

vielleicht (wie wir ja später in der kreuznacher Linie den Grafen Johann als den Stammvater der Herrn von Koppenstein im XIII. saec. finden werden) der Ehe mit einer Unebenbürtigen entsproßen waren, wiewohl Simon und Ludwig im J. 1189 als Grafen zwei Erlaße der Erz-stifter Cöln und Mainz und letzterer, zwischen 1190 und 1200, eine undatirte trierer Urkunde bekräftigten[38], Herr Heinrich aber seit dem J. 1183 gar nicht mehr vorkommt, daß eben Angeführte also über-haupt alles ist, was wir von denselben wissen und sie demnach ihr Geschlecht nicht fortgepflanzt zu haben scheinen.

Weder das Sterbejahr Gotfrieds I., noch den Namen seiner Ehe-gefährtin haben uns sichere Nachrichten aufbewahrt und letztere ward von den früheren Genealogen gewönlich mit dem Namen Adelheid, einer Gräfin von Eberstein, bezeichnet[39], wenn dies nicht eine Verwechslung mit der Gattin seines Sohnes, Gotfrieds II., ist. Durch die Entfer-nung der oben erwähnten drei Herrn Heinrich, Simons und Ludwigs von Spanheim aus der spanheimischen Stammtafel, hoffen wir nun Klarheit in die seither dunkle Parthie unserer Genealogie zu bringen, wenn wir folgende Grafen und eine Tochter als Kinder Gotfrieds I. aufstellen, annehmen und aber auch beweisen. Der älteste Sohn hieß Heinrich, auf welchen Albert und Gotfried II. folgten, von denen wir, in Verbindung mit den beiden anderen weltlichen Söhnen, Gerlach und Walram, sogleich mehreres vorbringen werden und dann fanden wir noch die einzige Tochter Jfa, welche jedoch geistlich wurde, denn sie nahm, wie wir lesen, durch wunderbare Erscheinungen dazu bewogen, in dem Kloster des heiligen Rupert bei Bingen im J. 1189 den Schleier und soll daselbst durch ausgezeichnet frommen Wandel, so wie unter den strengsten, selbstauferlegten Bußübungen, für Alle ein Muster von Keuschheit und Heiligkeit gewesen sein; was aber von ihrer Ab-stammung aus dem gräflich hohenfelser Geschlechte und von ihrem angeblichen Gemahle, dem Grafen Eberhart von Spanheim, in den unten angeführten Chroniken erzählt wird, beruht auf Verwechslungen und ist ganz irrig, denn vorerst gab es in den Rheinlanden nie Grafen

---

[38] Günther Cod. dipl. rheno-mosell. I, 464 No. 223 et 499 No. 246. Gudeni Cod. dipl. mogunt. III, 855 No. I.

[39] Manipulus rer. mem. Claustri Hemmenrodensis ed. Nic. Hees fol. 69 No. II; siehe auch Zillesii Genealogia Sponhemica oder spanheimische Genealogie Nr. 7, abgedruckt in Gr. Reisach's Archiv für rhein. Gesch. II, 161—233.

von Hohenfels, auch beginnt die Stammlinie unserer Dynasten von Hohenfels am Donnersberge erst seit dem J. 1221 und unter der vermeintlichen Schwester Ida's, der dasigen Nonne und Priorin Margaretha von Hohenfels, scheint das Wort Schwester blos auf eine geistliche Verwandtschaft hinzubeuten [40]).

5. Gotfried II., Graf von Spanheim.

Wir wollen nun sehen, was sich über jene fünf Brüder· in Urkunden und Jahrbüchern aufgezeichnet findet, wobei wir aber vor allen Dingen die Behauptung aufstellen müssen, daß unter den drei ältesten Söhnen des Grafen Gotfrieds I., Heinrich, Albert und Gotfried II. eine Theilung der spanheimer Besitzungen vorgegangen sein müsse, wie wohl darüber kein Vertrag mehr vorhanden ist und daß sich die beiden jüngeren Brüder, nämlich Walram bei Gotfried II. in Starkenburg, Gerlach aber in der Burg Spanheim oder zu Kreuznach bei Albert aufgehalten habe, welche sämmtlichen Angaben zu beweisen jetzt unsere Aufgabe ist, um dadurch die letzten chronologischen und genealogischen Schwierigkeiten in der Geschichte unseres Hauses zu beseitigen, indem mit den Söhnen Gotfrieds II. die spanheimer Geschlechtsreihe ganz klar, deutlich und auch urkundlich begründet ist.

Weil unter diesen Brüdern Gotfried II. in mehrfacher Beziehung der wichtigste und bedeutsamste für uns ist, so wollen wir vorerst angeben, was uns von den übrigen kund geworden ist und dann auf dieselben erst jenen folgen lassen. Zilesius berichtet [41]) uns nämlich: der Sohn Friedrichs I. des Rothbarts, Kayser Heinrich VI. habe den Grafen Heinrich von Spanheim, laut Briefs vom 17. July 1191, seinen Blutsverwandten genannt und ihn in Italien bey sich behalten; im August des folgenden Jahres befand er sich bei jenem Monarchen in Worms, wo er einen Erlaß desselben beurkundete [42]), ebenso erscheint er 1197 in einem sehr wichtigen Verzichte des Pfalzgrafen Heinrichs I. zu Gunsten des Erzstiftes Trier als Zeuge [43]) und in dem nämlichen Jahre treffen wir denselben, wie wir nachher hören werden, nebst seinen

---

[40]) Trith. Chron. sponh. fol. 258 ad a. 1189 und dessen Chron. hirsaug. I, 480 et 481 ad a. 1190.

[41]) Spanhelmische Genealogie Nr. 11.

[42]) Gudeni Cod. dipl. mog. I, 313 No. CXIV.

[43]) Honth. hist. trevir. dipl. I, 630 No. 439. Töpfer's hunoltsteiner Urkundenbuch Theil I, 2 No. II.

beiden Brüdern Albert und Gotfried, bei jenem Pfalzgrafen in der Burg Staleck am Rhein; allein die wichtigste Nachricht von ihm ist diejenige, daß er dem Prälaten Johannes, der dem Erzstifte Trier von 1190—1212 vorstand, die Veste Starkenburg an der Mosel, sowie auch folgende in oder bei der Grafschaft Vianden gelegenen Besitzungen, über die er demnach rechtlich zu verfügen hatte, nämlich die Herrschaft Clairvaux, die Hälfte der Burg Ouren und die Herrschaft Hamm, nebst zehn Morgen Aeckern auftrug und dieselben wieder von Trier zu Lehen empfing [44]), welche Güter er nur durch eine Vermählung mit der Erbtochter einer gräflichen Familie erhalten haben konnte. Auf der geschichtlichen Verbindung der beiden Grafenhäuser Spanheim und Vianden im XI. und XII. Jahrhundert ruht bis lang noch ein undurchdringliches Dunkel, das nur später sich ergebende Urkunden oder zuverlässige Nachrichten zu lichten vermögen, aber die Thatsache steht vest, daß in grauer Vorzeit eine sehr genaue Verbindung oder Verwandtschaft zwischen beiden stattgefunden habe, denn im XI. Jahrhundert stiftete ein Graf (Gerhart?) von Spanheim mit seiner Gattin Adelheid in dem Gebiete der vorhin genannten Herrschaft Clairvaux, also in der lütticher Diözese, das Nonnenkloster Hosingen, worin deren Tochter Sara die erste Vorsteherin oder Aebtin wurde [45]) und zugleich deutet auch für die Erhärtung des Gesagten noch besonders der wichtige Umstand hin, daß sich die Grafen von Spanheim von der starkenburger Linie in jener Gegend des alten Bedgaues, also außerhalb des Bereiches ihrer Grafschaft, in dem im J. 1133 gegründeten Kloster Himmenrode ihre Erbgruft erwählten und auch sämmtlich, mit alleiniger Ausnahme des Letzten dieser Linie (Johann's V. † 1437), daselbst beigesetzt worden sind. In dem Verzeichnisse der in dieser Gruft schlummernden spanheimer Grafen kommt nun, zum Beweise der früheren Gemeinschaft mit denselben, der Name Vianden mehrmals vor, da doch die Grafschaft Vianden erst gegen die Mitte des XIV. Jahrhunderts (1348) durch die Gräfin Maria, die Gattin Simon's III., an unser Haus gelangte und wir glauben daher nicht zu irren, wenn wir hier die Vermuthung oder vielmehr die Behauptung ausspr..., der in dem oben erwähnten Verzeichnisse der himmenroder Gruftdenkmäler genannte

---

[44]) Zillesius Genealog. spanh. No. 11; Kremer's dipl. Beitr. S. 63 und Damitz: Die Mosel und ihre Umgebungen II, 19.

[45]) Damitz, die Mosel II, 19.

Heinrich ruhe daselbst nebst seiner Gemahlin Lifeta. [46] Von demselben ist uns, weil er außerhalb der Grafschaft Spanheim wohnte, sonst nichts weiteres oder näheres bekannt geworden.

Von dem zweiten Bruder Albert finden wir schon einige nähere Nachrichten in den Jahrbüchern des Klosters Spanheim, in welchen aber die Namen der beiden andern Brüder, Heinrichs und Gotfrieds, weil jener außerhalb des spanheimer Gebietes und dieser in der hinteren Grafschaft zu Starkenburg seinen Erbtheil und seinen Sitz hatte, nicht mit einer Sylbe erwähnt werden, was zum Beweise dient, daß derselbe mit seinem Bruder Gerlach (der in dem Stiftungsbriefe des Grafen Ludwigs von Saarwerden über das Kloster Werschweiler 1180 unter den Zeugen vorkommt, wo er sich den Namen von seiner Wohnung Nuenburg in der vorderen Grafschaft Spanheim beilegt: Gerlacus comes de Nuenburc) [47] entweder zu Spanheim oder in Kreuznach residirte und dem letzteren zugleich die Vogtey über jene geistliche Anstalt übertragen hatte, denn als solcher legte derselbe, nebst anderen guten Freunden, 1193 einen Streit des dasigen Abtes Baldemar mit den Bewohnern des Dorfes Spanheim unterhalb seiner Stammburg, über die Walde= und Waldrechte der letzteren gütlich bei. [48] Nach Verlauf von zwei Jahren erkaufte der eben genannte Abteivorstand von dem Grafen (Albert) von Spanheim für 20 Mark Silber das Dorf Argenschwang nebst dem Gerichte und sonstigen Gerechtsamen daselbst, die derselbe seinem Dienstmanne, dem Ritter Erinfried von Spanheim, als Lehen auftrug [49]; im J. 1196 bezeugte unser Albert einen erzbischöflich mainzischen Vertrag [50] und 1197 werden wir denselben in Verbindung mit seinen Brüdern Heinrich und Golfried II. erwähnen. Am 18. Dez. 1198 ward der Ort Bockenau durch einen Bauern in Brand gesteckt und sank gänzlich in Asche dahin, daher Graf Albert, als der flüchtige Thäter eingeholt worden war, denselben zum Feuertode verurtheilte und um die nämliche Zeit ließ dessen Bruder Gerlach den Schultheißen Drutwin von Spanheim, der einen Mord begangen hatte, mit dem

---

[46] No. V Dominus Henricus cum uxore Lifeta. Manipulus rer. memorab. Claustri Hemmenrod. auct. Nicol. Hees fol. 69.

[47] Acta sunt hec anno dominice incarnationis. Millo Cent. Octoges. regnante Friderico glorioso imperatore etc. Orig. in München, siehe auch Crollij Orig. bipont. P. I. 127 etc.

[48] Trith. Chron. sponh. fol. 258 ad a. 1193.

[49] Daselbst fol. 259 ad a. 1195.

[50] Würdtwein Monast. pal. I, 108 No. VII: Albertus Comes de Spanheim.

Schwerte hinrichten [51]), welcher Gerlach jedoch später nicht mehr vorkommt, und also nicht lange hernach gestorben zu sein scheint.

Unser Albert muß bei dem Kaiser Heinrich VI. in großen Gnaden
gestanden sein, denn noch einige Tage vor seinem Hinscheiden 1197
übergab und verlieh er demselben und seinen Erben, wegen der ihm
und dem Reiche erwiesenen ausgezeichneten und treuen Dienste, sein
Hofgut Munziche (Monzingen an der Nahe), auf welches die spanheimer
Brüder schon vorher rechtliche Ansprüche gehabt hatten, als Reichslehen,
in dessen Besitze und Genusse jener durch Niemanden, hohen oder
niederen Standes, gestört werden dürfe [52]); zwei Jahre nachher, 1199,
erhoben sich indessen schwere Zerwürfnisse über kirchliche Freiheiten
zwischen dem Bischofe und den Bürgern zu Worms, in welche sich auch
Graf Emich von Leiningen und Werner von Bolanden nebst ihren
Anhängern mischten, denen unser Albert von Spanheim ebenfalls seinen
Beistand angedeihen ließ. [53]) Das hierarchische System ward während
des XI. und XII. Jahrhunderts in den deutschen Ländern vest und
dauerhaft begründet, wozu die übermäßige Zahl neugestifteter Klöster,
sowie die kleinen und großen bewaffneten sogenannten Kreuzzüge in
das heilige Land nicht wenig beitrugen, daher sich auch Graf Albert
1201 bewegen ließ, dem Grabe des Erlösers in Jerusalem zwei Jahre
lang seinen Muth zu weihen und in Begleitung vieler Gleichgesinnten
eine Fahrt dahin zu unternehmen, jedoch gebrauchte er dabei, weil sein
Bruder Gerlach nicht mehr am Leben war und er selbst entweder
keinen Sohn oder vielleicht gar keine Familie hatte, die Vorsicht, um
Land und Leute nicht einem ungewissen Schicksale preis zu geben, daß
er den als einen weisen und sehr klugen Mann bezeichneten Abt Rupert
in Spanheim, nebst noch einigen anderen Herrn, zu Verwaltern über
seine Grafschaft ernannte, welche auch bis zu seiner Zurückkunft 1203
sein Gebiet musterhaft regiert hatten, wofür er der spanheimer Abtei
nicht nur viele aus dem Oriente mitgebrachte Reliquien verehrte, son-

---

[51]) Trith. Chron. sponh. fol. 259 ad a. 1198.

[52]) Datum in Linaria anno Domini M⁰.C⁰.XC⁰.VII⁰. duodecimo die mensis
Septembris. Indicione prima. Karlsruher perg. spanheimer Copialbuch
B fol. XX, siehe auch Acta Acad. Theod. pal. V, 186 No. XI. Bemerkt
wird hier ein für allemal, daß die beiden perg. spanheimer Copialbücher
B u. F im gr. Gen.-Landesarchive zu Karlsruhe in der Folge nur mit
Sp. Copb. in R., diejenigen aber aus neuerer Zeit daselbst, mit: neues
sp. Copb. in R. bezeichnet werden.

[53]) Trith. Chron. sponh. fol. 260 ad a. 1199.

dern auch noch dem Vorstande derselben aus Dankbarkeit das Dörfchen Auwen in der Nähe Monzingens, mit seinen sämmtlichen Zubehörden, als Eigenthum zum Geschenke machte [54]) und dies ist das letzte mal, daß Albert namentlich vorkommt, daher die Vermuthung nahe liegt, er seie nicht lange darauf, vielleicht als eine Folge der während der Reise nach Palästina ausgestandenen Mühseligkeiten, den Weg alles Fleisches gegangen, worauf der ihm zugewiesene vordere Theil der Grafschaft Spanheim wieder an seinen einzigen ihn überlebenden Bruder Gotfried II. zurückfiel. Kinder sind uns keine von ihm bekannt geworden, ja es ist vielmehr wahrscheinlich, er sei nie vermählt gewesen, weil er sonst doch bei seinem Zuge in's gelobte Land, zuverläßig und vor allen seine Gattin, entweder allein oder in Gemeinschaft mit dem Abte Ru- pert und dessen Genossen, an die Spitze der Regierung seines Gebietes gestellt haben würde.

Wir haben jetzt noch den Grafen Gotfried II. sammt seinem Bruder Walram nachzuholen, welcher letztere jedoch nur einmal in einem Briefe vom Jahre 1187 auftaucht, worin er, nebst dem Pfalz- grafen Heinrich I. und andern, den Lehensauftrag der Grafschaft Virnen- burg an das Erzstift Trier bezeugte [55]) und dann auf immer in der Geschichte verschwindet; jenen Gotfried II. hingegen finden wir bis zum Tode seiner Brüder nur in der hinteren Grafschaft für das Erz- bißthum-Trier thätig, weil er seine Wohnung in der Starkenburg aufgeschlagen hatte und sich auch später davon benannte, denn in den Jahren 1190 oder 1191 entdeckten wir ihn zuerst als Bürgen in einer Trierer Verhandlung über die Vogtei Berncastel und darauf 1195 in einer isenburger Urkunde für jenes Erzstift als den ersten unter den Zeugen. [56]) Unsere drei ältesten spanheimer Brüder Heinrich, Albert und Gotfried II. sehen wir im Jahre 1197 gemeinsam handeln, als der Pfalzgraf Heinrich I., um einen Kreuzzug vollführen zu können, bei ihnen die Summe von 650 Mark Silbers aufnahm, wofür er den- selben die Grafschaft Meyenfeld an der Mosel, nebst den beiden bei Kreuznach gelegenen Dörfern Engelstatt und Heddesheim für 550, sowie auch den Ort Seckenbach für die noch übrigen 100 Mark, jedoch gegen Wiedereinlösung, verpfändete [57]), woraus wir zugleich entnehmen,

---

[54]) Trith. Chron. sponh. fol. 260 ad a. 1201 et 261 ad a. 1203.

[55]) Günther Cod. diplom. rheno-mosell. I, 453 No. 217.

[56]) Hontheim hist. trevir. diplom. I, 621 No. 434 et fol. 629 No. 438.

[57]) Facta sunt hec anno Dni. M°.C°.XCVII°. Indict. XV etc. Datum in

über welche ansehnlichen Gelder unsere Herren damals schon verfügen konnten. Dann bezeugte Gotfried II. im Jahre 1199 oder 1200 einen Vertrag des trierer Prälaten Johannes mit dem Grafen Folmar von Castel [58]), sowie er auch bei der Ausfertigung des Stiftungsbriefes für die Abtei Sayn 1202 [59]), und darauf im Jahre 1204 bei zwei erz-stiftischen Erlassen für die Klöster Romersdorf und Hummenrode [60]) gleichfalls gegenwärtig war. Nach dem Ableben seines Bruders Albert nahm er dessen vorderspanheimischen Antheil der Grafschaft in Besitz und beabsichtigte, zum besseren Schutze desselben, sogleich die Erbauung einer neuen Burg bei Kreuznach, allein der König Philipp von Schwaben trat ihm hindernd in den Weg, indem er demselben die Aufführung dieser Veste verbot, weil sie auf dem Eigenthume der speyerer Kirche errichtet werden sollte, in deren Gebiete dies nie stattfinden dürfe [61]), indessen wurde doch, nachdem das Hochstift Speyer während der Kaiser-wirren des XIII. Jahrhunderts aller seiner Rechte daselbst verlustig gegangen war, später die Burg Kauzenburg unmittelbar oberhalb der Stadt Kreuznach ins Leben gerufen, deren Ueberreste heute noch vor-handen sind.

Die Annalen des bei der Stammveste unseres Geschlechtes be-findlichen Klosters Spanheim, bieten uns unter anderen auch manche sichere Belege und Anhaltspunkte zur Sittengeschichte der früheren Zeiten dar; denn so hatten sich bei unsern frommen Brüdern, wie ge-wöhnlich bei Benedictiner-Abteien, schon 1125 mehrere Jungfrauen in einer besondern wohlverwahrten Clause oder Zelle gesammelt und an-gesiedelt, die von unserem Convente nothdürftigen Unterhalt nebst Klei-dern erhielten und im Gebete, sowie in frommen Uebungen dahinlebten (darunter auch Mechtilde, die Schwester des ersten Abtes Bernhelm), welche Ansiedelung aus dem Grunde geschah, damit solche jungfräulichen Seelen, zu denen anfänglich nur der Abtei-Vorstand allein Zugang hatte, oder wenigstens haben sollte, durch die Wachsamkeit der nahen

Stalecka VI Kalend. Junij (27. Mai). Neues sp. Copb. in K. No. II. fol. XXXIV. Unrichtig abgedruckt bei Tolner Cod. dipl. pal. 59 No. 68 u. Freher Orig. pal. I, 93.

[58]) Töpfer's hunoltsteiner Urkundenbuch Bd. I, 4 No. III.

[59]) Honth. hist. trevir. dipl. I, 642 No. 441.

[60]) Günther Cod. dipl. rh.-mos. II, 83 et 85 No. 7 et 8.

[61]) Datum apud Spiram IIII Kalend. Decembr. indictione IX. An. M°.CC°.VI°. (28. Nov.). Genaue Abschrift v. Joannis, siehe auch Kremer's dipl. Beitr. 143 No. IV.

Geiſtlichen um ſo leichter vor den Nachſtellungen des alten Feindes, d. h. des leibigen Satans, bewahrt werden möchten[62]). Eine ſolche Clauſe, nahe bei, oder gar in Verbindung mit Mannsklöſtern, konnte jedoch ohne fühlbaren ſittlichen Nachtheil für beide auf die Dauer nicht beſtehen und ſo hören wir denn ſchon in demſelben Jahrhunderte Klagen über Fallſtricke und Aergerniß, welche beide Theile, wegen der Nähe ihrer Wohnungen, durch ihren fleiſchlichen Wandel der gläubigen Welt gaben[63]). Während des Jahres 1197 ſtarben ſechs ſolcher jung= fräulichen Tugendſpiegel in einigen Monaten plötzlich dahin, wodurch die Zahl derſelben ſich ſehr vermindert hatte; 1206 befanden ſich noch ſechs derſelben in unſerer Clauſe und da der damalige Abt Rupert die große Seelengefahr reiflich erwog, welche ſeinen Mönchen durch dieſe Gott geweihten Weiber drohete, ſo ſetzte er, um dieſem Uebel vorzu= beugen, in Uebereinſtimmung mit ſeinem Convente veſt, daß aufs künf= tige keine Schweſtern mehr in jene Zellen aufgenommen werden dürften; zwei derſelben nahm der Tod in einigen Jahren hinweg, die vier übrigen aber wurden 1224 unter dem Abte Juan oder Johann auf den Rupertsberg verbracht[64]) und ſo die frühere Ordnung wieder hergeſtellt.

Graf Gotfried II. befand ſich 1208 bei dem Könige Otto IV. in Speyer, wo derſelbe den wormſer Bürgern ihre alten Privilegien und Freiheiten conſirmirte[65]) und im folgenden Jahre treffen wir ihn in einem Lehenbriefe des Pfalzgrafen Heinrich I. für den Grafen Wilhelm von Jülch[66]), mit welchem Heinrich I. er überhaupt in ſehr naher Verbindung ſtand, denn als der mainzer Prälat Siegfried, auf das Geheiß des Papſtes Innocenz III., deſſen Bann gegen den Kaiſer Otto IV., des Pfalzgrafen Bruder, 1211 im teutſchen Reiche verkün= digt hatte, fiel dieſer mit dem Herzoge von Brabant, unſerem Grafen und vielen lotharingiſchen Edeln, um Michaelistag in das Erzſtift Mainz ein und verwüſtete daſſelbe gänzlich mit Raub und Brand, die veſten Städte und Burgen allein ausgenommen[67]) und in dem nämlichen Jahre bezeugte Gotfried II. den durch den Biſchof von Speyer

---

[62]) Trith. Chron. sponh. fol. 247 et 248.
[63]) Daſelbſt fol. 248.
[64]) Daſelbſt fol. 247, 248, 261 et 267.
[65]) Moritz Abhandlung von Reichsſtädten App. Docum. 154 No. VI.
[66]) Acta Acad. pal. III, 298 No. I.
[67]) Trith. Chron. sponh. fol. 261 ad a. 1211.

bestätigten Verkauf und die Uebergabe des Zehnten, so wie der Patronat-
rechte in dem Dorfe Mettenbach (jetzt Neuhofen bei Speyer) an das
Kloster Himmenrode, worin sich bekanntlich die älteste spanheimer Erbgruft befand [68]). Bald darauf, im Februar 1212, ereignete sich in dem
Dorfe Mandal oder Mandel bei Spanheim ein großes Wunderwerk,
indem ein verstorbener Bauersmann daselbst, dessen Begräbnißstunde
schon vestgesetzt und vorbereitet war, plötzlich wieder lebendig ward,
sogleich in das dasige Pfarrhaus eilte und dort, angeblich auf höheren
göttlichen Befehl, dem Ortsgeistlichen Udo, so wie dem schnell herbei-
gerufenen Abte Rupert, dem Prior Juan aus Spanheim, nebst anderen
Vertrauten, die wichtigsten Enthüllungen über die Beschaffenheit des
zukünftigen Lebens, hauptsächlich aber fürchterliche und haarsträubende
Schilderungen von den gräßlichen Martern und Qualen der Sünder
und Verdammten in der Hölle und im Fegfeuer machte, welche abge-
schmackte Fabel zur Kennzeichnung der damaligen geistigen Cultur von
großer Wichtigkeit ist und zugleich Zeugniß giebt, durch welche Mittelchen und Märchen man damals bezüglich der Religion auf das in jeder
Beziehung wahrhaft arme Volk zu würken suchte; die Geschichte ist
indessen zu weitläufig erzählt, als daß wir uns hier näher darauf ein-
lassen könnten, denn sie umfaßt über drei enggedruckte Folioseiten [69]),
aber dennoch verdiente dieselbe, zum Besten und Frommen der jetzigen
sündigen Welt, übersetzt und gedruckt zu werden. Später wandte sich
Gotfried II. von dem Kaiser Otto IV. ab, nachdem dessen Sache verloren war und schlug sich auf des hohenstaufischen Königs Friederich II.
Seite, denn 1214 war er bei demselben zu Jülch, wo er eine Urkunde
zu Gunsten des teutschen Ordens erließ und dann nach Jahresfrist
bei Andernach am Rhein, wie wir aus einer königlichen Schenkung für
den Erzbischof Albert von Magdeburg ersehen, welche beiden Briefe
unser Graf bezeugte [70]).

Der älteste Sohn Gotfrieds II., Johannes I., trat als Jüngling
und beswegen unter der Begleitung und Ueberwachung des spanheimer
Abtes Juan, frommer Sitte gemäß, im J. 1217 eine Reise in den
Orient an, um die heiligen Orte zu besuchen, von welcher beide am
25. März des folgenden Jahres wieder zurückkehrten und, vermuthlich
um dem Allmächtigen ihren Dank für seinen gnädigen Schirm während

[68]) Remling's speyerer Urkundenbuch I, 168 No. 152.
[69]) Trith. Chron. sponh. fol. 261—265 ad a. 1212.
[70]) Boehmeri Regesta imperii ab a. 1198—1254, pag. 78 et 82 No. 92 et 127.

dieser Wallfahrt darzubringen, vor allem das Kloster Spanheim be=
suchten, für welches jener Abt viele Ueberreste von Märtyrern, so wie
auch Steine von solchen Orten, die der Heiland durch seine Anwesen=
heit geweihet hatte, mitbrachte und demselben einverleibte [71]). In dem
J. 1218 entschloß sich aber unser Graf selbst, in Gemeinschaft mit
andern, ebenfalls mit dem Kreuze bezeichneten, Fürsten, einen Zug nach
Palästina anzutreten, und um sich aber zu solchem gottseligen Vorhaben
den Schutz des Höchsten zu bereiten, schenkte er, auf die flehentlichen
Bitten des Abtes zu Werschweiler bei Zweibrücken, so wie seiner Ge=
mahlin Adelheid von Sayn, jener Abtei einen, zu seinem Hofgute in
Dalsheim bei Worms gehörigen, Bezirk Feldes, mit allem, was dazu
gerechnet wurde, sowohl zum Seelenheile seiner Familie und seiner
sämmtlichen Vorältern, als auch damit die Brüder für seine Sünden
beten und jedes Jahr sein Gedächtniß feierlich begehen möchten [72]) und
das Datum dieser Verschreibung überzeugt uns, daß Gotfried II. da=
mals in der Veste Starkenburg an der Mosel, also in der später soge=
nannten hinteren Grafschaft Spanheim, gewohnt habe; auch hatten in
demselben Jahre mehrere Geistlichen aus der Umgegend und unter
diesen hauptsächlich der oben angeführte Pfarrer Udo von Mandal
(angeblich durch die Eröffnungen jenes wieder Lebendiggewordenen über
das jenseitige Leben dazu bewogen) das Cisterzer Nonnenklösterlein
Katharinenthal bei dem erwähnten Dorfe Mandal gestiftet und begabt,
welchen Vorgang der Erzhirte Siegfried von Mainz 1219 bestätigte, in
Gegenwart vieler Zeugen und unter denselben auch Johanns I., des
ältesten Sohnes des damals im gelobten Lande abwesenden Grafen von
Spanheim, mit seinen Brüdern [73]), die wir sogleich näher kennen lernen
werden und im J. 1220, also sehr frühzeitig, finden wir in einem
bolandischen Lehensübertrag die ersten Burgmänner der Stammveste
Spanheim, welche wie gewöhnlich den Namen von derselben angenom=
men hatten, nämlich Arnold und seinen Bruder Volrich von Span=

---

[71]) Trith. Chron. sponh. fol. 266 ad a. 1217 et 1218.

[72]) Acta sunt hec apud Stargkenberg anno dominice Incarnacionis MCCXIII°.
XII Kln. Augusti, regnante Frederico rege. (21. Juli). Crollij Orig.
bipont. Vol. II Parte I, 57 No. I.

[73]) Acta sunt hec etc. 1219 Indict. VIII. Datum Maguntie XVII Kal.
Nouembris. (16. October). Würdtwein Monast. pal. V, 370, Günther
Cod. dipl. rheno-mosell. II, 541 No. 388 et Trith. Chron. sponh. fol. 266
et 267 ad a. 1218.

heim [74]). Unserm Gotfried II. begegnen wir noch einmal im J. 1221 nach seiner Zurückkunft aus dem Oriente, als er eine Irrung mit dem Werner de Rina (vom Rhein, Rheingrafen?) wegen des Patronates der Kirche zu Hackenheim hatte, wozu Jeder von beiden ein Recht zu haben glaubte, bis endlich, nachdem viele Zeugen darüber vernommen worden waren, der Dompropst Gerbodo in Mainz den streitigen Gegenstand zu Gunsten des spanheimer Grafen entschied, daher dessen Gegner auf alle Ansprüche an jenes Pfarrsatzrecht Verzicht leisten mußte [75]).

Gotfried II. schied aus diesem Leben im J. 1223 [76]) und fand, nebst seiner Gattin, seine Ruhestätte in der spanheimer Gruft zu Himmenrode [77]); letztere hieß Adelheid und war eine geborne Gräfin von Sayn, welche eheliche Verbindung äußerst vortheilhaft für unsere gräfliche Familie ausfiel, indem durch dieselbe 1246 der größte Theil der beträchtlichen Grafschaft Sayn an das spanheimer Haus gelangte, wie wir später auseinander setzen werden. In der soeben in der Note 77 angeführten Grabschrift wird dieselbe Adelheid aus dem Grunde von Eberstein genannt, weil sie nach ihres Gemahls tödtlichem Hintritte, in eine zweite Ehe mit dem Grafen Eberhart von Eberstein trat und wir werden von dieser Adelheid, welche im November 1263 in sehr hohem Alter starb, bezüglich des sayner Erbanfalles in der Folge noch mehreres vernehmen. Sie gebar ihrem ersten Eheherrn fünf Söhne: Johannes I., den Gründer der starkenburger Linie, Heinrich, Simon I., den Stifter der kreuznacher Linie, Marquard und endlich noch Walram. Heinrich der zweite Sohn ehelichte ums J. 1230 die einzige Tochter und Erbin Dieterichs von Heinsberg, nahm später mit den Besitzungen zugleich den Namen seines Schwiegervaters an, schrieb oder nannte sich seitdem jederzeit nur Herr von Heinsberg und pflanzte diesen Stamm fort, der erst mit der Neige des XV. Jahrhunderts erloschen ist [78]); auch von demselben werden wir, so lange er nämlich mit seinen Brüdern in Verbindung blieb, nachher noch mehr hören; Marquard

---

[74]) Joannis rerum moguntiac. Tomus II, 596.

[75]) Acta sunt hec anno Dni. M⁰.CC⁰.XXI⁰. mense Novembri. Würdtwein Dioec. moguntina in archidiac. distincta I, 96 et 97.

[76]) Mone's Zeitschr. für die Gesch des Oberrheins I, 244.

[77]) Domnus Godefridus cum uxore sua Adelheide de Everstein heißt es in: Manipul. rer. memorab. Claustri Hemmenrodensis, ed. Nic. Hees fol. 69 No. II.

[78]) Kremer's bipl. Beiträge S. 93, 100 u. 108.

und Walram, die beiden jüngsten Kinder, traten in den geistlichen Stand; jener war nämlich an beiden Füßen gelähmt, „dergestalt (wie „Zilleslus Nr. 14 sagt), daß er schwerlich gehen konnte, war also der „Welt wenig nutz und wurde deßwegen ein Mönch" und zwar früh= zeitig, 1214, in der Abtei Spanheim, wo er auch 1227 verschied, nach= dem er dem Convente viele Wohlthaten zugewendet hatte [79]); Walram hingegen, den Jüngsten, finden wir später in Familien=Angelegenheiten thätig und zwar 1264 als Domherrn und noch 1277 als Cantor in Cöln. Aus zweiter Ehe hatte Adelheid nur zwei Kinder, nämlich einen Sohn, Eberhart von Sayn, genannt von Eberstein, der jedoch sein Geschlecht nicht fortpflanzte und mit welchem wir ebenfalls noch einige= mal in Berührung kommen werden, und dann noch eine Tochter, Agnes mit Namen, die Stammmutter der Grafen von Zweibrücken.

---

[79]) Trith. Chron. sponh. fol. 265 et 268 ad a. 1214 et 1227.

Zweiter Abschnitt.

Geschichte der Spanheimer-Kreuznacher-Haupt-Linie bis zu
ihrem Erlöschen im Jahre 1417.

(Genealogische Tabelle Nro. 2.)

I. Simon I., Graf von Spanheim.

Nach dem Ableben Gotfrieds II. blieben dessen drei weltliche
Söhne, Johannes I., Heinrich und Simon I., noch mehrere Jahre in
dem gemeinschaftlichen Besitze der ganzen Grafschaft, was hauptsächlich
darin seinen Grund haben mochte, weil der Jüngste von ihnen, Walram, noch nicht großjährig war und wir sehen deßhalb jene in Lehens-
sachen einigemal gemeinsam handeln, denn 1227 ertheilten sie den Gebrüdern Theoderich und Wilhelm von Schwarzenberg ihre spanheimer
Erblehen, die nach dem Tode des einen an den andern Bruder oder
an dessen Erben fallen sollten [80]) und im J. 1232 befanden sich die
gräflichen Brüder Heinrich und Simon I. im Gefolge des Kaisers
Friederichs II. in Italien, wie wir aus einigen wichtigen Erlassen
desselben entnehmen [81]). Unterdessen war der frühere Streit und Haber
des spanheimer Abtes Juanus mit den Bewohnern des Dorfes Spanheim wegen Wald- und Waiderechten, so wie wegen der Benützung
der durch die Gräfin Richarde dem Kloster, zum Besten der Armen,
geschenkten Almente, aufs neue ausgebrochen, bis endlich unser Johannes I. im J. 1232 die Eintracht unter beiden Theilen auf folgende
Weise wieder herstellte: die Waldungen wurden getheilt und ausgesteint,

---

80) Acta sunt hec anno inc. dominice M.CC.XXVII. Günther Cod. dipl.
rheno-mosell. II, 177 No. 83.
81) Hontheim hist. trev. dipl. I, 712 No. 476 et Schannat hist. episcop.
wormat. II, 111 No. CXX.

damit jede Parthie, der Abt und die Gemeinde, aufs künftige ihren
Antheil ruhig besitzen, genießen und keiner den andern darin stören
oder hindern möge, die Waide sollte aber, bis auf einen Distrikt,
welcher dem Abte allein gehöre, beiden gemeinschaftlich zustehen und so
müsse die Almente, der alten wohlthätigen Stiftung gemäß, von der
Abtei, den Bewohnern der Dörfer Spanheim und Dalen, so wie überhaupt von den umherwohnenden Armen ebenfalls gemeinsam benutzt
werden, auch dürfe von diesem Waidestriche, weil dessen Grund und
Boden ein Eigenthum des Klosters seie, nichts verkauft werden [82]),
welche Entscheidung dann auf die Zukunft den Frieden begründete; am
15. Februar 1234 legte aber eine in der Nacht entstandene Feuersbrunst
den eben erwähnten Ort Dalen bei Spanheim, nebst der dasigen Pfarrkirche, gänzlich in Asche; das Dorf erhob sich nicht mehr aus dem
Schutte und dessen Einwohner siedelten sich in Spanheim bei dem
Kloster an, allein die Kirche, die lange Zeit wüste lag, so daß Ge-
sträuche, ja selbst Bäume in deren Mauern wucherten, ward erst nach
Verlauf von 62 Jahren wieder hergestellt und in eine Capelle verwandelt, wie wir seiner Zeit berühren werden [83]).

Während der Abwesenheit der zwei spanheimer Brüder in Italien
(die jedoch um diese Zeit wieder zurückgekehrt waren, indem sie sich am
18. März 1234 bei dem Sohne jenes Kaisers, dem Könige Heinrich,
in Kaiserslautern befanden [84]), war der vorbemerkte Theoderich von
Schwarzenberg Todes verblichen, daher unsere drei Herren dem Bruder
desselben, Wilhelm und seinen Nachkommen, 1234 das spanheimer Lehen
erneuerten, aber diesmal nicht in Gemeinschaft, sondern jeder allein [85]),
worin wir eine Andeutung finden, daß der jüngste Sohn damals volljährig war und seitdem auch in der Verwaltung der Grafschaft eine
entscheidende Veränderung vorgegangen sein müsse, indem die drei mehrgenannten Brüder um diese Zeit das ihnen nach des Vaters Ableben
angefallene Erbe getheilt hatten, allein das Jahr, wann dies geschehen
seie, können wir nicht bezeichnen und vermögen auch nicht bestimmt zu
berichten, was jeder derselben zu seinem Antheil erhalten habe, weil

---

[82]) Trithem. Chron. spanh. fol. 270 ad a. 1232.

[83]) Daselbst fol. 275 ad a. 1234.

[84]) Friedr. Böhmer's Kayser-Regesten v. 1198—1254, Seite 248 No. 325.

[85]) Johannes I. und Symon ohne Datum: Acta sunt hec anno domini.
M.CC.XXX. IIII. und Heinrich: Acta sunt hec anno domini. M.CC.XXX.
IIII. in festo Dyonisij (9. October). Günther Cod. dipl. rhen.-mos.
II, 178 et 179.

leiber die darüber gewiß mehrfach ausgefertigte Urkunde nicht zu unſerer Kenntniß gekommen, ſondern im Strome der Zeit untergegangen iſt, was zuverläßig auf mannigfache Unfälle und Veränderungen in der Familie und in den verſchiedenen Linien, ſo wie auch auf widrige Schickſale der jetzt ebenfalls getrennten ſpanheimiſchen Archive hindeutet; indeſſen vermögen wir doch, nach Maßgabe ſpäterer Urkunden und Familien=Verträge, noch annähernd anzugeben, was einem jeden der drei Brüder zu Theil ward.

Johannes I. bekam nämlich als der Aelteſte die Veſten Starken= burg, Grevenburg, Ellenbach, Birkenfeld und Winterburg mit ihren ſämmtlichen Ortſchaften und Zugehörungen, welchen Theil man die hintere Grafſchaft Spanheim nannte, ſo wie man deſſen Linie, von der hauptſächlichſten Veſte an der Moſel, die ſtarkenburger hieß; der zweite Sohn, Heinrich, erhielt (vermuthlich aus dem triftigen Grunde, weil er durch ſeine Vermählung die Ausſicht und Anwartſchaft auf das anſehnliche heinsberger Gebiet erhalten, oder auch vielleicht dieſes Erbe damals ſchon angetreten und den Namen davon angenommen hatte) nur die zwei Burgen Neve und Caſtelhun, nebſt der Stadt Kirchberg; dem Jüngſten aber, Simon I., fiel aus dem väterlichen Nachlaß zu: Kreuznach Burg und Stadt, nebſt den Veſten Gudenburg, Arenſwang, Nunburg, Koppenſtein und Gemunden Burg und Stadt, ebenfalls, wie die Theile ſeiner Brüder, mit allen Zubehörden an Dörfern, Höfen, Gütern, Leuten, Waldungen, Gefällen, Einkünften, Gerechtſamen u. ſ. w., wodurch Simon I. der Gründer der kreuznacher Linie ward und zugleich deſſen Gebiete der Namen die vordere Grafſchaft Span= heim beigelegt wurde. Die Stammburg Spanheim und die Veſte Dill blieben den Stiftern der beiden genannten Aeſte noch gemeinſam; jede Linie hatte auch ihre eigene Erbgruft und zwar die ſtarkenburger, wie wir bereits wiſſen, in dem Kloſter Himmenrode, wo alle Glieder derſelben ruhen, bis auf den lezten des ganzen Geſchlechtes, den 1437 verſtorbenen Grafen Johannes V., der ſich in der Stadtkirche zu Trar= bach ſein Grab bereiten ließ; ſonderbar, ja ſogar auffallend war es aber hingegen, daß die Glieder der kreuznacher Linie nicht in der, für ſie ſo bequem gelegenen, Abtei Spanheim ihre Ruheſtätte erwählten, ſondern theilweiſe in der Propſtei Schwabenheim und einige derſelben in den Stadtkirchen zu Kreuznach und in Caſtelhun beigeſetzt worden ſind, wie wir ſpäter beſonders anmerken werden. Zum Zeichen der gänzlichen Trennung wurde auch das bisherige Wappen einer Ver=

änderung unterworfen, denn der Aeltere, Johannes I., behielt das ur=
sprüngliche spanheimer Wappen, bestehend in einem sechszehnfach mit
Roth und Silber geschachteten Schilde, für die hintere Grafschaft bei,
während das vorder=spanheimische Wappen mit Blau und Gold ge=
schachtet ward. — Nach der bisher geschilderten Theilung bleibt es also
unsere Aufgabe, die Schicksale dieser beiden Linien zu erforschen und
da die kreuznacher zuerst und zwar nicht lange vor der starkenburger
ausgestorben ist, so müssen wir jene zuerst abhandeln und dann auf
dieselbe die leztere bis zum Erlöschen des ganzen Stammes folgen lassen.

Simon I. hatte nach der Theilung einige Anstände mit dem
speyerer Bischofe Konrad wegen Gerechtsamen, die dessen Hochstifte noch
in der Stadt Kreuznach zustanden, daher er 1237 vor jenem Prälaten
die öffentliche Erklärung ablegte: die dasige Münze, nebst ihren Be=
rechtigungen gehöre, vermöge Privilegiums, der Domkirche in Speyer
zu, womit er zugleich das Versprechen verband, die dem Domcapitel
daselbst noch schuldigen 13½ cölner Mark, in einer bestimmten Frist
zurückzuzahlen, wofür er einige Bürgen zur Sicherheit stellte [86]); im
folgenden Jahre waren die Brüder Johannes I. und Simon I. Zeugen
in einer trierer Urkunde wegen der Burg Hunoltstein [87]) und 1239
bürgte letzterer Graf dem mainzer Erzbischofe für eine Zusage des
Wildgrafen Konrad [88]). Unsere drei Brüder hatten den ihnen zugehö=
rigen Hof Maxein, welcher trierisches Lehen war, sammt Leuten und
sonstigen Zuständigkeiten, dem Erzbischofe Theoderich von Trier früher
für 300 Mark guter cölner Pfennige verpfändet und weil aber dieses
Gut bei der Theilung dem Bruder Heinrich Herrn von Heinsberg,
oder, wie er hier genannt wird, von Hengesberg zugefallen war und
demselben jetzt gehörte, so stellte der Erzhirte 1239 die Versicherung
aus, demjenigen unter ihnen, der jene Summe auslöse, den Hof nebst
seinen Zubehörden frei übergeben zu wollen, mit der beigefügten Zu=
sage, wenn das fragliche Gut während der Pfandschaftszeit beschädigt
werden sollte, oder die trierer Beamten mehr Gefälle daselbst erheben
würden, als ihnen gebührten, die Brüder dafür entschädigen zu wollen [89]);

[86]) Actum anno Domini MCCXXXVII. indictione X. Remling's speyerer
  Urkundenbuch I, 211 No. 211.
[87]) Töpfer's hunoltsteiner Urkundenbuch Theil I, 11 No. XVI.
[88]) Gudeni Cod. dipl. mogunt. I, 560 No. 229.
[89]) Datum et actum Drauenebach (Trarbach) Anno dnj. MᵒCCᵒXXXIXᵒ.
  Xa. Kl. Maij. (22. April). Sp. Copb. in R. B fol. XXV.

die Frau Elisabetha von Montcleir veräusserte nachher an den Span-
heimer Simon I. ihren Verwandten, 1240 den ihr zustehenden Antheil
Güter zu Clereuans für 150 Pfund trierer (Pfennige), zahlbar in zwei
Hälften zu Ende Augusts und auf Sanct Martinstag, würde aber
diese Summe nicht zur vestgesetzten Zeit entrichtet werden, so seie der
Kauf als aufgelöset zu betrachten [90]) und damals schenkte auch jener
Graf das bereits oben, beim Jahre 1221, erwähnte Patronat der
Kirche in Hackenheim, mit allen Berechtigungen, die ihm daran ge-
bührten, von freien Stücken und aus Verehrung gegen die heilige
Jungfrau, dem Priorate der Marienkirche in Sauerschwabenheim zum
Genusse, so wie zur Ausübung der damit verknüpften Rechte [91]).

Simon I. vermählte sich 1240 mit Margaretha, einer Tochter
der Frau Elisabetha von Hengenbach (und zwar unter der Einwilligung
und Zustimmung des Bruders der lezteren, des cölner Erzbischofs
Konrad), welcher ihre Mutter sämmtliche Güter zur Mitgift verschrieb,
die sie von ihrem ebengenannten Bruder, seit seiner Erhebung auf den
erzbischöflichen Stuhl (1237), als Lehenstücke bereits erhalten hatte,
oder später noch erlangen würde und die sie ihrer Tochter vor ihren
sämmtlichen übrigen Kindern zum voraus zusicherte, jedoch mit dem
Vorbehalte der lebenslänglichen Nutznießung derselben und zugleich
verschrieb sie unserem Simon und seiner Gattin noch besonders alles
dasjenige, was ihr, nach der gütlichen Aussöhnung mit dem Grafen
von Jülch, an liegendem Gute und an sonstigen Nutzbarkeiten zufallen
würde, welchen Giftbrief der Graf Heinrich von Sayn, ein mütterlicher
Oheim Simons I., so wie auch dessen beiden Brüder, Johannes I.
und Heinrich von Heinsberg, nebst andern bezeugten und jene Elisabetha mit ihrem cölner Bruder besiegelte [92]). Nach Jahresfrist verkaufte der mit den Spanheimern nahe verwandte speyerer Bischof Konrad
von Eberstein an unseren Grafen diejenigen Güter und Gerechtsamen,
die das Hochstift und das Domcapitel damals noch in Kreuznach besaßen, um 1100 Mark lauteren Silbers, für welche Summe jener
Prälat andere, seinem Hochstifte bequemer gelegene und nutzbringende

---

[90]) Actum anno dnL M°.CC°. quadragesimo. Drig. im Präfectur-Archive zu
Straßburg Fasc. XV No. 1. Künftig nur angeführt: Arch. zu Str.

[91]) Acta sunt hec anno incarnationis Dominice M°.CC°.XL°. Würdtwein
dioec. maguntina in Archidiac. distincta I, 97. Er führt darin den
Namen: Symon Comes dictus in Spanheim.

[92]) Actum Colon. Anno dnj. M°.CC°.XL°. tercia feria Sci. Nicholaj. (4. December). Drig. im Arch. zu Str. Fasc. XV, No. 2.

Güter käuflich an sich brachte **3**); der Erwerber dieser Gegenstände, der dieselbe aufs künftige von der speyerer Kirche zu Lehen tragen müße, wird zwar Graf von Sayn genannt, allein es war zuverläßig unser Simon I., welchem ja die Stadt Kreuznach zugehörte, dessen Linie auch die Benennung von derselben führte und jener Namen kam irrthümlich daher, weil die Spanheimer einige Jahre später die Graf-schaft Sayn ererbt hatten.

Der Wildgraf Konrad von Kyrburg war seit 1240 in einer ernst-lichen Fehde mit dem Erzbischofe Siegfried von Mainz befangen, in welcher ihm jedoch die beiden Rauhgrafen Heinrich und Konrad, nebst dem spanheimer Simon I. als treue Helfer zur Seite standen und wobei das mainzer und das wildgräfliche Gebiet sehr beschädigt und in jeder Hinsicht hart mitgenommen wurde; ja jener Prälat hatte sogar, um seine verbündeten Feinde besser überfallen zu können, auf dem Disibodenberge Schanzen errichten und sonstige Bevestigungen an-legen lassen, welche indessen die genannten Grafen erstürmten und sogleich schleiften, worauf aber der Krieg, während dessen Dauer jener Erzbischof, als einen Hauptstützpunkt seiner Unternehmungen, nochmals eine Burg und andere Vestungswerke auf jenem Berge erbaut hatte, noch erbitterter bis ins Frühjahr 1242 fortgeführt ward, bis es endlich den Bemühungen des cölner Erzhirten Konrad und des Bischofs Kon-rad von Speyer gelang, die Hadernden durch eine Sühne gütlich zu vereinigen, kraft welcher der mainzer Prälat die Burg sammt den übrigen Bevestigungen bei der Abtei Disibodenberg zerstören, dagegen aber der Wildgraf die Kyrburg, so wie unsere drei gräflichen Brüder, Johannes I., Heinrich und Simon I., das ihnen gemeinschaftlich zu-stehende Stammhaus Spanheim und endlich noch jene zwei Rauhgrafen die Neuenbaumburg dem Prälaten Siegfried auftragen und als erzstift-mainzische Lehen empfangen und tragen mußten **4**).

Der Oheim jener drei spanheimer Brüder, Graf Heinrich der Jüngere von Sayn, segnete das Zeitliche entweder gegen das Ende des Jahres 1246, oder mit dem Beginne des folgenden, ohne mit seiner Lebensgefährtin Mechthilde Nachkommen erzeugt zu haben, daher

---

3) Senckenbergii Selecta etc. VI, 183; Simoni's Beschreibung aller Bischöfe zu Speyer 99; Eisengrein Chron. spir. f. 235 b. et 236 a et Trith. Chron. sponh. fol. 277 ad a. 1241.

4) Datum anno Domini MCCXLII, VI Kal. Aprilis. (27. März). Gudeni Cod. dipl. mogunt. I, 570 No. 235.

dessen sämmtliche Besitzungen, welche auch an weibliche Personen ver=
erbt werden durften, nach dem Hinscheiden jener Mechthilde, die im
lebenslänglichen Genusse derselben bleibe, seiner leztwilligen Bestimm=
ung gemäß, an die vier Söhne seiner, an die Grafen Gotfried II.
von Spanheim und nachher an Eberhart den Alten von Eberstein
verheurathet gewesenen, Schwester Adelheid, nämlich an die Grafen
Johannes I., Heinrich und Simon I. von Spanheim, sowie an den
Grafen Eberhart von Eberstein den Jungen, gelangen sollten. Dieses
wichtige, merkwürdige Testament Heinrichs von Sayn ist an seine
Herrn, Blutsfreunde, Getreue, Burgleute und Dienstmänner gerichtet,
die er mit dem Vollzuge desselben betraute und zwar auf folgende
Weise: wenn sich nämlich seine Gattin Mechthilde bei seinem Absterben
in hoffnungsvollem Stande befinde, so möchten sie dafür Sorge tragen,
daß dem Kinde derselben, seie es nun männlichen oder weiblichen Ge=
schlechts, seine sämmtlichen Gebiete und Güter, Lehen oder Eigen,
gesichert blieben; würde aber dieselbe im Gegentheil nach seinem Tode
kein von ihm herstammendes Kind gebären, so möge sie die Einkünfte
der Grafschaft Sayn auf ihre Lebenszeit zu genießen haben, ohnbeschadet
ihrer Rechte und Ansprüche auf die Allodien oder eigenen Güter, die
er ihr bei ihrer Vermählung zugedacht hätte und wenn auch sie die
Welt verlasse, so sollten dann die Kinder seiner beiden Schwestern seinen
ganzen Nachlaß erben und besitzen und zwar die Söhne seiner Schwester
(Adelheid) der Gräfin von Spanheim alle saynischen Lehenstücke, mit
denen sie bereits beliehen seien, allein die übrigen eigenen Güter müsse
dieselbe mit seiner anderen Schwester (Agnes) der Gräfin von Blies=
castel, wenn sie nämlich noch bei Leben seie, gleichheitlich theilen;
überdem aber hätten seine Erben, mit dem Rathe und unter dem
Beistande seiner Verwandten und Burgmänner, auf friedlichem Wege
auszumachen, was einem jeden derselben zustehen sollte. Dies alles
geschah in Gegenwart seiner genannten Gemahlin, so wie seiner beiden
Schwestern und noch anderer geistlichen und weltlichen Zeugen.[95]
  Die Wittwe Mechthilde von Sayn machte indessen von den ihr
durch ihren verlebten Eheherrn in diesem seinem letzten Willen einge=
räumten Befugnissen keinen Gebrauch, sondern sie übergab den oben=
erwähnten vier Erben jener Adelheid von Sayn, auf die inständigen

---

[95] Acta sunt hec anno dni. M⁰.CC⁰.XLVI infra octauas natiuitatis Christi.
(Also in der Woche nach dem Weihnachtsfeste). Orig. im herzoglichen Staats=
archive zu Idstein.

Bitten derselben und ihrer Freunde, im folgenden Jahre die saynischen Besitzungen und Lehen, nämlich die Vesten und Städte Blankenburg und Hachenburg mit den dazu gehörigen Lehen, dann die Burgen und zugleich trierischen Lehenstücke Vrolzberg und Sayn nebst ihren Zubehörden, mit alleiniger Ausnahme dessen, was der Erblasser Heinrich von Sayn bei lezterem Orte an Weinbergen von einem Hofe zu seinem Seelgerede vermacht hätte, ferner die Vesten Saffinberg und Hillerode mit ihren Lehen und endlich noch die Grafschaft Hadamar und die Vogtei Bonn, sammt allen sonstigen Grafschaften, d. h. Gerichten und Vogteien, die der Verstorbene besessen hatte, aus welcher kurzen Aufzählung wir schon abnehmen können, wie außerordentlich wichtig und vortheilhaft der Anfall dieser bedeutenden sayner Erbschaft für unser spanhelmer Haus war, wozu auch später noch diejenigen Güter und Gebietstheile kamen, welche der Wittwe Mechthilde ganz besonders auf Lebensdauer zum Genusse vorbehalten waren und die nach ihrem Absterben ebenfalls an jene vier Erben gelangen mußten, namentlich alle Allodien und Erbgüter, die ihr seliger Mann bei seiner Vermählung mit ihr bereits besessen, sowie sämmtliche eigenen und Lehensgüter, welche sie gemeinsam erkauft hatten, wozu auch noch die Burg Lewenberg, vermuthlich als ihre künftige Wohnung, gehörte und schlüßlich mußten die vier Erbbrüder derselben auf's heiligste angeloben, sie in diesem Vorbehalte nicht im geringsten zu stören, sondern im Gegentheile sie darin zu schützen und was dergleichen dankbarer Zusagen noch mehrere waren;[96]) an demselben Tage gaben jene ihrer gütigen Tante, der Gräfin Mechthilde zugleich noch das feierliche Versprechen, die von ihrem seligen Oheim Heinrich zu seinem Seelentroste gestifteten, oben angegebenen Güter bei der Burg Sayn, gegen die Ueberlassung anderen Eigenthums, innerhalb drei Jahren eintauschen zu wollen.[97])

Einige Wochen darauf verzichtete Graf Eberhart der Junge von Eberstein, zu Gunsten des Pfalzgrafen Otto des Erlauchten, auf die ihm von seiner Mutter Adelheid aus dem sayner Erbe angefallenen pfälzischen Lehen, bestehend in den Dörfern Valbre und Winningen und er sowie sein Vater Eberhart der Aeltere machten sich gegen jenen

[96]) Acta sunt hec solempniter aput Blankinberg. anno domini M.CC.XLVII. in die Decollationis Johannis Baptiste. (29. August). Günther Cod. dipl. rhen.-mos. II, 216 bis 221 No. 119.

[97]) Actum et datum apud Blankenberg anno domini M.CC.XLVIJ in Decollatione Johannis Baptiste. (29. August). Daselbst II, 222 No. 120.

Fürsten noch besonders verbindlich, die drei spanheimer Brüder, Johannes I., Heinrich und Simon I., zu einem ähnlichen Schritte bezüglich jener beiden Orte zu vermögen, wobei sie aber, falls diese es ver-
weigern würden, sich zugleich zum Einlager in Speyer und zwar auf
so lange verpflichteten, bis die Verzichtleistung erfolgt seie.[98] Die
Mutter der eben erwähnten vier Herrn hatte zwar, wie wir wissen,
noch eine, an den Grafen Heinrich von Bliescastel verehelichte, Schwester
Namens Agnes, allein es ist uns nicht urkundlich bekannt geworden,
ob und was deren zahlreiche Töchter oder Eidame von den saynischen
Erbgütern erhalten haben und es ist daher zu vermuthen, daß sie aus
unbekannten Gründen, nur unbedeutende Stücke bekommen haben.

Herr Heinrich zu Heinsberg traf, nebst seiner Ehefrau Agnes,
mit seinem Bruder, unserm Simon I. und dessen Gattin Margaretha
nach vorausgegangener reiflicher Berathung mit ihren beiderseitigen
Blutsfreunden und Getreuen, im J. 1248 folgenden zweckmäßigen
Tausch, indem er demselben diejenigen Burgen, vesten Orte und alle
andere ihm aus der väterlichen Erbschaft zugefallenen Güter, namentlich
die Vesten Castelbun, Neve und die Stadt Kirchberg mit Burgmännern,
Dienstleuten, Unterthanen und sämmtlichen Einkünften, Gerechtsamen
u. s. w. sammt seinen übrigen spanheimer Dienstmännern als freies
erbliches Besitzthum übergab und dazu auch noch diejenigen Getreuen
und Vasallen, die sein seliger Oheim, der Graf Heinrich von Sayn,
auf dem rechten Moselufer, wo Castelbun liegt ꝛc., gehabt hätte, nebst
den verpfändeten Hofgütern Maxein und Selters, die aber jeder von
ihnen zur Hälfte einlösen müsse; dabei hielt sich indessen jener Heinrich von Heinsberg noch ausdrücklich bevor: den vierten Theil der
Veste Vroizburg (Freusberg) mit dem Wildbanne und der Fischerei,
welche Stücke er jedoch an Niemand anders als an seinen Bruder
Simon I. und an dessen Erben zu verkaufen gelobte und endlich
wahrten beide Brüder noch aufs bestimmteste sämmtliche Rechte und
jegliche Nutznießung aus den Vesten Virnenburg, Waldenburg, Sevore
und Wetter, so wie aus sonstigen Gütern, welche ihr Oheim von Sayn
früher besessen hatte und die aber dessen Familie entfremdet, oder ab-
handen gekommen wären. Dagegen trat Simon I. an seinen Bruder
Heinrich ab, die Burgen, Städte und Güter, die er von seinem mehr-

---

[98] Acta sunt hoc Anno dni. M⁰.CC⁰XLVII⁰. pridie ydus octobris VIᵃ.
Ind. (14. October). Karlsruher pfälzer Copb. No. 65 fol. 241.

gedachten Oheim Heinrich von Sayn geerbt und kürzlich mit jenem und seinen andern Brüdern getheilt hatte, mit Namen Blankenburg, Saffenburg und Hilkerode mit allen ihren in dem Theilungsbriefe näher bezeichneten Zugehörungen und dazu noch seinen Theil an der Burg Lewenberg, welche sämmtlichen Güter der Herr von Heinsberg ebenfalls als freies Eigenthum besitzen sollte, der nun den Sayn= Heinsberger Stamm fortpflanzte, während Graf Simon I. von dem sayner Erbe nur seinen Antheil von den bei Kente gelegenen Besitzun= gen für sich ausbehielt [99]) und um dieselbe Zeit hatte letzterer mit den Rauhgrafen Heinrich und Konrad von Altenbaumburg eine kleine Ir= rung wegen einiger ihrer Vasallen, Gotfrieds von Lebersheim und Engelbrechts von Merxheim, worüber sie sich jedoch bald verständigten und dieselbe mittelst der friedlichen Uebereinkunft beilegten, daß näm= lich die Kinder und Erben jener zwei Edeln ihnen gemeinsam ange= hören und ihnen beiden, so wie ihren Nachkommen auch gleiche Dienste leisten müßten [100]).

Wir erinnern uns noch der Verschreibung von 1240 über die Mitgift der Margaretha von Hengebach, der Lebensgefährtin unsers Simons I. und da dieselbe größtentheils in cölnischen Lehenstücken bestand, so bestätigte und erneuerte der dasige Erzbischof Konrad, als mütterlicher Oheim jener Gräfin Margaretha, zehn Jahre später jenen Giftbrief durch die nochmalige feierliche Erklärung: er habe auf die Bitten seiner Schwester Elyse von Hengebach, deren Tochter Margaretha, der Gattin Simons I. von Spanheim, sämmtliche Güter zugesagt, welche er jener Elyse, seit seiner Ernennung zum Erzhirten, als cölner Lehen gereicht hätte, deren Genuß jedoch letzterer lebenslänglich zustehe (zu welchen Lehenstücken, wie sich später ergeben wird, auch die Burg und Herrschaft Beckelnheim gehörte, die durch jene Heurath an unser spanheimer Haus kam, indem ja die eben erwähnte Vereinbarung mit den Rauhgrafen bereits in der Veste Beckelnheim abgeschlossen wurde) und zwar noch mit dem besonderen Zusatze, wenn der edle Mann Gerhart von Waßinberg Ansprüche auf die fraglichen Lehengüter erhebe,

---

[99]) Acta sunt hec apud Blanckenburg anno Domini M⁰. ducentesimo Quadragesimo octavo Quinta feria ante festum beati Luce Ewangel.
(15. October). Sp. Copb. in K. fol. 50 ꝛc, siehe auch Reißach's Archiv für
rhein. Gesch. II, 266 No. XI.

[100]) Actum in Castro Bechelnheim. Anno dnj. M⁰.CC⁰.XLVIII⁰. Mense
Nouembrj in Crastino Omnium Sanctorum. (2. November). Orig. im
Arch. zu Str. Fasc. IV No. 1.

ober die Eheleute Simon I. und Margaretha, seine Nichte, sonst auf
irgend eine Weise deßhalb beläftigen würde, so wolle er solche An=
sprüche durch die Entrichtung von 300 Mark cölner Münze an jenes
Ehepaar innerhalb Jahresfrist rechtlich beseitigen oder entschädigen, für
welche Zusage er den Betheiligten zwölf seiner edeln cölner Vasallen
und Beamten als Bürgen, sogar eintretenden Falles mit der Verpflich=
tung zum Einlager in Cöln, stellte, worauf die Grafen Heinrich von
Sayn, Johannes I. von Spanheim, dessen Bruder Heinrich von Hens=
berg, nebst andern vom Adel diesen Vorgang bezeugten und der Prälat,
sammt seiner Schwester, mit ihren Siegeln beurkundeten [101]). Unser
frommer Simon I. würfte auch sicher aufs kräftigste mit, als der
spanheimer Abt Juan 1251 den Entschluß faßte, die Sanct Georgs=
kirche in dem nahe gelegenen und früher abgebrannten Dörfchen Dalen
für den Gottesdienst wieder herzustellen oder zu erbauen, wozu lezterer
bei dem, damals in Bingen verweilenden, Cardinal=Legaten Hugo durch
seinen Prior einen besondern Ablaßbrief erwürken ließ [102]), daher der
Bau wohl sogleich begonnen, aber nicht vollendet wurde, denn nur
das Chor mit dem Altare kam unter Dach, während das Schiff der
Kirche in Ruinen liegen blieb bis zur Zeit des Abts Johann's II.
im J. 1296.

Das trierer Domcapitel trat 1252 seine Güter in Sprendlingen
mit deren Zubehörden und dem Pfarrsatzrechte daselbst an unseren
Grafen ab gegen dessen Besitzungen, Frucht= und Weinzehnten, nebst
dem Patronate zu Reyl an der Mosel, welche ihrer geringen Entfer=
nung wegen für die trierer Kirche mehr Werth hatten als jene, wäh=
rend die Güter zu Sprendlingen in der Nähe Kreuznachs dem Span=
heimer viel gelegener und erwünschter waren und der Erzbischof zu
Trier willigte in solchen vortheilhaften Tausch [103]), welchen der eben
genannte päpstliche Legat Hugo im J. 1253, auf des Grafen An=
suchen [104]) nicht nur genehm hielt und bekräftigte, sondern auch
noch an demselben Tage dem Vorstande der Augustiner=Propstei in

---

[101]) Actum Anno dni. M⁰.CC⁰.L⁰. tercia feria ante festum bi. Nicolai.
(29. November). Orig. im Arch. zu Str. Fasc. XIV No. 1.

[102]) Datum Pingiae XII calend. Augusti. Pontificatus Domini Innocentij
Papae IV anno IX⁰. (21. Juli). Trith. Chron. sponh. fol. 279 ad. a. 1251.

[103]) Actum anno dni. M⁰.CC⁰.L⁰. primo In Octaua Btor. Petri et Pauli Aplor.
(6. Juli). Sp. Copb. in K. B fol. LXXXVIII.

[104]) Von dem er sagt: Deuocionis tue sinceritas promereri dicitur et peti-
cionibus tuis fauorem beniuolum largiamur etc.

Schwabenheim die Weisung zugehen ließ, durch alle, ihm zu Gebote stehenden, kirchlichen Mittel und Strafen dafür Sorge zu tragen, damit der jetzige Inhaber in dem ruhigen Besitze der ertauschten Güter und Rechte zu Sprendlingen fortan nicht gestört oder belästiget werde [105]. Einige Monate vorher war der Dynaste Philipp von Falkenstein unseres Spanheimers Mann und Diener geworden, gegen eine Verschreibung von 100 Mark cölner Pfenninge, seie aber diese Summe bezahlt, so müsse jener dieselbe auf seinen eigenen Gütern in der Umgebung von drei Stunden bei der Stadt Kreuznach anlegen und leztere dann als spanheimer Lehen empfangen [106].

Es ist uns aus dem vorhergehenden bereits bekannt, daß die Mutter unserer drei gräflichen Brüder, Adelheid von Sayn, in eine zweite Ehe mit dem Grafen Eberhart von Eberstein getreten war und mit demselben einen Sohn, Eberhart den Jungen, erzeugt hatte, der jedoch in der Blüthe seines Lebens und mit Hinterlassung mehrerer Kinder, im J. 1253 verschied. Weil nun derselbe mit seinem Stiefbruder Johannes I. von Spanheim, die ihnen aus der sayner Erbschaft zugefallenen Burgen und Güterstücke vorläufig getheilt hatte, welcher Vorgang indessen noch nicht zum vesten Abschlusse gekommen war, so beeilten sich jene Adelheid und ihr Gemahl Eberhart der Alte, da des jungen Eberharts Kinder noch unmündig waren, so wie auch um spätere Uneinigkeit zu verhüten, in dem genannten Jahre diese Erbangelegenheit dadurch ins reine zu bringen, daß sie, für sich und ihre Enkel, zu Gunsten Johann's I. von Starkenburg, auf die Veste Sayn, so wie auf Burg und Stadt Hachenburg sammt deren Zuständigkeiten, ferner auf die Aemter Heyne und Nunbreth, dann auf den Hof im Dorfe Unkel und endlich auf die Höfe Bevendorp (Bendorf), Engers, Drimetz (Urmitz) und Irlich mit ihren Zugehörungen Verzicht leisteten und zugleich für 1500 cölner Mark sieben Bürgen, Grafen und Herrn, dafür einsetzten, daß ihre Enkel, sobald sie zu ihrer Volljährigkeit gelangt seien, diesen Verzicht auf die vorhin benannten Besitzungen ebenfalls gutheißen würden, oder vielmehr müßten; dagegen sollten diesen Minorennen die bisher durch ihren seligen Vater und

---

[105]) Beide sind gegeben: Datum Meti VIII°. Kal. Aug. und Datum meti Octaua Kl. Augusti Pont. dni. Innocencij pape quarti Anno decimo. (25. August). Sp. Copb. in K. B fol. LXXXVIII b. et LXXXIX.

[106]) Datum Anno Dni. M°.CC°.LIII°. jn festo Inuencionis Ste. Crucis. (3. Mai). Copb. No. E, 5524 im Arch. zu Str.

den Grafen Johannes I. gemeinschaftlich besessenen sayner Güter verbleiben, nämlich zu Rattich, und Celtane (Zeltingen) an der Mosel, das Gut in Vallendar, die Theile an der Burg Brözberg sammt den Allodien, die Weltersburg und die Veste Lewenberg, welche leztere aber die sayner Wittwe Mechtilde jezt noch im Besitze habe und bewohne [107].

So hätten wir deñ nun die Theilung der Grafschaft Sayn auseinandergesetzt und haben deshalb, um diesen Gegenstand ein für allemal zu erledigen, die eigentlich den Grafen Johannes I. betreffende und demnach in die Geschichte der starkenburger Linie gehörige, wichtige Urkunde von 1253 hier mit beigezogen, daher wir jezt im Stande sind, die Erbtheile der vier Brüder mit ziemlicher Gewißheit bezeichnen zu können; jener Johannes I. von Starkenburg erhielt die Burg Sayn, Hachenburg Veste und Stadt, die Aemter Hayne und Nunbreth, die Höfe Unkel, Vendorf, Engers, Urmiz, Irlich und einen vierten Theil an Broizburg und Lewenberg, der zweite Sohn Heinrich, Herr von Heinsburg, bekam die Grafschaft Hadamar, die Voztey Bonn nebst den übrigen Vozteyen und Gerichten, ein Viertheil an Broizburg und Lewenberg und dann durch den Tausch mit seinem Bruder Simon I., dem Urheber der kreuznacher Linie vom Jahre 1248, abermals ein Viertel an den beiden ebengenannten Vesten, sowie auch noch Blankenburg, Saffenburg, Hiltenrode und ward, wie bereits mehrmals bemerkt, der Gründer des Sayn-Heinsbergischen Geschlechtes und den Antheil endlich des einzigen Sohnes aus der zweiten Ehe der verwittweten spanheimer Gräfin Adelheid von Sayn mit dem Grafen Eberhart von Eberstein, gleichfalls Eberhart geheißen, an dem sayner Erbe, haben wir aus vorstehendem Verzichte von 1253 kennen gelernt, bestehend aus Rattich und Zeltingen, Vallendar, Weltersburg der Veste und einem vierten Theile an Broizburg und Lewenstein.

Die spanheimer Familie und namentlich Simon I., weil derselbe in der Nähe des Schauplatzes am Rhein wohnte, scheint an der Entwickelung und Berestigung des männiglich bekannten rheinischen Städtebundes regen Antheil genommen zu haben, denn wir fanden in unseren spanheimer Urkunden ein merkwürdiges Actenstück, durch welches die Nachrichten über diesen, in jenen verwirrten Zeiten wohlthätig würkenden Bund ergänzt werden können. Zur Hebung der Irrungen in

---

[107] Datum et actum Kirperch anno Dni. M°.CC°.L tercio XII Kln. Octobr. in vigilia Mathei. (20. Sept). Crollij Orig. blpont. P. II, Vol. I, 61—66 No. IV.

demselben war nämlich in der Versammlung zu Frankfurt am 29. Juni 1255, ein besonderer Frieden oder vielmehr eine Waffenruhe bis zum nächsten Martinitage angeordnet worden, daher die Abgesandten der verbündeten Städte am 12. Juli abermals in Bingen zusammen kamen und einen Beschluß faßten, wie es während jenes anberaumten Stillstandes, unter der Mitwürkung des Königs Wilhelm, gehalten werden sollte [108], von welchem Documente unser Simon I. gleichfalls eine Ausfertigung erhielt. Die Gräfin Adelheid von Eberstein gab, auf eine uns unbekannte Veranlassung, 1255 folgende Erklärung von sich: die ihr durch ihren ersten seligen Eheherrn Gotfried II. von Spanheim, in Clereva angewiesenen Güter hätten an jährlichen Einkünften nur 18 Pfund trierer Münze, ja sogar manchmal noch weniger eingetragen [109] und im folgenden Jahre verschrieb dieselbe zum ewigen Seelentroste eben dieses Grafen Gotfrieds II., sowie ihres gleichfalls verstorbenen einzigen Sohnes zweiter Ehe, Eberharts Junggrafen von Eberstein, der Abtei Sayn eine jährliche Weinrente aus ihrem Hofe an der Saynbach [110] Auch Gräfin Miechtilde hatte 1252, zum ewigen Seelenheile ihres verlebten Gemahles, des lezten Grafen Heinrichs von Sayn, den Brüdern des teutschen Ordens das Patronat der Pfarrkirche zu Lössenich, nebst den dazu gehörenden Capellen in Nachtig, Zeltingen und Erden, als eine fromme Gabe zugewendet, welche Schenkung die Brüder Simon I., Johannes I. von Spanheim und Graf Eberhart von Eberstein in den Jahren 1255 und 1256 bestätigten [111]; jener Simon I. veräußerte, in Verbindung mit seiner Ehehälfte, Margaretha 1256, an einen Namens Gotfried, Stelin geheißen und an dessen Erben, wegen der in seinem Dienste bewiesenen Treue und Redlichkeit, Güterstücke in Bonheim sammt Zubehörden, als eigenes freies Besitzthum [112]; im Mai des darauf folgenden Jahres befand sich aber der-

---

[108] Actum apud Pingwiam proxima dnica. ante diem Margareto Anno dni. M⁰.CC⁰.LV⁰. (12. Juli). Sp. Copb. in R. B fol. L. Dieser Beschluß gehört eingerückt in Böhmer's Cod. dipl. Moenofrancofurt. pag. 107, zwischen das Protocoll vom 29. Juni und 15. August 1255.

[109] Datum in Stauph Anno dni. M⁰.CC⁰.LVto. Daselbst B fol. C b.

[110] Datum Seyne anno M.CC.LVI. in crastino Exaltationis sancte Crucis. (15. Sept.). Archiv für rhein. Gesch. von Reisach II, 277 No. XX.

[111] Archiv für die rhein. Geschichte von Reisach und Linde II, 275 No. XVII, XVIII u. XIX; auch Günther's Cod. dipl. rheno-mosell. II, 286 ꝛc. ꝛc.

[112] Datum Anno dni. M⁰.CC⁰.LVI⁰. Idus Marcij. (13. Februar). Disibodenberger perg. Urkundenbuch Folio 61 b.

selbe, mit seinem Bruder Johannes I., zu Aachen bei der Krönung König Richards [113]) und um dieselbe Zeit, hatte der erstgenannte sein Hofgut in Sprendlingen, nebst allen Zuständigkeiten, dem Hochstifte Worms für das Heil seiner Seele zu Lehen aufgetragen und für 500 Mark cölner Penninge verpfändet, dessen Wiedereinlösung ihm der wormser Prälat Eberhart 1258 zu jeder beliebigen Zeit gestattete [114].)

Erzbischof Konrad von Cöln, der Oheim Margarethens der Gattin unseres Simons I., verschrieb und verlieh aus verwandschaftlicher Geneigtheit, denselben und ihren Nachkommen die Wittwe Rudolfs von Storheim, Namens Gertrud und deren Kinder, welche von der Grafschaft Hahstaden wegen, der cölner Kirche angehörten, als Lehen dieses Erzstiftes [115]) und in dem nämlichen Monate ertheilten jene Eheleute den Bürgern zu Kirchberg viele besondere Freiheiten, in welcher weitläufigen und interessanten Urkunde hauptsächlich die Rechtsverhältnisse der Bewohner dieser Stadt vestgestellt werden und wie besorgt der ordnungsliebende und rechtlich gesinnte Simon I. für die Erhaltung solcher Vergünstigungen war, geht daraus hervor, daß der Wildgraf Emich, die Grafen Gerlach von Veldenz, Friedrich von Leiningen und der Propst Dieterich von Ravengiersburg, auf sein ausdrückliches Verlangen, diesen Brief besiegeln mußten [116]); der nähere Inhalt dieses wichtigen Actenstückes gehört jedoch in die Specialgeschichte Kirchbergs. Bald darauf schenkte unser Graf, zu seinem, seiner Margaretha und ihrer Kinder Seelentroste, der Aebtin und dem Convente zu Rosenthal (einem durch den Grafen Eberhart von Eberstein und seine Gemahlin Adelheid von Sayn gestifteten [117]), in der Nähe seiner Burg Stauf gelegenen Kloster) das Patronat der Kirche in Asselheim bei Grünstadt [118]); auch hatte Simon I. lange Zeit Zerwürfnisse mit dem Herrn Heinrich von Erenberg wegen der Lehen, die derselbe und dessen Vater

---

[113]) Dr. Böhmer's Kaiser-Regesten v. 1246—1313 S. 40 No. 6.
[114]) Datum Wormac. Anno dni. M⁰.CC⁰.LVIII⁰. VIII⁰. ydus nouembris. (6 Nov). Sp. Copb. in R. B fol. XXIIII b.
[115]) Actum Bunne IIIIa. nonas Julij anno dni. M⁰.CC⁰.LIX⁰. (4. Juli). Daselbst B fol. XXXII.
[116]) Datum et actum apud Kirchperg Anno Inc. Dom. M⁰.CC⁰. quinquagesimo nono Mense Julij. Sponh. neues Copb. in R. No. 1 fol. 54—61.
[117]) Siehe meine urkundliche Geschichte der Burgen und Bergschlösser in der bayerischen Pfalz, Band. IV, 7.
[118]) Datum anno domini M⁰.CC⁰.L⁰. nono in vigilia decollacionis beati Joannis. (28. August). Remling's Abteien und Klöster der Pfalz I, 346 No. 40.

von Spanheim tragen sollten, bis solche Irrungen endlich in diesem Jahre, durch die Vermittlung ihrer Verwandten und Freunde, folgendermaßen gehoben wurden: jener Heinrich sollte, gleich seinem Vater, die durch den Grafen Heinrich von Sayn an das spanheimer Haus gekommenen, zur Saffenburg gehörigen Güter, sowie die Vogteien Streimich und Senheim (leztere jedoch nur zur Hälfte), sammt den Orten Gysenhausen und Heßweiler, von dem Dynasten Heinrich von Heinsberg zu Lehen erhalten, welche Lehenstücke auch auf Söhne und Töchter vererben könnten, jedoch müsse der von Erenberg, wegen des Schadens, den er unserem Grafen zu Hanweiler und an anderen Orten zugefügt hätte, demselben noch besonders 40 Mark auftragen und ebenfalls lehensweise empfangen, wofür er zugleich dessen loslediger Mann seie und bleibe [119]).

An dem Vormundschaftsstreite des Grafen Heinrich II. von Zweibrücken und des Wildgrafen Emichs von Kyrburg über die minorenne Erbgräfin Agnes von Veldenz, war, der Verwandtschaft mit Zweibrücken halber, die spanheimer Familie auch etwas betheiligt, denn in dem Sühnbriefe über diese Angelegenheit von 1260 ward ausbedungen, daß, falls die Erbin Agnes im jungfräulichen Stande mit Tode abgehen würde, jene beiden Grafen und Simon I. von Kreuznach die Herrschaft Lichtenberg bei Kusel gemeinsam bekommen und unter sich theilen sollten [120]), welcher Fall jedoch später nicht eintrat; eben so wird auch lezterer in den Zerwürfnissen genannt, welche in demselben Jahre die wormser Bürger mit der Stadt Alzey hatten und am 16. September bezeugte er zu Worms eine durch den König Richart errichtete Sühne zwischen dieser Stadt und einigen Edeln von Guntheim und von Stein [121]). Noch immer war die hochbetagte Mutter unseres Grafen, wie wir seither schon mehrmals wahrgenommen haben, ihres (bereits vor 37 Jahren verblichenen) ersten Eheherrn Gotfrieds II. von Spanheim in Liebe eingedenk, indem sie mit ihrem Gatten Eberhart von Eberstein, den Brüdern in der Abtei Werschweiler bei Zweibrücken die durch sie selbst, ihren Mann, ihren verstorbenen Sohn Eberhart den Jungen und auch durch jenen Gotfried II. zugewendeten Ver-

---

[119]) Datum anno Dni. M⁰.CC⁰. Quinquagesimo nono jn Crastino Egidij confessoris. (2. Sept). Copb. im Arch. zu Str. No. E, 5523.

[120]) Dat. Muncige etc. 1260 In crastino Mauricij. (23. Sept.). Crollij Orig. bipont. II, 71 No. VII.

[121]) Dr. Fried. Böhmeri fontes rer. germ. II, 199 et 232 No. 17.

mächtniſſe im J. 1260 wiederholt bekräftigte [122]) und nachdem ihr jeziger Gemahl Eberhart der Alte am 19. März 1263 ſeine irdiſche Laufbahn beſchloſſen hatte, beſtätigte dieſelbe ſogleich nochmals die dem genannten Kloſter durch ſie und ihre lieben Angehörigen gemachten Schenkungen und erwieſenen Wohlthaten [123]), worauf ſie ſelbſt noch im November des nämlichen Jahres zur ewigen Ruhe gerufen ward und ſo endigte die würkliche Stammmutter des ſpanheimer Geſchlechtes ihre rühmliche geſegnete Laufbahn!

Von dem Sohne derſelben, Simon I., ſind uns ſeitdem auch nur noch einige Nachrichten aufbewahrt, da er ſeiner Mutter bald im Tode nachfolgte, denn 1261 ſtellte er einen Schein aus über die dem Nonnenconvente Roſenthal, für eine Entſchädigung von 70 Pfund wormſer Pfenninge, abgetretenen eigenen Güter zu Aſſelheim [124]), nach Jahres-friſt aber gab er als Ortsherr ſeine Einwilligung zu der Uebergabe des Patronatrechtes der Kirche zu Spiesheim, mit allem was dazu gehörte, an das Nonnenkloſter Eyon durch die Edeln Wolfram und Embricho von Lewenſtein [125]) und 1263 löſete er das durch ihn und ſeine drei Brüder 1239 dem Erzſtifte Trier verſetzte Hofgut Marein, nebſt ſämmtlichen Zuſtändigkeiten, mit 300 cölner Mark an ſein Haus, daher ihm der trierer Erzbiſchof Heinrich, in Gegenwart einiger Prä-laten, daſſelbe wieder als freies Eigenthum zuſtellte [126]). Nach dem Hinſcheiden des ſpanheimer Abtes Johannes im J. 1264 waren die Stimmen der Mönche bei der Wahl eines neuen Vorſtandes getheilt; die eine Parthei erwählte nämlich den bißherigen Kellermeiſter Petrus, die andere hingegen den Cantor Wilhelm zu ihrem Abte und jeder Theil vertheidigte ſeinen Gewählten aufs hitzigſte und eifrigſte, ſo daß darob großer Hader und allgemeine Zwietracht in den ſeither ſo ruhigen und ſtillen Mauern entſtand; Petrus war ſchlau und liſtig, denn er ſtüzte ſich auf ſein bisher bekleidetes Amt, verſchaffte ſich auch, unter

---

[122]) Actum anno Domini M⁰.CC⁰.LX⁰. In octava ascensionis domini. (20. Mai). Crollij Orig. bip. P. II Vol. I, 73 No. VIII.

[123]) Datum anno Domini M⁰.CC⁰.LXIII. In crastina Trinitatis. (28. Mai). Daſelbſt pag. 77 No. X.

[124]) Datum anno domini M⁰.CC⁰.LX⁰. primo mense Decembris. Remling's Abteien und Klöſter der Pfalz I, 346 No. 42.

[125]) Actum anno domini M⁰.CC⁰.LX⁰.II⁰. Kal. Maji. (1. Mai). Urkunden-ſammlung; ſiehe auch Würdtwein Monaſt. pal. VI, 112 No. 149.

[126]) Actum Anno dnj. M⁰.CC⁰.LX⁰.III⁰. feria quarta infra Octauam Paſche. (14. April). Sp. Copb. in R. B fol. XXIIII b.

dem Beistande seiner Freunde und Anhänger, gewaltsam den Besitz der Abtei und versah seine Stelle als würklicher Vorstand; Wilhelm aber nahm seine Zuflucht zu Simon I. als Klostervogt, brachte ihm schwere Klagen gegen seinen Nebenbuhler vor und flehte ihn zugleich um Hülfe für sein Gotteshaus an, daher der Graf auch denselben anfänglich zu unterstützen und zu vertheidigen suchte, allein später legte er diese mißliche und kitzliche Angelegenheit in die Hände des mainzer Erzhirten Wernher nieder, der auch die beiden Gewählten vor sich beschied, den ganzen Wahlhergang sehr sorgfältig untersuchte, die Erwählung Wilhelms des Cantors verwarf und jenen Peter endlich als Abt in Spanheim bestätigte [127].

Mit dieser Handlung endigte unser Simon I. seine Würksamkeit im Frühjahre 1265 und sein Leichnam ward in der Klosterkirche zu Schwabenheim beigesezt, denn seine Wittwe Margaretha vermachte zum Wohle seiner unsterblichen Seele der Custorei in der dasigen Augustiner-propstei eine, auf ihrem Bannbackhause im Orte Sprendlingen ruhende, jährliche Gülte von 12 Malter Korn binger Maßes für alle künftige Zeiten, nebst diesem Backhause selbst, als Eigenthum, wofür jedoch die Custorei verpflichtet war, über dem Grabe des verblichenen Grafen nicht nur eine, Tag und Nacht brennende, also eine ewige, Lampe zu unterhalten, sondern auch am Tage seines Jahrgedächtnisses vier, 8 Pfund schwere, Kerzen über seiner Gruft aufzustecken, welche während der Seelmesse und Vigilien brennen mußten und überdies noch ein Pfund Wachs zur Beleuchtung der übrigen Altäre in jenem Gotteshause zu verwenden, welche fromme Stiftung die genannte Wittwe mit der Einwilligung ihres ältesten Sohnes Johanns und ihrer übrigen Kinder im J. 1265 vollbrachte [128]); die Nonnen in Rosenthal aber feierten das Anniversar Simons I., wegen der vielen ihnen durch denselben erzeigten Wohlthaten, jährlich am 8. April [129].

Dessen Ehe mit Margaretha von Hengebach war mit acht Kindern gesegnet, mit vier Söhnen und eben so vielen Töchtern; jene hießen Johannes der Lahme, des Vaters Nachfolger in der Grafschaft, Heinrich I., der die spanheim-bolander oder taunenfelser Linie ins Leben rief, und Eberhart, von welchen drei wir einzeln handeln werden; von

---

[127]) Trith. Chron. sponh. fol. 285.

[128]) Acta sunt hec Anno Dni. M⁰.CC⁰.LX⁰. quinto in Paschа Dni. (5. April). Würdtwein Monast. pal. V, 135 No. XXXI.

[129]) Kremer's Orig. nassoicae II, 423.

dem vierten Sohne, Luther oder Lothar, der ein Ritter des teutschen Ordens war, ist uns jedoch nur die eine Kunde aufbewahrt, wie nämlich sein Bruder Johannes, welcher „nicht gestatten wollte, daß „Herr Luther des Ordens Almosen mit Sünden genießen sollte, ihn „1280 seines Erbtheils halben vergnügte" [130]), d. h. ihm besondere Gefälle zu seinem anständigen Lebensunterhalte anwies. Die eine Tochter Margaretha vermählte sich 1265 am 15. März mit dem Grafen Emich IV. von Leiningen-Hartenburg, dem Stifter der landecker Seiten-Linie, deren Mitgift auf die Einkünfte der Burg zu Kreuznach angewiesen ward, auf welche jedoch ihr Gemahl Emich IV., mit alleiniger Ausnahme von einer auf besonderen Gütern haftenden jährlichen Rente von 60 cölner Mark, zu Gunsten seines Tochtermannes und Schwagers Johanns des Lahmen von Spanheim-Kreuznach, der seine Tochter Adelheid aus erster Ehe zu seiner Gattin erwählt hatte, im J. 1269 feierlich verzichtete [131]). Die andere Tochter, Imagina, Imena oder kurzweg Mena geheißen, war schon bei der Verlobung ihrer Schwester Margaretha mit dem Leininger Emich IV., dessen einzigem Sohne Emich zur Ehe versprochen worden, welche Ehe aber nachher nicht zu Stande kam, daher sie sich fünf Jahre später durch die Vermittlung des trierer Erzbischofs Heinrich und des Grafen Gotfried von Sayn, mit Walther I., Herrn von Geroltzeck-Sulz, verlobte, wozu ihr ältester Bruder Johannes der Lahme ihr, als Besitzer der vorderen spanheimer Grafschaft, 600 Mark guter cölner Pfenninge als Heurathsgut zusagte, während der Bräutigam ihr 900 solcher Mark als Wiederlegung verschrieb [132]) und nachdem die Vermählung 1271 würklich vollzogen war, wies jener Bruder die Mitgift seiner Schwester auf Güter, Renten und Gefälle in und um die Stadt Kirchberg an [133]); Johanna, die dritte Tochter, war bereits 1270 mit dem Grafen Friederich IV. von Leiningen, von der altleininger Linie, verehelicht, denn Johannes der Lahme nennt denselben in einer Urkunde von diesem Jahre ausdrücklich seinen Schwager, oder der Schwester Mann [134]), und die jüngste Tochter

---

130) Zillesii Genealogia spanhemica No. 35.

131) Actum et datum Anno dnj. M⁰.CC⁰.LX⁰. nono Iu octaua bti. Martini. (18. Nov.). Sp. Coph. in K. F fol. XXII et B fol. XVI b.

132) Actum et datum die inventionis beati Stephani, anno domini M⁰.CC⁰. septuagesimo. (3. August). Acta Acad. palat. II, 300 No. XIII.

133) Datum anno Dni. M⁰.CC⁰.LXX⁰. primo, septimo Kal. Febr. Ind. XVIII etc. (26. Januar). Daselbst II, 301 No. XIV.

134) Friderici Sororii nostri. Gudeni Cod. dipl. mog. III, 1141.

Katharina erhielt den Wildgrafen Konrad II. zum Gatten, als dessen Wittwe sie noch im J. 1305 vorkommt [135]).

II. Johannes der Lahme, Graf von Spanheim.

Dieser Herr war hinkend und erhielt deßhalb den Beinamen des Lahmen; nicht lange nach seines Vaters Hinscheiden übertrug der Abt Peter zu Spanheim, um den geschwächten Einkünften seines Gotteshauses aufzuhelfen, dem Domprobste und dem Capitel in Mainz die Kirche zu Genzingen, nebst dem Pfarrsatzrechte und den damit verbundenen Gefällen, wogegen der mainzer Erzhirte Wernher unserem Kloster die Pfarrkirche im Dorfe Spanheim mit ihren Capellen, für immer einverleibte [136]), bei welchem Vorgange unser Graf auch zuverläßig als Schirmvogt mitwürkte. Seit der Theilung und Trennung des spanheimer Stammes in zwei Aeste oder Hauptlinien, in die starkenburger und in die kreuznacher, waren die Lehensmänner noch beiden in Gemeinschaft verblieben, daher Johannes I. von Starkenburg und dessen Sohn Heinrich sich mit Johannes dem Lahmen von Kreuznach und seinen Brüdern, den Söhnen seines verstorbenen Bruders Simons I., im Nov. 1266 dahin gütlich vereinbarten, sämmtliche von der Gesammtgrafschaft Spanheim abhängigen Lehensleute, vor dem künftigen Osterfeste, unter sich zu theilen und zwar so, daß ein dritter Theil derselben der starkenburger, die übrigen zwei Drittheile aber der kreuznacher Linie, oder Johannes dem Lahmen und seinen Brüdern zufallen sollten [137]), welches Zahlenverhältniß daher rührt, weil ursprünglich drei Brüder die erste Theilung in unserem Hause vorgenommen, Simon I. aber, wie uns bereits aus dem J. 1248 bekannt ist, seines Bruders Heinrichs von Heinsberg Antheil der Grafschaft Spanheim gegen diejenigen Burgen, Orte und Güter vertauscht hatte, die ihm aus der sayner Erbschaft zugefallen waren.

Zwei Jahre nachher übertrug Junker Johannes der Lahme aus Gnade dem Rheingrafen Siffrid ein für dessen damals noch unmündigen Neffen bestimmtes Lehen, daher sich derselbe pflichtig machen

---

[135]) Kremer's Gesch. des ardennischen Geschlechts II, 66 No. 111.

[136]) Beide Beschreibungen sind datirt: Actum Anno Domini MCCLXV. VII Idus Julij. (9. Juli). Gudeni Cod. dipl. mogunt. II, 800 et 801; auch Trith. Chron. sponh. fol. 285 et 286 ad a. 1265.

[137]) Actum et Datum Anno Domini M⁰.CC⁰.LX⁰. sexto in die Coecilie Virginis. (22. Nov.). Kremer's diplom. Beiträge 142 No. III.

mußte, wenn jener Neffe während seiner Minderjährigkeit versterben
würde, keine Ansprüche an das fragliche Lehen erheben zu wollen [138]),
mit Ingebrant genannt von Monzingen, Bürger in Kreuznach, sowie
mit dessen Hausfrau Guda gieng aber unser Graf 1270 einen Güter=
tausch ein, indem ihm jene Eheleute vor dem Schultheißen und dem
Gerichte zu Kirchberg ihre sämmtlichen in und bei dieser Stadt ge=
legenen Besitzungen, bestehend in Häusern, Aeckern und Wiesen, ab=
traten, deren jährlicher Ertrag zu 95 Mark cölner Pfenningen ange=
schlagen war, wofür er denselben ansehnliche genau bezeichnete Güter=
stücke in der Nähe Kreuznach's, nebst einem Weinberge, so wie auch
ein am Markt daselbst befindliches Backhaus für frei und eigen und
zwar mit der ausdrücklichen Bestimmung überließ, wenn vielleicht Burg
und Stadt Kreuznach später unter seine Brüder vertheilt werden würde,
daß dann derjenige in dessen Theil die Stadt fiele, diesen Tausch genau
halten müsse, welchen Vorgang Johannes durch viele Burgmänner aus
Spanheim, Beckelheim, Kreuznach und Dille bezeugen, so wie auch,
nebst anderen Verwandten, von seinem Schwiegervater Emich IV.,
seinem Schwager Friedrich IV. von Leiningen und von den Städten
Kreuznach und Kirchberg besiegeln ließ [139]).

Unser spanheimer Herr wohnte im Jahre 1273 der Krönung des
Habsburgers Rudolf I. bei und bezeugte zugleich bei solcher feierlichen
Veranlassung dessen Privilegien=Erneuerung für die Stadt Aachen [140]);
im folgenden Jahre waren jedoch in dem Kloster Spanheim unter dem
unruhigen Abte Peter wieder gefährliche Zerwürfnisse ausgebrochen;
derselbe hatte nämlich vor drei Jahren die jährlichen Einkünfte seines
Gotteshauses ausgeschieden und jedem Conventualen seinen Antheil
daran zugewiesen, da er aber diese Theilung jetzt als die Veranlassung
zu verderblichen Gesinnungen und als der Schmälerung seines An=
sehens Vorschub leistend erkannte, so war ihm solche Maßregel äußerst
leid und unangenehm, daher er dieselbe, wiewohl alle Mönche, den
Prior allein ausgenommen, sich seinem Vorhaben widersetzten, plötzlich
eigenmächtig aufhob und widerrief, worüber jedoch die Conventualen
in eine wahre Wuth geriethen und sich eidlich dahin verschworen, lieber

---

[138]) Actum apud Crucinacho Anno Dni. M⁰.CC⁰.LXVIII⁰. Sp. neues Copb.
in R No. IV fol. 691.

[139]) Actum et datum Anno Domini M⁰.CC⁰. Septuagesimo. In Mense Maii.
Oudem? Cod. dipl. mogunt. III, 1199 No. LXXXV.

[140]) Boehmer! Regesth imperii ab a. 1246—1313 pag. 59 N⁰. 11.

und eher den Abteivorstand umzubringen, als sich den ihnen bisher
verabreichten Theil an den Gefällen wieder entreißen zu lassen, oder
gar darauf zu verzichten und als der Abt ihr Vorhaben erfuhr, ent=
wich er 1274 nach Kreuznach und verweilte daselbst über ein Jahr
lang, bis dann endlich, nachdem der Hauptträdelsführer unter den
Mönchen seitdem mit Tode abgegangen war, Johannes der Lahme
diesen groben ungeistlichen Unfug als Schirmherr 1276 durch folgende
Anordnung beilegte: die vollzogene Theilung sollte Bestand haben, allein
die Conventualen müßten über die ihnen zugewiesenen und auch ein=
gezogenen Gefälle dem Abte jährlich Rechnung ablegen und das näm=
liche seie aber auch lezterer von seinem Einkommen jedes Jahr zu thun
schuldig, damit er nichts unterschlagen könne und derselbe überhaupt,
ohne seines Conventes und dieses ohne das Wissen und die Einwilli=
gung jenes, durchaus nichts veräußern dürfe [141]).

Es war zu erwarten, die oben erwähnte Theilung der früher
gemeinschaftlichen Lehen unter die starkenburger und kreuznacher Linien
vom Jahre 1266 möchte später Veranlassung zu Zwietracht und Rei=
bereien zwischen beiden geben, welcher Fall 1275 auch würklich eintrat,
als Graf Heinrich I. von Starkenburg dem Ritter Wolfram dem
Großen von Lewenstein sein Lehen, bestehend in dem Pfarrsatzrechte
und dem Zehnten der Kirche zu Spiesheim, erneuerte [142]). Weil nun
dieses Patronat mit seiner Zugehör durch die jezt verstorbenen Brüder
und Ritter, Wolfram und Emerichs von Lewenstein (welcher leztere der
Vater jenes Wolfram des Großen gewesen), früher dem Cisterzer Non=
nenconvente in Syon als milde Gabe zugestellt worden war, die Grafen
von Spanheim aber als Lehensherrn diese Uebergabe nicht genehmigt
hatten, so legte Wolfram der Große Widerspruch dagegen ein und ließ
sich deshalb durch den starkenburger Grafen mit jenen Lehensstücken
auf's neue belehnen, was, um den armen syoner Nönnchen diese Wohl=
that zu sichern, viele Untersuchungen, vornämlich über den Umstand
zur Folge hatte, welcher von den jetzigen beiden spanheimer Stamm=
Linien eigentlich das Vorrecht zugestanden hätte, dieses Lehen zu er=
theilen und also auch die Einwilligung zu jener Schenkung an Syon
zu geben, das früher, vor der Theilung der Lehen, der Graf Johannes I.

---

[141]) Trith. Chron. sponh. fol. 288 et 289 ad a. 1274 et 1276.'

[142]) Datum Anno Domini M⁰.CC⁰.LXXV in vigilia beati Andreæ Apostoli.
(29. Nov). Würdtwein Monasticon pal. VI, 117 No. CLIII.

von Starkenburg, als der älteste Bruder und nach Landesrecht, aus-
geübt hatte, bis dann endlich im Juni 1276 das gute Recht der Nonnen
feierlich anerkannt [143]) und Wolfram der Große mit seiner Einsprache
abgewiesen wurde, daher auch, um jeden künftigen Anstand zu beseitigen,
Johannes der Lahme von Kreuznach schon in diesem Jahre jene Schenkung guthieß und sogleich auf seine Lehensrechte verzichtete [144]), während
Graf Heinrich I. von Starkenburg, der sich durch diesen Vorgang für
gekränkt und benachtheiligt hielt, erst vier Jahre später seine Zustimmung, nebst Verzicht auf sein vermeintliches Recht, ausstellte [145]).

Bisher hatte unser Johannes den kreuznacher Theil der Grafschaft
Spanheim allein inne gehabt und verwaltet, allein mit dem Jahre 1277,
um welche Zeit vielleicht sein Bruder Heinrich volljährig geworden sein
mochte, änderten sich die seitherigen friedlichen und ruhigen Verhältnisse
und lezterer, dessen Character überhaupt nicht im vortheilhaftesten
Lichte erscheint, bereitete nicht nur seinem älteren Bruder vielen schweren
Kummer, sondern auch dem kreuznacher Aste bedeutenden Schaden und
Nachtheil, dadurch, daß er nämlich seinen Antheil vom väterlichen Nachlasse begehrte, sein Bruder aber vielleicht der Ansicht war, derselbe
könne nichts verlangen, weil der Vater dem ältesten Sohne die Regierung des Landes allein übertragen hätte [146]). Selbst die Stadt Kreuznach, das Haupt der vorderen Grafschaft, welcher unser Graf, auf
gnädiges Zulassen des Königs Rudolfs I., am 3. April 1277 besondere Freiheiten ertheilt hatte, ward durch die Forderungen jenes Heinrichs aufmerksam gemacht und besorgt wegen der ihr eben erst zugestandenen Vorrechte, daher der dasige Schultheiß und die Schöffen, nebst
der gesammten Bürgerschaft sich sogleich versammelten und ihrem bisherigen geliebten Regenten einstimmig folgende Erklärung ausstellten:
nur ihm dem Grafen Johannes von Spanheim allein, so wie dessen
rechtmäßigen Erben und sonst keinem anderen, als ihrem Herrn und
Gebieter zu gehorchen, nach Maßgabe der in ihren Freibriefen vestge-
stellten Rechten und Gewohnheiten, die jedoch der Graf nicht schmälern
dürfe, sondern nach Umständen noch erweitern würde, welche Rechte

---

[143]) Actum Anno Domini M⁰.CC⁰.LXXVI⁰. IIII idus junij. (10. Juni).
Würdtwein Monasticon pal. VI, 122 ꝛc. No. 157.

[144]) Actum Anno Domini M⁰.CC⁰.LXX⁰.VI⁰. Aus einer Urkundensammlung,
siehe auch daselbst VI, 130 No. 158.

[145]) Datum Anno Domini Mⁿ.CC⁰.LXXX⁰. Eben daher und daselbst VI, 135
No. 162.

[146]) Trith. Chron. sponh. fol. 289 ad a. 1278.

aber auch durch die Bürger niemals gemindert oder geschwächt werden
sollten, was sie aufs feierlichste zugesagt hätten; zugleich gelobten sie
ihrem Herrn und seinen Nachkommen, ohne deren Wissen und Zustimmung keinen spanheimer Leibeignen zum Bürger aufnehmen zu
wollen, würde aber ein solcher in der städtischen Gemark Güterstücke
erwerben, so möge er dieselben besitzen und genießen, jedoch müsse er
davon seinem Gebieter und dessen Erben alle schuldigen und hergebrachten
Dienste leisten; zöge indessen ein Leibeigener in ihre Stadt, um mit
seiner Familie daselbst zu wohnen, ohne aber zum Bürger aufgenommen
zu sein und ohne Güter zu erkaufen, ein solcher müsse demohngeachtet
hinsichtlich des Genußes der städtischen Waiden und Wälder, nach
Maßgabe seines Vermögens die gebräuchlichen Abgaben und Gebühren
dafür entrichten und zum Schlusse bezeugten sie noch, der Graf habe
für sich und seine Nachfolger gelobt, diese sämmtlichen ihnen verliehenen
Zugeständnisse vest und unwiderruflich aufrecht zu erhalten, mit der
beigefügten Erklärung: alle bis zum heutigen Tage in die Stadt aufgenommenen Bürger, mit alleiniger Ausnahme des Schaafhirten Peter
und des Walter, genannt Huber, sollten sich dieser ihnen ertheilten
Freiheiten zu erfreuen und dieselben aufs künftige zu genießen haben [147]).

Die vorbemerkten Ansprüche Heinrichs an seinen Bruder Johannes
den Lahmen bezüglich seines Theils am väterlichen Gute, bereiteten
lezterem, der ein tapferer, standhafter Mann war und jenem nichts
zugestehen wollte, viele Unannehmlichkeiten und sie waren die traurige
Veranlassung, zu großer, bisher im spanheimer Hause unbekannter
Uneinigkeit, sowie überhaupt zu schwerem langwierigen Hader in der
ganzen Familie. Um diesen Wirren ein Ziel zu setzen, wandte sich
unser Johannes endlich an seine Vettern, den Grafen Gotfried von
Sayn und an dessen Bruder Heinrich I. von Spanheim=Starkenburg,
welche auch sogleich bereit waren, durch eine gerechte und billige Theilung der vorhandenen Burgen, Städte, Lehen und Dörfer unter die
beiden Brüder, den gestörten Hausfrieden wieder herbeizuführen und
wie gewissenhaft jene zwei Männer dabei zu Werke gingen, leuchtet aufs
deutlichste aus den Worten der Urkunde von 1277 selbst hervor, worin
sie in ihre Seelen erklärten und versprachen, solches wichtige Theil-
ungsgeschäfte, so lieb ihnen ihre Ehre sei und als wahre gläubige

---

[147]) Acta sunt Anno dni. M⁰.CC⁰.LXXVII⁰. feria sexta In Ebdomada Paschalj.
(3. April). Sp. Copb. in K. B folio CCLXXXIX a.

Chriſten, zu vollbringen, deren Außſpruche ſich in jeder Hinſicht zu fügen, Johannes ſogleich zuſagte; weil aber jene Vermittler den unbeſtändigen Character Heinrichs kannten, ſo machten ſie vorher noch zur Hauptbedingung: derſelbe müſſe ihnen durch Brief und Siegel die feierliche Verſicherung geben, alles dasjenige was ſie in der Theilung veſtſetzen würden, gleichfalls genehmigen und unverbrüchlich halten zu wollen [148]. Am folgenden Tage ſtellte nicht nur derſelbe, ſondern auch ſein Bruder Johannes und alſo letzterer wiederholt, den von jenen Friedensſtiftern verlangten Revers aus, in welchem ſie aufs entſchiedenſte erklärten: ſie hätten zur Beilegung ihres Zwieſpaltes, auf ihren Oheim und zwei Blutsfreunde von väterlicher Seite, nämlich auf Herrn Walram den Cantor am Dome zu Cöln, ſo wie auf die Grafen Gottſried von Sayn und Heinrich I. von Starkenburg gewilligt (oder compromittirt) und ſich zugleich dahin eidlich verbindlich gemacht, was dieſe drei über die Erbtheilung des väterlichen Nachlaſſes, entweder rechtlich oder in der Minne entſcheiden würden, treulich und gewiſſenhaft zu vollziehen, wobei ſie ſchlüßlich noch veſtſezten, wer von ihnen beiden mit deren Außſpruche nicht zufrieden ſein, oder demſelben nicht nachkommen würde, der wäre meineidig, er verzichte damit ausdrücklich auf die Hülfe und den Beiſtand ſeiner ebenbemerkten Verwandten und ſeie zugleich aller Erbanſprüche, ſowohl auf Eigen, als auf Lehen, für immer verluſtig! Dies geſchah zu Caſtelhun in Gegenwart jener Vermittler, ſo wie noch anderer Herrn und Burgleute, welche dieſes wichtige und inhaltsſchwere Actenſtück mit ihren Siegeln bekräftigten [149].

Die beiden gräflichen Brüder von Sayn und von Starkenburg überlegten und unterſuchten darauf alles genau und gründlich, was zu einem ſolchen Friedenswerke nothwendig war, worüber ſie ſich außerdem noch mit den Raugrafen Konrad und Heinrich, nebſt dem Herrn Philipp von Hohenfels beriethen und vollzogen die fragliche Theilung, daher Graf Heinrich am 1. Sept. 1277 urkundlich erklärte, er wäre durch jene Herrn und andere einſichtsvolle Männer, Ritter, Getreue und Burgmänner, welche die Trennung ihrer Erbgüter vorgenommen hätten,

---

[148] Datum et Actum Anno gre. Mº.CCº. septuagesimo septimo sequenti die post festum natiuitat. bti. Johis. Bapt. (25. Juni). Vidimirte Copie in Str. Faſc. IV No. 3.

[149] Act. et dat. Keſtelun Anno dni. Mº.CCº.LXXº. septimo in die beatorum Johannis et Pauli. (26. Juni). Orig. im Arch. zu Str. Faſc. IV No. 4 u. ſp. Copb. in K. B fol. CCLXXXIII b.

mit seinem Bruder Johannes jezt verglichen und ausgesöhnt, denn ihm, seiner Gattin Kunigunde und ihren Erben seie dadurch erblich und eigenthümlich zugefallen die Burg Beckelnheim mit Burgleuten, allen Zubehörungen und Rechten, wie dies sein Bruder bisher besessen habe, dann der Hof im Dorfe Rußbach, die Güter in dem unter jener Veste gelegenen Dorfe Husen, ferner die Dörfer Weinsheim, Beckelnheim, Monzingen, Seßbach, nebst denjenigen Orten, die man gewönlich in der Abtei nenne, sammt den Höfen Maxein und Selters, mit allen möglichen Rechten, Gefällen und sonstigen Zuständigkeiten, jedoch unter folgenden ausdrücklichen Bedingungen: sterbe jener Heinrich ohne leibliche Lehenserben, so müße Beckelnheim, Veste und Dorf mit sämmtlichen dazugehörigen Gefällen, wieder an seinen vorgenannten Bruder oder an dessen Nachkommen zurückfallen, allein seine genannte Gemahlin sollte dennoch in dem lebenslänglichen Genuße einer jährlichen Rente von 80 Marken verbleiben, welche auf die obenbezeichneten und ihm zugetheilten Besitzungen verschrieben seien, wolle er aber jene Burg, oder einige von den Dörfern veräußern, so habe er die Pflicht, dies vor allen seinem Bruder, oder dessen Erben, und wann diese nicht darauf eingehen würden, dann erst anderen näheren Erben zu Kauf anzubieten. Da nun Graf Heinrich auf solche Weise die vollbrachte Theilung freiwillig anerkannt und angenommen hatte, so entschieden die Vermittler darauf, derselbe hätte damit zugleich auf alle übrigen Bestandtheile der Grafschaft oder Herrschaft Spanheim; sie möchten bestehen in was sie wollten, förmlich Verzicht geleistet, so wie sich auch aller möglichen Ansprüche auf Eigen oder Lehen begeben, die jener Grafschaft in Zukunft von Aeltern, Brüdern oder Schwestern anfallen könnten; dasselbe gelobte auch Johannes hinsichtlich der seinem Bruder Heinrich übergebenen und zugetheilten Ortschaften und Güter, worauf lezterer schlüßlich noch die wichtige Erklärung abgab: würde er die vorstehenden Bestimmungen irgendwie nicht halten, sondern dieselben verletzen, so seie er jeglicher thätigen Unterstützung von Seiten seiner Verwandten, Freunde, Getreuen und Burgmänner verlustig, so wie auch rechtlich von aller Erbschaft ausgeschlossen, mit einem Worte rechtlos und eidbrüchig [150]). So war denn also die Ruhe und die, ·

---

[150]) Actum et Datum. Anno dnj. Mill⁰.CC⁰.LXX⁰.VII⁰. Kl. Septembris. (1. Sept.). Orig. im Arch. zu Str. Fasc. IV No. 5 und Kremer's dipl. Beiträge 217 No. V.

so lange Zeit häßlich unterbrochene, Einigkeit zwischen den Brüdern wieder hergestellt, jedoch leider nicht auf veste Dauer!

Der Erzbischof Werner zu Mainz nahm in demselben Jahre Johannes den Lahmen zu seinem und des Erzstiftes Burgmanne in Clopp auf, wofür er ihm 400 Mark cölner Pfenninge und bis diese bezahlt wären, jährlich 40 Mark zu reichen versprach, weil aber der Prälat jene 400 Mark abzutragen und dadurch unseren Grafen um so vester für den Dienst der mainzer Kirche zu gewinnen wünschte, wies er ihm, mit Wissen und Willen seines Domcapitels, dieses Geld auf seine Gefälle von den Juden in der Stadt Mainz in bestimmten Terminen an, jedoch unter der Bedingung, daß derselbe dem Erzbischofe, bis zum nächsten 2. Februar, auf seine Güter in der Nähe Bingens 35 Mark Einkünfte verlegen, diese Summe als mainzer Lehen empfangen und einen seiner Edeln in die Veste Clopp bei Bingen als Burgmann einsetzen müsse, um ständig daselbst zu wohnen, weßhalb von dem lezten Zahlungstermine jener 400 Mark, 50 Mark zurückbehalten werden sollten, um mit deren Zinsen zu 5 Mark den Burgmann besolden zu können [151]; Johannes kam auch in der vestgesezten Frist seiner Verpflichtung nach und verschrieb, gemeinschaftlich mit seiner Lebensgefährtin Adelheid, so wie mit seinen Brüdern Eberhart und Lothar, 1278 dem mainzer Erzhirten jene 40 Mark auf Güterstücke bei Kreuznach und auf 80 Malter Korngülte vom Wenzenfelde daselbst fällig, worauf er erst den üblichen Rückschein wegen dieses clopper Burglehens ausstellte [152] und zwei Tage darauf sprach der Junggraf Heinrich von Spanheim seinen Bruder Johannes von einer Schuld zu 18 Marken, nebst allem Schaden, ledig und los [153]. — Hinsichtlich des, uns aus dem J. 1270 noch erinnerlichen, Gütertausches mit Ingebrand von Monzingen, stellten um diese Zeit unser Graf und seine Gattin, nebst den Schöffen und Bürgermeistern zu Kreuznach, einen Verzicht für jenen Ingebrand, der jezt Bürger zu Bingen, vorher aber gräflichspanheimischer Truchseß (also entweder Amtmann oder sonstiger Finanz-

---

[151] Datum maguncie Anno dni. M⁰.CC⁰.LXXVII⁰. XVa. Kl. Octobris. (17. Sept.). Sp. Coph. in K. B fol. CCCLXXXVII a.

[152] Datum Anno dni. M⁰.CC⁰.LXXVIII in vigilia Purificacionis beate Marie virginis. (1. Febr.). Cod. perg. Mogunt. I fol. 230 b. im Kgl. Reichsarch. zu München. In Würdtwein diplom. mogunt. I, 86 No. 44 ist diese Urkunde mit irrigem Datum (1300) abgedruckt.

[153] Datum et Actum Anno Dni. M⁰.CC⁰.LXX⁰.VIII⁰. In Crastino Purificacionis Bte. Marie. (3. Februar). Sp. Coph. in K. B fol. CXXIIII b.

angestellter) war; bezüglich ihrer Ansprüche an die demselben vertauschten Güter in der kreuznacher Gemarkung aus [154]); wegen jenes erzstiftischen Burglehens zu Clopp, wofür unser Johannes dem mainzer Prälaten Güter zu Kreuznach verlegt hatte, mußte jedoch derselbe im Beisein seiner Adelheid und seiner beiden genannten Brüder, damaligem Gebrauche gemäß, 1279 diese Güter vor dem Gerichte jener Stadt aufgeben, darauf verzichten [155]) und sich einige Tage nachher, zu noch größerer Sicherheit, gegen den Erzbischof anheischig machen, den Herrn Walther von Gerolzeck, der seine Schwester Imena geehelicht hatte, falls dieselben an das für jenes Burglehen versetzte Feld bei Kreuznach Ansprüche haben oder machen sollten, zu einem gleichmäßigen Verzichte zu bewegen [156]), so daß also auch diese Angelegenheit jetzt vollständig bereinigt war.

Während dieser Vorgänge war aber in den Gesinnungen des Grafen Heinrich, hinsichtlich der Theilung mit seinem Bruder Johannes in Kreuznach vom J. 1277, eine sehr nachtheilige Veränderung vorgegangen, die wir uns nur aus dessen unbeständigem und boshaftem Charakter zu erklären vermögen, denn die Annahme, er seie durch andere dazu verleitet und gegen seinen Bruder aufgehetzet worden, ist ganz unstatthaft, weil er absichtlich gegen sämmtliche Bestimmungen des Theilungsvertrages handelte, die ihm doch, bei jedem fremden Einflüsterungen immer hätten vor Augen schweben müssen. Er hielt sich vermuthlich später durch jene Theilung für benachtheiligt und wünschte oder suchte noch mehr zu erhalten, worauf indessen sein Bruder, weil alles rechtlich und mit seiner Einwilligung zugegangen und vest verbrieft war, ohnmöglich eingehen konnte, daher sich ein unversöhnlicher Zorn und Haß gegen denselben des Gemüthes Heinrichs bemächtigte, welche Leidenschaften ihn auch endlich zu einem unverantwortlichen, ungesetzlichen und verzweifelten Schritte bewogen, denn er bot 1279 dem mainzer Erzbischofe Wernher, den Aussprüchen der Theilung zuwider, die Veste Beckelnheim zum Kaufe an, welches vertragswidrige Anerbieten derselbe natürlicher Weise sogleich annahm, worauf sich der

---

[154]) Datum Cruzenach anno dni. M⁰.CC⁰.LXXVIII⁰. III⁰. Non. Marcij. (5. März) Orig. in der heidelberger Univ.=Bibliothek No. 183.

[155]) Datum Anno Domini MCCLXXIX in vigilia Purificacionis bte. Marie Virginis. (1. Februar). Gudeni Cod. dipl. mogunt. I, 771 No. 355 et Joannis Spicileg. 475 No. XIV.

[156]) Datum Anno Domini MCCLXXIX in crastino purificacionis bte. Marie virg. (8. Februar). Joannis Spicileg. 473 No. XIII.

gewissenlose Heinrich bald nachher, begleitet von seiner Gattin Kunigunde von Bolanden, deren Witthum auf jene Burg verschrieben war, nach Mainz verfügte, wo dann der ungerechte Handel folgendermaßen abgeschlossen ward: beide veräusserten nämlich in Gemeinschaft ihre genannte Veste, sammt den Burgleuten, nebst 80 Marken jährlicher Einkünfte, jenem nicht minder gewissenlosen Prälaten und seinem Erzstifte für ewiges Eigenthum um 1040 Mark aachner Pfenninge, die in bestimmten Zielen abgetragen werden sollten und wofür Bürgen gestellt wurden, während der Verkäufer auf Jahr und Tag Währschaft für das verkaufte Gut leistete und zugleich gewann Wernher den Grafen noch zu seinem Burgmanne in Niederulm oder in Bingen, mittelst weiterer 200 Marken, welche Summe derselbe, sobald sie bezahlt wäre, auf seinen eigenen Gütern bei jenen Orten anlegen und deren jährlichen Ertrag zu 20 Marken von Kurmainz als Burglehen empfangen müße; würde jedoch der Erzhirte wegen dieses Vorganges mit Heinrichs Bruder, Johannes dem Lahmen, zu Krieg oder Fehden kommen, so versprach jener, demselben zur Erlangung seines Rechtes (!) kräftigst beizustehen und zwar unter der weiteren Verbindlichkeit, ohne dessen Wissen und Zustimmung mit seinem Bruder keinen Vergleich einzugehen, was ihm Wernher von seiner Seite ebenfalls zusagte, und weil Kunigunde, ihres Witthums wegen, bei dieser Veräusserung besonders betheiligt war, sie aber kein eignes Siegel bei sich hatte, so mußte ihre Mutter Lucardis das ihrige für sie anhängen [157].

Das Erstaunen und die Erbitterung unseres Herrn Johannes von Kreuznach über solchen unerwarteten boshaften Schritt seines Bruders, kann man sich leicht vorstellen und er versuchte auch alles mögliche, zur Erhaltung jenes alten Erbgutes bei seinem Stamme, um den Handel wieder rückgängig zu machen, ja er erbot sich sogar, vermöge der Bedingungen im Theilungsbriefe, zur Ablösung Beckelnheims von dem Erzbischofe, allein seine ernstlichen Bemühungen waren ohne allen guten Erfolg, sein Bruder hatte seinen Muth und seine Bosheit an ihm gekühlt, die nimmersatte Kirche war im ruhigen Besitze des unrechtmäßig erworbenen Gutes und so blieb ihm also, nachdem vorher alle gütlichen Mittel erschöpft waren, nothgedrungen kein anderer

---

[157] Datum et Actum Magunt. Anno dni. M⁰.CC⁰.LXXVIIII. VIII⁰. Kl. Augusti. (25. Juli). Cod. perg. Mogunt. Vol. I folio 208 b. im kgl. Reichsarchive zu München. In verschiedenen Werken fehlerhaft abgedruckt, immer mit dem J. 1278.

Ausweg mehr übrig, als sich sein gutes Recht mit gewaffneter Hand
zu verschaffen, wiewohl derselbe, wie wir in der Geschichte der starken=
burger Linie vernehmen werden, mit den Wildgrafen bisher sattsam
und längere Zeit in schweren Fehden gestanden war, die erst aufs Oster=
fest 1279 ihre Beilegung gefunden hatten. Zu dem Ende verbündete
er sich mit dem Landgrafen von Hessen, so wie mit seinen Verwandten
den Grafen Gotfried von Sayn, Heinrich I. von Starkenburg, Eber=
hart von Katzenelnbogen, Friedrich III. und Emich IV. von Leiningen,
Heinrich II. oder dem Streitbaren von Zweibrücken und andern, bot
zugleich seine Manne zur Hülfe auf, rückte dann, so trefflich gerüstet,
in das mainzer Gebiet ein und hausete darin, nach damaligem Brauche,
mit Rauben, Sengen und weithin Verderben verbreitend.

Unterdessen hatte sich aber auch der Prälat von Mainz zur Ver=
theidigung gerüstet, sich mit mächtigen angesehenen Freunden seines
Erzstiftes gleichfalls in Verbindung gesetzt, so wie seine Lehensmänner
an sich gezogen und so kam es im Spätjahre 1279 bei Sprendlingen,
ohnweit Kreuznachs, zu einem Treffen, das jedoch sehr nachtheilig für
unsern Spanheimer ausfiel. Die zwei Heerhaufen stießen wüthend auf
einander und bis in den Mittag ward gekämpft, ja man focht von
beiden Seiten so tapfer, daß der Sieg lange hin und her schwankte,
bis sich endlich das Glück dem Mainzer zuwandte; Graf Johannes
selbst war auch bereits im Gedränge von den Schaaren desselben um=
ringt und ergriffen worden, als ein Kreuznacher Metzger, Michel Mort
mit Namen, ein kräftiger und äußerst kühner Degen, der bisher mann=
haft gestritten hatte, die Noth und Gefahr seines Herrn gewahrte, sich
wuthschnaubend auf die Feinde stürzte, mehr denn zwanzig derselben
niederstreckte, und seinem Gebieter, welchen er endlich glücklich erreicht
hatte, der aber vom Pferde gerissen war und, seines lahmen Fußes
wegen, nicht entrinnen konnte, zum schützenden Schilde wider dessen
Gegner diente; Mort selbst war zwar schwer verwundet, aber, obgleich
auf die Knie niedergesunken, vertheidigte er demohngeachtet in dieser
Stellung noch seinen Grafen, gleich einem ergrimmten Leuen rechts und
links mit dem Schwerte um sich hauend! — Endlich brach Emich IV.
von Leiningen, der die flüchtigen Spanheimer wieder gesammelt hatte,
auf Mort's Hülfsgeschrei, sich durch die dichtesten Haufen Bahn bis
zu ihm hin und ein furchtbares Gemetzel begann daselbst aufs neue,
während dessen unser Johannes gleichsam wunderbar aus dem wilden
Getümmel der Feinde entkam, allein sein treuer Beschützer Mort

verhauchte nicht lange darauf seine Heldenseele unter den Kolben und
Spiesen der Mainzer; jener Emich IV., ein Rheingraf und viele Edle
fielen jedoch denselben als Gefangne in die Hände, indem nach der
Befreiung des lahmen Grafen, auf welchen es hauptsächlich abgesehen
war, die Schaaren des darüber wuthentbrannten geistlichen Herrn
Werners zu heftig und unwiderstehlich auf die Spanheimer eindran-
gen; jenem wackern Michel Mort ließ aber unser dankbarer Graf,
um dessen bewiesenen und mit dem Tode besiegelten Heldenmuth bei
der Mit= und Nachwelt zu ehren, später auf der Wahlstatt ein schönes
Denkmal errichten, bestehend aus einer steinernen Säule mit seinem
Bildniße, so wie er auch zugleich der Metzgerzunft in Kreuznach, die
sich in jener Schlacht ebenfalls sehr tapfer gehalten hatte, durch ein
besonderes Privilegium große Vorrechte verlieh. Nach errungenem
Siege übte nun Werner Wiedervergeltung aus und suchte die spanheimer Besitzungen in der Umgebung Kreuznachs eben so furchtbar mit
Brand und Raub heim, wie Johannes der Lahme früher das erz-
bischöfliche Gebiet; ja die beutelustigen Ritter und Kämpen des geistlichen Herrn verschonten sogar Kirchen und Klöster nicht, denn sie
überfielen namentlich die in der Nähe des Schlachtfeldes befindliche
Augustinerpropstei Schwabenheim und plünderten sie rein aus, so
wie sie auch die Höfe und andere Gebäude derselben vorerst ausraub-
ten und dann in Rauch aufgehen ließen [158]), welche Beschädigungen
und Bedrängniße, zum größten Nachtheile für Land und Leute, auch
noch im folgenden Jahre 1280 von den erbitterten Partheien fortgesetzt
wurden.

Endlich waren doch beide Theile des langen Habers und der
mannigfachen Beeinträchtigungen müde und gaben friedlicheren Gesinnungen Raum, daher der Erzbischof im März 1281 eine Versammlung
von angesehenen Geistlichen, Grafen und Herrn in Aschaffenburg ver-
anlaßte, um die Punkte zu einer gütlichen Vereinbarung unter denjenigen Parthien, mit denen jener Prälat damals noch in Fehde stand,
zu berathen und veßtzustellen, welche dann einem späteren Vergleiche und
allseitiger Aussöhnung zur Grundlage dienen sollten, worin hinsichtlich
unseres kreuznacher Grafen Johannes ausdrücklich folgendes veßtgesetzt
ward: er und seine Gattin sollten vorerst für sich und ihre sämmtlichen

---

[158]) Trith. Chron. sponh. fol. 289 et 290 ad. a. 1279 et ejusdem Chron.
Hirsaug. II fol. 36 et 37 ad a. 1279.

Erben auf alle Ansprüche, Rechte u. s. w. an Beckelnheim Verzicht
leisten; ferner müße derselbe und sein Vetter Heinrich I. von Starkenburg jenem Prälaten Wernher in seinem Kriege gegen den Landgrafen
von Hessen mit einer bestimmten Anzahl Bewaffneter zu Roß und zu
Fuß helfen, so wie ihm, wenn er bei der Ausführung eines Burgbaues
im mainzer Gebiete gehindert werden würde, kräftigen Beistand leisten,
auch dürfe Johannes den Feinden und Gegnern desselben in seinen
Vesten keinen Aufenthalt gestatten, sondern er solle überhaupt dem
Erzstifte gegen dessen Widersacher behülflich sein und das Land vertheidigen helfen, wobei es aber unserem Spanheimer frei stehen möge,
ob er auch in Zukunft des Erzbischofs Burgmann in Bingen (Clopp)
bleiben wolle oder nicht, in jenem Falle würde er die noch rückständigen
200 Mark erhalten, im entgegengesezten aber habe er die bereits em-
pfangene gleiche Summe wieder zurück zu erstatten und endlich müße
derselbe, unter der Vermittlung und dem Schiedspruche des Grafen
Friederichs III. von Leiningen, eine nochmalige Erbtheilung mit seinem
Bruder Heinrich eingehen [160]); die übrigen Artikel dieser Punktation
betrafen den Rheingrafen Siegfried und dessen Sohn Werner, welche
jedoch nicht hierher gehören. Es ist übrigens von selbst einleuchtend,
daß Johannes der Lahme, nebst seinem starkenburger Verwandten, auf
die meisten dieser ungerechten Vorschläge ohnmöglich eingehen konnten,
daher sich die Verhandlungen darüber bis zum December 1281 aus-
dehnten, wo dann König Rudolf I., bei seiner Anwesenheit in Mainz,
die seltherigen Zerwürfnisse zwischen dem Erzstifte und den spanheimer
Grafen beider Linien, sammt ihren Helfern, durch folgenden kurzen und
bündigen Sühnvertrag beilegte: "Johannes der Lahme, dessen Hausfrau
Adelheid und sein Bruder Eberhart sollten für sich, alle ihre Nachkommen und auf immer auf das, durch seinen Bruder Heinrich an
das Erzstift veräußerte, Haus Beckelnheim, nebst dessen Zubehörden
an Land, Leuten und Erträgnissen verzichten und sein Bruder Heinrich
habe den dritten Theil der, ebenfalls an Mainz verkauften Güter und
Dörfer, welche man die Abtei nenne, der Erzbischof hingegen die übrigen zwei Drittheile daran zu genießen, in deren Besitze jedoch lezterer
durch jenen Heinrich nicht gestört oder beeinträchtigt werden dürfe, die

---

[160]) Actum apad Aschaffenburg Anno Domini M⁰.CC⁰.LXXXI⁰. sexta feria
proxima post diem beati Gregorii. (13. März). Kremer's diplom. Beitr.
222 ꝛc. No. VI.

Gefangenen aber und ihre Bürgen sollten nach Ausstellung einer
gewönlichen Urfehde entlassen werden und endlich müßten die zwei
Grafen Johannes in Kreuznach und Heinrich I. in Starkenburg noch
zu den Heiligen schwören, diesen königlichen Entscheid stät und treulich
zu halten, würden sie aber demselben zuwider handeln und dadurch an
dem Erzstifte eidbrüchig werden, so wolle der Monarch mit den Reichsstädten Frankfurt, Friedberg, Wezlar, Gelnhausen, Oppenheim, Ober-
wesel und Boppart, dem Prälaten gegen jene beistehen, in welchem
Falle jedoch weder Graf Friederich III. von Leiningen und sein Sohn,
noch die Grafen Eberhart von Kazenelnbogen und Emich IV. von
Leiningen benselben Hülfe leisten dürften [160]), und nach Verlauf einiger
Tage (17. December) sezte jener König auf Anstehen der Reichsstädte
Mainz 2c. noch vest, Erzbischof Wernher müße für die in dem spanheimischen und rheingräflichen Kriege aufgewendeten Kosten, mit
2100 Mark entschädigt werden und weil aber der Graf von Kazenelnbogen, der Burggraf in Lahnstein und der Vicedom zu Jdstein diese
Summe bereits vorgeschossen hätten, so sollte deren diesfällige Forderung aus den Gefällen eines in Boppart neu zu entrichtenden
Zolles befriedigt werden, was unsere zwei Grafen ebenfalls besiegelten [161]).

Im Beginne desselben Jahres, in welchem durch die eben besprochene Sühne des zwar friedliebenden, jedoch bei dieser Gelegenheit
nicht energischen, Rudolfs I. die äußerst nachtheiligen Wirren mit dem
mainzer Prälaten beendigt waren und die Ruhe wieder hergestellt
ward, hatte unser Graf in Verbindung mit seiner, eben so wohlwollend
gesinnten, Ehehälfte Adelheid, in der Hoffnung dadurch das Heil ihrer
Seelen zu befördern, dem Provinzial des Carmeliten-Ordens die Sanct
Nicolaus-Capelle oder Kirche in der Stadt Kreuznach, mit allem was
damit verbunden war, aus freien Stücken zum Eigenthume übergeben,
welche Freigebigkeit nachher die Errichtung eines Carmeliter-Conventes

---

[160]) Dit geschach zu meinzen da man hatte von cristes geburte tusent iar. zwei
hundert iar. vnbe ein vnde achzig iar. imme nuenben iare. vnfes kunikriches.
an sente Lucien abende. (12. Dec). Orig. im Arch. zu Str. Fasc. IV
No. 7 und sp. Copb. in R. B fol. CCCLXXXV. Dieselbe ist auch in la-
teinischer Sprache unrichtig abgedruckt in Trith. Chron. sponh. fol. 291
ad a. 1281, Gudeni Cod. dipl. mog. I, 782 No. 364 und in Orat. de
Dioec. Beckelnheim pag. 30. — Böhmer in Reg. Imp. ab a. 1246—1313
pag. 110 macht zwei Urkunden daraus.

[161]) Gudeni Cod. dipl. mogunt. I, 784 No. 365.

daselbst zur Folge hatte [162]). Nach Jahresfrist verzichteten der Bischof Friederich von Speyer und sein Domcapitel auf ihre sämmtlichen Ansprüche und Berechtigungen an die Burg Beckelnheim mit allen Zubehörden, welche der Erzhirte Wernher und dessen Domcapitel von dem Grafen Heinrich von Spanheim für 1040 Mark aachner Pfenninge käuflich erworben hätten, jene hießen zugleich diesen Kauf gut und stellten dem Erzstifte Mainz ihre Rechte daran zu [163]) (es kann jedoch nicht ermittelt werden, wie solche Ansprüche an das Bisthum Speyer gekommen seien und worin sie bestanden haben), für welchen Verzicht jener Erzbischof dem speyerer Oberhirten und seinem Capitel gestattete, Burgen, Gefälle und Güter, bis zum Belaufe der Kaufsumme von Beckelnheim zu 16,000 Mark aachner Pfenningen, von mainzer oder anderen Lehensleuten auf irgend welche Weise zu erwerben und zu besitzen [164]). Als König Rudolf I. um diese Zeit in der Stadt Oppenheim Hof hielt, erschien vor demselben die edle Frau Margaretha von Beckelnheim, die Mutter unseres Grafen Johannes, mit der Klage gegen ihren Sohn, daß er ihr hinsichtlich ihrer Mitgift (wozu auch zuverlässig die jetzt verkaufte Veste Beckelnheim gehörte, worauf ihr Heurathsgut verschrieben worden war und wovon sie auch als Wittwe den Namen führte) Unrecht thue und sie benachtheilige, daher jener Monarch, auf Anstehen der beiderseitigen Freunde derselben, dieser Beschwerde folgendermaßen abhalf: der Sohn müße seiner Mutter zur Befriedigung ihrer Forderungen jedes Jahr 50 Mark guter mainzer Pfenninge auf diejenigen Güter anweisen, die er bei dem, zur vorderen Grafschaft Spanheim oder zu Kreuznach gehörigen, Soanwalde inne habe, welche Summe in zwei jährlichen Terminen, nämlich zur Hälfte in der Mitte des Monates Mai und halb auf Michaelistag, entweder in Bingen oder auf dem Rupertsberge, durch den Grafen oder dessen Erben zu entrichten seien, womit jene Wittwe, statt des Genusses ihrer Mitgift, zufrieden sein und keine weiteren Ansprüche mehr an ihren Sohn machen wolle; würde jedoch derselbe oder seine Nachkommen diese

[162]) Datum apud Crucenacum Anno Dni. M⁰.CC⁰.LXXX⁰. primo in die Sti. Sebastiani Martijris. (20. Januar). Coblenzer Provinzialarchiv; siehe auch Würdtwein Monasticon palat. V, 354 No. 87.

[163]) Datum apud Olmene. Anno dni. Mill.CC.LXXXLJ. III. Idus Januarij. (11. Januar). Cod. perg. mogunt. im Kgl. Reichsarch. zu München I fol. 202 b.

[164]) Datum apud Olmene Anno Dni. Millesimo CCLXXXII. III. Idus Jannarij. (11. Januar). Würdtwein subsid. dipl. IV, 344 No. XCIX.

Uebereinkunft nicht halten und der Frau Margaretha die genannte
Summe zur bestimmten Zeit nicht erlegen, so möge sie ihren Sohn
an seine eingegangene Verpflichtung mahnen und wenn er derselben
in Monatsfrist nicht nachkomme, so solle gegenwärtiger Vertrag aufge=
hoben, die Frau von Beckelnheim aber wieder in ihr früheres Recht
und in alle Anforderungen bezüglich ihrer Mitgift daselbst eingesetzt
sein; die vermittelnden Verwandten und Freunde bei dieser Vereinbarung
waren die Grafen Gotfried von Sayn, Heinrich I. von Starkenburg,
Friederich III. von Leiningen und Eberhart von Kazenelnbogen, die
auch nebst den beiden Parthien und dem Könige dieselbe durch ihre
Siegel beglaubigten [165]).

Unser Johannes und der mainzer Erzbischof Wernher, vor nicht
gar langer Zeit die erbittertsten Widersacher, verwandelten sich nun
plötzlich in die dicksten Freunde und Anhänger, denn sie schloßen An=
fangs Mai 1282 einen ewigen und vesten Bund mit einander ab, der
für sämmtliche Erben des Grafen, sowie für alle Nachfolger auf dem
erzbischöflichen Stuhle und auch für das Domcapitel bindende Kraft
haben sollte, worin sie sich gegenseitig und im Allgemeinen jede thun=
liche Hülfe und allen möglichen Beistand und zwar Jeder auf eigne
Gefahr und Kosten, gegen andere zusagten, wobei jedoch der Span=
heimer folgende mit ihm nahe verwandten Grafen, Gotfried von Sayn,
Heinrich I. den Starkenburger, Heinrich II. von Zweibrücken, Eber=
hart von Kazenelnbogen, nebst Emich IV. und Friederich den Jungen
von Leiningen seinerseits ausnahm und dann durch beide noch folgen=
des ausbedungen ward: gegen den Landgrafen von Hessen, mit welchem
der Prälat eben in Fehde begriffen wäre, seie der Graf nicht schuldig
letzterem zu helfen, es geschehe denn aus freien Stücken, falls aber der
Landgraf das durch Mainz angebotene Recht nicht annehmen wolle
u. s. w. dann habe der Spanheimer die Pflicht, das Erzstift gegen
denselben treulich zu unterstützen und um den Frieden unter sich zu
erhalten, setzen beide für sich und die Ihrigen weiter noch vest, keiner
von ihnen dürfe des andern Leute und Leibeigne als Bürger in seine
Städte, oder die beiderseitigen Burgleute in ihre Vesten aufnehmen,
ohne des andern Zustimmung; seie indessen der geistliche Herr gesonnen
in seinem Gebiete eine neue Burg zu errichten, so müße ihm Johannes

---

[165]) Datum Oppenheim XIII°. Kl. Febr. Indict. X°. Anno dni. M°.CC°.LXXX°.
Scdo. Regni vero nri. anno IX°. (19. Januar). Orig. im Arch. zu Str.
Fasc. IV No. 8 und sp. Copb. in R. B folio CCLXXII b.

gegen biejenigen Hülfe leisten, welche ihn baran hindern wollten, würde aber dieser mit dem Grafen Heinrich von Velben̄z spännig werden, so dürfe Wernher demjenigen von beiden nicht beistehen, welcher den durch ihn dargebotenen Rechtsweg zur friedlichen Beilegung des Spannesausschlage, sondern dem andern, der die mainzer Vermittlung annehme und schlüßlich hieß es noch, wenn Johannes der Lahme oder seine Erben und Nachkommen gegen die Bestimmungen dieses Bündnißes handeln würden, so wären sie nicht nur aller Lehen des Erzstiftes verlustig, sondern die ebengenannten Grafen von Kazenelnbogen und von Leiningen seien dann auch nicht verbunden, jenen Meineidigen zu helfen, welche Gottlosen überdem noch den Bann der heiligen Kirche zu erwarten hätten [166]).

Graf Simen I. von Spanheim-Kreuznach hatte, wie wir uns wohl noch erinnern werden, im J. 1258 sein Hofgut in Sprendlingen dem Hochstifte Worms zu Lehen aufgetragen und, gegen ausdrücklich vorbehaltene, durch den damaligen Bischof auch zugesagte Wiedereinlösung, für 500 Mark verpfändet, allein wegen dieses lezteren Vorbehaltes war dessen Sohn Johannes der Lahme in langwierige Irrungen mit dem wormser Oberhirten gerathen, bis er denselben endlich mit Gewalt aus dem Besitze jenes Hofes und Gutes warf, daher er mit dem Kirchenbanne und seine Grafschaft mit dem Interdicte belegt ward, bis dann endlich der gerechte König Rudolf I., unter der Vermittlung des kazenelnboger Grafen und mit der Einwilligung beider streitigen Theile, auch diesen mißlichen Gegenstand auf nachstehende Weise erledigte: unser Graf müße dem wormser Prälaten das sprendlinger Hofgut, nebst dessen sämmtlichen Erträgen und Rechten auf so lange einräumen, bis derselbe durch die Erhebung der, nach dem binger Martinimarktpreise zu berechnenden, jährlichen Gefälle für die obenbemerkten 500 Mark cölner Pfennige bezahlt seie und dazu auch noch die Einkünfte eines Jahres für Kosten und Auslagen erhalten hätte, daher Johannes der Lahme zwei durch ihn gewählte Personen mit dem gewissenhaften Vollzuge solcher Anordnung betrauen sollte; seie dieß geschehen, so wäre jenes Gut mit seinen Zuständigkeiten wieder freies Eigenthum der spanheim-kreuznacher Linie, welches alles unver

[166]) Actum Mogunt. Anno Dni. Mo.CCo.LXXXIIo. IIIa. Nonas Maij. (5. Mai). Sp. Copb. in K. B fol. CCCCV b.; der Gegenbrief Wernher's ist am nämlichen Tage ausgestellt und findet sich daselbst B fol. CCCLXXXV, ist aber äufferst mangelhaft abgedruckt in Gudeni Cod. dipl. mog. I, 789 No. 368.

brüchlich zu halten der Graf für sich und seine Erben zusagte; würde
er aber diesem Entscheide nicht nachkommen, oder vielmehr gegen denselben sein und den Bischof an der Einziehung der jährlichen Erträg-
nisse hindern, so seie durch den erzstiftischen Stuhl zu Mainz der
Kirchenbann nebst dem Interdicte und auch durch den weltlichen Monarchen die Acht über Johannes so wie über dessen Land zu verhängen
und zugleich habe dann der mainzer Prälat über denselben und über
seine Besitzungen so lange zu gebieten, bis er sich obigem Ausspruche
gefügt hätte, welchen Brief ausser dem Könige noch die Grafen Gotfried von Sayn und Eberhart von Kazenelnbogen, sammt den beiden
Parthien mit ihren Siegeln bekräftigten [167]) und einige Tage darauf
erläuterte der Oberhirte von Worms, Friederich, die in diesem königlichen Entscheide enthaltene Bestimmung, der Graf Johannes müße
ihm das Hofgut mit seinen sämmtlichen Einkünften zu dem angedeuteten
Zwecke übergeben, noch dahin, daß er von den jährlichen Gefällen
desselben nicht mehr einnehmen wolle, als sein Vorgänger, Eberhart,
daraus bezogen habe [168]).

Seit einiger Zeit waren mehrere geringfügigen Spänne zwischen
dem Grafen Heinrich I. in Starkenburg und zwischen dessen Verwandten
Johannes dem Lahmen entstanden, theils über leibeigne Leute und
theils wegen der spanheimischen Mannschaften, die jedoch durch des
ersteren Bruder, Gotfried von Sayn, welchem beide Theile den Entscheid übertrugen, im J. 1283 dadurch gütlich beigelegt wurden, daß
derselbe die streitigen Leibeignen theilte und den zwei Herren die ihnen
künftig zugehörigen anwies, worüber jeder einen besonderen Zustimmungs-
brief ausstellen mußte, worin die sogenannten armen Leute männlichen
und weiblichen Geschlechtes namentlich verzeichnet sind; der Ausspruch
Gotfrieds über die Mannschaften fiel aber folgendermaßen aus: sämmtliche von der Grafschaft Spanheim belehnte und zu derselben von
Alters her gehörende Vasallen sollten jenen Grafen, Heinrich I. und
Johannes, mit gleichen Rechten, Nutzungen und Ehren gemeinsam zustehen, wünsche oder verlange indessen einer von ihnen eine Theilung

---

[167]) Daß. et act. Worm. XII Kl. Julij Indcc. Xa. anno dni. M°.CC°.LXXX°.
scdo. Regni vero nri. Anno IX°. (20. Juni). Orig. im Arch. zu Str.
Fasc. I No. 6 und sp. Copb. in K. B fol. XXIII b. et XXIIII.

[168]) Datum et Actum. Anno dni. Mill°.CC°.LXXX³. Scdo. In die bti. Joh.
Bpte. (24. Juni). Orig. im Arch. zu Str. Fasc. IV No. 9 und sp Copb.
in K. B fol. XXIIII.

ihrer Manne, so könne dieselbe, falls der andere keine Einsprache oder
Schwierigkeiten dagegen erhebe, vollzogen werden und zwar auf die
Weise, daß jeder die Hälfte erhalte, jedoch sollten diejenigen Güter,
welche der Starkenburger von Wilhelm von Schwarzenberg und von
Wynand von Cröve erkauft hätte, demselben verbleiben, aber dagegen
seie dem Grafen Johannes in Kreuznach gestattet, von den übrigen
ihnen gemeinschaftlich verbleibenden Vasallen ebenfalls Lehengüter bis
zum Werthe von 500 Pfund trierer Pfenningen käuflich zu erwerben
und zu besitzen, durch welche Anordnungen die Gemüther wieder beruhigt waren [169]).   Beide Grafen machten auch einige Jahre später
von der ihnen in diesem lezten Vergleiche zugestandenen Vergünstigung
Gebrauch und theilten 1286 ihre Lehensmänner in zwei gleiche Hälften
und aus einem Actenstücke, in welchem Johannes die seinem Vetter
Heinrich I. zugefallenen spanheimer Vasallen ihrer ihm bisher schuldig
gewesenen Pflichten entließ und sie ermahnte ihrem jetzigen Herrn zu
huldigen, ihm den Eid der Treue zu leisten und zu gehorsamen, lernen
wir die meisten derselben mit Namen kennen, nämlich den edeln Wirich
von Dun, dann die von Bruche, Waldeck, Erenberg, Schwarzenberg,
Schmideburg, Hepenheft, Wilz, Sulz, Schelm von Bomersheim, von
Liebesberg, Starkenburg, Merxheim, Craß, Herrenstein, Lewenstein,
Grumbach, Struppenhaber, Kestelun, Soren, Thurn, Birnzal, Costenz,
Bicken, Hunoltstein und Stein; dies waren die damals zur hinteren
Grafschaft gehörenden Vasallen [170]), daß aber die zur vorderen Grafschaft zählende Lehensleute nicht minder zahlreich waren und überhaupt
der spanheimer Lehenhof mit der Zeit immer beträchtlicher und bedeu-
tender wurde, werden wir aus einem am Schlusse dieses Werkes bei-
gegebenen alphabetischen Verzeichnisse aller Vasallen, nebst Angabe
ihrer Lehenstücke, aus dem vierzehnten und aus der ersten Hälfte des
fünfzehnten Jahrhunderts, mit Vergnügen ersehen.   Am nämlichen
Tage stellte derselbe Johannes, um jeder Veranlassung zu künftigen
Irrungen zuvorzukommen, dem Heinrich I. von Starkenburg noch eine

---

[169]) Diese vier Urkunden sind an einem Tage in Kirchberg ausgestellt; drei da-
von sind abgedruckt in Kremer's dipl. Beiträgen 234 bis 244 die Nummern
VIII, IX u. X, die vierte aber befindet sich im Arch. zu Str Fasc. IV
No. 11: Datum et Actum in Kirperg anno dnj. M⁰.CC⁰.LXXX⁰. tercio.
Sabbato proximo aute festum Kathedre sci. Petri. (20. Februar).

[170]) Datum Anno Domini M.CC.LXXXVI. feria quinta proxima post Margarete Virginis. (18. Juli). Kremer's dipl. Beitr. zur teutschen Geschichtskunde 244 No. XI.

Verſicherung darüber aus, daß vier ihrer Burgmänner diejenigen
Lehen, welche durch ſie früher gebeſſert oder vermehrt worden ſeien,
genau zu unterſuchen, dieſelben gleichfalls in zwei Theile zu verlegen
und dann darüber zu entſcheiden hätten, wem von ihnen beiden ſie
zufallen ſollten, welchem Ausſpruche ſich in jeder Hinſicht zu fügen,
ſie jetzt ſchon zuſagten und endlich gab jener Johannes ſeinem genannten Vetter Heinrich I. noch das feierliche Verſprechen, daß, wenn
ſich ſpäterhin noch andere Vaſallen finden oder herausſtellen würden,
die der Grafſchaft Spanheim von jeher mit Lehenspflichten zugethan
geweſen wären, dieſe ebenfalls, ehrlich und aufrichtig, wie die früheren,
gleichtheilig unter ſie beide zu theilen ſeien [171]).

Herr Theoborich von Dun und ſeine ſämmtlichen Kinder, weltlichen und geiſtlichen Standes, gaben 1287 unſerem kreuznacher Grafen
die Zuſage, ihn für alle Verbindlichkeiten, die er für jenes Theoberich's
Sohn, Heinrich, mit dem veldenzer Hauſe eingegangen ſeie, gänzlich
frei und ſchadlos halten zu wollen [172]). Die oben erwähnten Vettern
der zwei ſpanheimer Haupt-Linien, Heinrich I. und Johannes der Lahme,
hatten damals auch noch einen kleinen Zwieſpalt über die Theilung der
ihren Vätern früher gemeinſam verbliebenen Veſten Spanheim und
Dille, nebſt deren Burgmännern und der bei jenen Burgen gelegenen
Gütern, welchen ſie durch ihre Verwandten, die Grafen Eberhart und
Walram von Zweibrücken, die ihr ganzes Vertrauen beſaßen, nach
ſorgfältiger Berathung und reiflicher Unterſuchung, auf folgende Weiſe
entſcheiden ließen: die fraglichen Veſten, die darin befindlichen Burgleute und die dabei liegenden noch ungetheilte eigenen Güter, ſollten
in zwei gleiche Theile geſchieden und jedem von ihnen die Hälfte zuge-
wieſen werden, welchen Ausſpruch in jeder Hinſicht zu befolgen, ſie
beide aufs zuverläßigſte gelobten, würde jedoch einer von ihnen dieſe
Zuſage nicht halten und auch durch jene Vermittler eines ſolchen Treu-
bruchs für ſchuldig erkannt werden, aber nach vorausgegangener Mah-
nung den begangenen Fehler in Monatsfriſt nicht wieder gut machen,
ſo ſeie derſelbe dann in diejenige Strafe verfallen, welche jene zweibrücker Grafen, ſo wie der Herr von Heinsberg und der Graf von

---

[171]) Beide Urkunden ſind gegeben: Datum Anno Dnj. Millᵒ.CCᵒ.LXXXᵒ. Sexto.
feria quinta proxima post festum be. Margarete virg. (18. Juli). Orig.
im Arch. zu Str. Faſc. IV No. 14 a u. b.

[172]) Dat. Anno dnj. Mᵒ.CCᵒ. Octog. septmo. Evcharij Epi. (20. Februar).
Orig. baſelbſt Faſc. IV No. 16.

Sahn über ihn verhängen würden, worauf die obgenannten spanheimer Herrn beider Linien zum Schluße noch erklärten, die Burgmanne in den zwei Vesten sollten wie bisher in ihren Rechten und Ehren daselbst sitzen bleiben [173]).

Graf Johannes ließ sich im Mai des Jahres 1287 für 200 Mark cölnischer Pfenninge durch den Pfalzgrafen Ludwig II. oder den Strengen zum Burgmanne in der Veste Stromburg aufnehmen [174]), wodurch er in nähere Berührung mit diesem einsichtsvollen und vielvermögenden Fürsten kam und um sein freundschaftliches Verhältniß, in welchem derselbe mit der, dem heil. Christoph geweiheten, Propstei Ravengiers=burg stand, augenscheinlich zu bethätigen, ertheilte er 1288 den dortigen Brüdern die Versicherung, keinen ihrer Kirche, oder dem heil. Christoph, zugehörigen Leute in seine Stadt Kirchberg als Bürger aufnehmen zu wollen, verbunden mit der Erklärung, diejenigen ihrer Leibeignen, welche seine Beamten während der lezten sechs Jahre in jene Stadt zugelaßen hätten, müßten der Propstei, gleich den übrigen Sanct Christophsleuten, jährlich 100 Pfund trierer Pfenninge entrichten [175]); im darauf folgenden Jahre verglich sich derselbe, sammt seiner Adelheid und seinen Brüdern Eberhart und Luther, vor dem Gerichte zu Kreuz=nach mit dem mainzer Erzbischofe Wernher wegen der in der kreuz=nacher Mark gelegenen und zum Burglehen in Clopp gehörigen Güter und Korngülten [176]), und im December bescheinigte Kuno von Berg=heim im Elsaße, unser Graf habe bei dem Sohne des Rudeger's, eines Münzer's in Hagenau, Namens Johannes, eine Schuld von 10 Pfund straßburger Pfenninge, wofür er Bürge gewesen seie, abgetragen, er sagte denselben zugleich von aller Schuld, Schaden und Atzung, die auf jene 10 Pfund gegangen seien, los und verzichtete auf alle sonstigen Ansprüche wegen dieser Sache, was der Gläubiger Johannes aus

---

[173]) Actum et Datum Anno Dnj. M⁰.CC⁰.LXXX⁰. septimo. Mathie Apli. (24. Februar). Orig. im Arch. zu Str. Fasc. IV No. 15, auch neues sp. Cop. in R. No. 1 fol. 211—214 und Crollii Orig. bipont. Parte II Vol. I , 251 No. VII.

[174]) Datum Trayshin Anno dni. M⁰.CC⁰.LXXX⁰. VII⁰. Kalend. Maij. (1. Mai). Pfälzer Copb. in Frankfurt fol. 306 b.

[175]) Actum et Datum Anno Dni. M⁰.CC⁰.LXXX⁰. octauo jn die beati Bartholomej Apostoli. (24. August). Würdtwein subsid. diplom. V, 427 No. 165.

[176]) Anno dni. M⁰.CC⁰.LXXXVIIII in vigilia Purificacionis beate Marie Virginis. (1. Februar). Ej. subsid. dipl. nova IX, 246 No. 142.

Hagenau, unter dem Siegel jenes Bürgen von Bergheim, ebenfalls erklärte [177]). Mit dem Beginne des nächsten Jahres hatte jener Graf seine Einwilligung ertheilt, daß der Ritter Herrman von Kestilun, Burgmann daselbst, die Mitgift seiner Ehehälfte Sophia auf Güter und Gülten zu Hecke, Rabilsbach, Sunnenbach und Culce verschreiben dürfe [178]), und in demselben Monate freite König Rudolf I., um die treuen und aufrichtigen Dienste bleibend zu belohnen, welche Johannes der Lahme ihm und dem Reiche vielfältig erwiesen hätte, dessen Stadt oder bevestigten Ort Kreuznach mit den nämlichen Immunitäten, womit seine Vorgänger, die römischen Kaiser und Könige, solche Städte ge- wönlich zu beschenken pflegten, indem er derselben und ihren Bürgern alle Freiheiten, Ehren, gute Gewonheiten und Rechte verlieh, wie sich deren die Stadt Oppenheim zu erfreuen habe [179]).

Die Lebenstage unseres Grafen gingen zur Neige und wir fanden aus dem J. 1290 nur noch folgende wenige Nachrichten von ihm: vorerst übertrug der Rauhgraf Georg die Irrung zwischen sich und demselben wegen der rauhgräflichen Unterthanen, die sich in Kreuznach angesiedelt hatten, den Rittern Rudolf von Ausenbruch, Philipp Ulner und Peter von Narheim zur Entscheidung und versprach, alles ge- nehmigen zu wollen, was dieselben, wenn jene Leibeignen mit seinem Bruder getheilt wären, darüber vestsetzen würden, wie es bezüglich der übrigen zwischen ihm und dem Spanheimer aufs künftige gehalten werden sollte [180]) und in derselben Stunde schloßen beide folgendes innige Schutz= und Trutzbündniß auf vier Jahre lang ab, sich nämlich gegen jeden andern, mit Ausnahme des Königs Rudolf, der Grafen Friederich von Leiningen, Vater und Sohn, so wie der Rauhgrafen Heinrich und Ruprecht, jeder auf seine Gefahr und Kosten, mit fünf- zehn wohlgerüsteten Mannen beizustehen, würde aber einer unter

---

[177]) Dirre Brieff wart gegeben nach gots geburt zwölff hondert Jare und nune und Achtzig Jare An sant Johannes dage nach wihenacht. (27. December). Sp. Copb. in K. B fol. CXXIIII.

[178]) Datum anno dnj. M⁰.CC⁰.XC⁰. mense Januarij octava sci. Stephani proto mart. (3. Januar). Orig. im coblenzer Provinzialarchiv spanheimer Abth. No. 9.

[179]) Datum Erfordie V Idus Januarij Indicione tercia Anno dnj. M⁰. du- centesimo LXXXX⁰. Regni vero nri. Anno XVII⁰. (9. Januar). Sp. Copb. in K. B fol. XXX b.

[180]) Datum Anno Dni. M⁰.CC⁰.XC⁰. In Octaua Pasche. (9. April). Daselbst B fol. CCLXVII a.

ihnen von Jemand überfallen, der dessen Gebiet mit Brand und Raub verwüsten wolle, so müße jeder dem anderen mit seiner ganzen Kraft und Macht zu Hülfe kommen und endlich ernannten sie noch, zur Schlichtung der unter ihnen etwa sich ereignenden Mißhelligkeiten, vier ihrer Burgmanne, welche auch während dieser vier Jahre jedem der zwei Herrn, einem wie dem andern gehorchen müßten und zugleich in deren Vesten Zugang haben sollten, jedoch dürfe, um den Frieden unter sich zu erhalten, keiner derselben ständig darin aufgenommen werden [181]. Trithem erzählt uns aus dem Jahre 1290 noch eine Begebenheit, bei welcher auch unser Graf betheiligt war; ein Dieb hatte nämlich zu Kreuznach eine ansehnliche Summe gestohlen, er ward eingefangen und zum Tode des Galgens verurtheilt, nachdem ihm vorher durch die Tortur das Geständniß ausgepreßt worden war, an welchem Orte in der Grafschaft Veldenz er das geraubte Geld vergraben hätte, worüber nun ein heftiger Streit zwischen dem Spanheimer und Heinrich von Veldenz entstand, indem jener ganz richtig behauptete, das an dem vom Diebe bezeichneten Platze würklich aufgefundene Geld gebühre dem Bestohlenen, dieser aber im Gegentheile darauf bestand, es gehöre demjenigen Landesherrn in dessen Gebiete der Schatz gefunden worden seie und es war nahe daran, daß darüber eine Fehde entstanden wäre, wenn nicht der Erzbischof Gerhart von Mainz die Sache vermittelt und den Raub, wie billig und recht, dem Eigenthümer zugesprochen hätte [182].

Johannes der Lahme scheint in der ersten Häfte des Jahres 1291 den Weg alles Fleisches gegangen zu sein [183], da seine Lebensgefährtin Adelheid schon im Juli des genannten Jahres urkundlich als Wittwe vorkommt und die Vermuthung liegt nahe, die gräfliche Gruft in dem Kloster Pfaffenschwabenheim habe sowohl seine, als seiner zweiten Gattin irdischen Ueberreste aufgenommen, ob wir gleich keine schriftlichen oder monumentalen Beweise darüber geben können, weil die Mönche zu Spanheim hinsichtlich der Aufzeichnung solcher Vorgänge in der kreuznacher Linie, ihrer gnätigen Schirmherrn und ausgezeichneten Wohlthäter, unverantwortlich nachläßig waren. Derselbe war

---

[181]) Datum anno dni. M⁰.CC⁰. Nonagesimo in Octava Pasche. (9. April). Vidimirte Copie im Arch. zu Str. Fasc. IV No. 18.

[182]) Trith. Chron. sponh. fol. 293 ad a. 1290.

[183]) Zilleßus sagt ganz kurz in seiner Genealogia sponhemica unter No. 19: „starb umbs Jahr 1291".

zweimal vermählt und zwar zuerst mit Katharina, einer Tochter des Grafen Diethers II. von Kazenelnbogen und einer Schwester Eberharts, dessen wir bisher schon mehrmals gedachten [184]); sie scheint keine Nachkommen geboren zu haben und frühzeitig zu Grabe gegangen zu sein, indem Johannes bereits 1265 in die zweite Ehe mit Adelheid, einer Tochter des Grafen Emichs IV. von Leiningen, des Gründers der landecker Linie, getreten war, der seiner Tochter in dem Hinlichs= briefe eine Mitgift von 1200 Mark cölner Pfenninge verschrieb, bei welcher Gelegenheit auch zugleich die Schwester unseres Johannes, Imagina oder Imena, dem Sohne jenes leininger Grafen, ebenfalls Emich geheißen, verlobt ward, mit einer durch ihre Mutter Marga= retha verwilligten Aussteuer von 600 Mark cölnisch, welche Verbin= dung jedoch später nicht vollzogen wurde, obgleich jener Emich IV. der spanheimer Familie für seine sämmtlichen Zusagen 22 Bürgen gestellt hatte [185]). Diese zweite Ehe war mit sechs Kindern gesegnet, mit vier Söhnen und zwei Töchtern; jene hießen Simon II., der den span= heimer Stamm fortpflanzte und Johannes, von dem die Herrn von Koppenstein abstammen; die beiden andern aber, Emich und Gotfried, waren geistlichen Standes und zwar ersterer Domherr zu Mainz, Archi= biaconus und Chorbischof zu Lüttich und Pfarrer zu Kirchberg, der schon im J. 1281 und dann bis 1323 [186]) vorkommt und dieser erscheint als Dechant zu Sobernheim in den Jahren 1314 und 1316 [187]); die älteste Tochter Anna ward 1299 mit dem Grafen Ludwig von Rieneck vermählt [188]) und Adelheid die Jüngere nahm den Schleier in Nonnen= münster bei Worms und kommt nur einmal vor im J. 1296, wie wir später vernehmen werden.

Ehe wir nun das Leben und Würken jenes Simon's II. und seiner Nachfolger aus der kreuznacher Linie erörtern, haben wir, um unserer Aufgabe zu genügen, nämlich eine vollständige Geschichte des gräflich spanheimischen Gesammthauses zu liefern, die unerläßliche

---

[184]) Kremer's dipl. Beitr. S. 162, 172 u. 179; Wend's heff. Landesgesch. I S. 268 und Trith. Chron. sponh. fol. 291.

[185]) Actum et datum Anno dnj. M⁰.CC⁰.LX⁰. quinto Dnica. Letare Jherusalem. (15. März). Orig im Arch zu Str. Fasc. XVIII No. 2 und sp. Copb. in K. B fol. XI a u. b.

[186]) Würdtwein subsid. dipl. nova III, 123 No. 38.

[187]) Joannis Spicileg. tab. et litt. veterum 193 No. 46 et pag. 243.

[188]) Wend's heff. Landesgesch. I Urkundenbuch 293 No. 377: Dirre Brif ist gegeben und geschriben, nach Cristes Geb. 1299 Jare.

Pflicht, hier zwei wichtige Episoden einzuschalten, deren eine die Wittwe Johann's des Lahmen, Adelheid und das väterliche leiningische Erbe derselben betrifft, die andere aber die Schicksale der, durch den Sohn Simon's I., den Grafen Heinrich, mittelst der Erbschaft seiner Gattin Kunigunde von Bolanden gegründeten, bolander oder tannenfelser Seiten-Linie am Donnersberg, bis zu deren Erlöschen, behandelt.

II. a.

Adelheid, die Wittwe Johann's des Lahmen von Spanheim-Kreuznach und deren leiningisches Erbe.

Graf Heinrich, welcher die spanheim bolander oder tannenfelser Linie ins Leben rief, hatte, wie uns leider aus dem Vorhergehenden bekannt ist, den kreuznacher Stamm um die Veste und Herrschaft Beckelnheim gebracht und dadurch seinem älteren regierenden Bruder Johannes dem Lahmen, so wie überhaupt der Grafschaft Spanheim vielen Nachtheil verursacht und kaum war aber letzterer 1291 Todes verblichen, so bereitete der jüngste weltliche Bruder Eberhart seiner Schwägerin, der Wittwe Adelheid, durch seine Erbansprüche auf die väterlichen Besitzungen, wieder neue Bedrängnisse, daher dieselbe für nothwendig erachtete, um sich vor möglichem Schaden zu wahren, mit ihrem nahen Verwandten, dem Grafen Friedrich IV. von Leiningen, für sich und ihre Kinder sogleich ein Bündniß abzuschließen, worin er derselben für alle Fälle treue Hülfe, so wie den kräftigsten Beistand zusicherte und mit ihr auch noch vier, theils spanheimische, theils leiningische Burgmänner als Schiedsrichter über künftige Irrungen erwählte, welche auch zugleich die größere oder geringere Anzahl der Reisigen zu bestimmen haben sollten, die jener Graf der Bedrängten zu Hülfe senden müße [189]). Mehrere Tage darnach gab der Rheingraf Siffrid der Aeltere seine Einwilligung dazu, daß sein Sohn Werner unserer Wittwe Adelheid als Vormünderin ihrer Kinder, 20 Morgen zu dem rheingräflichen Hofe in Kreuznach gehörige Aecker, nebst anderen Geldzinsen und einer Hafergülte daselbst, vor den Gerichtsschöffen um 50 Mark cölner Pfenninge übergab, für welche Summe der selige Johannes der Lahme jenen Werner zu seinem Burgmanne angenommen

---

[189]) Datum et actum Anno Dni. M⁰. Ducentesimo LXXXX⁰. primo Octava Johannis baptiste. (1. Juli). Aus einem Copialbuche, siehe auch Kremer's dipl. Beiträge 247 No. XII.

hatte, die er nun so lange als spanheimer Burglehen tragen sollte, bis ihm dafür andere Güter verschrieben würden [190]. Während der folgenden Monate ernannte man vier Rathsleute, namentlich den Johann von Randeck und Herman Muchelin von einer, so wie Ulrich von dem Steine und Philipp von Leyen von anderer Seite, welche die Zerwürfniße der Wittwe Adelheid und ihrer Kinder mit ihrem Schwager Eberhart untersuchen und darüber sprechen sollten, allein weil diese zu keinem einhelligen Urtheile kommen konnten, so nahmen sich die Grafen Friederich IV. von Leiningen und Walram I. von Zweibrücken als Obmänner dieser Sache an, um sie entweder in der Minne oder mit dem Rechte, beizulegen, die dann auch, nachdem sie sich vorher noch mit erfahrnen Männern darüber berathen hatten, nachstehenden Entscheid erließen: wegen des „phaht" oder des Vertrags (pactum) [191] den der verlebte spanheimer Graf Johannes in Kreuznach mit seiner Mutter Margaretha, zur Sicherstellung ihres Witthums oder ihrer Leibzucht 1282, errichtet hätte, dürfe Niemand Ansprüche an dessen Kinder erheben, so lange die Großmutter noch am Leben seie und eben so stehe auch keinem Familiengliede ein Recht zu, den Wittthum jener Adelheid anzugreifen, weil sie denselben über zehn Jahre lang ruhig besessen hätte und ihn auch bis an ihr Lebensende zu genießen habe und endlich fällten sie hinsichtlich der von Eberhart angesprochenen Passivlehen, welche die Kinder Johanns des Lahmen empfangen hätten und aber deßhalb jenem mit Recht gehorsam sein wollten, noch folgendes Urtheil: er dürfe sich derselben nicht anmaßen, ohne die Genehmhaltung der betreffenden Lehensherren, deren Ausspruche er sich unbedingt unterwerfen müße [192].

Dieser Entscheid, welcher alles auf den rechtlichen Besitzstand zurückführte, war allerdings für jenen Eberhart nichts weniger als günstig und da er auf diesem Wege nichts erlangen konnte, trachtete er darnach, einen Theil der väterlichen Güter vergleichsweise zu erhalten und so brachte er es endlich im J. 1292 dahin, daß ihm, vermöge eines Spruches jenes leininger Grafen und Johanns II. von

---

[190] Actum Anno dnj. M⁰.CC⁰. Nonagesimo primo In die bte. Margarete virginis. (13. Juli). Sp. Copb. in R. Fasc. fol. XXI b.

[191] Schers glossar. germ. medii aevi II fol. 1291.

[192] Ditze brief wart gegeben zu Crucenache an deme nehestme Mantage vor aller heilgen vorvire do man zalte ꝛc. dusent zweihundert Rumisch Jar vnd ein Jahr. (28. October). Orig. hn Arch. zu Str. Fasc. IV No. 20, s. auch Crollii Orig. bip. P. II. Vol. I, 256 No. IX.

Spanheim-Starkenburg, die Wittwe und ihre Kinder die halbe Burg
Dille, wie sie sein Bruder Johannes der Lahme besessen hätte mit
Burgmannen, Rechten und Zubehörden, nebst einem achten Theile der
Stammveste Spanheim, so wie jener Johannes II. die Hälfte davon
mit allen Gerechtsamen umb Gewohnheiten inne habe, abtreten und
einräumen, ferner demselben auch einen jährlichen Zins von 300
Marken auf Güter bei den genannten zwei Vesten sicher anweisen
und ihm endlich noch ein für allemal 700 Mark cölner Pfenninge in
bestimmten Fristen entrichten mußten, für welche Geldrenten er durch
die beiden gräflichen Vermüttler den theilweisen Genuß der Wälder bei
jenen Vesten, so wie auch die abwechslende Theilnahme an der Be-
setzung der Kirche zu Sohren, in Gemeinschaft mit den Söhnen Johann's des Lahmen, zugesichert erhielt [193] und nicht lange darauf
lebten unsere Adelheid und ihre Söhne mit dem Ritter Paris von
Einden in Fehde, während welcher sie denselben und seine Kinder sehr
bedrängten und beschädigten, jedoch errichteten sie bald einen gütlichen
Vergleich mit einander, worin lezterer auf alle Vergütung des angerichteten Schadens verzichtete und sich nebst seinen Söhnen, Verwandten
und Freunden eidlich anheischig machte, wegen des Vorgefallenen an
jener Gräfin und an den Ihrigen später keine Feindseligkeiten auszu-
üben, oder sie seien sonst ehrlos und eidbrüchig, welche Zusaze der
strenge Ritter Bertram von Wadenow mit seinem Siegel bezeugen
mußte [194]. Obgleich Graf Eberhart in vorstehender Uebereinkunft
zugleich auf jede weiteren Ansprüche an väterliches und mütterliches
Erbe, es mochte bestehen in was es wolle, Verzicht geleistet hatte, so
ist es doch mehr als wahrscheinlich, er seie mit den ihm durch jene
beiden Grafen zugesprochenen Gütern und Gefällen nicht zufrieden gewesen, sondern er habe seiner Schwägerin deshalb immer noch Unannehmlichkeiten bereitet, oder ihr sogar die Fehde erklärt, denn der
eben genannte Bertram von Wadenow, sein Bruder Sybodo und vier
Ritter von Lichtenberg, denen die Wittwe Adelheid und ihre zwei Söhne
Simon II. und Johannes, das früher erkaufte Haus, Loch geheißen
und unter der Burg Stein (Oberstein) gelegen, wieder zurückgegeben

---

) Datum anno dni. M⁰.CC⁰.XC⁰. sedo. feria tercia post pascha. (9. April).
Orig. im Arch. zu Str. Fasc. IV. No. 21 und gedruckt in Kremer's dipl.
Beiträgen 250 No. XIII.

) Datum et actum Anno dnj. M⁰.CC⁰. nonagesimo sedo. In vigilia Assumpcionis bte. virginis. (14. August). Sp. Copb. in R. B fol. LXXI b.

hatten, gelobten deßwegen bei ihrem Eibe 1293, unserer gräflichen
Wittwe, ihren Söhnen und Helfern dürfe während ihres noch an=
dauernden Streites mit dem Junker Eberhart von Spanheim aus dem
gedachten Hause, weder durch denselben, noch durch dessen Helfer, kein
Schaden oder Nachtheil zugefügt werden, würde aber dieses Versprechen
von jenem Bertram und dessen Genossen nicht gehalten, so sollten dann
deren Herrn, nämlich Wyrich der Dynaste von Dun und Buzel vom
Stein, ermächtigt sein, der Gräfin und den Ihrigen gegen dieselben
beizustehen und Hülfe zu leisten [195]); unserer Adelheid begegnen wir
nur noch einmal urkundlich im J. 1296, als sie mit ihrer jüngsten
gleichnamigen Tochter, welche in Nonnenmünster bei Worms eingekleidet
war, von der Aebtin Ida und von dem Convente zu Wargawill einen,
auf einem Hause bei Marsal ruhenden, jährlichen Zins von 5 Schil=
lingen Hellern, um 5 Pfund Heller käuflich an sich brachte, über deren
richtigen Empfang jene Ida einen Schein ausstellte [196]), und allem
Vermuthen nach wurde die Wittwe Adelheid nicht lange darauf vom
Tode dahin genommen.

Nach ihrem Hinscheiden nahmen die Erbansprüche des Grafen
Eberhart eine andere Wendung, denn er erhob dieselben später gegen
seine Neffen, die damals gemeinschaftlich regierenden Brüder Simon II.
und Johannes von Spanheim, jedoch trat er gegen diese nicht so barsch
auf, wie früher gegen deren Mutter Adelheid, sondern er suchte sich
mit denselben über seine Forderungen gütlich zu verständigen, indem
er und seine Ehefrau Elisabetha im Februar 1299 die Erklärung aus=
stellten, sich bezüglich ihres Erbtheils von Vater und Mutter her an
eigenen Erb= und Lehengütern, dem Ausspruche ihrer eben erwähnten
beiden Neffen unterwerfen zu wollen [197]), was auch noch in demselben
Jahre geschah. Diese zwei Brüder traten nämlich mit der Zustimmung
ihrer Geschwister und namentlich des Chorbischofes Emich von Lüttich
ihres Bruders, jenem Oheim Eberhart ab: das Haus (Burg) Neve
mit allen Zubehörden und einer jährlichen Rente von 200 Marken,

---

[195]) Datum anno Dni. M⁰.CC⁰.XC⁰ tercio die dnica ante festum Primi et
Feliciani martyrum. (7. Juni). Aus einer Sammlung, s. auch Kremer's
dipl. Beitr. 253 No. XIV.

[196]) Datum Anno dnj. M⁰.CC⁰.XCVI⁰. In vigilia Bti. Mathei Apli! (20 Sept.).
Sp. Copb. in K. B fol. XC b.

[197]) Actum et datum Frankenfort Anno dnj. M⁰.CC⁰. Nonagesimo nono
quinta feria proxima ante festum bti. Valentini. (12. Februar). Orig im
Arch. zu Str. Fasc. IV No. 23.

ferner den fünften Theil ihrer Hälfte an der Veste Dill mit Burg=
mannen u. s. w. und endlich noch den Wald Rohrstrut, jedoch mit dem
Vorbehalte: wenn Eberhart, oder auch dessen Erben die vorgedachte
Jahresrente zu verkaufen beabsichtige, so müße er sie jenen Brüdern,
oder ihren Kindern überlassen und zwar jede Mark ablösig mit zehn
Marken baarer Pfenninge, wie sie zu Kirchberg gelten; wolle er aber
seine Theile an den zwei Burgen veräussern, so seie er gehalten, die=
selben zuvor ihnen oder ihren Nachkommen um einen billigen Preis
einzuräumen und falls sie nicht gesonnen seien, jene Gegenstände zu
erwerben, dann erst dürfe er sie andern zu Kauf anbieten, so wie sich
derselbe auch noch anheischig machen mußte, diese Güter aus Haß,
Neid oder Arglist nicht zu verschenken, oder sonst auf irgend eine Weise
dem spanheimer Hause zu entfremden, oder er und seine Lyse seien
sonst „truweloiß, meynendig vnd Ereloiß" und die ihnen eingegebenen
Besitzungen müßten dann wieder an ihre Neffen, oder an deren Erben
zurückfallen [100]).

Sonst ist uns von diesem Eberhart hinsichtlich unserer Grafschaft
nichts weiter bekannt geworden, auch vermögen wir dessen Sterbejahr
nicht anzugeben, sondern wir wissen nur so viel, daß er 1305 nicht
mehr unter den Lebenden weilte. Zur Gattin hatte er sich Elisabetha
oder Lyse, die einzige Tochter des Truchsessen Gerhart II. von Alzey,
genommen, welcher in Verbindung mit seiner Ehefrau Mechtilde 1292
ihren Eidam, den Grafen Eberhart und die Seinigen, zu Erben ihres
sämmtlichen Vermögens einsezten, nämlich ihren Antheil an der Burg
und an dem Truchsessenamte zu Alzey, die Zehnten daselbst, in Rocken=
hausen, Albesheim und Schaffhausen, das Patronat nebst den Zehnten
zu Wolfsheim, sammt dem vierten Theile des dasigen Gerichtes und
die jährlichen Einkünfte in den Dörfern Gundersheim und Onsheim,
welches alles jener Truchseß von dem Pfalzgrafen Ludwig II. zu Lehen
hatte, der auch seine Einwilligung zu diesem Vermächtnisse, jedoch unter
der Bedingung ertheilte, wann jene Lyse keine Erben hinterlassen würde,
so sollte ihr Eheherr den lebenslänglichen Genuß der bezeichneten Güter
und Gefälle haben, allein nach seinem Hinscheiden müßten dieselben

---

[100]) Dirre Brif wart Geben zu kirperch, na vnsers Herregodis Geburthe, Dusent
jar, zweihundirt jar, vnd an deme nun vnde nunzigisteme Jare, an Sante
Gallen dage. (16. October). Orig. im Arch. zu Str. Fasc. IV No. 24 und
auch sp. Copb. zu R. B fol. LXXXV etc.

wieder an die rechtlichen Erben zurückfallen [199]); nach seines Schwähers Tode kam derselbe auch in den würklichen Besitz dieser pfälzischen Lehenstücke, aber er mußte sich im J. 1296 gegen den Pfalzgrafen Rudolf I. ausdrücklich anheischig machen, seinen Theil an der Burg in Alzey nicht zu verkaufen, er habe denn die Forderungen des Herdegen von Grindelach zuvor befriedigt [200]) und König Albrecht I. gestattete 1301 seinem lieben Getreuen, dem Grafen Eberhart von Spanheim, den Witthum seiner Elisabetha auf das Dorf Soren, so wie auf die damit in Verbindung stehenden Orte Ober- und Niederbernbach, Vockenrode, Buchenbur, Riechenborn, Ruchenhusen, Nieder- und Oberweiler, Mailnau, Niedersoren und Niederhofen mit Gerichten, Leuten und allem Zubehör, welche sämmtlich Reichslehen waren, zu verlegen [201]). Indessen verkaufte dieser Graf demohngeachtet seinen Theil an der alzeyer Burg nachher den pfalzgräflichen Brüdern Rudolf I. und Ludwig III. für 500 Pfund Heller, wie uns eine spätere Urkunde vom J. 1305 belehrt, kraft welcher der Truchseß Wenze oder Wenzeslaus von Alzey, diesen beiden Fürsten auch die andere Hälfte jener Veste mit Burgleuten, Mannen und Rechten, so wie ihnen der selige Graf Eberhart seinen Antheil veräussert hätte, um die nämliche Summe ebenfalls käuflich überließ [202]); Kinder soll derselbe mit seiner Gemahlin drei gezeugt haben, Gerhart, Eberhart und Elisabetha, von denen jedoch alle näheren Nachrichten fehlen, indessen sollen sie 1349 theilweise noch am Leben gewesen sein [203]), aber sie hinterließen zuverläßig keine Leibeserben, weil wir die ihrem Vater im J. 1299 zugesprochenen Besitzungen Neve, Dill u. s. w. später wieder mit den spanheimer Gütern vereinigt finden.

Ueber die der Gräfin Adelheid, der Gattin Johann's des Lahmen von Spanheim-Kreuznach, zugefallene Erbschaft von leiningischen Besitzungen hatte man bisher nur einige ungenügende Nachrichten, da

---

[199]) Datum in Alzeia Anno dni. M⁰.CC⁰. Nonagesimo scdo. VI⁰. Klend. Decembris. (26. Nov.). Cod. pal. membr. Stuttgart. fol. 144.

[200]) Datum Heidelberge die natiuitatis bte. Marie anno dni. 1296⁰. (8 Sept.). Acta Acad. Theod. pal. VII, 264.

[201]) Datum jn Franckfort Sexta Kln. Novembris Anno dni. M⁰.CCC⁰. primo. Indiccione XV a. Regni vero nri. Anno quarto. (27. October) Sp. Copb in K. B fol. CCLXXXVI.

[202]) Der brieff geben ist zu Heidelberg ꝛc. im 1305ten Jare an dem Dinstage jn der osterwochen (20. April). Pfälzer Copb. in Karlsr. No. 45 fol. 32.

[203]) Kremer's dipl. Beitr. 193 §. LXIII.

wir aber seitdem so glücklich waren, mehrere und theilweise sehr seltene und interessante Urkunden über diesen Gegenstand aufzufinden, so wollen wir dieselben in Verbindung mit der leiningischen und spanheimischen Geschichte hier bekannt geben, durch welche jene leininger Erbschaft wo nicht vollständig aufgeklärt, aber dennoch manche noch dunkle Parthie derselben um vieles erläutert wird. Der Vater jener Adelheid, Graf Emich IV. von Leiningen, theilte 1237 mit seinem Bruder Friederich III. ab, wodurch er unter anderem die Hälfte der Stammveste Altleiningen, so wie die, mit den Grafen von Zweibrücken gemeinsame Burg Landeck und dann noch die Vesten Ebernburg, Frankenstein und Grevenstein mit ihren Zugehörungen erhielt und da er seinen Sitz größtentheils in Landeck aufgeschlagen hatte, so nannte man deßhalb die durch ihn ge= gründete neue oder Neben=Linie seines Hauses, die landecker [204]). Ob= gleich dessen Ehe mit fünf Kindern gesegnet war, so befand sich dennoch unter diesen nur ein gleichnamiger Sohn Emich, der entweder etwas spät in die Welt eingetreten, oder auch vielleicht kränklich sein mochte, woraus die nachherigen Bemühungen Emich's IV. erklärlich werden, seinen drei verheuratheten Töchtern das Erbrecht bezüglich der Lehen seiner Linie zu verschaffen. Dessen Bruder Walram, Dompropst in Worms und zu Sanct Guido in Speyer, überließ demselben zudem im J. 1249 dasjenige als Eigenthum, was ihm aus dem väterlichen Erbe an Gütern und an Einkünften zugefallen war [205]), 1252 gab aber der teutsche König Wilhelm aus Holland, der jenen Emich IV. sehr hochschäzte, weil er aufs kräftigste und angelegenlichste zu seinem Gunsten bei der Wahl gewürkt hatte, ihm die Zustimmung, den Witthum seiner Gattin Elisabetha mit 700 Mark Silbers auf die vom Reiche zu Lehen rührende Veste Landeck und deren bedeutende Zubehörden, verschreiben zu dürfen [206]), und nachdem der Mitbesitzer dieser Burg, Heinrich von Zweibrücken, jenem Grafen im J. 1254 gleichfalls die Genehmigung dazu ertheilt hatte [207]), bewidmete er nachher im April

---

[204]) Man vergleiche damit meine urkundliche Geschichte der Burgen in der baye= rischen Pfalz, Band III Seite 44 und folgende.

[205]) Actum et datum In Castro Lijningen Anno dnj. M⁰.CC⁰.XLIX⁰. Sp. Copb. in K. B fol. III b.

[206]) Datum in Castris prope Frankenfort. III. Non. Octobr. Indictione XI. anno dni. M⁰.CC⁰.L⁰. sedo. (5. October). Orig. im Arch. zu Str. Fasc. I No. 2 und sp. Copb. in K. B fol. VII.

[207]) Datum Anno dni. M⁰.CC⁰.L⁰. quarto. Vto. Idus Februarij. (9. Februar). Sp. Copb in K. B fol. XIII; gedruckt in Crollii Orig. bipont. II, 108 No. IV.

seine Gemahlin, unter nachstehenden ausdrücklichen Bedingungen, mit
600 Mark lauteren Silbers auf Landeck und dessen sämmtliche Zuständigkeiten: wenn er nämlich mit derselben keine männlichen Erben
erziele, so sollte sie nach seinem Tode ihren Witthum auf Lebenszeit
zu genießen haben, welcher aber nach ihrem Hinscheiden an die leiningische Familie zurückfallen müße, würden sie jedoch einen Sohn bekommen, so stehe es demselben frei, den Witthum seiner Mutter mit
jener Summe abzulösen, welchen Vertrag Emich IV., zu noch größerer
Sicherheit, durch seinen, zum Bischofe in Speyer erwählten, Bruder
Heinrich mitbesiegeln ließ [208]).

Von dem Könige Richart hatte sich jener Emich IV. während
des Jahres 1257 mehrerer Gunstbezeugungen zu erfreuen; denn vorerst
bestätigte ihm derselbe die durch seinen Vorfahren am Reiche, den König
Wilhelm, für 500 Mark Silbers geschehene Verpfändung des Dorfes
Godramstein und des Hofes Billinchem (Billigheim), aus welchen beiden Orten er, bis zur Ablösung jener Summe von Seiten des Reiches,
jährlich 50 Mark zu beziehen haben sollte [209]); allein von größerer
Wichtigkeit und Bedeutung ist dessen zweiter königlicher Erlaß, worin
er demselben Grafen die Vergünstigung zusicherte, daß seine Töchter,
falls er ohne männliche Leibeserben die Welt verlassen würde, aus
besonderen Gnaden die Reichslehen ihres Vaters erben könnten [210]), und
am folgenden Tage endlich ermächtigte der König den Leininger auch
noch, seine Lebensgefährtin auf die Reichsburg Landeck zu bewidmen [211]).
Im nächsten Jahre stellte der Erzbischof Gerhart von Mainz, der
Oberhirte Eberhart in Worms und der Pfalzgraf Ludwig II. oder der
Strenge, so wie auch 1259 der Prälat Wernher zu Mainz, dem ge-
genannten Grafen die Versicherung und jeder einzeln die Genehmhaltung
aus, dessen sämmtliche mainzer, wormser und pfälzer Lehen, die er

---

[208]) Datum Anno dni. M⁰.CC⁰.LIIII⁰. Id. Aprilis. (13. April). Orig. im Arch.
zu Str. Fasc. XVIII No. 1 und sp. Copb. in K. B fol. XVII.

[209]) Datum Bonne XXI a. die Junij Indiccione quindecima Anno dni.
M⁰.CC⁰.Lmo. Septimo. Regni vero nri. Anno primo. (21. Juni). Sp.
Copb. in K. B. fol. III.

[210]) Datum apud Alceia XXV die Septembr. Indiction. prima. Anno dni.
M⁰.CC⁰.L⁰. septimo. Regni vero nri. anno Primo. (25. Sept.) Orig. im
Arch. zu Str. Fasc. I No. 3bis und in jenem Copb. B fol. VII.

[211]) Datum apd. Alsey XXVI die Septembr. Indictione prima. Anno Dni.
millo CC⁰Lmo. septimo. Regni vero nri. anno primo. (26. Sept). Orig.
im Arch. zu Str. Fasc. I No. 3 und in jenem Copb. B fol. VI.

seither von ihnen getragen hätte, sollten auch auf seine, oder überhaupt auf leiningische Töchter vererben²¹²), und der Herzog Friederich von Lothringen nahm 1264 Emich IV. für 500 Pfund metzer Pfenninge, die derselbe auf leiningische Güter zu verlegen und als lothringisches Lehen zu empfangen hätte, zu seinem Manne auf, unter der Verpflichtung, ihm gegen alle seine Feinde und Bedränger, mit Ausnahme der Bischöfe von Straßburg und Metz und der Gräfin Loretta von Saarbrücken, so wie sämmtlicher Glieder der leiningischen Familie nebst ihren Kindern, treulich Hülfe und Beistand zu leisten, welche Summe er aus den Einkünften des herzoglichen Hofes im Dorfe Bispingen beziehen sollte, worauf dann dieses Gut mit seinen Zubehörden wieder frei und unbeschwert an das Herzogthum zurückfallen müsse²¹³). Der schon mehr erwähnte Gründer der leiningen-landecker Linie, Emich IV., ist es auch, was wir hier im Vorbeigehen anmerken wollen, der die Stadt und seitherige Bundesvestung Landau in der Pfalz ums J. 1276 ins Leben rief und dann 1281 zu seinen Vätern versammelt ward, denn dessen einziger Sohn, ebenfalls Emich geheißen, leistete in letzterem Jahre gegen seinen Oheim von väterlicher Seite, den Bischof Berthold von Bamberg, Verzicht auf seine Ansprüche an denselben von dem Nachlasse seines seligen Vaters her, wofür ihm jener Prälat 300 Pfund Heller zu entrichten versprach, die er ihm auf die jährlichen Fruchtgefälle seines Hofes in Ruchonir (Ruchheim) anwies, welche Zusage der Oberhirte Friederich zu Speyer (des Bamberger's Oheim), nebst mehreren hohen Geistlichen und Burgleuten beurkunden mußten²¹⁴); König Rudolf I. nahm jenen Emich den Jungen 1286 für 200 Mark reinen vollwichtigen Silbers zu seinem und des Reiches Burgmann in Germersheim an²¹⁵),

---

²¹²) Diese vier Urkunden sind datirt: Dat. Pingwie Anno Dominj Millesimo. CC⁰.L⁰. octauo Mense Januario. Orig. im Arch. zu Str. Fasc. I No. 4. Datum Wormacie Anno dnj. Mill⁰.CC⁰.LVIII⁰. Mense februario. — Actum in campis apud wijssenburg Anno dni. M⁰.CC⁰.LVIII⁰. duodecima Kl. Decembr. Seda. Indicione. (20 Nov). und Actum Pingwie Anno dni. M⁰. ducentesimo LIX⁰. III. Kl. Nouembris. (30. October). Sp. Copb. in K. B. fol. XVII. VII b. et III b.

²¹³) Dat. Anno dni. M⁰.CC⁰.LX⁰. quarto feria sexta post festum bi. Remigij. (3. October). In demf. Copb. B fol. 1.

²¹⁴) Datum Belnheim In Curia Hugonis cantoris Spirensis Anno dni. M⁰.CC⁰. Octog⁰. primo. IX Kall. Octobr. (23. Sept). Daf. B fol. II b.

²¹⁵) Datum Spijre V Idus Decembris Indicione quindecima Anno Dni. M⁰.CC⁰.LXXX⁰. Sexto. Regni vero nri. Anno decimo quarto. (9. Dec.). Daf. B fol. 1.

allein schou im Jahre 1289 kam derselbe, sammt anderen Grafen und
Herrn, in einem Gefechte im Schwarzwalde jämmerlich ums Leben [216]),
denn dessen Wittwe, Katharina von Ochsenstein, verpfändete und über-
ließ in ihrem und ihres Söhnchens Rudolfs Namen, 1290 ihren
Burgmännern zu Altleiningen wegen der vielen durch dieselben für
ihren seligen Gemahl eingegangenen Verbindlichkeiten und Schuld-
Bürgschaften, die unterhalb der Bach Isenach gelegenen leiningischen
Dörfer, Güter, Lehen und Einkünfte auf so lange, bis sie für ihre
Forderungen hinreichend befriedigt sein würden [217]) und in demselben
Jahre machte der Nonnenconvent auf dem Rupertsberge bei Bingen
den verstorbenen jungen Grafen, welchen die geistlichen Jungfrauen
während seines Lebens so aufrichtig geliebt hätten [218]), der vollkommen-
sten Bruderschaft und aller guten Werke ihres Gotteshauses theilhaftig,
mit dem gleichzeitigen Versprechen, dessen Jahrgedächtnisse feierlich begehen zu wollen [219]).

Das vorbemerkte Söhnlein des im Schwarzwalde gebliebenen
Grafen Emichs, starb bald hernach und dessen Wittwe Katharina vermählte sich später mit dem Grafen Johannes II. von Spanheim-Starkenburg, so daß also die durch Emich IV. begonnene landecker Linie,
nach kurzem Bestehen, im Mannsstamme wieder erloschen war und
dessen drei weltlichen Töchtern demnach in die ihnen durch ihren Vater
erworbenen Erbrechte hinsichtlich der leiningischen Lehen eintraten; jene
Töchter (die vierte oder Jüngste war nämlich Nonne geworden) hießen
Adelheid, die an den Grafen Johannes den Lahmen verehelicht war,
dann die zweite Agnes, welche den Grafen Otto von Nassau zum Gemahl hatte und endlich die an den Dynasten Heinrich von Blankenberg
verheurathete Kunigundis. Wir haben bereits oben angegeben, was
jenem Emich IV. bei der Theilung mit seinem Bruder Friederich III.
von Leiningen, im Jahre 1237 zum Loose gefallen war, von welchen
Besitzungen jedoch die zwei Burgen Grevenstein und Frankenstein, weil
keine Lehen, an die leiningischen Stammgüter zurückgefallen waren und

---

[216]) Trithemij Chronicon Hirsaug. II, fol. 53 ad. a. 1289.

[217]) Datum feria scda. ante purificacionem Anno dni. Mᵒ.CCᵒ.LXXXᵒ.
(30. Januar). Sp. Copb. in K. B fol. XI.

[218]) Quia virum nobilem Emichonem com. de Lijningen pie memorie in vita
sincere dileximus etc.

[219]) Datum Anno dni. Millesimo CCᵒ. nonagesimo XIIᵒ. Kl. Decembr.
(20. November). Sp. Copb. in K. B fol. XII b.

wieder mit denselben vereinigt wurden; die Hälfte der Veste und bedeutenden Herrschaft Landeck war, wie uns ebenfalls bekannt ist, wohl Reichslehen, aber demohngeachtet entzog König Rudolf I. jenen drei Schwestern dieses Lehen und übertrug dasselbe im Jahre 1290 seinem Neffen dem Herrn Otto von Ochsenstein, wozu auch die Wittwe Emichs von Leiningen-Landeck, Katharina von Ochsenstein, sicherlich vieles beigetragen haben mag und so blieben nur noch die Theile an den lehenbaren leiningischen Schlössern Altleiningen und Ebernburg zur Vertheilung an die vorerwähnten Schwestern übrig, wogegen aber der Inhaber der eigentlichen Grafschaft Leiningen von der älteren oder altleininger Linie, Friederich IV., der die Lehensfähigkeit jener drei Frauen nicht anerkennen wollte, sogleich heftigen Einspruch erhob; man stritt sich einige Jahre lang darüber herum, bis endlich beide Theile, nämlich die zwei Schwestern und Wittwen, Agnes von Nassau und Adelheid von Spanheim, sich 1293 mit jenem Grafen über ein soge= nanntes Compromiß zur Beilegung ihrer gegenseitigen Aussprachen und Irrungen, auf folgende Weise verständigten: vier ihrer Burgmänner aus Altleiningen, Johannes von Rándeck, Friederich von Lautersheim, Simon von Montfort und Emich von Leiningen, sollten sich in die ihnen zu bezeichnenden leiningische Dörfer begeben und in denselben die eidlichen Aussagen der Unterthanen, Edeln und Geistlichen darüber vernehmen: welche Rechte sowohl den beiden Frauen vom väterlichen und brüderlichen Erbe her, als auch dem genannten Friederich IV. von wegen der Grafschaft Leiningen in jenen Orten gebührten oder zustünden und was diese Männer auf solchem Wege zuverläßig er= führen, sollten sie den von beiden Parthien gemeinsam erwählten Schiedsrichtern, den Grafen Eberhart von Kazenelnbogen und Heinrich von Veldenz, treulich hinterbringen, die dann nach gewissenhafter Bera= thung und genauer Untersuchung über die Angelegenheit zu sprechen haben sollten, welches Compromiß die zwei Frauen mit ihren beiden ältesten Söhnen, Heinrich von Nassau und Simon II. von Spanheim, besiegelten [220]).

In diesem Actenstücke wird die jüngste Schwester Kunigunde von Blankenberg nicht erwähnt und ihr Eheherr hatte, aller Wahrscheinlichkeit

[220]) Datum anno Dni. Mº.CCº.XCIIIº. In crastino Aplorum Petri et Pauli. (30. Juni) und dieselbe Verschreibung stellten auch Graf Friederich IV. und dessen Sohn aus: Actum et datum Anno dni. Mº.CCº. nonagesimo tercio. Sp. Copb. in K. B fol. Ib. et XIII.

nach, die leiningischen Theile an der Veste Ebernburg bekommen, wo wir später noch Spuren von den Blankenbergern antreffen werden; die zwei älteren Schwestern aber waren, wie wir aus jenem Compromiße und aus späteren Verhandlungen ersehen, in dem Besitze der Hälfte der Stammburg Altleiningen mit zugehörigen Dörfern, welchen halben Theil ja auch, wie uns das oben angeführte Document der Wittwe Katharina des lezten Leiningers Emich belehrt, dieselbe bereits 1290 für ihr Söhnchen Rudolf eingenommen hatte und es handelte sich also jezt nur noch in dem Streite mit Friederich IV. um andere geringere Lehenstücke und Rechte, wobei nur zu bedauern ist, daß der Schieds= spruch der Grafen von Kazenelnbogen und Velbenz nicht mehr vor= handen ist, indem wir sonst genau angeben könnten, was einem jeden der drei Stämme aus dieser leiningischen Erbschaft geworden seie; aus späteren vereinzelten Urkunden entdeckt sich indessen auch hierin noch manches, denn unsere Wittwe Adelheid und ihre Söhne hatten z. B. eine Gülte von 22 Malter Korn in Ruchheim zu Gunsten ihrer ver= wittweten Schwester Agnes von Nassau und deren Söhne verpfändet, wofür leztere jenen aus ihren Jahresgefällen zu Eischweiler, bei der Burg Grevenstein, im J. 1294 eine Entschädigung auf so lange ver= schrieben, bis die Pfandsumme abgetragen sein würde [221]), welche beiden ebengenannte Dörfer aber gleichfalls leiningische Güter waren, die jene Schwestern aus dem väterlichen und brüderlichen Erbe erhalten hatten und es geht überhaupt aus nachherigen Handlungen unwidersprechlich hervor, das Compromiß von 1293 habe eine Theilung unter den Par= thien zur Folge gehabt, weil ja leztere selbst wieder unter sich Theilun= gen ihres erhaltenen Erbes beantragten. Wir werden später noch mehrfach auf diese leiningische Erbschaft zurückkommen müßen und obgleich wir den Antheil eines jeden der drei Stämme an derselben leider nicht ganz bestimmt zu bezeichnen vermögen, so wissen wir doch jezt, aus den bisherigen Mittheilungen, woher dieses Erbe stammte und worin es im Allgemeinen bestanden habe. Das Sterbejahr der Wittwe Adelheid ist uns unbekannt, jedenfalls erfolgte aber ihre Auf= lösung vor 1301, wie wir aus den Urkunden ihrer Söhne von diesem Jahre ersehen werden.

---

[221]) Actum et datum Anno dnj. M⁰.CC⁰.XC⁰. IIIIto. quarta feria post dnicam. Invocauit. (10. März). Sp. Copb. in K. B fol. IIII b.

II. b.

Die bolander oder tannenfelser Seiten-Linie des spanheim-kreuznacher Astes.

1. Graf Heinrich I. von Spanheim-Bolanden.

Aus dem Vorhergehenden haben wir zur Genüge die schweren Zerwürfnisse vernommen, die dieser Heinrich, seines unruhigen mißgünstigen Charakters wegen, seinem Bruder Johannes dem Lahmen verursacht, so wie wir auch die großen Nachtheile erfuhren, die er durch die Veräußerung der Herrschaft Beckelnheim an das Erzstift Mainz und durch den darüber entstandenen verderblichen Krieg, der Grafschaft Spanheim bereitet hatte, welche verübten Frevel derselbe zuverläßig später noch durch Mangel und Dürftigkeit empfindlich hätte büßen müßen, wenn ihm nicht die seiner Ehefrau Kunigunde glücklicherweise zugefallene Erbschaft aus solcher Noth geholfen hätte. Der Vater der lezteren, Herr Philipp IV. von Bolanden, hatte 1268 den väterlichen Nachlaß mit seinem Bruder Werner V. getheilt und hinterließ bei seinem Ableben 1276 seine Wittwe Lucardis und fünf Kinder, zwei Söhne und drei Töchter; jene starben in der Jugend vor dem J. 1288 dahin und die jüngste Tochter Anna wählte den geistlichen Stand, so daß also nur noch zwei Töchter als Erben ihres Vaters vorhanden waren, Kunigunde, die Gattin des obigen Heinrichs von Spanheim und Lucardis, welche an Herrn Albrecht von Schenkenberg, den nachherigen Grafen von Löwenstein, einen natürlichen Sohn König Rudolf I., vermählt war, der aus dem reichen bolander Erbe die Veste Wildenstein am Donnersberge, so wie ein Viertheil an der Burg und Herrschaft Bolanden erhielt, während jener Heinrich die ebenfalls am Donnersberge befindliche Veste Tannenfels und dann auch ein Viertel an jener Herrschaft, nebst den bolander Besitzungen am Unterrhein bei Sanct Goar u. s. w., zu seinem Antheil bekam und darauf als Heinrich I. eine neue spanheimer Linie gründete, die man, weil er abwechselnd entweder in Bolanden bei Kirchheim, oder in Tannenfels wohnte, deswegen bald die bolander, bald die tannenfelser benannte [222]) und deren Schicksale wir jezt in Kürze entwickeln wollen.

So lange die Wittwe Philipps IV. von Bolanden, Lucardis, am Leben war, verwaltete sie rüstig und umsichtig ihre Besitzungen

---

[222]) Siehe meine urkundliche Gesch. der Burgen in der bayerischen Pfalz Bd. IV, 82—91.

selbst und darum erscheinen auch unser Spanheimer Heinrich und dessen
Schwager Albrecht von Schenkenberg nur als deren Bürgen und Tochter=
männer, da sie 1282 eine Korngülte zu Albisheim an den Ritter Her=
begen von Offenheim wiederlöslich versezte ²²³); als aber dieselbe ums
Jahr 1286 oder 1287 Todes verblichen war, trat jener als selbst=
ständiger Inhaber der Herrschaften Bolanden und Tannenfels auf,
nachdem er vorher im lezteren Jahre seine frühere Bosheit gegen seinen
Bruder Johannes den Lahmen dadurch nochmals geübt hatte, daß er,
in Verbindung mit seiner Kunigunde, seinem Verwandten, dem Grafen
Heinrich I. von Starkenburg, die ihm in der Theilung mit jenem
Bruder zugefallene Hälfte der, bei Werrisbach gelegenen, spanheimer
Güter, die man in der Abtei nannte, mit allen Zubehörden, zu der
anderen Hälfte, welche die starkenburger Linie schon besaß, um eine
nicht angegebene Summe Geldes als Eigenthum verkaufte, obgleich er
in der brüderlichen Auseinandersezung mit Johannes dem Lahmen im
Jahre 1277 sich ausdrücklich pflichtig gemacht hatte, demselben, wenn
er etwas veräussern wolle, vor anderen den Vorkauf zu gönnen, daher
er auch, weil er von lezterem Einsprüche gegen diesen ungesezlichen
Handel erwartete, seinem starkenburger Vetter, hinsichtlich der Währ=
schaft und des ohngestörten Besizes der genannten Güter, die bündigsten
Zusagen geben und Bürgschaften stellen ²²⁴) mußte.   Im folgenden
Jahre übertrug derselbe den Bewohnern in Schornsheim, d. h. den
daselbst seßhaften Rittern, Hubnern und der Gemeinde, aus Erkennt=
lichkeit für die ihm geleisteten wichtigen Dienste, alle seine dasigen
Rechte, nämlich das Gericht und die Obrigkeit, nebst dem Ortsbanne,
als ein ewiges Erblehen, daß sie aber durch sechs, aus den Edeln,
Hubnern und Bürgern erwählte, Männer von ihm empfangen und
vermannen lassen müßten ²²⁵); einige Wochen nachher belieh er den
Edelknecht Cuno, unter den Juden geheissen, mit einem halben Fuder
Wein von der Gülte zu Speze am Rhein ²²⁶) und im September gieng

---

²²³) Actum et datum Moguntie anno Dni. Mº.CCº.LXXXIIº. in crastino festi
omnium Sanctorum. (2. Nov.). Otterburger Urkundenbuch 172 No. 230.

²²⁴) Datum anno Dni. Mº.CCº.LXXXº. septimo, in octava assumpcionis beate
Marie Virginis. (22. August). Kremer's dipl. Beiträge 260 No. XVII.

²²⁵) Geschehen in der dritten ferie nach Ostern im Jar des Herrn 1288. (30. März).
Joh. Martin Kremer's Sammlung bolander Urkunden aus dessen Nachlasse
im nassauischen Archive zu Jdstein No. 142. Manuscript.

²²⁶) Actum et datum anno Dni. Mº.CCº.LXXXº.VIIIº. quinta feria post dominicam qua cantatur Cantate. (29. April). Daselbst No. 320 Seite 23.

er, nebst dem mainzer Domcapitel, die Verbindlichkeit ein, hinsichtlich ihrer Zerwürfnisse, sich der Entscheidung durch vier Bürger aus den Reichsstädten Mainz, Worms und Oppenheim fügen und unterwerfen zu wollen [227]). Nach Verlauf eines Jahres trug derselbe sammt seiner Kunigunde, so wie mit der Verwilligung seines Bruders Johannes des Lahmen und seines Schwagers, des Grafen Albrechts von Löwenstein, den Rittern Emmerich von Schornsheim und Johann, genannt Schlüssel, die Fauthey des Dorfes Esenheim zu ewigem Lehen auf, sowie solches Amt von seinen seligen Schwiegerältern an ihn gekommen seie [228]); zugleich sezte er sich auch mit seinem ebengenannten Schwager Albrecht wegen des bolander Erbes vollständig auseinander, indem er auf alle seine Ansprüche und Rechte an die in dieser Herrschaft befindlichen Klöster und geistliche Stiftungen verzichtete [229]) und endlich gewann ihn noch in dem nämlichen Jahre der Erzbischof Gerhart von Mainz für eine, aus den jährlichen Einkünften in Bingen zu beziehende, Rente von 20 Mark, als des Erzstifts Burgmann, entweder zu Bingen oder zu Niederulm [230]).

Jenem Grafen Albrecht von Löwenstein mußten indessen auch noch mehrere Güter und Einkünfte aus der bolander Erbschaft am Unterrheine zugefallen sein, weil unser Heinrich I. dem Schultheißen zu Boppart, Konrad von den Juden, im Jahre 1290 eine jährliche Mark Pfenninge auf diejenigen Zinspflichtigen anwies, die ihm sein Schwager Albrecht verpfändet habe, mit der Verbindlichkeit, wann jene Mark eingelöset würde, den gedachten Konrad mit 10 Marken, jede zu 12 Schillingen gerechnet, schadlos halten zu wollen und an dem nämlichen Tage belehnte unser spanheimer Graf, in gesammter Hand und nebst seiner Kunigunde, denselben Schultheißen, dessen Ehefrau und Kinder, mit den sämmtlichen Weinbergen in der Gemarkung von Osterspey, welche er von Herrn Heinrich von Isenburg eingetauscht hatte, als ein Erblehen [231]). Beide Eheleute verkauften im Februar

---

[227]) Datum anno dni. Millimo CCⁿ.LXXXVIIIⁿ. in vigilia bti. Mathei apli. (20. Sept.). Cod. perg. mogunt. III fol. 280 im Kgl. Reichsarchiv zu München.

[228]) J. Mart. Kremer's bolander Urkundennachlaß Msc. No. 143.

[229]) Daselbst No. 145.

[230]) Daselbst No. 146.

[231]) Beide sind gegeben: Actum et datum Bopardie anno domini Mⁿ.CCⁿ. nonagesimo in vigilia beati Laurencij martyris. (9. August). Daselbst aus No. 320 S. 22 u. 23.

1291 dem Kloster Otterberg ihre Hälfte des großen und kleinen Fruchtzehnten zu Albisheim, der von dem Grafen Friederich IV. von Leiningen zu Lehen gieng, daher der mainzer Erzhirte Gerhart und der Vorstand der Abtei Prümm jenem erlaubten, dem leininger Grafen, statt
dieses Zehnten, den eigenthümlichen vierten Theil an der Burg Bolanden als Lehen aufzutragen [232]), was auch einige Tage darauf
bewerkstelligt ward [233]) und im Monate Juli besserten sie dem Konrad,
einem Sohne des Ritters Heinrich, genannt von der Judengasse, wegen
verschiedener erwiesenen wichtigen Dienste, die Lehen, die derselbe bisher
von ihnen getragen hatte, mit dem Dorfe Hirzenach, nebst dem dasigen
Gerichte, sammt allen Rechten und Einkünften [234]). Einige Wochen
nachher verschrieben sich Heinrich und Kunigunde dem Pfalzgrafen
Ludwig II. oder dem Strengen für 200 Pfund zum Erbburgmann in
Alzey, gleich den Grafen von Leiningen und den Dynasten von Falkenstein am Donnersberge [235]), und kurze Zeit darauf verkauften beide
demselben Fürsten ihre sämmtlichen Güter und Berechtigungen im
Thale zu Kaub, so wie in den Dörfern Wisel, Derscheit und Surborn
mit allen Zuständigkeiten, für 140 Mark cölner Pfenninge, die jener
Heinrich I. von dem Grafen von Berg zu Lehen trug, unter dem
verbürgten Versprechen, die Genehmigung des lezteren hiezu beizubringen [236]).

Heinrich I. und Kunigunde stellten 1292 der Abtei Otterberg
bei Kaiserslautern die Versicherung, oder ein Zeugniß darüber aus,
ihre verstorbene Schwiegermutter und Mutter Lucardis von Bolanden
hätte, mit ihrem damals noch lebenden Sohne Johannes, den Hof jener
geistlichen Herrn in dem Dorfe Albisheim bei Bolanden nebst seinen
Zubehörden, von allen früheren Forderungen, Beten, Atz, Herberge

---

[232]) Beide gegeben: Datum anno Domini M⁰.CC⁰. nonagesimo primo in die
beati Mathie apostoli. (24. Februar). Otterburger Urkundenbuch 189 die
Nummern 247 u 248.

[233]) Actum et Datum anno Domini M⁰CC⁰XCI⁰. in dominica qua cantatur
Invocavit. (11. März). Daselbst 192 No. 249.

[234]) Datum anno Dni. M⁰.CC⁰.LXXXX⁰. primo dominica qua cantatur dominus fortitudo. (29. Juli). J. M. Kremer's Urkunden-Nachlaß aus
No. 320 Seite 25.

[235]) Datum Kyrcheijm Anno dnl. M⁰.CC⁰.XC⁰. I⁰. Crastino Nativitatis bte.
virginis. (9. Sept.). Frankfurter pfälz. Copialb. Fol. 306.

[236]) Datum Anno Dni. M⁰.CC⁰.XC⁰. I⁰. jn die beati Galli. (16. October).
Daselbst fol. 198 b.

und sonstigen Diensten gefreiet [237]). Unsere Eheleute befanden sich
indessen, wegen Herausgabe an den löwensteiner Grafen Albrecht von
der bolander Erbschaft her, in großer Noth und waren überhaupt mit
Schulden überladen [238]), daher sie, um sich zu helfen, im J. 1294
dem wormser Domsänger Enolph, so wie dessen Bruder und Siegfried,
dem Sohne des Ritters und Schenken Siegfrieds von Stromburg, die
Hälfte ihrer Burg Liebenstein am Unterrheine, sammt demjenigen, was
dazu gehörte, ferner die Vogtei Hirzenach, das Dorf Osterspey nebst
den dasigen Weinbergen und den vierten Theil der unter jener Burg
befindlichen Stadt (Camp?), mit den nämlichen Rechten, wie sie dieselben seither besessen hätten, für die Summe von 636 Mark cölner
Pfenninge käuflich überließen und zugleich den Rittern Ludwig von
Sternberg und Siegfried, dem Sohne jenes Schenken, beide Burgmänner in Sternberg, wegen der genehmen ihnen erzeigten Dienste,
die andere Hälfte der Veste Liebenstein, so wie auch den vierten Theil
der Stadt, der Vogtei Hirzenach und Osterspey's, für sie und ihre
Nachkommen zu Lehen auftrugen [239]). Durch diesen Kauf war zwar
die Noth des spanheim-bolander Ehepaares wohl etwas gemindert,
jedoch nicht gehoben, daher sie nach Verlauf einiger Wochen und aus
demselben dringenden Grunde an die ebengenannten beiden Ritter auch
noch die andere Hälfte der Veste Liebenstein mit dem dazu gehörigen
Hagwalde, nebst dem vierten Theile der Stadt unter derselben, der
Weinberge, welche sich zwischen dieser Stadt und der Kirche in Born-
hofen von dem Rheinufer an bis zur Höhe der Burg Sternberg
hinaufziehen, der hirzenacher Vogtei und des Dorfes Osterspey,
sämmtlich mit ihren bisherigen Rechten und Zugehörungen, um
die Summe von 633 Mark cölner Pfenninge, jeden Pfenning zu
drei Hellern gerechnet, für erb und eigen veräusserten; weil aber
diese Güter jener Kunigunde von Bolanden zum Witthum verschrieben waren, so mußte dieselbe auf ihre diesfälligen Ansprüche und
zugleich mit ihrem Gemahle auf alle Rechtswohlthaten bezüglich dieses, zu Worms gerichtlich abgeschlossenen, Kaufes für immer Verzicht

---

[237]) Actum anno Domini M.CC.XC. II. crastino Thome apostoli. (22. Dec.).
    Otterburger Urkundenb. 198 No. 256.

[238]) Ob imminentem nobis necessitatem et onera plurima debitorum etc.

[239]) Beide Briefe sind datirt: Actum et datum anno Dni. M.CC. nonagesimo
    quarto in die beate Lucie virginis. (13. December). J. M. Kremer's
    urkundlicher Nachlaß aus No. 320 S. 21 u. 23.

leiften [240]), und mehrere Wochen darauf, am 3. Februar 1295, erfuchten beide den Erzbifchof Boemund I. von Trier, in die Uebertragung des trierer Lehens Ofterfpey an jene Ritter einzuwilligen, womit Graf Heinrich I. noch zugleich die Erklärung verband, daß er fich jenem Prälaten zu allen ferneren Lehendienften verpflichte [241]).

Der Graf Albrecht von Löwenftein und deffen Ehehälfte Lucarde von Bolanden überließen 1299 ihrem Schwager dem Grafen Heinrich I. und feinen Erben die ihnen an dem Zehnten zu Albißheim und im Dorfe Rüffingen in der Herrfchaft Bolanden zuftehenden Rechte, wel-chen Zehnten erftere von der darauf laftenden Pfandfchaft, bis auf 40 Pfund Heller, zu löfen verfprachen [242]) und im folgenden Jahre geftattete der Spanheimer, als Lehensherr, feinem Vafallen, dem oben-erwähnten Konrad von den Juden, von dem Ritter Ludwig zu Stern-berg ein Drittheil an der Burg Liebenftein, an Ofterfpey und an den unterhalb jener Vefte befindlichen Weinbergen zu erwerben und von ihm als Lehen zu empfangen, gleich wie jener Ludwig auch die übrigen zwei Drittheile vermannen müffe [243]). Der Abt Trithem berichtet uns: Graf Heinrich I. habe in dem durch den Papft angeordneten Jubeljahre 1300, mit dem Abte Dietlieb von Spanheim und mit vielen andern, eine Wallfahrt nach Rom unternommen, um fich dafelbft den Nachlaß ihrer Sünden zu holen [244]), und vier Jahre fpäter bezeugte er mit Simon II. von Kreuznach die geroltzeckifche Theilung [245]), auf Allerheiligen aber beftätigte er den Verkauf einer Korngülte an die Abtei Otterberg [246]) und dann finden wir den-felben, als er 1305 eine Schenkung an das Klofter Rodenkirchen bei Kirchheim=Bolanden als deffen Schirmvogt mit feinem Siegel

---

240) Anno Domini MCCLXXXX quinto, Sabbato proximo post octanam Epi-phanie Domini. (8. Januar). J. M. Kremer's urkundlicher Nachlaß aus No. 320 Seite 25.

241) Datum anno Dni. M.CC. nonagesimo quinto in crastino purificacionis virginis gloriose. (3. Februar). Daf. No. 320 S. 24.

242) Dirre brief wart gegeben nach Godes geburte 1299 iar, an Sante Paulus bekerde. (25. Januar). Otterb. Urkundenbuch 218 No. 277.

243) Datum anno Dni. M⁰.CCC⁰. J. M. Kremer's Urkunden=Nachlaß zu Jbftein aus No. 320 S. 24.

244) Trith. Chron. sponh. fol. 296 et 299.

245) Acta Acad. Theod. pal. IV, 304 No. I.

246) Datum anno Domini M.CCC.IIII⁰ in die omnium sanctorum. (1. Nov.). Otterb. Urkundenbuch 262 No. 218.

beurkundete [247]). In dem nämlichen Jahre war Heinrich I. Beisitzer an dem sogenannten Königsgerichte zu Kaiserslautern, als dasselbe der Abtei Otterberg den Besitz der Möge zu Gersweiler zusprach [248]), auch war er, nebst dem Dechante Colinus von Cell, im J. 1308 zugegen bei einer Verpachtung vieler Güter jenes Gotteshauses in der Gemarkung von Rüssingen [249]) und 1309 ertheilte derselbe dem Otto von Bolanden seine Einwilligung, die Hälfte des großen und kleinen Fruchtzehnten in dem Banne von Albisheim an die Mönche in Otterberg veräussern zu dürfen [250]); sonst ist nichts mehr von ihm zu unserer Kenntniß gelangt, auch die Zeit seines Todes wissen wir nicht genau anzugeben, indessen ist so viel gewiß, daß er zu Anfang des Jahres 1314 aus dieser Welt geschieden ist.

Dessen Gattin, Kunigunde von Bolanden, muß vor 1299 verstorben sein, denn sie kommt in der vorhin angeführten, die Herrschaft Bolanden betreffenden, Verschreibung von diesem Jahre nicht mehr vor, worauf sich ihr Gemahl bald nachher mit Agnes von Westerburg verehelichte, deren Bruder Willicho auf ihr Zureden im J. 1300 in das spanheimer Kloster trat, darin auch 1309 die Würde eines Abtes erlangte und das Gotteshaus bis an sein, 1337 eingetretenes, Hinscheiden rühmlichst verwaltete [251]), allein das Lebensende seiner Schwester, der Gräfin Agnes, ist uns nicht bekannt geworden. Heinrichs erste Ehe war mit drei Kindern gesegnet, mit einem Sohne Philipp, seinem Nachfolger und zwei Töchtern, Elisabetha und Imagina oder Mena; jene wurde Meisterin im Kloster Hane oder Hagen, in unmittelbarer Nähe der Burg Bolanden gelegen, worüber uns ein Brief vom Jahre 1329 belehrt, kraft dessen sie dem Stifte Cell die Gülten und Zinsen ihres Gotteshauses zu Kirchheim und Bischheim käuflich

---

[247]) Remling's Abteien und Klöster des Rheinkreises II, 349 No. 32. Das an dieser Urkunde hängende unversehrte Siegel enthält nur das spanheimer Wappen ohne ein Abzeichen der Herrschaft Bolanden und hat die Umschrift: SIGILL. HEINRICI. DE. SPANHEM.

[248]) Unde geschach daz ꝛc. 1305 iar, an sante Cyriacus dage. (8. August). Otterb. Urkundenbuch 264 No. 320.

[249]) Datum anno Domini M°.CCC°.VIII. feria V proxima post festum purificacionis Virginis gloriose. (8. Februar). Das. 277 No. 335.

[250]) Dirre brief wart gegeben, do man zalte ꝛc. 1309 iar an sante Jorgen dage. (23. April). Daselbst 297 No. 350.

[251]) Trithemii Chron. sponh. fol. 298 ad a. 1300, fol. 302 ad a. 1309 et fol. 313 ad a. 1337. Siehe auch meine Gesch. der Dynasten von Westerburg S. 53 (gedruckt Wiesbaden 1866).

abtrat, welchen Vorgang ihr Bruder, der Graf Philipp, als Klostervogt, besiegelte und zwar, wie derselbe ausdrücklich sagt: „durch bede
willen miner Suster Elizabeth der Meisterin ꝛc." jenes Conventes [252]);
Mena aber, die andere Schwester, war mit dem Schenk Eberhart Herrn
zu Erbach vermählt und sie starb am 25. Juli 1341 [253]).

2. Graf Philipp von Spanheim-Bolanden.

Unmittelbar nach seines Vaters Ableben stellten die Gebrüder
Sibodo, Gudelmann, Emercho, Engelbrand und Hermann, Söhne des
seligen Ritters Sibodo von Munckishorn, diesem Grafen die Erklärung
aus, sämmtliche Briefe, die sie von seinem Vater Heinrich I. erhalten
hätten, sollten ihm nicht schädlich oder nachtheilig sein, mit alleiniger
Ausnahme derjenigen, welche von ihren Lehen handelten [254]), und die
Bürgermeister nebst den Bewohnern der Reichsstadt Pfeddersheim bei
Worms gaben, um eine Uneinigkeit mit unserem Spanheimer beizulegen, 1316 alle Ansprüche auf, die sie an ein, in der Dorfgemarke
Rüffingens gelegenes, Gut jenes Junkers Philipp hätten machen können
und versprachen zu gleicher Zeit von nun an mit demselben auf freund-
schaftlichem Fuße leben zu wollen [255]). Eben dieser Philipp hatte im
J. 1318 den Sohn des Grafen Johannes von Sayn, Robin geheißen,
in einer Fehde gefangen genommen, bei welchem Vorgange sonst noch
viele beleidigende Reden zwischen denselben gefallen waren, daher deren
beiderseitige Verwandten und Freunde, nämlich die Grafen Simon II.
und Johannes von Spanheim Gebrüder, Engelbrecht von Sayn und
Herr Salentin von Isenburg, sich viele Mühe gaben, den jungen
Robin aus seiner Haft zu befreien und unter den Hadernden überhaupt eine aufrichtige Sühne zu Stande zu bringen, was ihnen auch
endlich gelang, worauf jener Graf Johannes von Sayn, mit Robin
und seinen beiden anderen Söhnen Jofried und Johann, in guten
Treuen, so wie ohne Arglist gelobten, das Vorgefallene weder mit

---

[252]) Dieser Brif ist geben lan dem Mandage nach der Zwolf boten Schiedunge
des Jahrs ꝛc. 1329. (17. Juli). J. M. Kremer's bolander. Urkunden-
Nachlaß No. 214.

[253]) Christoph Kremer's dipl. Beitr. 202 bis 204 §. LXVI.

[254]) Datum anno 1314. Sontags vor Ambrosii. (31. März). J. M. Kremer's
bolandischer Urkunden-Nachlaß No. 178.

[255]) Datum anno dni. M°.CCC°.XVI°. feria tercia proxima ante festum Marie
Magdalene. (20. Juli). Orig. im kgl. Reichsarchive zu München s. v.
Grafen v. Spanheim Fasc. 1.

Worten noch mit Werken später rächen zu wollen [256]) und nach Monats=
frist traf unser Graf eine gütliche Vereinbarung mit dem Ritter
Wernher Willich von Alzey über die zwischen ihnen streitigen Orte
Geißpolzheim nnd Spießheim, auf folgende Weise: hinsichtlich des ersteren
Dorfes müße sich der Ritter vor rem Abte zu Sanct Alban (in Mainz)
und vor deſſen Mannen stellen, deren Entscheidung er sich dann zu
fügen habe, und wegen Spießheim's erkannten beide Parthien für
Recht an, ein Viertel dieses Dorfes gehöre jenem Edeln zum voraus
zu, allein von den übrigen drei Viertheilen gebühre jedem die Hälfte,
nebst allen Gütern, Weinbergen und Nuzungen, wie dies die dasigen
Schöffen ausgesprochen hätten [257]).

Die Aebtin und das Convent zu Kirschgarten bei Worms gaben
1320 dem obigen Philipp von Spanheim eine Gülte von 8 Malter
Korn in Rüssingen auf, die ihnen von ihrer Mitschwester Anna von
Bolanden als Eigenthum zugefallen war [258]); im darauf folgenden
Jahre trug der König Friederich der Schöne von Oesterreich unserem
Grafen, wegen der vielen ihm bisher erzeigten treuen und erfolgreichen
Dienstleistungen, rie an der Südseite des Donnersberges befindliche
Burg Wildenstein, sammt ihren Zugehörungen und Gerechtsamen als
Lehen auf [259]) und einige Tage nachher erkaufte er von Otto von
Bolanden und deſſen Ehefrau Loretta einen jährlichen Zins von
30 Pfund Hellern für 300 Pfund Heller, welche Summe auf ihrer
Burg Standenbühl und auf dem davor gelegenen Dorfe versichert
war [260]). Sein Oheim, der Graf Johann von Naſſau, sezte ihn
1322 in seinen, aus dem leiningischen Erbe erhaltenen, Theil an
der Burg Altleiningen, so wie in den Genuß der damit verbundenen
und auf dem sogenannten Gaue gelegenen Güter ein, jedoch nur bis

---

[256]) Dixe Brif wart gegeben do man zalte ꝛc. 1318 Jare in dem leſten dage
des erſten Sundages vur ſente Vrbanis dage. (21. Mai). J. M. Kremer's
urkundl. Nachlaß No. 182.

[257]) Der geben iſt bo man von Gotbis geburte zalte 1318 iare an ſant johannis
dage Baptiſten. (24. Juni). Orig. im kgl. Reichsarch. zu München a. v.
Gr. v. Spanh. Faſc. 1.

[258]) Datum anno 1320 Donnerſtag vor dem Palmtag. (27. März). J. M.
Kremer's Urkunden=Nachlaß zu Jbſtein No. 190.

[259]) Datum in Columbar. XII Kalend. Marcij Anno Domini M°.CCC°. vicesimo primo Regni vero nostri anno Septimo. (18. Februar). Copialbuch
No. E, 5523 im kaiſ. Präfectur=Arch. zu Str.

[260]) Datum anno 1321 in der Faſtnacht zu Bolanden. (3. März). J. M. Kremer's
bol. Urkunden=Nachl. No. 191.

zur Aufkündigung [361]) und während des Jahres 1325 war derselbe
vielfach durch Familien=Angelegenheiten mit seinem Stiefschwiegervater,
dem Rauhgrafen Heinrich dem Alten und mit dessen Gattin Katharina
von Hohenfels (die nach dem Tode ihres ersten Gemahls Diether's von
Kazenelnbogen 1315, vor dem J. 1320 in die zweite Ehe mit jenem
Rauhgrafen Heinrich getreten war), in Anspruch genommen, welcher
Gegenstand jedoch in die rauhgräfliche Geschichte gehört, wo er auch
später erledigt werden wird. Im October jenes Jahres übergab der
Pfalzgraf Adolf dem Grafen Philipp von Spanheim=Bolanden, wie
er sich seitdem selbst nennt und auch von andern so bezeichnet wird,
die ihm durch das Ableben Diether's IV. von Kazenelnbogen heimfällig
gewordene Burg Lichtenberg im Odenwalde, mit allem was dazu ge=
hörte, als ein pfälzisches Lehen, um dadurch dessen Treue und seine
ihm geleisteten guten Dienste zu belohnen [362]).

Das Kloster zum heiligen Grabe bei Speyer hatte von der Abtei
Otterberg Geld aufgenommen und derselben dafür von seinen Zehnten
und Besitzungen zu Kirchheim bei der Veste Bolanden, so wie zu Bi=
schofsheim, Rittersheim und Altbolanden, jährlich 200 Malter Korn
zu liefern auf so lange verpfändet und versprochen, bis die geliehene
Summe wieder abgetragen wäre, daher sich unser Philipp, die Wittwe
Loretta von Bolanden und ihr Sohn Otto 1328 verbürgen mußten,
wann die Lieferung jener Früchte nicht regelmäßig oder zur bestgesetzten
Zeit eingehalten würden, die Rechte jener Abtei zu vertreten, ja nöthi=
genfalls derselben beizustehen [363]) und eben so war auch jener Graf,
nebst dem Wildgrafen Johannes von Dhaun, im folgenden Jahre
Bürge für die pfalzgräflichen Brüder Rudolf II. und Ruprecht I.
wegen 482 Pfund Heller, welche leztere bei Georg von Veldenz aufge=
nommen hatten [364]). Indessen hatte unser Philipp das an Herrn Otto
Ulner versezte rauhgräfliche Gut zu Tiefenthal mit 50 Mark cölner
Pfenninge an sich gelöset, daher er seiner Schwiegermutter, der Rauh=
gräfin Katharina und ihrem Sohne Ruprecht, seinem Schwager, 1330

---

[361]) Datirt anno 1322. J. M. Kremer's bol. Urkunden=Nachlaß No. 194.
[362]) Der geben ist zu Lorich rc. 1325tem Jar an sant Remiglitag. (1. October).
Das. No. 204.
[363]) Actum et datum anno Dni. M.CCC.XXVIII. feria III post dominicam
Judica. (22. März). Otterb. Urkundenbuch 362 No. 415.
[364]) Geschehen ze Heidelberg rc. 1329sten Jar an deme Samstag nach Nycolaj.
(16. Dec.). Chr. Kremer's bipl. Beitr. 266 No. XIX.

geloben mußte, ihnen gegen Erlegung einer gleichen Summe jenes Besitzthum wieder zu überlaßen [265]); mit dem Kaiser Ludwig dem Bayern stand aber jener Graf in sehr gutem Einvernehmen, denn derselbe stellte ihm in diesem Jahre die Versicherung aus, er sollte diejenigen Lehen, die sein ebengenannter Schwager Ruprecht von Alten= baumburg vom Reiche inne habe, falls lezterer ohne männliche Leib= lehenserben verscheiden würde, als erledigte Reichslehen erhalten und tragen [266]); auch schuldete ihm dieser Kaiser 425 Pfund Heller, welche jedoch die Pfalzgrafen Rudolf II. und Ruprecht I. im Februar 1331 für denselben bezahlten [267]); unmittelbar nachher freiete der nämliche Monarch jenem, „von besundern·genaden vnd gunst" sein „Staetlin Tanuels", gestattete den darin gesessenen Bürgern an jedem Donnerstage einen wöchentlichen Markt abzuhalten und verlieh ihnen überdem den Genuß aller Rechte, Freiheiten und gute Gewonheiten, wie solche die Reichsstadt Oppenheim ausübe [268]) und einige Tage darauf verglich sich Philipp wegen einer, von seinem verlebten Schwiegervater, dem Rauhgrafen Heinrich dem Alten, herrührenden Schuld, mit dessen Wittwe Katharina, deren Betrag jedoch nicht näher angegeben ist [269]).

Um diese Zeit erfahren wir zum erstenmale, die Mutter unseres Grafen, Kunigunde von Bolanden, seie nur ein Dienstweib gewesen, welcher Umstand demselben viele Schmälerungen seiner gräflichen Rech= ten und seines Ansehens verursachen konnte, so daß sich das ihm wohl= geneigte Reichsoberhaupt seiner annahm, ihn wieder in seine Gerecht= samen einzusetzen suchte und deßhalb in einem Erlaße vom Monat April 1331 folgendes darüber sagte: „wan er von siner Muter Chuni=
„gunden von Bolant, einem Dienstweybe geboren ist vnd daz in ettwie
„vil gemindert hat an der Vryheit vnd wirde, die er von seinen vor=
„dern Graven von Spanheim gehabt hat vnd auch hat," daher der

---

[265]) Der gegeben ist, du man zalte ꝛc. 1330stem jare an sente Vites dage. (15. Juni). J. M. Kremer's bol. Urkunden=Nachlaß No. 218.

[266]) Der geben ist ze München an der Mitwochen vor sand Gallen tag, do man zalt ꝛc. 1330stem Jar. (10. October). Daselbst No. 221.

[267]) Dr. Friedr. Böhmer's Regesten Kaiser Ludwigs des Bayern 78 No. 1268.

[268]) Der geben ist ze Regenspurch an dem Vreytag nach dem Suntag Remi-niscore, Da man zalt ꝛc. 1331sten iar ꝛc. (1. März). Orig. früher in Speyer, jetzt im kgl. allg. Reichsarchive zu München s. v. Gr. v. Spanh. Fasc. 1.

[269]) Datum anno 1331 donnerstags vor Benedicti. (14. März). J. M. Kremer's Nachlaß No. 226.

Monarch aus kayserlicher Gewalt entschied: „wir geben im wider „alle Bryheit, ere vnd Recht, die alle sein vordern gehabt haben [270]", zu welcher „Freyung" und Standeserhöhung der Pfalzgraf Rudolf II. als Kurfürst, drei Jahre später seine Einwilligung ertheilte [271]. Allein ohngeachtet jenes kaiserlichen Erlasses und dieser kurfürstlichen Zustimmung, hatte diese Angelegenheit doch noch unangenehme Folgen für den Grafen Philipp, indem Otto von Bolanden und seine Brüder die bolandische Theilung vom Jahre 1268 angriffen und dieselbe für ungültig erklären wollten, als ob jenem gar kein Recht an die bolander Besitzungen gebühre und beide Theile erkoren deßhalb 1332 die gräflichen Brüder Simon II. von Spanheim Kreuznach und Johannes von Koppenstein als Rathleute, die dann auch auf ihren Eid folgenden Ausspruch thaten: jener Theilungsbrief seie vor das Reich gekommen und von demselben anerkannt und bestätigt worden, daher er in Kräften bleiben müße; zudem hätten Graf Philipp und sein Vater Heinrich I. auf den Grund der besagten Theilung die Hälfte der bolandischen Güter bisher ruhig besessen, so wie auch, kraft derselben, Gerichte, Kirchensätze, Manne und Zehnten verliehen, wärten sich also die bolander Brüder gegen die Theilung auflehnen und sie nicht halten, oder ihren Vetter Philipp in seinem Besitze stören wollen, so könne ihr Vorgehen nicht die geringste Macht und Folge haben, „dieweil es (d. h. die „Theilungsurkunde) in dem Gericht vor König Rudolfen mit rechtem „Urtheil behalten ist vnd mit des Königs Ingesiegel bestätiget [272]."

Die von Bolanden waren nun damit wohl vorläufig beschwichtigt, ober der Streit über die Theilung von 1268 war doch noch nicht beigelegt, indem jene die bolander Lehensleute aufwiegelten, so daß sie sich geradezu weigerten, ihre Lehen von unserm Grafen zu empfangen, daher derselbe, im Beginne des Jahres 1333, seinen Schreiber, Heinrich von Speyer, mit dem Urtheilsbriefe des Königs Rudolf I. über jene Theilung, von 1286, nach München sandte, wo der Herzog Ludwig von Teck an des römischen Kaisers Ludwigs statt zu Gerichte saß, welcher dann auch mit seinen Beisitzern die Urkunden vorlas und sie

---

[270] Der geben ist zu Nurnberch an sand Georgen tag ꝛc. 1331sten Jar ꝛc. (23. April). J. M. Kremer's Nachlaß No. 227.

[271] Der geben ist ze Heidelberg ꝛc. 1334sten iar an dem dinstag vor Gregorij. (8. März). Daselbst No. 237.

[272] Datum anno 1332 in octava Epiphanie Domini. (13. Januar). Daselbst No. 230.

ihrem ganzen Inhalte nach beglaubigte und bestätigte [273]) und kraft
dieses Urtheils gebot jezt jener Monarch sämmtlichen Lehensmännern
auf's ernstlichste und bei dem Verluste seiner Huld, ihre Lehen von
von ihrem gegenwärtigen Herrn, dem spanheimer Grafen, „den man
nennet von Bolanden", zu empfahen und sich gegen denselben der=
maßen zu verhalten, wie ein Vasall seinem Herrn pflichtmäßig thun
solle, thäten sie aber dies nicht, so müße er dem Grafen mit dem
Rechte beholfen sein und ertheile ihm daher die Gewalt, seine wider=
spännstigen Lehensleute zu ihrer Pflicht zu zwingen, ihren Leib und
ihr Gut anzugreifen, so wie ihre Lehen andern zu übertragen, womit
schlüßlich noch die Drohung verbunden war: „wer in daz irret, der
„tut schwerlich wider [274]) vns." — Es scheint aber als hätten sich,
troz dieses strengen Mandates, noch nicht alle Vasallen gefügt, denn
unser Graf mußte einige Monate darauf zehn derselben nochmals vor
den kaiserlichen Hofrichter Konrad von Gundelfingen, als er in Mainz
zu Gerichte saß, laden laßen, der auch, vermöge der königlichen Ent=
scheide von 1286 und 1333, die Theilung durch seinen Spruch wieder=
holt aufrecht erhielt und zugleich jene von Adel anwies, ihre Lehen
von dem Spanheimer als ihrem rechten und wahren Lehensherrn bald=
möglichst zu empfangen, oder sie seien sonst demselben als erledigt heim=
gefallen [275]) und seitdem scheint lezterer in dieser Beziehung nicht mehr
beeinträchtigt worden zu sein.

Graf Philipp erlaubte im Jahre 1334 seinem Vasallen, dem
Edelknechte Wenze, Keichler geheißen, seine eheliche Frau Liepmuth
auf die beiden Backhäuser in Schornsheim und in Geyspitzheim, die er
von ihm zu Lehen trage, mit 200 Pfund bewidmen zu dürfen [276]) und
in der Einung, welche der Pfalzgraf Ruprecht I. und Erzbischof Bal=
duin in Trier, zum Schutze ihrer beiderseitigen Lande und Leute, im
November 1334 auf zwei Jahre lang errichteten, erscheint derselbe als

---

[273]) Der geben ist zu München Anno domini millesimo trecentesimo XXXIII°.
die prenotato (d. i. an dem ersten Manbag nach dem Obersten den man
nennet den zwolfften bag). (11. Januar). J. M. Kremer's Nachlaß
No. 231.

[274]) Der geben ist ze Rotenburg an Samzstag nach dem Bffert bag, da man
zalt 2c. 1333sten Jar 2c. (15. Mai). Daselbst No. 233.

[275]) Do man zalt 2c. 1333sten Jar an dem ersten Manbag nach sant Blrichs
bag. (5. Juli). Daselbst No. 234.

[276]) Datum anno domini MCCCXXXIIII°. Barnabe Apostoli. (11. Juni).
Daselbst No. 238.

der erste unter den beiderseits erwählten Rathleuten in der Rheingegend oberhalb Mainz, welche die während dieser Verbindung unter jenen Herrn, oder zwischen ihren Dienern und Unterthanen etwa entstehenden Zerwürfnisse, entweder durchs Recht oder mit der Minne beizulegen und zu entscheiden hätten [277]), auch hatte obiger Pfalzgraf einige Tage zuvor unserm Spanheimer und dessen Erben die freundliche und veste Zusage gegeben, daß seine Amtsleute keine spanheimischen Unterthanen in pfälzische Städte, Burgen, Märkte oder Dörfer als Bürger aufnehmen dürften, es seie denn „sie wellen seßhaft, bulich vnd hebelich vnder vnz sien [278]).“ Damals scheint aber doch noch eine kleine Irrung zwischen dem Grafen Philipp und Otto Herrn von Bolanden wegen altväterlicher Güter bestanden zu haben, weil der Ritter Albrecht von Erlickeim dem edeln Herrn Heinrich von Gundelfingen, Hofrichter des römischen Kaisers Ludwigs, über den Vollzug des ihm ertheilten Auftrages folgendermaßen berichtete: er hätte seinen Herrn, Philipp von Spanheim, in den Besitz des Dorfes Kirchheim, in das Thal Bolanden, sowie in die Dörfer Mauchenheim und Unsbach zu Herrn Otto von Bolanden eingesezt und zugleich eidlich erhärtete, jener seie nach der Anleite mehr denn drei Tage und sechs Wochen darin seßhaft gewesen [279]); im Mai des nächsten Jahres gestattete aber das Reichsoberhaupt dem lezteren, diejenigen Güter, welche er erklagt hätte, wieder an andere verleihen zu dürfen [280]).

Unser Graf und Loretta, die Wittwe Otto's von Bolanden, überließen 1335 dem Bruder Heinrich von Speyer, einem regulirten Augustiner Chorherrn, die dem heiligen Jakobus geweihte Waldkapelle auf dem Donnersberge, um dieselbe, sobald es die Mittel gestatten würden, zur Ehre des heiligen Paulus des ersten Eremiten, in ein Paulinerkloster zu verwandeln [281]), was später unter Philipps

---

[277]) Der gebin ist des nehesten Dinstages vor sante Martins Tage, do man zalte rc. 1334tem Jare. (8. Nov.). Günther Cod. dipl. rheno-mosell. III, 322 No. 202.

[278]) Der wart geben rc. 1334. Jar an dem Dunerstag nach allerheylgen tag. (3. Nov.). J. M. Kremer's bohdr. Urkunden-Nachlaß zu Jbstein No. 239.

[279]) Der geben ist Anno dni. Millesimo CCC°.XXXIIII°. feria tercia post sci. Martini Epl. (15. Nov.) Orig. im kgl. Reichsarchive zu München s. v. Gr. v. Spanheim Fasc. 1, auch in J. M. Kremer's Nachlaß No. 240.

[280]) Böhmer's Regesten Kaiser Ludwigs 822 No. 3019.

[281]) Datum anno Domini M°.CCC°.XXXV°. crastino beati Lucae Evang. (19. Oct.). Remling's Abteien und Klöster des Rheinkreises II, 375 No. 70.

Sohne Heinrich II. würklich ausgeführt ward, auch schloßen die gräflichen Brüder der kreuznacher Linie, Simon II. und Johannes von
Koppenstein nebst des ersteren Sohne Walram, im J. 1336 mit ihrem
Vetter Philipp „den man heizt von Bolanden herr zu Tanfels“ ein
Schutz= und Trutzbündniß, oder eine innige Vereinigung ab, deren
wir in der Geschichte jener Brüder umständlich gedenken werden und
die wir hier nur aus dem Grunde erwähnten, um die Benennung
unseres Spanheimers genau kennen zu lernen, der, nach der Erhebung
des Dorfes Tannenfels zur Stadt durch den Kaiser Ludwig im J.
1331, sich ganz nahe bei diesem Städtchen eine gleichnamige Burg erbaut hatte, in welcher er, weil die Feste Bolanden, noch gemeinschaftlich
mit dieser Familie benutzt und bewohnt wurde, oft verweilte, daher er
seitdem noch den Namen Herr zu Tannenfels annahm. Kurz vor
seinem Lebensende erhielt er 1336 einen abermaligen Gnadenbrief von
dem Reichsoberhaupte, der ihm erlaubte, noch zwölf Judenfamilien zu
den andern zwölf, die ihm bereits bewilligt waren, in seiner Grafschaft
aufzunehmen, damit sie sich mit Weibern, Kindern und Gesinde darin
an beliebigen Orten häuslich niederlaßen könnten und „full die niezzen
„ewiklichen und söllen och dieselben Juden fry sin vor vns vnd vor
„allen meniclich,“ (d. h. der Graf sollte von denselben den jährlichen
nicht unbeträchtlichen Schutzzins einnehmen und zu genießen haben,
welchen sie vorher, als sogenannte kaiserliche Kammerknechte, jenem
Monarchen schuldig waren) allein wegen dieser Vergünstigung mußte
ersterer und dessen Erben des Reiches lehenbarer Burgmann zu Obern=
heim werden [282]); als aber Ludwig der Bayer an demselben Tage den
beiden Pfalzgrafen Rudolf II. und Ruprecht I. die Landvogtei im El=
saße für eine Schuld verpfändete, ordnete er zugleich an, daß Graf
Philipp deren Unterlandvogt daselbst sein müße und im folgenden
Monate gelobte auch letzterer, dem Kaiser um 2000 Mark mit 200
Helmen zu helfen und zu dienen, wofür er Reichsgüter zu Pfand erhalten sollte [283]); derselbe und sein Schwager, der Rauhgraf Ruprecht,
schuldeten auch dem Ritter Wolf genannt Schelin 260 Pfund gute
Heller, die sie ihm bis nächsten Sanct Remigiustag, unter der Bürg=

---

[282]) Der geben ist zu Frankenford des Donerstags vor dem Pfingstage, do man
zalt rc. 1336stem Jare rc. (16. Mai). J. M. Kremer's boldr. Urkunden=
Nachlaß oder Sammlung No. 247.

[283]) Böhmer's Regesten Kaiser Ludwigs des Bayern 108 No. 1744 u. 110
No. 1777.

schaft des Grafen Johann's von Spanheim-Koppenstein und mehrerer vom Adel, zu bezahlen versprachen [284]).

Um diese Zeit muß unser spanheimer Herr schon kränklich gewesen sein, weil er, im Vorgefühle seines nicht mehr fernen Todes, seine beiden Verwandten, den eben erwähnten Grafen Johannes und dessen Neffen Walram im Jahre 1336 zu Vormündern seiner Gattin Lyse und seiner noch minorennen Kinder verordnete [285]) und aus demselben Grunde suchte er auch nach Jahresfrist seiner Familie, durch das Anerkennen und Aufrechthalten der Theilung von 1268 seitens der Bolander, den ruhigen Besitz seiner angeerbten Lande zu sichern. Noch immer war nämlich „Krieg vnd Zweyung" unter ihnen, wobei es sich jedoch hauptsächlich jezt nur noch um die streitigen „Manne, lehene vnd Kirchsetze" handelte, bis endlich beide Parthien, Herr Otto von Bolanden, Loretta seine Mutter und deren übrigen Söhne Philipp, Georg, Konrad und Heinrich, des langen Habers müde, mit ihrem Vetter Philipp, den man heißt von Bolanden, im Mai 1337 in Kreuznach zusammentraten und durch erwählte Thädingsleute, namentlich durch ihren lieben Neffen Johannes von Spanheim-(Koppenstein), den Rauhgrafen Konrad und noch andere, diese langwierigen Zerwürfnisse folgendermaßen gütlich austragen ließen: jene Bolander erkannten die Theilung von 1268, sowie den Entscheid des Königs Rudolf I. darüber vom J. 1286, als zu Recht bestehend an und machten sich mit einem Eide verbindlich, unsern Grafen und die Seinigen in dem Genusse ihrer Besitzungen und der damit verbundenen Lehen auf's künftige nicht mehr im geringsten zu hindern, oder durch fernere Ansprüche darin zu beunruhigen, so wie auch diese Sühne und die vorerwähnten Urkunden, worauf sich dieselbe gründe, ohne alle Arglist stät und unverbrüchlich zu halten, mit dem vielsagenden Zusatze: „wer das breche oder darwider tete, der wer truwelos, sicherlos, ehr„los, meyneidig, in des babsts Banne, in des richs Achte vnd hette „verloren alles sin Recht vnd verloren vnd verwurcket alle hülfe „siner herrn, siner mage vnd siner frunde, wan sie es von beiden „siten also vnd von mutwillen (d. h. von freien Stücken) off sie „(nämlich auf die Thädingsmänner oder Schiedsrichter) gewillkuret

---

[284]) Der geben ist da man zalte ec. 1336stem Jare An Sant vitus vnd modestus tage. (15. Juni). Sp. Copb. in K. B fol. CCLIIII a.

[285]) Zillesij genealogia spanhemica No. 30.

 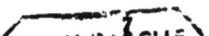

„han" [286]). Im darauf folgenden Monate verbündete sich auch unser Philipp nebst anderen Fürsten, Grafen und Herrn mit einander in Frankfurt zu Gunsten des Kaisers Ludwigs von Bayern [287]); im October versezten jene Wittwe Loretta von Bolanden und ihre fünf Söhne demselben 12 Pfund Hellergeldes auf ihrem Dorfe Kirchheim für 120 Pfund Heller, mit dem Vorbehalte der Einlösung [288]), und nicht lange hernach, zu Anfang des Jahres 1338, ward er in der schönsten Lebensblüthe eine Beute des Todes, nachdem er noch kurz vor seinem Ende mit seiner Gemahlin, zu ihrer beider und der Ihrigen Seelentroste, in der Burg zu Tannenfels eine Capelle gegründet und mit entsprechenden Gefällen für einen Geistlichen versehen hatte, wie wir aus dem Bestätigungsbriefe dieser Stiftung durch den Erzbischof Gerlach von Mainz vom J. 1354 entnehmen [289]).

Bereits im J. 1320 ward er mit Elisabetha, einer Tochter des, 1315 verstorbenen, Grafen Diethers IV. von Kazenelnbogen verlobt (während die Mutter derselben, Katharina, vorher den Rauhgrafen Heinrich den Alten geehelicht hatte) und jedenfalls muß die Vermählung mit ihr schon vor 1326 vollzogen gewesen sein, weil Graf Philipp nebst seiner Schwiegermutter Katharina von Kazenelnbogen, der jetzigen Rauhgräfin, im September dieses Jahres, bei der Auseinandersetzung des ohne männliche Leibeserben verlebten Grafen Diether's V. erscheint und so würkte er auch als ihr Eidam mit, da dieselbe die ihr aus diesem Erbe zugefallene Burg und Stadt Kazenelnbogen mit zubehörigen Dörfern, im October 1326, an den Grafen Johannes von Naffau um 2200 Pfund Heller veräußerte [290]). Zwei Jahre später erlaubte ihm der Prälat Matthias, von dem Witthum seiner Lyse 20 Mark cölner Pfenninge auf sein mainzer Burglehen in Clopp zu ver-

---

[286]) Datum Crutzenach anno 1337 des dritten Sontages nach Oftern. (11. Mai). J. M. Kremer's bol. Urkunten-Nachlaß No. 248.

[287]) Der geben ist ze Franckenfurt an der zwelfboten tag Petri und Pauli do man zalt ꝛc. 1337ften Jar. (29. Juni). Würdtwein subsid. dipl. IV, 304 No. LXXXI.

[288]) Der do gegeben wart an dem Jare do Man Schreib in latine Anno dni. M°.CCC°.XXXVII°. in die sci. Galli confessoris. (16. October). Orig. im kgl. Reichsarch. zu München s. v. Grafen von Spanheim Fasc. 1.

[289]) Dat. XIII Kln. Januar. Anno dni. M°.CCCmo. Quinquag. quarto. (20. December). Orig. daf. s. v. einzelne Kirche ꝛc. Fasc. 2.

[290]) Wenk's hessische Landesgesch. I §. 49 und im Urkundenbuche die Nummern CLXIV u. CLXVI.

schreiben [291]), und nach Jahresfrist vergönnte ihm im Monate März der Oberhirte Cuno von Worms, seine Gattin, eine Stieftochter des Rauhgrafen Heinrich, mit einer beliebigen Summe auf das von seinem Hochstifte lehenrührige Dorf Rüssingen bewiemen zu dürfen, was er auch im April mit 500 Pfund Hellern vollführte [292]). Kaiser Ludwig gestattete demselben 1330 ebenfalls, von dem Witthum seiner ehelichen Hausfrau Lyse 200 Mark Silbers auf die Hälfte seiner vom Reiche lehenbaren Güter bei Kirchheim und auf das Dorf Bischheim zu verlegen [293]), und im August desselben Jahres ersuchte er seine Mitgemeiner, den Grafen Jofried von Leiningen, sowie die Wittwe Loretta und deren Söhne, um ihre Einwilligung, seine Lyse mit 700 Pfund Hellern auf seinen Theil an der Veste Bolanden zu versichern [294]). Leztere hatte ihm drei Kinder geboren und zuerst eine Tochter Kunigunde, welche ihr Vormund, der Graf Walram von Spanheim-Kreuznach, 1346 mit dem Rauhgrafen Wilhelm, dem Sohne Georgs, verheurathete und ihr als Zugelt oder Mitgift 3000 Pfund Heller verschrieb, welche Summe jener Georg mit 600 Pfund Hellergelts auf die Vesten Altenbaumburg, Nonburg zur Hälfte, und auf die beiden Dörfer Wöllstein und Wansheim, nebst allen Einkünften, Gülten u. s. w. anlegte [295]), und im folgenden Jahre verzichtete der genannte Rauhgraf Wilhelm von der Altenbaumburg auf alle möglichen Ansprüche und Forderungen an die Güter, Städte, Burgen und Dörfer, welche der selige Graf Philipp von Tannenfels hinterlassen habe und die dessen zwei Söhne, Heinrich II. und Johannes, gegenwärtig im Besitze hätten [296]), von welchen Brüdern wir hernach noch mehr hören werden. Jene Kunigunde vermählte sich nach des Rauhgrafen Wilhelms

---

[291]) Datum Ernuels VI Nonas Maji Anno Domini Millesimo CCC°. vicesimo octavo. (2. Mai). J. M. Kremer's bolander Urkundensammlung No. 210.

[292]) Der wart geben zc. 1329stem Jare an Sant Gerdrude dag. (17. März). Orig. im kgl. Reichsarch. zu München a. v. Gr. von Spanh. Fasc. 1 und Datum Montags nach Mitfasten Anno 1329. (3. April). J. M. Kremer's urkundl. Sammlung No. 213.

[293]) Der geben ist zu Spyr an dem Donerstag vor sant Johannes Baptisten tag zc. 1330sten jare zc. (21. Juni). Das. No. 219.

[294]) Datum anno 1330 an Sant Laurentien tage. (10. Aug.). Das. No. 220.

[295]) Der geben ist da man zalte zc. 1346sten jaren an sante katherinen Tage der Heiligen Jungfrauen. (25. Nov.). Copie im Arch. zu Str. Fasc. XVIII No. 16 und Sp. Copb. in R. B fol. CCXX etc.

[296]) Datum Anno Dni. M°.CCC°.XL°. septimo die scor. Innocentum. (28. December). Orig. im Arch. zu Str. Fasc. XV No. 13.

7*

Hinscheiden mit dem Grafen Ludwig von Rineck und das weitere von derselben gehört in die rauhgräfliche Geschichte.

3. Graf Heinrich II. von Spanheim-Bolanden-Tannenfels.

Die Rauhgrafen hatten das Gericht sammt dem Gute zu Jugenheim an unsere bolander Linie um 1250 Pfund Heller verpfändet, daher die Vormünder der minorennen Söhne des verlebten Grafen Philipps, Johannes und Walram von Spanheim-Kreuznach, 1338 dem Rauhgrafen Ruprecht die Versicherung ausstellen mußten, wenn derselbe oder seine Erben vor dem nächsten Sanct Georgentage 625 Pfund guter Heller erlegen würden, so sollte ihnen die Hälfte jenes Gutes und Gerichtes eingegeben und nach Bezahlung einer gleichen Summe in Jahresfrist auch die andere Hälfte wieder zugestellt werden [297]), welche Zusage die Wittwe Lysa von Spanheim-Tannenfels besiegelte. Diese Vormundschaft dauerte jedoch nur bis zum J. 1342, worauf die zwei Brüder, Heinrich II. und Johannes, die Verwaltung ihrer Grafschaft gemeinschaftlich übernahmen, denn um diese Zeit erneuerten sie sogleich zehn Vasallen ihre Lehen [298]); 1344 erwarben sie käuflich von der Frau Jutta von Hohenfels-Reipolzkirchen und von ihren Söhnen, Konrad und Heinrich, auf zehn Jahre lang deren eigene Lehengüter im Dorfe und in dem Banne von Westhofen, mit der Einwilligung des Abtes von Weissenburg als Lehensherrn [299]); im folgenden Jahre verkauften ihnen die Wittwe Loretta von Bolanden, ihre Söhne Philipp der Propst, Otto, Konrad und deren Schwester Nese wiederlöslich eine jährliche Gülte von zwölf Malter Korn zu Kirchheim für 60 Pfund geber und guter Heller [300]), und 1348 veräußerten jene wiederholt an unsere beiden Grafen 10 Pfund Hellergeltes auf ihrem Theile des Gerichts und Dorfes Kirchheim, ablößig mit

---

[297]) Der geben ist offe den heilgin Pingstag nach Cristus Geburt ꝛc. 1338sten jare. (31. Mai). J. M. Kremer's nachgelassene bolander Urkundensammlung No. 251.

[298]) Daselbst No. 253.

[299]) Datum Dinstags vor Paffin faßnacht anno 1344. (9. Februar). Daselbst No. 255.

[300]) Datum Anno dnj. M⁰.CCC⁰.XLV⁰. proximo Sabbato die post dnicam. Quasimodogenitj. (9. April). Orig. im kgl. Reichsarchive zu München s. v. Gr. von Spanh. Fasc. 1.

100 Pfund Hellern [301]). Die gemeinsame Regierung bestand indessen nur bis zum J. 1350, da sich dann die Brüder trennten und ihre Besitzungen theilten; Johannes schlug seinen Wohnsitz zu Kirchheim auf, Heinrich II. hingegen in der Veste Tannenfels, unter welcher Benennung derselbe 1351 erschien, als der Abt und das Convent zu Rotenkirchen ihrem gnädigen Junker Heinrich II. von Spanheim und Herrn zu Tannenfels den Hof zu Morsheim nebst Zubehörden versezten und ihm zugleich eine ewige Korngülte von 100 Maltern von dem großen Zehnten in Gauersheim verkauften [302]), 1353 aber erneuerte Kurfürst Ruprecht I. demselben den, seinem Vater Philipp im J. 1330 ausgestellten, Lehenbrief über die Burg Lichtenberg im Odenwalde, mit allen ihren Zuständigkeiten [303]). Die Ehe Johanns mit der Gräfin Walpurga von Leiningen war jedoch kinderlos geblieben, welcher Umstand die Haupt=Veranlassung gewesen zu sein scheint, daß er die frühere Theilung mit seinem Bruder Heinrich II. im J. 1354 wieder aufhob und zu Gunsten desselben und seiner Erben auf alle ihm angefallenen väterlichen und mütterlichen Güter, Kirchheim allein ausgenommen, das ihnen auch fürder in Gemeinschaft zustehen sollte, feierlich Verzicht leistete, wogegen ihm sein Bruder zu seinem Lebensunterhalte, oder als Apanage, jedes Jahr 100 Malter Korn wormser Maßes, so wie 46 Pfund Heller aus dem Kloster Rodenkirchen und 54 Pfund Heller, nebst drei Fuder Wein von der Gülte in Wöllstein und Jugenheim, in das Haus Kirchheim zu liefern versprach [304]).

Heinrich II. war seitdem alleiniger Herr und wir werden nun sehen, wie musterhaft derselbe das Land verwaltete, so wie auch durch Sparsamkeit und Umsicht sein Gebiet erweiterte und vermehrte. Den edeln Gebrüdern Wilhelm und Werner Nal erlaubte er 1356, ihren Antheil an dem von ihm zu Lehen gehenden Dorfe Luscheit veräussern zu dürfen, wofür sie aber in Jahresfrist 500 Pfund Heller auf ihre eigenen Güter beweisen und leztere von ihm zu Erblehen empfangen

---

301) Datum anno dni. M⁰.CCC⁰.XLVIII⁰. in Crastino Valentini martiris. (15. Februar). Orig. im kgl. Reichsarchive zu München Fasc. 1.

302) Datum Anno Domini M⁰.CCC⁰.LI in crastino beati Jacobi Apostoli. (26. Juli). J. M. Kremer's bel. Urkunden=Nachlaß No. 268.

303) Der geben ist zu Helbelberg ꝛc. 1353stem Jaren an sant Katharinen tag der heiligen Juncfrowen. (25. November). Daselbst No. 270.

304) Datum anno 1354 feria quarta post diem. Sci. Jacobi Apli. (29. Juli). Daselbst No. 273.

müßten [305]) und in dem nämlichen Jahre erneuerte er seinem Oheim, dem Rauhgrafen Ruprecht und dessen Sohne Heinrich die 1338 durch die Vormünder gegebene Versicherung, daß sie mit 2100 Pfund Heller das Dorf Jugenheim von ihm auslösen könnten, mit Ausnahme dessen, was er daselbst an eigenen Gütern besitze; zugleich übergaben jene ihm und seinen Erben die Hälfte der rauhgräflichen Veste Bbin (Iben) und an demselben Tage auch noch die Hälfte der Veste und des Thales Altenbaumburg und zwar diese sämmtlichen Güterstücke mit allem dem, was von jeher dazu gehört hatte [306]). Damals hatte Heinrich II. auch einen bedeutenden Strauß mit dem Erzstifte Trier auszufechten, dessen Verlauf wir freilich nicht genau wissen, aber dennoch können wir aus den Urfehden, welche seine Helfer die Gebrüder Heinrich und Dieter von Hohenfels-Reipolzkirchen, nebst 38 Genossen, die sämmtlich gefangen worden waren, gegen den Erzbischof Boemund 1356 ausstellen mußten, den sichern Schluß ziehen, dieser Kampf seie für Spanheim ungünstig ausgefallen [307]), der Dechant und das Capitel des Sanct Philippsstiftes zu Cell übertrugen vorher unserem Grafen und dessen ältesten Nachkommen, die Inhaber von Tannenfels seien, 1356 die Patronatsrechte der Kirche in dem, unter der ebengenannten Burg gelegenen Orte Bennhausen, welche sie, oder in deren Abwesenheit ihr Amtmann bei jedem Erledigungsfalle in Monatsfrist zu verleihen haben sollten, jedoch vorbehaltlich der Rechte der Pfarrei [308]), und nach Jahresfrist stiftete und begabte Heinrich II. von Spanheim eine ewige Messe in jenem bennhauser Kirchlein [309]).

Lezterer hatte 1358 den Brüdern Gerhart Bedeler und Ditze, Rittern von Wachenheim und Henneln Holtmunt, Bürger in Worms, für ein Darlehen von 800 Gulden seine Dörfer Kirchheim, Bischofsheim und Wölstein versezt, oder vielmehr als Pfandlehen eingegeben,

---

[305]) Datum anno Domini M⁰.CCC⁰.LVI⁰. in die Pasche. (24. April). J. M. Kremer's bol. Urkunden-Nachlaß No. 278.

[306]) Diese Briefe sind ausgestellt, theils: Datum anno Domini M⁰.CCC⁰.CVI⁰ feria sexta post dominicam Cantate und theils: Geben uff Fritags nach Cantate des Jars 2c. 1356 jare. (28. Mai). Daselbst No. 277, 279 u. 280.

[307]) Datum 1356 uf sant Paulin. (31. August). Repertorium confluentinum II, No. 150 etc.

[308]) Geben uff Bonifacij des Jars 2c. 1356 Jare. (5. Juni). J. M. Kremer's Urkunden-Nachlaß No. 281.

[309]) Geben uff sant Johanstag zu Sungihen des Jars 2c. 1357 Jar. (24. Juni). Daselbst No. 285.

aus welchen Orten sie jährlich 190 Pfund auf so lange erheben sollten, bis jene Summe wieder zurückbezahlt sein würde, über welches
Einlösungsrecht des Grafen sie demselben einen Rückschein ausstellen
mußten [310]), und nach Verlauf einiger Zeit lebte unser Spanheimer
in vielen unangenehmen Weiterungen mit seinem Verwandten, dem
Grafen Wilhelm von Kazenelnbogen, wegen der von dessen Hause her-
stammenden Veste Lichtenberg im Odenwalde, die sogar endlich in eine
ernstliche Fehde ausgeartet waren, daher der pfälzer Kurfürst Ruprecht I.
sich ins Mittel legen mußte und auch, nach gepflogener Beredung mit
seinen getreuen Räthen, im J. 1360 diese Sache durch folgenden Entscheid in der Güte beilegte: vor allem mußten die beiderseitigen Gefangnen frei gelassen werden, so wie auch alle bisherigen Brandschatzungen
und Nahmen (Raub) verglichen sein und auf sich beruhen sollten;
sterbe aber Graf Heinrich II. ohne leibliche Lehenserben, so falle die,
von Kurpfalz zu Lehen rührende, Veste Lichtenberg wieder an jenen
Wilhelm oder an dessen Stamm zurück, jedoch müsse Heinrichs Gattin,
Adelheid von Kazenelnbogen, ihren auf die Hälfte jener Burg verlegten
Witthum auf Lebenszeit zu genießen haben [311]), im October dieses
Jahres aber ertheilte Kaiser Karl IV., zur Belohnung der treuen
Dienstleistungen unseres Grafen, dessen Veste Lichtenberg, dem Thale
darunter, so wie allen daselbst wohnenden Bürgern, die nämlichen
Rechte, Gnaden und Freiheiten, welche von seinen Vorfahren am Reiche
der Stadt Lindenfels verliehen waren und erlaubte ihnen zugleich einen
Wochenmarkt daselbst abhalten zu dürfen [312]). Kurfürst Ruprecht I.
verschrieb demselben 1361 für seine Dienste, so wie als Entschädigung
für die Kosten, welche ihm die Reise oder Kriegszüge nach Zürch,
Würzburg und in Schwaben verursacht hatten, 1500 Goldgulden, die
er ihm auf einen großen Turnos am pfälzischen Zolle zu Kaub
anwies [313]) und 1362 traf lezterer einen Vergleich mit seinem Oheim,

---

[310]) Der gegebin ist bo man zalte ꝛc. 1358 iar an dem fridage nach unsir
frauwin dag als sie zu Himmel fur. (17. August). Orig. im kgl. Reichsarch.
zu München s. v. Gr. von Spanh. Fasc. 2.

[311]) Der geben ist zu Heidelberg uff den nechsten Mondag nach dem heiligen
Osterdage ꝛc. 1360sten Jare. (11. April). Wenk's hess. Landesgesch. I,
Urkundenbuch 174 No. 244.

[312]) Geben im Jar 1360 uff sant Francisci tag. (4. October). Daselbst I,
Urkundenb. 175 No. 246.

[313]) Datum Germersheim vigilia laurencij martyris anno dni. M⁰.CCC⁰.LX⁰.
primo. (9. August). Karlsr. pfälzer Copb. No. 6½ fol. 32.

dem Rauhgrafen Ruprecht und mit deſſen Schweſter Hedwig, wie ſie
ben, von der Mutter dieſer Hedwig und der Schwiegermutter unſeres
Grafen, der obgedachten Gräfin Katharina, einer gebornen von Cleve,
herrührenden cleviſchen Erbanfall, auf gemeinſamen Gewinn oder Ver=
luſt, mit einander erlangen oder an ſich bringen wollten ³¹⁴), welche
Bemühungen jedoch ohne allen guten Erfolg blieben.

Jener Rauhgraf Ruprecht, ſeine Gattin Katharina, ſo wie ihr
Sohn Heinrich und ihre Tochter Schoneta, veräuſſerten im folgenden
Jahre ihr Dorf und Gericht Jugenheim mit ſämmtlichen Zugehörungen,
Gefällen ꝛc. nebſt dem Zehnten zu Partenheim, an Heinrich II. für
erb und eigen, um die anſehnliche Summe von 2580 Pfund Heller
und jene machten ſich zugleich bezüglich der Gerichtsbarkeit und des
Kirchenſatzes daſelbſt, welche Reichslehen ſeien, verbindlich, des Kaiſers
Zuſtimmung zu dieſem Kaufe beizubringen ³¹⁵), was auch zwei Jahre
ſpäter durch Karl IV. und noch mit der beſonderen Vergünſtigung ge=
ſchah, daß Heinrich II. ſeine Adelheid auf dieſe ſchöne und einträgliche
Beſitzung bewiedmen dürfe ³¹⁶). Der eben genannte Graf von Span=
heim=Tannenfels und ſeine Gattin gründeten 1363, mit des pfälzer
Kurfürſten Genehmhaltung, in der den heiligen Peter und Paul ge=
weiheten Capelle in ihrer Burg Lichtenberg im Odenwalde eine Caplanei=
pfründe mit einer jährlichen Gülte von 32 Malter Korn von ihrem
Zehnten zu Huſin, wofür der Beſitzer derſelben des Gottesdienſtes
daſelbſt abwarten müſſe ³¹⁷), 1364 übertrug jener dem Bechtolf von
Beckingen die Herrſchaft und Fauthei des, zwiſchen Mauchenheim und
Albisheim befindlichen, Hofes Hauwe (Heyerhofes) auf ſeine Lebenszeit,
weshalb er aber auch lebenslänglicher Burgmann zu Tannenfels ſein
müſſe, allein nach ſeinem Hinſcheiden falle jene Schirmvogtei wieder
an Spanheim zurück ³¹⁸), und Peter von Ulfersheim (Hilbersheim)

---

³¹⁴) Geben off Montags vor Mathei Apoſtoli Anno dni. 1362. (19. September)
   J. M. Kremer's bol. Urkundenſammlung No. 296.
³¹⁵) Beide Urkunden unter demſelben Datum: Dirre Brief iſt gegeben ꝛc. 1363ſtin
   jar, an dem neheſtin Dinſtage nach ſante Johansdag des heilgen Deiffers
   (27. Juni). Daſelbſt No. 297 u. 298.
³¹⁶) Geben zu oheld vor Straßburg ꝛc. 1365 jar an ſant Jacobs taig des hilgen
   Zwolffbotten ꝛc. (25. Juli). Daſelbſt No. 307.
³¹⁷) Datum anno dni. M⁰.CCC⁰.LX⁰. Tercio. Karlsruher pfälzer Copb. No. 7
   fol. 26.
³¹⁸) Der Brif wart geben off Mittwochen vor Thome Apoſtolj. etc. 1364 Jare.
   (18. December). J. M. Kremer's bol. Urkunden=Nachl. No. 304.

stellte hingegen im folgenden Jahre eine Bescheinigung darüber aus,
daß die 30 Malter Korn, welche ihm Heinrich II. aus den Gefällen
der Abtei Rodenkirchen in Gauersheim jährlich nach Alzey liefern lasse,
nach seinem Tode mit 100 Gulden mainzer Währung durch das span=
heimer Haus abgelöset werden mögen [319]). Im August verpfändete
ihm der Rauhgraf Ruprecht zur Altenbaumburg, mit der Zustimmung
seines Sohnes Heinrich, einen Weinberg zu Plinbach für 100 Gulden [320])
und im Januar des nächsten Jahres gewann der Erzhirte Cuno in
Trier denselben zu seinem Manne mit 600 kleinen Goldgulden, welche
er dem Erzstifte mit einer Jahresrente von 50 Gulden auf seinen
Kornzehnten zu Lonsheim beweisen und dafür, bis zur Ablösung jener
Summe, dessen erblicher Lehensmann werden müsse [321]).

Philipp von Bolanden, Herr zu der Altenbaumburg, und sein
Bruder Konrad verschrieben 1368 unserm Heinrich II. 24 Pfund jähr=
lichen Geltes von ihrem Gerichte im Dorfe Kirchheim, welche Rente
mit 240 Pfund Hellern abzulösen seie [322]); diese ehemals so mächtige
und glänzende bolander Familie gieng jedoch um diese Zeit mit raschen
Schritten ihrer Auflösung entgegen, worin auch die damaligen oft
wiederholten Verkäufe und Verpfändungen von Gütern und Gefällen
ihren Grund haben, daher Kaiser Karl IV. unserem Grafen, wegen
seiner „grozzen mercklichen vnd vnuerdrozzenen dinste“, vergönnte, die
in dem kirchheimer Gerichte gelegenen und von dem Reiche zu Lehen
gehenden Güter, welche ihm jener Philipp von Bolanden bereits ver=
pfändet hatte, oder ihm später noch verkaufen oder versetzen würde,
ruhig zu besitzen und zu genießen, vorbehaltlich der Rechte des heiligen
römischen Reichs [323]), und an dem nämlichen Tage ertheilte jener
Monarch zugleich demselben, wegen der ehrbaren und getreuen Dienste,

---

[319]) Dirre brief wart gegebin ꝛc. 1365ftin Jare uff sante Markis dag des heiligen
ewangelisten. (25. April). Orig. im kgl. Reichsarch. zu München s. v. Kl.
Rodenkirchen.

[320]) Geben ꝛc. 1365 Jare Donnerstags vor Laurentii. (7. August). J. M. Kre=
mer's bolander Urkundensammlung No. 308.

[321]) Geben anno 1365 vf sant Agnesentag. (21. Januar). Orig. in Coblenz.

[322]) Der do geben wart do man schreib ꝛc. 1368 Jare, vff den sonbag nach dem
zwolfften dage. (9. Januar). Orig. im kgl. Reichsarchive u. J. M. Kremer's
urkundl. Nachlaß No. 377.

[323]) Der geben ist zu Frankenfort ꝛc. 1368sten Jare an vnser Frauwen Abent
Liechtmesse ꝛc. (1. Februar). J. M. Kremer's bolander Urkunden=Nachlaß
No. 314.

womit er vnd seine Vorfahren das heilige Reich „alleweg geeret vnd
„gewirdet haben vnd er noch beglich tut mit stetem Fliß vnd mit
„gantzer Truwen", auf dessen Bitte die Erlaubniß, sein Dorf Kirch=
heim (das er, wie wir aus dem bisherigen schon vernommen haben,
durch Käufe und Verpfändungen beinahe ganz und allein besaß) mit
Mauern, Gräben, Thürmen, Pforten, Erkern und durch andere Bauten
zu bevestigen, eine Stadt daraus zu machen, Stock=, Hals= sammt
anderen Gerichten darin zu haben und auch an jedem Donnerstage
einen Wochenmarkt daselbst abhalten zu lassen, so wie überhaupt sämmt=
liche dasige Bürger und Einwohner alle Rechte, Gnaden und Freiheiten
der Stadt Oppenheim zu genießen haben sollten [324]).

Der Abt Johannes und sein Convent in Rodenkirchen verkauften
Philipp II. dem Spanheimer, ihrem lieben gnädigen Herrn, im fol=
genden Jahre ihren Hof zu Rüssingen mit den dazu gehörigen Aeckern,
Wiesen und Gärten, diese mochten nun in der rüssinger, ottersheimer
oder in anderen Gemarkungen gelegen sein, für 50 Pfund gute Heller,
als frei, erb und eigen [325]); der Herr Philipp von Bolanden und
Altenbaumburg, den wir bereits aus manchen Verkäufen bolandischer
Güter und Gefälle in Kirchheim 2c. haben kennen lernen, hatte aber
noch Theil an der Veste Bolanden und war deßhalb um diese Zeit
mit unserem tannenfelser Grafen in Zerwürfnisse gerathen, die zuletzt
in offene Fehde ausbrachen, während welcher einst ein Haufen bolander
Dienstmänner zwei arme spanheimer Unterthanen, unterhalb der Burg
Tannenfels, in Bennhausen hinterlistiger Weise überfielen und sie
jämmerlich ums Leben brachten, durch welchen Gewaltstreich und Mord
jener Bolander in große Verlegenheit und Noth gerieth, bis derselbe
endlich nach vielfachen Verhandlungen, der beiden Ermordeten und deren
Familien wegen, unter der Vermittlung des Kurfürsten von der Pfalz,
im J. 1369 folgende Sühne eingehen mußte: vorerst sollte er, zum
Seelenheile jener, so wie auch zum Lobe Gottes und zu Besserung
seiner Schuld, vier Wallfahrten, zwei nach Rom und eben so viele
nach Aachen vollbringen laßen und zugleich das gemeine Gebet von

---

[324]) Der gegeben ist zu Frankenfurt uf dem Moyne 2c. 1368sten Jare an vnser
Frauwen Abent Lichtmiß 2c. (1. Februar). J. M. Kremer's bol. Urkunden-
Nachlaß No. 313.

[325]) Der gegeben wart da man zalte 2c. 1369sten Jare des andern dages nach
sante Johans dage des Deiffers. (26. Juni). Orig. in München und auch
in Kremer's Urkunden=Nachlaß No. 315.

72 Klöstern durch Geldspenden gewinnen; dann mußte er sich pflichtig machen, 60 Pfund Wachses zu liefern, zwei ewige Lichter zu stiften, oder für jedes 10 Pfund Heller zu geben und 20 Pfund Heller zur Gründung einer ewigen Seelmesse zu bezahlen, welches alles in die Kirche, wo die zwei Erschlagenen begraben seien, verwendet werden sollte und zuletzt ward ihm noch aufgegeben, an dem Orte, wo die blutige That vorgefallen war, zwei steinerne Kreuze errichten zu laßen, so wie auch den hinterlassenen Weibern und Kindern 40 Pfund, also jeder Familie 20 Pfund, Heller „zv Besserung zv geben", was alles in Jahresfrist genau vollzogen sein müße [326]). Die sogenannte Mord=sühne für die Todten war also damit von Seiten des bolander Herrn vollbracht, allein dessen Diener, die den Todschlag verübt hatten, waren noch nicht begnadigt und gesühnt, welches Geschäfte jener Kurfürst Ruprecht I. ebenfalls übernahm und die ganze unangenehme Geschichte durch folgenden Entscheid „mit der Mynne" beilegte: die bolandischen Manne und Diener, „die off dem selbe darby gewesen sint" und alle namentlich bezeichnet werden, dürften den Grafen Heinrich II. und deffen arme Leute oder Unterthanen, von heute an bis zum nächsten Weihnachtsfeste und dann während zweier Jahre hindurch, auf keinerlei Weise beschädigen und eben so müße auch, nach Verlauf dieser Zeit, jenem Grafen eine etwaige Fehde acht Tage zuvor durch einen offenen Brief gen Tannenfels kund gethan werden! — [327]).

Unser umsichtiger Heinrich II. ließ, aus dem vernünftigen Grunde, „wanne eyn Geflechte zu get, daz ander zu kumet, drumb werdent alle „Ding virgeßin, die da nit werdent beschreben," 1370 ein Lehenbuch anlegen [328]), in welches sämmtliche spanheim=bolander Vasallen, nebst genauer Angabe ihrer Lehenstücke eingetragen werden mußten, woraus wir den beträchtlichen Lehenhof der tannenfelser Linie kennen lernen, indem darin vom J. 1370 bis 1386, 197 Lehenserneuerungen ent=halten sind; im Mai erkaufte und ertauschte dann derselbe von dem

[326]) Datum Heidelberg secunda feria post assumpcionem beate virginis Marie Anno Domini M°.CCC°.LX°. nono. (20. August). J. M. Kremer's ꝛc. Nachlaß No. 316.

[327]) Geben zu Heidelberg an sante Elizabethen tag nach Cristi geburte ꝛc. 1369sten Jare. (19. November). Daf. No. 318.

[328]) Und wart diz Buch angehaben in dem iare da man zalte nach Cristes Ge=bort 1370 jar, des nesten Mitwochin nach sante Georgen dag. (24. April). Daf. No. 320.

Ritter Johann von Lettweiler und seiner ehelichen Hausfrau Bentze ihren Hof zu Rüssingen mit den dazu gehörenden Aeckern, Wiesen, Zinsen und Gülten, sowohl in dieser, als auch in anderen Marken, für 60 Pfund guter Heller, so wie für Abtretung einiger Güterstücke im Banne von Niederolm [329]) und im Juli erwarb er käuflich, um bei der Erbauung der Mauern und Thürme an der neuen Stadt Kirchheimbolanden durch fremdes Eigenthum nicht gehindert zu werden, von den Edelknechten und Gebrüdern Hugo und Cuno von Roden= heim (vielleicht Rittersheim) für erb und eigen deren Haus zu Kirch= heim bei Bolanden, an der bischheimer Pforten gelegen und die Burg geheißen, nebst dem Hofe oben daran und den dabei befindlichen Gärten, um 450 Pfund guter Heller [330]). Unser Heinrich II. vollführte auch in diesem Jahre die, oben bei dem J. 1335 angedeuteten Schenkungen seines seligen Vaters, indem er, um seines Seelenheiles willen, dem Provinzial des Paulinerordens in Teutschland, die Sanct Jacobs= capelle auf dem Donnersberge, nebst Haus und Hofe, Feld und Walde, Rechten und Einkünften, so weit der alte Graben dies alles einschließe, als eine rechte, freie und ewige Gottesgabe überließ, um daselbst ein Kloster seines Ordens zu errichten und jene Güter unverhindert von Männiglich zu besitzen und zu genießen [331]). Aus einem Erbleihbriefe für die Wittwe Katharina von Braubach, so wie für deren Söhne und Töchter über Haus und Garten hinter ihrem Hofe zu Wesel vom J. 1371, ersehen wir, daß jener Herr damals noch Besitzungen am Niederrhein [332]) hatte und im Monate September des genannten Jahres erklärte der Prior Paulus, Provinzial der Brüder Sanct Pauls des ersten Eremiten, Augustiner=Ordens in Teutschland, er hätte den Grafen Heinrich II. von Spanheim, der ihr Kloster auf dem Donnersberge gestiftet und gepflanzet habe, im Namen seiner Ordensbrüder gebeten, dasselbe zur Beförderung des Gottesdienstes ꝛc. zu schirmen, indem sie nur ihn und dessen Familie, die Tannenfels besäßen, als ihre einigen

---

[329]) Der gegeben wart des nesten Mitwochin nach dem sonbage Jubilate deo etc. 1370 iar. (8. Mai). Orig. im kgl. Reichsarchive zu München.

[330]) Der gegeben wart des nesten Manbages nach sente Margareten dag der heilgen Juncfrauwen ꝛc. 1370 Jar. (15. Juli). Orig. daselbst.

[331]) Der gegeben wart ꝛc. 1370 jar an dem nehsten sunnetage nach Sant Michels= tage zu Lyningen in der Stat. (6. October). Orig. daselbst.

[332]) Datum Wessalie anno Domini M⁰.CCC⁰.LXX⁰. primo die vicesima se= cunda mensis Junij. J. M. Kremer's hol. Urkunden=Nachlaß No. 323.

Schutzherrn und Vögte anerkennen wollten [332]), worauf lezterer, einige
Tage nachher, den Paulinern seinen Giftbrief vom vorigen Jahre
wiederholt bestätigte und nochmals auf seine sämmtlichen Rechte an
jene Güter verzichtete, wofür aber auch die Brüder für ihn und seine
Nachkommen jährlich „zwey Begengniß" zu thun und zu halten
hätten [334]).

Heinrich II. war, wie wir schon bemerkt haben, unabläßig be=
mühet, immer mehr Erwerbungen an Gütern und Gefällen und dar=
unter manchmal sehr beträchtliche, zu machen, denn so gab der trierer
Erzbischof Cuno als Lehensherr seine Einwilligung dazu, daß der
Ritter (Wildgraf) Friederich von Kyrburg jenem 1372 einen vierten
Theil an der Veste Wöllstein für 1500 schwere mainzer Gulden ver=
pfändete [335]); in dem nämlichen Jahre verschrieben die bolandischen
Brüder, Philipp, Herr zu der Altenbaumburg und Konrad, unserem
Spanheimer einen jährlichen in der Stadt Kirchheim fälligen Zins von
59 Pfund für 587 Gulden [336]) und als eine Folge jener Verpfändung
beschwor er 1373 mit seinem Neffen, dem Wildgrafen Otto von Kyr=
burg, einen stäten Frieden in der wöllsteiner [337]) Burg. Derselbe
war ein tapferer, mannhafter Degen und suchte daher mit dem mäch=
tigen pfälzer Kurfürst Ruprecht I. in nähere Verbindung zu treten,
welcher ihn auch 1374 für 500 Gulden zu seinem Burgmanne in
Lindenfels [338]) gewann und da er jene Summe auf seine eigenen Hof=
güter in Rüssingen, die von dem von Lettweiler und von der Abtei
Rodenkirchen erworben waren „zu borglehen belacht vnd bewiset hat,"
so gestattete ihm der neue Lehensherr, diese Höfe und Güter sollten,
falls er ohne männlichen Leibeserben verscheiden würde, auch auf seine

---

[332]) Der geben wart ic. 1371 Jar, morndes vf sant Matheustag des Aposteln
vnd ewangelisten. (22. September). J. N. Kremer's bolander Urkunden=
Nachlaß No. 326.

[334]) Datum Montags Michaelis Anno 1371. (29. September). Daselbst
No. 327.

[335]) Der gegeben ist, do man zalte ic. 1372 jar off den funffzeenden dag in
dem Aprille. Das. No. 332.

[336]) Der geben ist des nesten fritages nach sante lucas dag des heil. Ewan=
gelisten Anno dnj. M⁰.CCC⁰.LXX⁰. scdo. (22. October). Das. No. 383.

[337]) Datum dominica die qua cantatur letare Anno dni. M⁰.CCC⁰.LXX⁰.
tercio. (27. März). Das. No. 334.

[338]) Dat. Heid. ipsa die Fabiani et Sebastiani Anno dnj. 1374. (20. Januar).
Codex palat. membr. Stuttgart. fol. 77.

älteste Tochter fallen und sie könne dieselbe als Burglehen tragen [339].
Rauhgraf Heinrich verkaufte unserem Grafen und dessen Erben, für
frei und eigen, seinen Hof zu Mauchenheim, den man den Brunnenhof
nannte [340]; im folgenden Jahre versezte jener demselben seinen Theil
an Gundersheim und Onsheim für 600 Pfund Heller [341] und einige
Monate zuvor erwarb lezterer käuflich von Philipp von Bolanden,
Herrn zu der Altenbaumburg, von dessen Theilen an Kirchheim noch=
mals eine Rente von drei Gulden für 30 Gulden [342], auch scheint
es, derselbe habe, um die neue Stadt Kirchheim zu bevölkern, Leute
herbeigezogen und ihnen Vorschüße gemacht, damit sie sich daselbst
Wohnungen erbauen, so wie auch zu ihrem Lebensunterhalte Güter
erwerben könnten, denn Heinrich Snider und seine Frau Else machten
sich, nebst Stellung von Bürgen, 1376 eidlich anheischig, beständig
hinter Heinrich II. von Spanheim und dessen Erben, welche Herren
sind in Tannenfels, zu bleiben, auch ihren Leib, Gut, Kinder ꝛc. von
demselben nicht zu entführen oder zu entfremden, sie hätten ihm dann
vorher die ihnen geliehenen 600 Gulden wieder erlegt [343].

Unser Graf war immer noch rastlos bemüht, sein Gebiet zu
vergrößern, dasselbe entweder mehr abzurunden, oder frühere gemein=
schaftliche Besizungen ganz an sich zu bringen, denn der Wild= und
Rhëingraf Johann versezte ihm 1376 die beiden Dörfer Münsterappel
und Oberhausen, während ihm seine Schwester Kunigunde, Gräfin
von Rheineck, mit der Zustimmung ihres Gemahls Ludwig, um die=
selbe Zeit ihren Theil am Dorfe Wöllstein verkaufte, welches ihr durch
ihren ersten Eheherrn, den Rauhgrafen Wilhelm, zum Witthum ver=
schrieben war und da jene zwei wildgräflichen Orte und auch lezteres
Dorf von dem Sanct Maximinstifte bei Trier zu Lehen giengen, so
gab der Abt Rorich zu beiden Vorgängen seine gesonderte Einwil=

---

[339] Der geben ist zu Heidelberg uff sant fabianus vnd sebastianus dag Anno
dnj. M⁰.CCC⁰.LXX⁰. quarto. (20. Januar). Orig. im kgl. Reichsarch. zu
München s. v. Gr. von Spanh. Fasc. 2.

[340] Datirt vff Marie Magdalene Anno 1374. (22. Juli). J. M. Kremer's
bol. Urkundensammlung No. 338.

[341] Der geben ist vff Sampstag nach Andres Apli. 1375 Jar. (1. December).
Das. No. 348.

[342] Datum anno 1375 vff Johis. Bapt. (24. Juni). Das. No. 346.

[343] Der gegeben ist zu Kircheim an vnß. frauwin dag annunciacio ꝛc. 1376stim
Jar. (25. März). Orig. im kgl. Reichsarchive in München s. v. Gr. von
Spanh. Fasc. 2.

ligung ³⁴⁴); einige Tage darauf wandte der Kurfürst Ruprecht I.
Heinrich dem II. die Hälfte der Burg Bolanden mit allen Zubehörden
als Mannlehen zu, das aber auch, wenn er keine männlichen Leibeserben hinterließe, auf seine Tochter Lyse vererben könnte ³⁴⁵) und endlich
verpfändete der Rauhgraf Heinrich von der Altenbaumburg demselben
und seinen Erben die ihm zuständigen Theile in Mauchenheim, Gericht,
Herrschaft und Fauthie daselbst und zugleich noch den Theil an diesem
Dorfe und Gerichte, welcher ihm durch seinen Neffen Philipp von der
Neuenbaumburg verpfändet war, mit alleinigem Vorbehalte seines
halben Hofes daselbst, aber sonst mit sämmtlichen Zugehörungen, für
120 Goldgulden ³⁴⁶). Die vortheilhafteste Erwerbung unseres Grafen
war aber die, ohnweit Bolanden und Tannenfels gelegene, Burg und
Herrschaft Stauf, welches Ereigniß wir jedoch hier nur in seinen
Hauptmomenten wiederholen wollen, weil wir dasselbe früher schon
ausführlich erläutert haben ³⁴⁷); Eberhart der letzte kinderlose Graf
von Zweibrücken und seine Lebensgefährtin Lyse von Veldenz, veräußerten nämlich an jenen, 1378, vorerst die Hälfte dieser Veste und
Herrschaft mit allen Ortschaften, Gerechtsamen und Zuständigkeiten,
nebst den neuen sogenannten Rheindörfern bei Worms, die von dem
dortigen Bischofe lehenbar waren, für 8500 rheinische Goldgulden,
beide gelobten im folgenden Jahre den Frieden daselbst, behielten alles
in Gemeinschaft und erneuerten auch dem in der Nähe befindlichen
Nonnenconvente Rosenthal den durch jenen Eberhart, schon 1375,
verliehenen Freiheitsbrief.

Der Kurfürst Ruprecht belehnte unsern Grafen, wegen seiner
„getruwen vnd annemen Dinst, der er vns nutzlich vnd vnuerdrossen
„Dicke getan hat," 1380 an dem pfälzischen Zolle zu Caub mit zwei
großen Turnosen von aller Kaufmannschaft, die den Rhein auf und ab

---

³⁴⁴) Beide sind ausgestellt: Der gegeben wart ꝛc. 1375 iar off den sundag alse
man singet Reminiscere in der Fasten, nach trierischer Gewonheit.
(9. März). J. M. Kremer's bolander Urkunden-Sammlung die Nummern
343 u. 344.

³⁴⁵) Geben zu Heidelberg off Mitwoch nach Reminiscere ꝛc. 1375 jare. (12. März).
Daselbst No. 350.

³⁴⁶) Der geben ist off sant Margreten abunt nach Cristi geborte ꝛc. 1376sten
Jaren. (12. Juli). Orig. im kgl. Reichsarch. zu München u. v. Rauhgrafen.

³⁴⁷) Siehe meine urkundliche Geschichte der Burgen in der bayerischen Pfalz
Band IV, 18—23.

gehn ³⁴⁸) und nach Jahresfrist lösete lezterer von dem Edelknechten Philipp von Breidenborn den ihm durch den zweibrücker Grafen verpfändeten, im Stumpfwalde bei Stauf befindlichen, Bullangswoog mit 160 rheinischen Gulden ein ³⁴⁹). Philipp II. spielte um diese Zeit überhaupt eine wichtige Rolle am kurpfälzischen Hofe und wurde zu den geheimsten Verhandlungen verwendet, denn so war er 1381 der einzige weltliche Zeuge bei der Bestätigung der pfälzischen Kurwürde durch den Papst Urban VI. ³⁵⁰); um dieselbe Zeit befand er sich, nebst Simon von Spanheim-Vianden, in dem Bündniße jenes Kurfürsten mit andern Grafen und Herrn, um den Grafen Ruprecht von Nassau zu bekriegen ³⁵¹) und ein Jahr später bekräftigte derselbe den Kauf der Grafschaft Löwenstein durch Kurpfalz mit seinem Siegel ³⁵²), was er auch 1383 mit einem kazenelnbogischen Hinlichsbriefe ³⁵³) that. Im vorhergehenden Jahre genehmigte der wormser Prälat Ekhart als Lehensherr nicht nur den Verkauf der Hälfte der zu Stauf gehörigen neun Rheindörfer an Heinrich II., sondern er gestattete demselben zugleich noch, seine Gattin Adelheid darauf zu bewiedmen ³⁵⁴); einige Tage darnach willigte der pfälzer Kurfürst ein, daß der von Habern seine pfälzischen Lehengüter zu Habolzheim an jenen für 150 Gulden veräussern ³⁵⁵) dürfe und 1383 gewann lezterer den Reinfried von Ripelskirchen für 10 Pfund Gelts zu seinem beständigen Burgmanne in Kirchheim ³⁵⁶).

Der Weg zur Erwerbung der Herrschaft Stauf war nun einmal angebahnt und Heinrich II. benuzte weislich die zerrütteten Ver-

---

³⁴⁸) Der geben ist zu Heidelberg ꝛc. 1380sten Jare off den nehsten Monbag nach unsers Herren Lichams Tage. (28. Mai). J. M. Kremer's bol. Urkunden-Nachlaß No. 362.

³⁴⁹) Der geben ist ꝛc. 1381 Jar uff binstag nach sant Peters und sant Paulus dag der zweier heylgen apostolenn. (2. Juli). Reichsarch. in München s. v. Kloster Ramsen und saarbrücker Copb. in Weilburg lit. m. fol. 253 b.

³⁵⁰) Acta Acad. Theod. palat. IV, 210 No. IV.

³⁵¹) Wenk's heſſiſche Landesgeſchichte Bd. I, Anhang zum Urkundenbuche 329 No. 432.

³⁵²) Acta Acad. Theod. pal. I, 362 et 364 No. IX.

³⁵³) Wenk's heſſ. Landesgeſch. I, Urkundenb. 198 No. 270.

³⁵⁴) Der geben ist in latine ꝛc. 1382 die dominica proxima post vincula Petri. (3. Aug.). J. M. Kremer's bol. Urkundenb. No. 363.

³⁵⁵) Datum Lindenfels feria quinta ante Laurencij Anno dni. M⁰.CCC⁰.LXXX⁰. secundo. (7. Aug.). Karlsr. pfälz. Copb. No. 7½ fol. 42 b.

³⁵⁶) Datum anno Domini M⁰.CCC⁰.LXXX⁰. tercio feria quinta ante Valentini. (13. Febr.). J. M. Kremer's bol. Urkunden-Nachl. No. 364.

mögensverhältnisse des gräflichen zweibrücker Ehepaares, um auch noch
die übrigen Theile derselben zu erhalten, denn im Februar 1383 ver=
pfändeten ihm Eberhart und seine Gemahlin die Hälfte des ihnen noch
zuständigen halbentheils jener Burg und Herrschaft, also ein Viertel
davon, ebenfalls mit allem was dazu gehörte, für 1505 rheinische
Goldgulden und am folgenden Tage nahmen sie bei ihm · nochmals
1150 Goldgulden [357]) auf, woraus wir zugleich ersehen, welche ansehn=
liche Summen demselben damals zur Verfügung standen. In diesem
Jahre segnete Johannes, der Bruder Heinrichs II., das Zeitliche,
ohne mit seiner Ehehälfte, der Gräfin Walpurg von Leiningen, Kinder
hinterlaßen zu haben, bei welcher Gelegenheit wir auch zugleich erfahren,
daß unser Graf drei Jahre zuvor, in Begleitung eines spanheimer
Mönches, eine Wallfahrt nach dem heiligen Grabe unternommen [358])
hatte; derselbe schlichtete 1384, als Hauptmann oder Anführer der
pfälzischen Streitkräfte, einen Zwist der Propstei Hert mit den Be=
wohnern des gleichnamigen Dorfes wegen Holzrechten [359]) und 1385
theilte er die Beste Stauf mit dem zweibrücker Eberhart zu einem und
drei Viertheilen [360]) ab; bald darauf veräusserte ihm Demut von
Rixelskirchen, die Meisterin des marienthaler Conventes, einen, ober=
halb des Klosters gegen Kirchheim hin gelegenen Woog um eine nicht
angegebene Summe [361]) und im August erstand er käuflich von dem
Wildgrafen Gerhart von Kyrburg dessen Weingarten, nebst sonstigen
Gütern bei Altenbaumburg [362]). Die auf dem zu Stauf gehörigen
Dorfe Ramsen ruhende Pfandsumme lösete derselbe, vermöze der ihm
durch den Kaufbrief zustehenden Befugniß, im J. 1386 mit 400 Pfund
guter Heller [363]) ab und zugleich war er um diese Zeit mit dem Pfalz=
grafen Ruprecht dem Jüngsten sehr thätig, um die Zerwürfnisse zwischen
dem Oberhirten von Worms und den dasigen Bürgern beizulegen [364]);

---

[357]) Siehe meine urkundl. Gesch. der pfalzbayerischen Burgen Band IV, 20 u. 21.

[358]) Trithemij Chron. spanh. fol. 335 ad a. 1383.

[359]) Acta Acad. Theod. palat. II, 43.

[360]) Anno 1385 (ohne Datum). J. M. Kremer's bol. Urkunden=Nachl. No. 371.

[361]) Datum anno dni. 1385to. ipso festo penthe cost. (21. Mai). Orig. im
kgl. Reichsarch. zu M. s. v. Kloster Marienthal.

[362]) Datirt uff Assumpcionis Marie Anno 1385. (14. Aug.). J. M. Kremer's
bol. Urkunden No. 375.

[363]) Datum Anno dni. 1386 dnica. proxima ante Kiliani martiris. (1. Juli).
Ungedruckt.

[364]) Schannat hist. episcop. wormat. II, 199—202 No. 226—228 et Trith.
Chron. spanh. fol. 335 ad a. 1386.

im November des nämlichen Jahres begnadigte ihn Ruprecht I. mit einem Theile an der Veste Altenbaumburg und dem darunter befind= lichen Thale (worauf Heinrich II., von seiner Großmutter Katharina von Cleve her, gegründete Ansprüche zu haben glaubte), als ein pfälzisches Erblehen [365]) und 1387 verpfändete die Rauhgräfin Agnes von der Neuenbaumburg unserem Grafen, ihrem Neffen, und dessen Erben ihre drei Dörfer Böheln, Rechtenbach und Schwanden, mit Gülten, Leuten und Gerichten, gegen Wiedereinlösung [366]).

Die ökonomischen Verhältnisse des kinderlosen zweibrücker Ehe= paares hatten sich indessen immer mißlicher gestaltet, daher sich beide „durch rechter anbreffend notdorft willen," endlich genöthigt sahen, dem spanheim=tannenfelser Grafen im März 1388 auch noch die übrige Hälfte der Burg und Herrschaft Stauf (woran ihm bereits ein Vier= theil verpfändet war) um baare 8000 Goldgulden für ewig, erb und eigen zu verkaufen, worauf denn die Gräfin Lyse, welcher jener Veste nebst Einkünften zum Witthum verlegt war, endlich im April auf alle ihre Ansprüche daran feierlichst verzichtete [367]), welche schöne Herrschaft jezt mit den andern alten spanheim=bolander und tannenfelser Besitzungen, so wie auch mit den oben angeführten sonstigen Erwerbungen von den Bolandern, den Rauh= und Wildgrafen u. s. w. zu einem Ganzen vereinigt wurden und solche herrlichen Früchte hatte die Tüchtigkeit, Sparsamkeit und Umsicht Heinrichs II. getragen! — Im nächsten Jahre gab der Kurfürst Ruprecht I. demselben, nachdem er ihm in den bisherigen Kriegen mit den rheinischen und schwäbischen Städten durch seine Tapferkeit die erprießlichsten Dienste geleistet hatte, die Hälfte der Veste Bolanden lebenslänglich ein [368]) und im Spätjahre treffen wir lezteren als pfälzischen Hofrichter an, da er in jenes Kurfürsten Namen in Heidelberg öffentlich zu Gerichte saß und in einer hoch= wichtigen Sache Recht sprach [369]). Dieser spanheimer Graf konnte

[365]) Geben zu Heydelberg des nesten dages nach allerheyligen tage rc. 1386stem Jare. (2. Nov.). Karlsr. pfälzer Coph. No. 65 fol. 91.

[366]) Datum Fritags nach Exaltucionis erucis anno 1387. (20. Sept.). J. M. Kremer's bol. Urkunden=Nachlaß No. 378.

[367]) Siehe meine urkundliche Geschichte der Burgen in der bayerischen Pfalz Band IV, 22 u. 23.

[368]) Datum Heidelberg feria secunda ante Ascensionem dni. Anno ejusdem M°.CCC°.LXXX°. Nono. (25. Mai). J. M. Kremer's Urkunden=Nachl. No. 388.

[369]) Geben zu Haidelberg uff den Donerstag fur Sant Gallen tag rc. 1389sten Jare. (14. October). Leln.=westerburg. ohnumstößl. rechtliche Auszüge, Beilage No. 13 fol. 16.

überhaupt mit Vergnügen auf seine lange, in jeder Beziehung thätige
und rühmliche Laufbahn zurückblicken und jetzt in hohem Alter, an der
Gränze seines Daseins stehend, gedachte er, nebst seiner getreuen Lebensgefährtin Adelheid von Kazenelnbogen, auch an den Allerhöchsten, der
sie beide bisher so reichlich gesegnet hatte und von welchem sie dann
im bessern Jenseits die glänzende Belohnung ihres Wohlverhaltens
sicher hofften und erwarteten, daher sie zur Verwürklichung dieser
Hoffnung, nach den religiösen Begriffen der damaligen Zeit, mit gläubigen Herzen und nach ihren Kräften auch noch das ihrige gewissenhaft
beitragen wollten. Sie gründeten nämlich deswegen, (wie sie sich in
der ansprechenden Urkunde vom J. 1390 sehr schön ausdrücken: in
Anbetracht der Vergänglichkeit alles Irdischen und daß dem Christen am
jüngsten Tage nichts sicherer zum Himmelreiche verhelfen könne als allein
die guten Werke, die der Mensch während seines irdischen Daseins voll-
bringe,) zum Lobe und zur Ehre des Allmächtigen, der heiligen Maria und
Elisabetha, so wie der 10,000 Märtyrer, überhaupt aller Gottes Heiligen und zu ihrem, aller ihrer Nachkommen 2c. Seelentroste, in ihrer
Burg zu Kirchheim eine neue Capelle, in welche sie, jedoch vorbehaltlich
der Rechte der dasigen Mutterkirche, einen Altar mit einer ewigen
Messe stifteten, sich und ihren Erben zugleich die Vergebung dieser
Pfründe, die sie mit einer jährlichen Gülte von 30 Malter Korn und
einem Fuder Wein begabt hatten, vorbehielten, wozu sie auch noch für
den Priester oder Capellan ein Haus bei der Wohnung des Vogts an
der Stadtmauer, nebst einem auf dem neuen Graben gelegenen Garten
schenkten und vermachten ³⁷⁰).

Dem Johannes Forstmeister von Gelnhausen und seinen Erben
lieh unser Graf 1390 zu rechtem Mannlehen einen Hof zu Hatse bei
Gelnhausen, mit Aeckern, Wiesen u. s. w. nebst den dabei gelegenen
Landsiedelgütern und endlich noch Dorf und Gericht Richenbach, sammt
einem in diesem Dorfe befindlichen Hofgute, alles dies mit sämmtlichen
Zuständigkeiten, so wie sie von der Herrschaft von Bolanden „off yn
„erstorben ³⁷¹) sint." Das Dasein Heinrichs II. neigte sich indessen zu
Ende und wir sehen ihn deshalb, seiner Gewohnheit nach, im J. 1391

---

³⁷⁰) Der da geben ist worden, do man zalte 2c. 1390 Jare uff sant Margareten
tag der heiligen Jungfrauwen. (13. Juli). Orig. im kgl. Reichsarch. s. v.
einzelne Kirchen Fasc. 4.

³⁷¹) Datum in die crastino omnium Sanctorum anno Dni. 1390mo. (2. Nov.).
J. M. Kremer's böl. Urkunden-Nachlaß No. 391.

8*

eine außerordentliche Thätigkeit entwickeln; denn der Ritter Boemund von Dalsheim empfing von demselben zu Lehen die Güter zu Westhofen, bestehend in einem vierten Theile des Dorfs und Gerichtes, welchen er und seine Gemeiner, Wormbsberg und Pfanne von Lortzweiler, früher von dem Rauhgrafen Ruprecht und von dessen verstorbenem Sohne Heinrich lehensweise getragen hatten und der nun dem tannen= selser Hause anerstorben war, an dem nämlichen Tage lösete unser Graf dieses Lehen zugleich an sich, aber der von Dalsheim verschrieb sich dennoch als des Spanheimer's Mann, mit der Verbindlichkeit, dessen Güter daselbst zu wahren und zu schützen [372]) und eben so belieh er auch die Frau Margaretha, Wittwe Simon Brendels, mit 3 Pfund. Hellergeltes zu Diechtilsheim, mit 4 Unzen auf dem Hofe Hauwen, mit 2 Pfund Zinsen auf einem Backhause im Thale zu Bolanden, so wie endlich mit 10 Schillingen Heller auf einem andern Backhause und „wann ein Backhaus zu Bolanden auf der Burg wäre, das gebe auch „10 Schillinge Heller" [373]). Im Monat Mai machte Bartholomäus, der Provinzial des Augustinerordens, unsern Grafen und seine Adel= heid aller Gebete, heiligen Handlungen und guter Werke seines Ordens theilhaftig [374]) und nachher gieng lezterer noch die Verbindlichkeit ein, den Brüdern Hugo und Johann von Wiltperg für ihre Ansprüche, welche sie an die zwei Backhäuzer zu Schornsheim und Geyspezheim zu machen hätten, auf nächsten St. Georgen Tag 25 Pfund Heller zu entrichten, geschehe dies aber nicht, so sollten sie, bis zur Ablösung jener Summe, von jenen Backhäuzern jährlich 10 Malter Korn zu beziehen haben [375]). Im August bekannte Heinrich Ulner von Span= heim, er seie mit seinem gnädigen spanheimer Herrn „wegen solichen „namen, als ich demselben zu Seperßfelt genomen vnd geton han" gesühnt und mache sich beswegen anheischig, entweder an ihn, oder an

---

[372]) Beide Briefe sind ausgestellt: Der geben wart do man zalte zc. 1391 Jare off den Achtzehenden dag. (18. Januar). Orig. im kgl Reichsarchive zu München s. v. Rauhgrafen.

[373]) Gebin des Frytages noch dime Suntage invocauit in der Fasten Anno Domini M°.CCC°.LXXXX°. primo. (17. Februar). J. M. Kremer's dipl. Urkundensamml. No. 393.

[374]) Datum Herbipoli Anno dnj. M°.CCC°.LXXXX°. primo. In festo Penthe cost. Capitolo nostro. (14. Mai). Orig. im kgl. Reichsarch. zu M. s. v. Gr. v. Spanh. Fasc. No. 3.

[375]) Datum Kircheym secunda feria post Visitationis beate Marie virg. Anno Dni. M°.CCC°.LXXXX°. primo. (3. Juli). J. M. Kremer cit. l. No. 395.

deſſen Amtmann bis nächſten Sanct Martins Tag 40 Gulden „guter vnd geber" zu bezahlen [376]), und mehrere Tage darauf ſchloß derſelbe mit den Grafen Friederich und Emich zu Leiningen eine „fruntſchafft" oder ein vertrauliches Bündniß zu gegenſeitiger Hülfe ab, wenn ſie, oder ihre Lande und Leute in Noth und Gefahr kommen würden, welches von heute an bis zu Martini 1392 währen ſollte [377]); auch erſcheint jener nochmals 1391 als Zeuge, dann als Vermittler zwiſchen dem Landgrafen Herrmann von Heſſen und dem mainzer Erzbiſchofe [378]) und im Februar 1392 half er, nebſt ſeinem Schwager Eberhard von Kazenelnbogen, eine Irrung des pfälzer Kurfürſten Ruprechts II. mit einigen adeligen Ruheſtörern ins reine bringen [379]).

Wir kennen noch einen Lehenbrief von unſerem Grafen für Simon Mauchenheimer von Zweibrücken über einen jährlichen Zins von 10 Gulden zu Kirchheim, welcher mit 100 Gulden abzulöſen ſeie [380]) und einige Tage nachher erneuerte er auch das vorhin erwähnte Schutz- und Trutz-Bündniß mit den leininger Grafen auf ein weiteres Jahr, nämlich bis zu Martini 1393 [381]), allein er erlebte den Ablauf dieſer Friſt nicht mehr, denn er erſcheint nur noch einmal gegen Ende März in einer veldenz-naſſauer Eheberedung als Bürge für die beiderſeitige Mitgift [382]); bald darauf ward er zu Grabe gerufen und fand ſeine Ruheſtätte in dem Gotteshauſe zu Kirchheim, wo ſein Grabſtein vor dem dreiſſigjährigen Kriege noch vorhanden war [383]).

---

[376]) Datum sexta feria post diem bti. Laurencij martiris Anno dnj. M⁰.CCC⁰. Nonagesimo primo. (11. Auguſt). Orig. im kgl. Reichsarch. s. v. Spanh. Faſc. 3.

[377]) Datum in vigilia assumpcionis beate Marie virg. M⁰.CCC⁰.LXXXX⁰. primo. (14. Auguſt). J. M. Kremer's bol. Urkunden No. 396.

[378]) Wenk's heſſ. Landesgeſch. I Doc. 205 No. 178 et Gudeni Cod. dipl. mogunt. III, 594 No. 379.

[379]) Frank's Geſch. der Stadt Oppenheim 386 No. 138.

[380]) Datum secunda feria post omnium Sanctorum Anno domini M⁰.CCC⁰. nonagesimo secundo. (4. Nov.). J. M. Kremers's bol. Urkunden-Nachlaß No. 398.

[381]) Datum ipso die bti. Martini Epi. Anno dnj. Mill⁰. Trecent. Nonag⁰. secundo. (11. Nov.). Ungedruckt.

[382]) Geben zu Lutern uff unſer frauwen Klebel tag anno Dni. etc. 1393io. (25. März). Acta Acad. palat. IV, 394 No. XXVII.

[383]) Um den Rand beſſelben war folgende Inſchrift eingehauen: Anno Dni. Millesimo tricentesimo nonagesimo tercio . . . . obiit Dns. Heynricus comes de Spanheim. Aus Andreä's Genealogienbuche der Herrſchaft Kirchheim. Manuſcript.

Seine Gattin Adelheid kommt bereits Anfangs Juni 1393 als Wittwe vor und mit derselben scheint er sich, unmittelbar nach der Erreichung seiner Mündigkeit, im J. 1351 ehelich verbunden zu haben, deren Wtithum und Morgengabe er auf die mehrfach genannte kazen-elnbozische Veste Lichtenberg im Odenwalde, die ihm als pfälzisches Lehen eingegeben war, verschrieb, worüber er aber mit dem Grafen Wilhelm von Kazenelnbogen, welcher ebenfalls Erbansprüche darauf erhob[384]), 1355 in Streit und schwere Fehde gerieth, bis endlich der Kurfürst von der Pfalz zu Gunsten des Witthums jener Adelheid 1360 einen Entscheid erließ, den wir schon aus dem Vorhergehenden kennen. — Kaum hatte unser Graf die Augen geschlossen, so erneuerte Ruprecht II. den eben erwähnten Ausspruch seines Vorfahren und Oheims Ruprechts I. und bestätigte damit zugleich jener Adelheid den Genuß ihrer auf Lichtenberg verlegten Morgengabe zu 3000 Pfund Hellern[385]). Dieser Wittwe scheinen indessen nachher manche Unan-nehmlichkeiten wegen des Antheils ihres seligen Eheherrn an der alten Veste Bolanden bereitet worden zu sein, denn es ist noch eine Kund-schaft vom J. 1394 vorhanden, nach welcher lezterem ein Viertheil an Burg und Thal in Bolanden und eben so viel an den Freveln und Zehnten, so wie auch noch mehrere nahegelegene Höfe eigenthümlich zugestanden haben[386]).

Heinrich II. konnte jedoch nicht die Früchte seiner Ersparungen und Erwerbungen an Land und Leuten nicht auf Söhne vererben, indem er mit seiner Gattin Adelheid von Kazenelnbogen nur ein Töchterlein, Elisabetha, gewöhnlich Lyse genannt, erzeugte, welche bereits 1370 den Grafen Crafft von Hohenlohe zum Gemahl hatte, der ihre Mitgift oder ihr Zugelt auf Burg und Stadt Meckmühl verwies[387]), allein vier Jahre später verschrieb derselbe diese Aussteuer, so wie die Morgengabe zu 1000 Goldgulden und endlich ihren Wittbum mit 8000 Goldgulden wiederholt auf sein Schloß, Burg und Stadt Meckmühl, mit allem dem, was dazu

---

[384]) Wenk's hess. Landesgesch. I Doc. 166 No. 236.

[385]) Datum Heidelberg Sexta feria infra octavas petri et pauli Aplor. Anno dni. M⁰.CCC⁰.LXXXX⁰. tercio. (4. Juli). Karlsruher pfälzr. Copb. No. 8 fol. 105 b.

[386]) Sub dato 1394 ipsa die nativitatis beate Marie virginis. (8. Sept.). J. M. Kremer's bol. Urkunden-Nachlaß No. 404.

[387]) Anno 1370. Daselbst No. 319.

gehörte [388]), nachdem der Lehensherr, Bischof Gerhart von Würzburg, einige Monate zuvor seine Einwilligung bezu gageben hatte [389]). Diese Ehe war indessen auch nur mit einer Tochter, Namens Anna, gesegnet, die schon frühzeitig, 1385, also noch bei Lebzeiten ihrer mütterlichen oder spanheimer Großältern, mit dem Grafen Philipp von Nassau-Saarbrücken vermählt ward und diesem uralten gräflichen Hause die schönen, ansehnlichen und einträglichen Herrschaften Kirchheim, Tannenfels und Stauf, nebst vielen rauhgräflichen Gütern als Erbe zubrachte, bei welchem Stamme die genannten Besitzungen von nun an und bis zu Ende des vorigen Jahrhunderts verblieben [390]). Die oftgenannte Wittwe Abelheid erreichte ein sehr hohes Alter, denn dieselbe stiftete zu ihrem, ihres verstorbenen Gemahles und ihrer Aeltern Seelentroste, so wie mit der Zustimmung ihres Sohnes Philipps I. Grafen zu Nassau-Saarbrücken und dessen Gemahlin, ihrer Enkelin Anna von Hohenlohe und Gräfin von Nassau-Saarbrücken, im J. 1397 in der Pfarrkirche zu Kirchheim bei Bolanden, auf dem Sanct Johannis des Evangelisten und St. Marien Magdalenen-Altare, eine ewige Messe, deren Verleihung sie jedoch sich und ihren Erben und Nachkommen, dem Grafen von Nassau-Saarbrücken, vorbehielt und die sie mit einer jährlichen, auf dem Hofgute zu Göllheim fälligen, Gülte von 30 Malter Korn, nebst einem Fuder Weins von der Gülte zu Dackenheim begabte, welche Pfründe der jeweilige Capellan zu genießen haben sollte, dafür aber jenen Altar und diese Messe bedienen müße [391]). Dieselbe trat in dem genannten Jahre noch zweimal, am 9. März und am 4. August 1397, in Verleihung von staufer Burglehen auf [392]), was die Vermuthung begründet, daß sie in dieser Veste ihre lezten Lebenstage einsam verbracht habe; in welchem Jahre sie von dieser Welt abgefordert wurde, ist uns nicht genau bekannt, sondern

---

[388]) Diese zwei Urkunden sind gegeben: Datum Meckmüllen uff Samstag nach Jacobi anno 1374. (29. Juli). J. M. Kremer's bol. Urkunden-Nachlaß No. 339 et 340.

[389]) Datum anno 1374 Donnerstags vor annunciacionis Marie. (23. März). Daselbst No. 337.

[390]) S. das weitere in meiner urkundlichen Geschichte der Burgen in der bayerischen Pfalz Band IV Seite 24 ꝛc. und besonders S. 121 bis 144.

[391]) Datum quarta feria proxima post Circumcisionem Dni. Anno domini 1397mo. (3. Januar). Orig. im kgl. Reichsarchive zu M. a. v. Gr. v. Spanh. Fasc. 3.

[392]) J. M. Kremer's bolander Urkundensamml. No. 409 u. 410.

wir kennen nur den 20. August als ihren Todestag, allein das ist gewiß, daß sie in die Gruft zu Kirchheim neben ihrem Eheherrn eingesenkt ward, wo, ebenfalls vor dem Beginne des verheerenden dreißigjährigen Krieges noch Ueberreste ihres Grabdenkmals zu sehen waren [393]).

Wiewohl uns aus der früher erläuterten Geschichte des Grafen Johann's des Lahmen bekannt ist, die Grafschaft Spanheim der kreuznacher Haupt=Linie habe durch Heinrich I. von Spanheim=Tannenfels viele schwere Verluste erlitten und obgleich deren Bestandtheile später wieder von neuen Theilungen und Zersplitterungen bedroht wurden, so ging jener Ast, hauptsächlich durch die Bemühungen des rüstigen und trefflichen Grafen Walram, dem ohngeachtet aus allen solchen Unbilden und drohenden Gefahren, gleichsam erneuet und gekräftigt hervor, wie wir jezt aus der Fortsetzung oder den weiteren Schicksalen der kreuznacher Linie vernehmen werden.

III. Graf Simon II. von Spanheim=Kreuznach.

a) Graf Simon II. gemeinschaftlich mit seinem Bruder Johannes, bis zur Theilung von 1301.

Die zwei weltlichen Söhne des 1291 verblichenen Grafen Johann's des Lahmen, Simon II. und Johannes, führten die Verwaltung ihres Landes zehn Jahre lang gemeinsam fort; als ihre erste Verrichtung erkauften sie 1292 den Friederich von Merl, Zant geheißen, mit 30 Mark cölner Pfenninge, oder dafür eine jährliche Rente von 3 Mark, zu ihrem Manne [394]) und nach Jahresfrist versprach der Vogt Johannes von Hunoltstein, jenem Simon II. 10 Pfund trierer Pfenninge auf eigene Güter zu beweisen und dieselben künftig als spanheimer Lehen

---

[393]) Mit folgender Umschrift: Anno M . . . . XIII Kalend. Septembris obiit Adeleidis de Katzenelnbogen. Aus Andreä's Genealo=gienbuche. Msc. Die oben erwähnte, am 11. October 1410 verstorbene, Enkelin dieser Adelheid, Anna von Hohenlohe, die Stammmutter der Grafen von Nassau=Saarbrücken, war gleichfalls in jener Pfarrkirche beerdigt, wie ihr ehemals daselbst befindlicher Grabstein bezeugte, dessen Inschrift lautete: Anno Domini MCCCCX°. V Idus Octobris obiit Domina Anna de Hohenlohe Comitissa de Nassaw et Sarbrucken. Kremer's dipl. Beiträge S. 209, Note 222.

[394]) Actum anno domini M°.CC°.XC°. secundo tercio idus aprilis. (11. April). Günther cod. dipl. rheno-mosell. II, 484 No. 342.

zu empfangen [305]). Wir erinnern uns wohl noch des Zwiespalts, der schweren Zerwürfnisse und des Krieges zwischen dem mainzer Erzstifte und Johannes dem Lahmen wegen der Herrschaft Beckelnheim, die nach des lezteren Tode noch nicht vollständig ausgetragen waren, daher sich unsre Brüder mit dem Erzbischofe Gerhart im J. 1293 dahin vereinigten, diesen langjährigen Spann durch Schiedsrichter für immer beilegen zu lassen, zu welchem Behufe jene den Ritter Rudolf von Ansenbruch, lezterer aber den Ritter Johannes von Randeck erwählten, welche den streitigen Gegenstand und hauptsächlich die Anstände wegen der beiderseitigen Manne ganz genau untersuchen und darüber entweder rechtlich oder gütlich sprechen sollten, deren Entscheide die Hadernden sich zu fügen gelobten; könnten sich jedoch jene Thädingsleute darüber nicht verständigen, oder in ihrem Urtheile nicht einig werden, so solle dann der von den beiden Parthien gemeinsam erkorne Graf Heinrich von Salm, als Obmann oder Vermittler, über alle bisherigen Anstände auf Eid und Pflicht endgültig entscheiden, dessen Spruche sich sogleich, ohne Widerstreben oder Zögern, zu unterwerfen, sowohl der Erzhirte, als auch die Brüder feierlich zusagten [306]); der Erfolg dieser Anordnungen ist uns zwar nicht urkundlich bekannt, aber zuverläßig wurde dadurch die langgestörte Einigkeit und der Frieden unter den Streitenden herbeigeführt.

Udo von Waldeck und seine Hausfrau Jutta übergaben den Grafen Simon II. und Johannes 1294, unter der Zustimmung ihrer nächsten Verwandten und Freunde, ihr Haus in der Veste Waldeck, mit allen Zubehörden in dem Bereiche des Burgfriedens, so daß leztere dasselbe zu jeder Zeit und Stunde gebrauchen und sich daraus gegen andere, mit Ausnahme der waldecker Gemeiner, vertheitigen könnten, welches Haus jener Udo und seine Erben zugleich als spanheimer Lehen zu tragen hätten [307]) und im December stellte der König Adolf die Versicherung aus, dem Grafen Johannes für die angenehmen Dienste,

---

[305]) Actum anno domini M°.CC°.XLIII°. In die ascensionis domini. (7. Mai). Orig. im kgl. Provinzial=Archive zu Coblenz, spanh. Urkunden=Repert. No. 12 a.

[306]) Datum et actum apud Oistrich In vigilia vdalrici Hoc est translatio martini. Anno dnj. M°.CC°.LXXXXIII°. (3. Juli). Sp. Copb. in R. B fol. CCCLXXXVIII b.

[307]) Acta sunt hec In castro Waldecken Anno dni. M°.CC°.XC°.IIII°. Sabbato post Octauam Ephie. (16. Januar). Daselbst B fol. XCIIII b. et XCV.

die er ihm und dem Reiche bereits erwiesen hätte und noch später er=
zeigen würde, bis zum nächstkommenden Pfingstfeste 1000 Pfund Heller
zu entrichten [398]); im folgenden Jahre erhielten aber der Dechant und
das Capitel des Sanct Castorstiftes in Coblenz von den Testaments=
vollziehern Johann's des Lahmen, dem Propste Ulbert in Schwaben=
heim und dem Ritter Rudolf von Ansenbruch, 100 Malter Korn
binger Maßes, als Vergütung des ihnen durch den Verlebten zugefügten
Schadens, daher leztere auf jede weitere Vergütung Verzicht leisteten [399]).
In welchem freundschaftlichen Verhältnisse jezt der mainzer Erzhirte
mit unsern Brüdern stand, dient uns dies zu augenscheinlichen Beweise,
daß beide 1295 eine Vereinbarung über die Freizügigkeit ihrer nament=
lich bezeichneten Unterthanen aus einem Gebiete in das andere errichteten
und zwar so, daß diejenigen die nach Sobernheim oder Nußbaum
ziehen würden, dem Erzstifte Mainz, diejenigen aber, welche aus diesen
Orten an die Nahe oder in den Saanwald sich begeben würden, den
spanheimer Grafen zugehören sollten [400]). Der Ritter Hermann von
Sabershausen gelobte dem Prälaten von Mainz, als dessen Lehensmann,
ihm mit seiner Beste Wiltburg gegen jeden, wer er auch sein möge,
getreulich zu dienen, aber nur nicht gegen seine edeln Herrn, die Ge=
brüder Simon II. und Johannes und dann auch nicht gegen den
Grafen Johannes II. von Spanheim=Starkenburg und seine Gemeiner
oder Ganerben in jener Wiltburg [401]) und drei Tage später ertheilte
Simon II. seinem Burgmanne, jenem Ritter von Sabershausen, die
Genehmigung, seine spanheimer Lehengüter in den Orten Bellich und
Werrich, an den Sohn Willekin's oder Wilhelms von Kastelhun Namens
Herrmann für 46 Mark guter Pfenninge zu veräussern, wobei aber
der jetzige Lehenträger dem früheren noch die freundliche Zusage machte,
wenn er bis nächsten zweiten Februar über ein Jahr jene Summe

[398]) Dat. in Castris apud Durne, XIX Kl. Januarij Indicto. Octa. Anno
dnj. M°.CC°. Nonagmo. quarto Regni vo. nri. Anno Tercio. (14. Dec.).
Orig. in Str. Fasc. I No. 9.

[399]) Actum et datum Anno dni. M°.CC°.LXXXXVto. Sp. Copb. in R. B
fol. CXXII.

[400]) Datum et Actum Magunt. VI°. Idus Junij Anno Dnj. Millo. Ducentesimo Nonogesimo quinto. (8. Juni). Orig. in Str. u. sp. Copb. in R.
B fol. CCCLXXXVII b.

[401]) Datum et actum Pingwie II Idus Decembris anno Domini Mill°. CCmo.
nonagmo. quinto. (12. December). Würdtwein diplomataria magunt. I
pag. 65 No. XXXIII.

wieber zurückerstatte, so gehöre ihm das Lehen wieder zu und er müße, wie bisher, damit beliehen werden [402]).

Wir haben früher erwähnt, das Dorf Dalen, ohnweit der Burg Spanheim, seie sammt der Sanct Georgskirche durch eine Feuersbrunst verzehrt und leztere nachher wieder als Capelle theilweise hergestellt, aber nicht ausgebauet worden, bis endlich Frau Hedwig, die Wittwe des Ritters und Burgmannes Herrmann von Spanheim, im J. 1296 jene Capelle auf ihre eigene Kosten nicht nur vollständig erbauen, sondern auch dem Kloster Spanheim eine jährliche Gülte von 30 Malter Korn von ihren Gütern zu Welgesheim zur Unterhaltung eines Capellan's anweisen ließ, worüber der Abt Johannes eine Urkunde ausfertigte, in welcher er zugleich aus Dankbarkeit der Wittwe Hedwig, deren Sohne Wilderich und ihren sämmtlichen Nachkommen das Recht der Verleihung jener Pfründe zusicherte [403]). Bei einem Güterverkaufe in Dreis durch den spanheimer Convent an die Propstei Ravengirsburg zu Anfang des Jahres 1297, war auch Simon II. als Schirmherr jenes Gotteshauses thätig, indem er sich verbindlich machte, den Propst in diese Besitzungen einzuweisen, so wie auch darin zu schützen [404]) und nach Verlauf einiger Monate traf dessen Bruder Johannes, durch die Vermittlung dreier edeln Schiedsleute, eine endgültige Uebereinkunft mit den Rittern von Wymmesheim wegen ihrer beiderseitigen Rechte im Dorfe Wymmesheim, woburch die dortigen Höfe jener Adelichen nebst deren Zugehörungen für die Zukunft von jeglichen Ansprüchen des Grafen und seines Beamten daselbst befreit sein und ihre eigene Gerichtsbarkeit haben, von den Sporteln am Dorfgerichte aber zwei Drittheile erhalten sollten, während jener, der Spanheimer, nur ein Drittheil davon zu beziehen habe und was dergleichen minder wichtige Bestimmungen noch mehrere waren, welche den Krieg (Gwerra) zwischen den erbitterten Partheien beschwichtigten und den nachbarlichen Frieden wieder herbeiführten [405]). Der mainzer Prälat Gerhart bestrebte sich überhaupt, mit unsern zwei

---

402) Datum in Kirchberg anno Domini M⁰.CC⁰.XCVto. XVIIIvo. Kalendas Januarij. (15. Dec.). Sp. Copb. in K. aus neuer Zeit No. 1 fol. 118—120 und Copb. in Str., auch Günther Cod. dipl. mosell. II, 512 No. 364.

403) Datum Anno Domini MCCXCVI. Trithemij Chronicon spanh. fol. 295 et 296 ad s. 1296.

404) Datum anno Domini Millesimo CC⁰. nonagesimo VIImo. Dominica in excelso throno. (13. Januar). Würdtwein subsid. dipl. V, 441 No. 174.

405) Datum Anno dni. M⁰.CC⁰.LXXXX⁰. VII⁰. Kl. maij. (1. Mai). Disibodenberger perg. Urkundenb. fol. 98 b.

Grafen in jeder Beziehung einträchtig zu leben und jede Veranlassung
zum Unfrieden zwischen ihnen sorgfältig zu vermeiden, daher er auch
wegen eines streitigen Waldes bei dem Dorfe Semesbach (wahrscheinlich
Sesbach) mit denselben 1298 folgende Vereinbarung traf: er ernannte,
mit der Zustimmung jener Brüder, den Ritter Johann von Randeck
zum Vermittler und Schiedsrichter, der nach genauer wahrhafter Er=
forschung des streitigen Gegenstandes, in Zeit von vier Wochen, von
dem Tage der heiligen Prisca oder vom 18. Januar an gerechnet,
darüber sprechen sollte, würde derselbe jedoch durch Krankheit oder durch
andere gültige Verhinderung abgehalten werden, sein Urtheil mündlich
zu verkündigen, so möge er schriftlich, durch Brief und Siegel, darüber
entscheiden, welchen Ausspruch dann beide als endgültig annehmen und
unerschütterlich befolgen müßten; werde aber jener Johann während
der vestgesezten vierwöchentlichen Frist vom Tode überrascht, so solle der
Erzbischof in Zeit von 4 Wochen einen anderen tüchtigen Mann an
seine Stelle und mit derselben Vollmacht ernennen, dessen Schiedsspruche
gleichfalls strenge nachgelebt werden müße, erweise sich indessen jener
Prälat hierin nachläßig und entspreche er seiner übernommenen Pflicht
hinsichtlich eines Vermittler's nicht, so seien dessen Ansprüche an den
genannten Wald gänzlich erloschen [406]).

In einer Hinlichs= oder Ehberedung zwischen Leiningen und
den Wildgrafen von 1299 verbürgten sich unsere Brüder, nebst anderen
verwandten Grafen, für die Mitgift der Braut [407])); in demselben
Monate verpfändeten sie dem oben erwähnten Friederich genannt Zant
von Merl, für die ihm 1292 versprochene jährliche Rente, Merle,
Curey und Speye, aus welchen Orten er jenes Geld beziehen sollte [408])
und am folgenden Tage besiegelten sie, als Schirm= und Schutzherren,
den Verkauf des Patronates, der Zehnten, Häußer, Gärten, Wiesen,
Wälder, Atz= und Besthäupter, so wie überhaupt aller Gerechtsamen
in Weringesbach durch den Convent von Spanheim an den Schult=

---

[406]) Datum Moguncie Anno dni. Mº.CCº.XCVIIIº. XVIIa. Kl. Februarij.
(16. Januar). Sp. Copb. in K. B fol. CCCLXXXIX b.

[407]) Ditre Brif wurd gegeben 2c. 1299 Jar an dem achten Dage nach dem
pfingstdage. (14. Juni). Senckeuberg medit. de universo jure et hist.
449 lit. A.

[408]) Datum et actum in Kirpereh anno domini Mº.CCº.XCVIIII. in vigilia
bti. Johannis Baptiste. (22. Juni). Günther Cod. dipl. rhen.-mos. II,
535 No. 384.

heißen Heinrich daſelbſt, an deſſen Frau Gudel und an deren Erben
für die Summe von 45 Mark cölner Pfenninge [409]). Dieſelben waren
damals auch geſpannt mit ihrem Blutsfreunde Johannes II. von der
ſtarkenburger Linie, über ihre beiderſeitigen Befugniſſe in den, unterhalb
der Veſte Dille gelegenen Vorſtädten oder Häußern im Thale und
ſonſtigen eigenen Gütern und dann wegen ihrer Anſprüche an den
Schirm über die 2 Klöſter Spanheim und Schwabenheim, welche
Irrung ſie jedoch ſogleich ihrem nahen Verwandten, dem Grafen Heinrich von Solms, zur gütlichen Beilegung anheimſtellten, der auch im
October 1299 folgendermaßen darüber entſchied: die drei Grafen beider
Linien dürften in dem ausgeſteinten Bezirke unterhalb jener Burg
keine Gerichtsbarkeit ausüben, ſondern ſie müßten dieſes Vorrecht ſechs
Burgmännern aus Dill überlaſſen, auf die es durch ihre gräflichen
Vorältern gekommen ſeie, an die Vogtei über jene beiden Klöſter ſollte
aber dem Johannes II. und überhaupt der ſtarkenburger Linie, nicht
das geringſte Recht zuſtehen [410]), welcher friedlichen Auseinanderſetzung
die zwei geiſtlichen Herrn von beiden Linien, nämlich der mainzer
Domherr Emich, Erzdiakonus zu Lüttich und Heinrich, Canonicus in
Cöln, jener von der kreuznacher, dieſer aber von der ſtarkenburger
Linie, ebenfalls beitſtimmten und als eine Folge dieſer Uebereinkunft
beglaubigten und beſiegelten im darauf folgenden Jahre unſere kreuznacher Grafen als Schirmherrn, nebſt ihrem genannten Bruder Emich,
eine Verpfändung von Hofgütern in Baſenheim und Planich, von
Seiten des Propſtes zu Schwabenheim an den Edelknecht Waltmann
von Bonheim [411]). Am 1. Juni deſſelben Jahres erklärte der Generalprior Gerard des Carmeliten=Ordens dem Grafen Simon II.
(magnifico viro et potenti domino) und deſſen Gemahlin Elizabeth,
wegen ihrer Liebe, aufrichtigen Neigung und Andacht zu ſeinem heiligen
Orden, aller Meſſen, Gebete, Vigilien, Faſten und Predigten, mit
einem Worte aller ſogenannten guten Werke deſſelben für fähig [412])

---

[409]) Datum et actum in Natiuitate Sancti Johannis baptiste Anno Domini
M⁰.CC⁰.XCIX⁰. (24. Juni). Neues ſp. Copb. in K. No. IV, fol. 58 et 59.

[410]) Actum et Datum Anno dnj. M⁰.CC⁰.XCVIIII⁰. in die benti Galli apud
Dyllo. (16. October). Orig. in Str. u. ſpanh. Copb. F fol. XIX a; auch
gedruckt in Kremer's dipl. Beitr. 352 No. XXIX.

[411]) Anno Domini M⁰.CCC⁰. In die Pasce qui fuit quarto Idus Aprilis.
(10. April). Würdtwein Monast. pal. V, 141 No. XXXV.

[412]) Dat. Florentie. Anno dni. M⁰.CCC⁰. feria quarta post ponte cost. (1. Juni).
Orig. in Str. Faſc. III No. 2.

und als einen angenscheinlichen Beweis der jetzigen aufrichtigen Gesinnungen unserer Brüder gegen das Erzstift Mainz, stellten jene dem
Juden Gottschalk in Bingen acht ihrer Vasallen zu Bürgen für ein
Capital von 350 Mark cölner Pfenninge, das der Erzbischof Gerhart
bei dem genannten Juden aufgenommen hatte, wogegen derselbe versprach, die Grafen und ihre Bürgen für jeden dabei zu befahrenden
Nachtheil schadlos halten zu wollen [413]), ja leztere schossen sogar selbst
diesem Prälaten 250 Mark cölner Pfenninge vor, daher er sich im
April 1301 verschrieb, ihnen diese Summe am künftigen Weihnachtsfeste wieder zuzustellen [414]).   Drei Tage später schlossen dieselben mit
den rauhgräflichen Brüdern Ruprecht und Heinrich ein Schutz- und
Trutzbündniß ab, das vom nächsten Sanct Georgentage an, sechs
ganzer Jahre dauern sollte und in welchem sich beide Theile nicht nur
die Oeffnung ihrer sämmtlichen Burgen zusagten, sondern sich auch
noch zur Zeit der Noth und Gefahr thätige Hülfe und Beistand gegen
Jeden versprachen, mit Ausnahme des römischen Königs und des
mainzer Prälaten [415]).

Die gemeinschaftliche Regierung unserer oftgenannten Brüder
dauerte nur bis zum Monate Mai 1301, da sie es dann für gut
fanden, weil Johannes sich verehelichen und eine besondere Nebenlinie
des kreuznacher Astes gründen wollte, eine Theilung ihres väterlichen
Erbes vorzunehmen, bei welcher ihr geistlicher Bruder Emich der Archidiaconus, so wie ihre Blutsfreunde, die Brüder Heinrich und Herrmann
Grafen von Solms, nebst ihren Burgmännern und Rittern Rudolf von
Ansenbruch, Hugo von Starkenburg und Schelin von Bonheim gleichfalls mitwürkten; die eben Erwähnten traten in der Beste Castelhun
(Kastellaun) zusammen, nahmen die bei Bacharach in den Rhein mün-
dende Heimbach und zugleich dem großen Saarwald als Gränz- und
Scheidelinien des zu theilenden Gebietes an und so fiel die eine Hälfte
desselben gegen die Mosel hin, mit den Burgen Kastellaun, Kirchberg
u. s. w. nebst allen Zuständigkeiten, dem älteren Simon II. zu, während

---

413) Datum Erenfels Anno dni. M⁰.CCC⁰. ydus Octobris. ·(15. October). Sp.
Copb. in R. B fol. CCCXC a.

414) Datum Erenfels Anno dni. M⁰.CCC⁰. primo VIIa. Idus Aprilis. (7. April).
Daf. B fol. CCCXC.

415) Actum et Datum Anno Dni. M⁰.CCC⁰. primo feria secunda post Quasimodo
genitj. (10. April). Orig. in Str. und auch sp. Copb. B fol. CCLII b.
fehlerhaft abgedr. in Kremer's dipl. Beitr. 355 No. XXX.

der jüngere Johannes die andere Hälfte auf der Seite gegen die Nahe hin, mit der Stadt Kreuznach, sammt mehreren Vesten, dem Amte Sprendlingen und den zwei Klostervogteien Spanheim und Schwabenheim, ebenfalls mit sämmtlichen Zugehörungen, zu seinem Loose erhielt; jener schlug seine Residenz in Kastellaun, dieser hingegen in Kreuznach auf und obgleich jeder der Brüder seinen Antheil an der vorderen Grafschaft gesondert beherrschte, so standen sie dem ohngeachtet bezüglich des Ganzen immer noch in einer gewissen Verbindung und Gemeinschaft, daher auch die mit Starkenburg gemeinschaftlichen Vesten Spanheim und Dill, mit ihren Zubehörden und Burgmannen, unsern Brüdern ebenfalls fürder noch gemeinsam verblieben, nebst noch andern minder erheblichen Bedingungen und Rechten [416]). Am neunten Tage nach der Abschluße dieser Theilung kamen die zwei Brüder mit ihren Getreuen abermal in dem spanheimer Kloster zusammen, wo sie sich, unter der Vermittlung der lezteren, auch noch über folgende Gegenstände vereinbarten: sämmtliche Lehensmänner in den getheilten Gebieten, die namentlich aufgezählt werden, sollten ihnen in Gemeinschaft zustehen und auch durch sie gemeinsam beliehen werden, würde aber einer von ihnen eine Theilung der Vasallen verlangen, so müße ihm der andere willfahren; diejenigen Lehen jedoch, welche sie vom römischen Könige, von dem Herzoge aus Lothringen, von den mainzer und trierer Erzhirten und von ihrem Verwandten, dem Grafen Friederich dem Jungen von Leiningen hätten, sollten sogleich unter sie getheilt werden [417]) und Simon II. machte sich am nämlichen Tage, weil seines Bruders Antheil um vieles geringer seie als der seinige, noch anheischig, dessen sämmtliche nicht unbeträchtliche Verbindlichkeiten, die gleichfalls ausdrücklich bezeichnet werden, zu bezahlen, dagegen aber sollten die 1200 Mark, die sie ihrem Schwager dem Grafen von Rieneck schuldeten und die dem Juden Abraham in Merxheim schuldigen 585 Mark, so wie die Forderungen Jacobs von Graseweg, gemeinschaftlich durch sie getilgt werden [418]);

---

[416]) Die zwei Theilungsbriefe sind datirt: Datum et Actum in Kestelun Anno dni. M⁰.CCC⁰. primo in Invencione sce. Crucis. (3. Mai). Orig. in Str. u. sp. Cop. in K. B fol. CCLXXVIII a.; auch gedr. in Kremer's dipl. Beitr. 325 u. 330 No. XXII et XXIII.

[417]) Datum et Actum Anno Dni. M⁰.CCC⁰. primo In Crastino Ascensionis dni. nri. Jhu. Xpi. (12. Mai). Orig in Str. und spanh. Cop. in K. B fol. CCLXXXIII a. Der Revers des Gr. Joh. findet sich verstümmelt in Kremer's dipl. Beitr. 335 No. XXIV.

[418]) Unter demselben Datum. (12. Mai). Orig. in Str. Fasc. V No. 29.

zugleich gieng Simon II. auf die Verpflichtung ein, die nicht namhaft gemachten, oder bis jetzt nicht bekannten Schulden und sonstigen Verbindlichkeiten seines Bruders ebenfalls zu berichtigen [419]) und endlich vereinigten sich dieselben mit ihren beiden geistlichen Brüdern noch dahin, ihr leininger Erbe und was ihnen noch künftig von ihrer seligen Mutter Adelheid aus deren Erbschaft zufallen würde, vorläufig unvertheilt zu besitzen, dasselbe jedoch auf besonderes Verlangen später ebenfalls gleichheitlich theilen zu wollen [420]).

So war also auch diese Theilung in aller rechtlichen Form vollzogen, allein dieselbe hatte glücklicherweise keine nachtheiligen Folgen und die befürchtete Zersplitterung der spanheim-kreuznacher Güter gieng, wie wir bereits oben angedeutet haben, nicht in Erfüllung, denn Graf Johannes starb ohne rechtmäßige Leibeserben und die demselben zugewiesenen Besitzungen fielen demnach wieder an die Familie zurück.

b) Graf Johannes von Spanheim - (Koppenstein)

Da dieser Herr seine Neben-Linie nicht fortpflanzte, so wollen wir vorerst dasjenige erörtern, was wir über dessen, seither größtentheils unbekanntes, Würken in Urkunden gefunden haben und dann darauf die Lebensmomente seines Bruders Simon II. folgen laßen, welcher die Besitzungen der kreuznacher Haupt-Linie auf seinen Sohn Walram vererbte.

Der Erzbischof Gerhart von Mainz besserte jenem im J. 1301 sein binger Burglehen mit 300 Mark cölner Pfenninge und wies demselben, bis zum Abtrage dieser Summe eine jährliche Einnahme von 30 Mark Pfenningen an [421]) und damals ließ auch der Abt Dietlieb in Spanheim die, zu gleicher Zeit mit dieser Abtei entstandene und in deren Nähe gelegene Nonnenclause, welche aber (weil die Schwestern sie bald verlaßen hatten und nach dem Rupertsberge gezogen waren) sehr verfallen und in Abgang gerathen war, gänzlich abbrechen, die Steine zu anderen Zwecken verwenden und an dem geebneten Platze

---

[419]) Actum et Datum in Claustro Spanheim Anno dnj. M⁰.CCC⁰. primo in Crastino Ascensionis dni. nri. Jhu. Xpi. (12. Mai). Orig. in Str. Fasc. V No. 81.

[420]) Datum Anno Dni. M⁰.CCC⁰. primo in crastina Ascensionis Dni. nri. Jhu. Xpi. (12. Mai). Orig. das. Fasc. No. 82.

[421]) Datum Pingwie Anno dni. M⁰.CCC⁰. primo VIII a. Idus Julij. (8. Juli). Sp. Cops. in R. B. fol. CCCLXXXVII b.

einen Weinberg anlegen, so daß von jener äusserst unzweckmäßigen alten Stiftung seitdem nur noch der Namen „die Clause" übrig blieb [422]). Johannes und sein Bruder der Erzdiacon Emich bezeugten im folgenden Jahre einen Vertrag des veldenzer Grafen Georg mit dem Herrn Johann von Wildenburg [423]) und zugleich erinnern wir uns noch, daß dieser Emich auch Domherr in Mainz war, welcher, da nach des Erzbischofs Gerharts Tode die Ansichten des Domcapitels über die Wahl eines neuen Prälaten getheilt waren, im J. 1305 ebenfalls mehrere Stimmen erhielt, aber dennoch nicht zu jener Würde gelangte, sondern dem, durch den Papst Clemens V. bestätigten Erzhirten Peter weichen mußte [424]); der Generalprior der Carmeliten aber machte unsern Grafen, wegen dessen Liebe und Neigung zu diesem heiligen Orden, 1308 ebenfalls aller Messen, Gebete, Predigten, Vigilien, Fasten und überhaupt aller guten Werke welche die Brüder verrichteten, für dieses so wie fürs zukünftige Leben theilhaftig, mit der hinzugefügten Vergünstigung, daß dessen Gedächtniß, sobald sein Ableben dem Generalcapitel angezeigt würde, gerade so wie dasjenige der verstorbenen Ordensbrüder, aufs feierlichste begangen werden sollte [424]). Nach Jahresfrist stiftete derselbe, zu seinem und aller seiner Vorältern Seelenheile und ohne Beeinträchtigung der Pfarrkirche zu Kreuznach, in seiner oberhalb der Stadt befindlichen Veste, später der Kauzenberg geheißen, eine Capelle, die er mit folgenden jährlichen Gefällen begabte, nämlich mit 20 Malter Korn binger Maßes und mit drei Mark cölner Pfenninge, welche Einkünfte er auf seine, unterhalb der Stadt gelegene, Mühle anwies und dazu noch ein Fuder Wein verschrieb, halb fränkischen, halb hunnischen Gewächses (von besonderen Traubensorten also benannt, von denen jene aus Franken stammende ursprünglich zuerst an der Mosel, diese aber ebenfalls vorerst auf dem Hunnsrücken gepflanzt und gezogen wurden) aus seinem bei Kreuznach befindlichen Weinberge, den man den Obstgarten zu nennen pflegte, welche Fruchtgülte, so wie von jenem Gelde zwei Mark und der Wein

---

422) Trith. Chron. spanh. fol. 800 ad a. 1801.

423) Datum in villa Rune Anno Domini M°.CCC°. Secundo In die assumpcionis beate Marie Virginis. (15. August). Gudeni Cod. dipl. mogunt. II, 962 No. 49.

424) Würdtwein subsid. dipl. I, 397 No. LVI.

425) Datum Crucenac. Anno dni. M°.CCC°.VIII°. In Crastino Sct. Jacobi Apll. VII Kl. Augusti. (26. Juli). Sp. Copb. in R. B fol. LXXXIX.

jedes Jahr dem, dem Altar in jener Capelle bedienenden Priester gereicht werden müßten, allein für die dritte Mark Pfenninge sollte derselbe Oel zu einer Ampel in der Capelle anschaffen und solches Licht treulich besorgen, würde er aber diese Verpflichtung acht Tage lang unterlaßen, so seie er der ganzen Pfründe verlustig, deren Verleihung, oder vielmehr die Präsentation dazu bei dem Compropste zu Mainz, der Graf jedoch sich und nach seinem Hinscheiden seinem ältesten Erben und Inhaber jener Burg bei Kreuznach vorbehielt [426]). In dem nämlichen Jahre treffen wir unsern Johannes noch einigemale bei dem Könige Heinrich VII. an und zwar mit seinem Bruder Simon II., unmittelbar nach dessen Krönung zu Aachen, am 22. Januar in Cöln, nachher aber allein am 31. Mai in Constanz und am 21. August zu Speyer [427].

Einige Jahre darauf scheint demselben eine tödliche Krankheit befallen zu haben, die ihn für sein längeres Leben sehr besorgt gemacht hatte, denn 1311 erneuerte er, mit der Zustimmung und dem Willen seines Bruders Simon II., nicht nur mit lauter Stimme und bei gesunder Vernunft die Begabung der Burg-Capelle zu Kreuznach in allen ihren Theilen, sondern er sezte auch noch, falls er den Weg alles Fleisches wandeln würde, die beträchtliche Summe von 500 cölner Mark Pfenninge, die gleichfalls von seinen Mühlen bei jener Stadt bezogen werden sollte, zu Legaten und milden Gaben für fromme Anstalten fest, um dadurch jede Ungerechtigkeit, die er etwa begangen haben mochte, wieder gut zu machen. Hievon sollte die Propstei Schwabenheim 200 Mark, die Abtei Spanheim 100 Mark und folgende Klöster: auf dem Disibodenberge, zu Marienpforte, in Kreuznach, Münsterdreisen, Weidas, Sion, Mauchenheim, Neu- (Nonnen-)münster und Kirschgarten zu Worms, jedes 10 Mark, die beiden Convente zu Katharinenthal und auf dem Rupertsberge aber jedes 30 Mark, ferner das Pfarramt zu Kreuznach, das Sanct Peterskloster daselbst und die Clause in Sprendlingen jedes ebenfalls 10 Mark erhalten, wofür dieselben verbunden wären sein Jahrgedächtniß zu seinem und seiner Aeltern Seelentroste feierlich zu begehen, welche Gaben aber überhaupt zu keinen andern Zwecken verwendet, verkauft oder sonst verändert

---

[426]) Datum Anno dni. M⁰.CCC⁰.IX⁰. II Idus Junij. (12. Juni). Sp. Copb. in K. B fol. CCXCIX, auch gedr. in Würdtwein Dioeces. mog. in dem Archidiac. distincta I, 105 etc.

[427] Dr. Fried. Böhmer Regesta imperii ab a⁰. 1246—1313 No. 20, 85 et 140

werben dürften und endlich fügte er diesen Vermächtnissen noch eine Schenkung von 20 Mark für die in der neuen Stadt Kreuznach, auf dem Platze bei der größten Brücke, zu erbauende Capelle bei; Simon II mußte sich jedoch bezüglich dieser Vermächtnisse gegen den Ritter Stelln von Bonheim, welchem sein Bruder seine sämmtlichen Besitzungen, nebst der Stadt und Veste Kreuznach zur Verwaltung oder Regierung anvertraut hatte, falls jener Johannes mit Tode abgehen würde, noch ausdrücklich und besonders pflichtig machen, vorstehende Bestimmungen gewissenhaft zu vollziehen und sich überhaupt keiner Herrschaft über Kreuznach, Burg und Stadt, so wie über sonstige Güter und Landestheile seines Bruders anzumaßen, bevor nicht alle Schenkungen, Satzungen und Schulden desselben gänzlich vollführt, ausgerichtet oder bezahlt seien [428].

Zwischen dem Erzbischofe Peter von Mainz und dem Grafen Wilhelm von Kazenelnbogen vermittelte unser Johannes, in Verbindung mit Georg von Velbenz, 1812 eine friedliche Einung, zur Beilegung ihrer bisherigen Irrungen [429] und im folgenden Jahre lebten unsere gräflichen Brüder mit den Rauhgrafen in einer Fehde, welche nicht unbedeutend gewesen sein mag, weil der König Johann von Böhmen, ein Sohn des teutschen Königs Heinrichs VII, die Bürger in Speyer, Landau, Weissenburg und in anderen Orten, die unter der Pflege des Grafen Georgs von Velbenz, Landvogts im Speyergau, standen, ausdrücklich davon in Kenntniß sezte: er habe den Herrn Ulrich von Bickenbach beauftragt die Zerwürfnisse der Spanheimer mit den Rauhgrafen beizulegen, würden sich aber dieselben nicht fügen, so sollten jene Städte rc. auf die erste Aufforderung des Landvogts, zu deren Unterwerfung mit Rath und That beitragen [430]. Der Abt Wllichs mächte indessen 1318, unter dem Beirathe des Schirmherrn Johannes, eine neue Anordnung über die Vertheilung der jährlichen Einkünfte des Klosters Spanheim, vermöge welcher der Abt jedes Jahr 50 Malter Korn, 20 Malter Hafer gehäuften Gemäßes, 3 Fuder Wein, halb

---

[428] Datum et actum Anno dni. M°.CCC°.XI°. In Crastino Bti. Martini. (12. Nov.). Sp. Copb. in R. B fol. CCXCIX b. et CCC, gedr. in Würdtwein Dioec. mog. in Archidiac. distincta I, 103 etc.

[429] Gudeni Cod. dipl. mogunt. III, 72 No. LIX.

[430] Datum Nürenberg XII Kal. Februar. Regnor. nostror. anno octavo. (21. Januar). Crollij oratio de Anvilla 41 u. Böhmer's Regesten Ksr. Ludwigs des Bayern S. 334 No. 486.

fränkischen und halb hunnischen, 4 Wägen Heu und die Hühnergülten in Rüdesheim, ein Mönch hingegen jährlich nur 6 Malter Korn, ein Juder geringen oder hunnischen Weines [431]) und eine halbe Mark cölner Pfenninge bekommen sollte, welche Bestimmungen allerdings den Gesetzen der Billigkeit nicht gemäß und daher auch die Veranlassung zu endlosen Mißhelligkeiten der Conventsbrüder mit ihrem Vorstande waren. Im November dieses Jahres übertrug der Pfalzgraf Rudolf I. unserem Grafen, seiner getreuen Dienste wegen, die durch den Tod Emichs von Dune der Pfalz erledigten Lehen [432]), im darauf folgenden Februar nahm ihn jener Fürst zugleich für 400 Mark Silbers zu seinem Burgmanne auf, jedoch ohne Angabe einer besonderen Veste [433]) und zwei Tage darnach sicherte auch der Böhmenkönig Johann demselben für seine bereits erwiesenen und noch später zu leistenden Dienste, 1000 Mark Silbers oder 3000 Pfund Heller zu, die in bestimmten Zielen zu entrichten seien [434]).

Derselbe Johannes verkaufte im J. 1316, mit der Einwilligung seiner Brüder Simon II., Emichs und Gotfrieds, seinen, ihm durch das unbeerbte Ableben Albrechts von Beckelnheim wieder heimgefallenen, Hof Steinhart, sammt allen dazu gehörenden Rechten und Gütern, so wie jener solchen seither inne gehabt hätte, dem Abte Heinrich und seinem Convente zu Distbodenberg, um 190 Mark cölner Pfenninge; seine Brüder gelobten bezüglich der Erben jenes Albrechts nicht nur Währschaft und Schadloshaltung, sondern sie verpflichteten sich sogar noch, jene Summe nöthigenfalls wieder herauszugeben [435]). Eberhart Camerer von Gudenburg und Johann Buser räumten nach Verlauf von zwei Jahren ihre Veste Gudenburg, nebst dem Dorfe Weichersheim, mit Wäldern, Wiesen, Aeckern, Weinbergen und allen dahin gehörigen Gerechtsamen, userm Johannes und dessen Erben ein, um sich daraus, gleich seinen andern Häußern, gegen Jeden zu behelfen und zugleich em-

---

[431]) Acta sunt hec anno dni. Mº.CCCº.XIIIº. In festo sci. Johannis Baptiste. (24. Juni). Sp. Copb. in R. B fol. XCVIII.

[432]) Der geben ist zu Heidelberg ꝛc. 1313 den Jare an Sant Andree abent. (29. Nov.). Daselbst B fol. XXIII.

[433]) Datum in Vasalia Anno domini 1314º. in die beate Agathe virginis et Marthyris. (5. Februar). Daselbst sp. Copb. aus neuer Zeit No. IV fol. 815.

[434]) Böhmer's Regesten Ksr. Ludwigs des Bayern S. 294 No. 364.

[435]) Dirre brieff der wart gegeben ꝛc. 1316 den Jare zu den Pingisten von gobis geburte. (30. Mai). Distbodenberger perg. Urkundenbuch Folio 106.

pflengen jene die Burg von lezterem „als ſin ledig huß," zu rechtem Lehen [436]), durch welche Uebereinkunft alſo auch dieſe Veſte an die ſpan-heimer Familie gelangte und auch ſeitdem bei derſelben blieb; Rauhgraf Heinrich der Alte machte ſich hingegen 1319 anheiſchig, eine Schuld des Grafen Johannes bei einem Juden in Mainz und in Worms auf den Tag der Geburt Mariä zuverläſſig abzutragen, oder, wenn er dies nicht thue, in Bingen einzureiten und daſelbſt ſo lange zu verbleiben, bis jene Verbindlichkeit getilgt ſeie, würde er aber, bevor dieſes geſchehe, vom Tode überraſcht werden, ſo hätten ſeine Erben dieſelbe Verpflich-tung [437]). In dieſem Jahre erneuerte ſich auch wieder der frühere Streit der Bewohner des Dorfes Spanheim mit dem daſigen Abtei-vorſtande, wegen ihrer Wald- und Waideberechtigungen in der Gemark dieſes Kloſters, welcher Haber jedoch diesmal viel heftiger und erbitterter war und zum größten Schaden und Nachtheile beider Parthien zwei Jahre lang mit bedeutenden Koſten vor dem geiſtlichen Gerichte in Mainz geführt ward, bis ſich endlich unſer Graf 1321 ins Mittel ſchlug und auch noch ſeinen Bruder Simon II. mit beizog, die dann beide, nach langen und ſchwierigen Verhandlungen, den geſtörten Frieden durch folgende Vereinbarung wieder herſtellten: der Abt ſolle ſeine ſchon ſeit mehreren Jahren ausgeſchiedenen und ausgeſteinten Waldungen allein, frei und ewig zu genießen haben, die Bauern dürften aber ihre Gerechtſamen die ſie darin hätten, nicht als ein Recht, ſondern nur als eine Gnade des Abteivorſtandes anerkennen und zum Zeichen dieſer Vergünſtigung ſeien fortan von jedem Hauſe jährlich zwei cölner Pfen-ninge an das Kloſter zu entrichten; die Waide hingegen ſollte, vermöge alten Herkommens und den Verträgen gemäß, beiden Theilen gemeinſam zuſtehen, jedoch dürften die Einwohner Spanheims ohne des Abts Zuſtimmung nichts davon veräuſſern und kein fremdes Vieh, weder für Bezahlung noch umſonſt, auf dieſelbe zulaſſen [438]).

Johannes und der gleichnamige Graf von Naſſau waren mächtige Helfer der vielfach bedrängten verwittweten Herzogin Mechtilde von der Pfalz und ihres Sohnes des Pfalzgrafen Adolfs und übten alſo

---

[436]) Datum Anno dni. M⁰.CCC⁰.XVIII⁰. In festo Inuencionis Scl. Stephani. (3. Auguſt). Sp. Copb. in K. B fol. XCI.

[437]) Der wart geben als man ſchreib In Latyne Anno Dni. M⁰.CCC⁰.XIX⁰. In diuisione Aplor. (15. Juli). Daſ. B fol. CCCX a.

[438]) Datum in Creutznacht anno Domini MCCCXXI, indictione IV, VI cal. Junij. (27. Mai). Trith. Chron. spanh. fol. 306 ad a. 1319.

dadurch ächte Ritterpflichten gegen dieselbe aus, wie uns ihre urkundliche Erklärung zu Gunsten des trierer Erzbischofs und des Königs
Johanns von Böhmen wegen verpfändeten pfälzer Eigenthums vom
J. 1322 belehrt [439]) und der ebengenannte König nahm auch 1324
unseren Spanheimer zu seinem Manne auf für 1000 Pfund Heller,
die ihm vier Wochen nach Weihnachten, nebst 200 Pfund zur An-
schaffung eines Rosses, bezahlt werden sollten, wofür er jenem jährlich
20 Pfund auf eigene Güter verlegen müße [440]). Im Juni vorher
1324 verkaufte Ritter Wynant von Asselheim, mit des Rheingrafen
Sifrids und seines Sohnes Johannes, als Lehensherrn, Verhängniß,
dem Abte Wilchen zu Spanheim, seinem lieben Bruder und dessen
Convente, seine Güter und Einkünfte in der Gemarke zu Gemünden
für 674 Pfund guter und geber Heller zu erb und eigen [441]) und in
demselben Jahre veräusserte jener Rheingraf, dessen Gattin Margaretha, ihr Sohn Johannes und dessen Hausfrau Hedwig, an die
Meisterin und die Nonnen zu Sanct Peter bei Kreuznach, die Vogtei
und alle damit verknüpften Rechte, die sie bisher über diese geistliche
Anstalt und deren Höfe und Besitzungen gehabt hatten, für 600 Pfund
guter Heller, jedoch auf Wiederlösung und stellten zugleich den Schwestern
frei, sich einen anderen beliebigen Schirmvogten und Schutzherrn zu
wählen [442]); erwägt man nun, daß dieses Kloster durch den Rheingrafen Werner und dessen Ehehälfte Hildegart, die eine Gräfin von
Spanheim gewesen sein soll, gegen das Ende des dreizehnten Jahrhunderts gegründet ward, daher auch jene Vogteigerechtsamen seither
bei dem rheingräflichen Hause geblieben waren, während das Kloster
eigentlich in dem Bereiche der spanheimer Grafschaft gelegen war, auch
unsere beiden Brüder, Simon II. und Johannes, dem vorerwähnten
Kaufe beiwohnten und denselben besiegelten, so war es doch ganz folge-
richtig und natürlich, daß jener Convent Niemand anders als seinen

---

[439]) Der geben ist zu Rebengeresberg bez nehesten Dunerstages nach Sand Bartholomeus tage zc. 1322sten iare. (26. August). Pfälz. Copb. in K. No. 3
fol. IX; unrichtig abgebr. in Günther Cod. dipl. rheno-mos. III, 205
No. 112.

[440]) Der ist geben des nehsten Dornstag vor Sant Remeiges dag. Da man
zalte zc. 1324 Jare. (27. Sept.). Sp. Copb. in K. B fol. XXIII.

[441]) Der ist geben zc. 1324 jare an sanct Johans abent beß teufers als er wart
geborn. (23. Juni). Daf. F fol. CCXXIIII b. etc.

[442]) Diser brieff ist geben zc. 1324 jar sexta ydus Decembris. (8. December).
Würdtwein Monast. pal. V, 324 No. LXXX.

unmittelbaren Landesherrn, den Grafen Johannes, zu seinem Vogte und Schirmer annehmen konnte, was auch noch an dem nämlichen Tage würklich geschah, denn Rheingraf Sifrid und die Seinigen ge= lobten, des neuerwählten Vogts Johannes von Spanheim beständige Helfer zu sein, wenn der Nonnen Rechte und Güter von andern be= droht oder bedrängt werden würden [443], worauf unser Johannes zu gleicher Stunde einen Rückschein darüber ausstellte, bei der Auslösung der fraglichen Vogtei durch die Rheingrafen, von derselben zurücktreten zu wollen [444].

Mit dem Nicolaus Buser von Ingelheim war unser Graf um diese Zeit in einer Fehde begriffen, die sich mit dessen Gefangenschaft endigte, aus welcher derselbe erst zu Anfang des J. 1825 entlassen wurde, nachdem er, außer vielen Einbußen und Opfern, in Gegenwart der Burgmanne, des Schultheißen, der Schöffen und Bürger zu Kreutz= nach, so wie vor seinen Verwandten und dem Gerichte in Ingelheim eine demüthigende Urfehde hatte ausstellen müssen [445] und im August desselben Jahres gab Graf Johannes dem Erzbischofe Balduin sein steinernes Haus und Veste, genannt Winterburg, auf, welche Urkunde aber, bis auf das Datum [446], so verdorben ist, daß sie nicht mehr entziffert werden kann, allein sie wird erläutert durch den Brief des ebengenannten trierer Prälaten für jenen Lehenträger, worin es heißt: derselbe hätte ihm sein Haus und Vestung Winterburg, sammt dem Thale und der Mühle darunter, nebst den dazu gehörigen eigenen Gütern, dem Gebiete, den Burgleuten u. f. w. übergeben und von dem Erzstifte wieder empfangen, welches Lehen, wenn er keine recht= mäßigen Nachkommen erzielen würde, später auf seinen Bruder Si= mon II. und dessen Erben männlichen und weiblichen Geschlechts fallen und von denselben empfangen werden sollte, jedoch stehe es jenem Johannes frei, dasselbe mit seinen Zubehörden auch jeder anderen be= liebigen Person zuzuwenden, die es dann ebenfalls von den Erzhirten

---

[443] Da man zalt ic. XIII o. Jar vnd XXIIII Jar. Sexto Idus Decembris. (8. December). Sp. Copb. in K. F fol. LIIII a.

[444] Der ist gebin ic. 1324 Jar. Sexto Idus Decembris. (8. Dec.). Kremer's bipl. Beitr. 373 No. XXXIV.

[445] Der ist geben da man zalte ic. XIII o. Jare vnd XXV Jare In octava Ephije. (15. Januar). Sp. Copb. in K. B fol. CLXXXVI.

[446] Datum Anno dni. Millo. CCCmo. vigmo. quinto die quarta Mensis Augusti. (4. August). Orig. in Str. Fasc. XIV No. 5.

von Trier tragen müßte [447]), daher Balduin am nämlichen Tage, wegen dieses Lehenauftrages versprach, dem Grafen bis zum nächsten Maimonate 1200 Pfund Heller zu erlegen [448]). Unmittelbar nachher machte der spanheimer Abt Willicho und sein Convent einen Tausch mit unserem Grafen, indem jene demselben und seinen Erben den Felsen (Veste) Koppenstein mit den Dörfern Gemünde, Reichweiler und Gellweiler, sammt allen Zubehörden an Gerichten, Leuten, Gütern und Gefällen zum Eigenthume übergaben, wofür die Abtei von ihm das Gut, das der Edelknecht Philipp von Basinheim in dem gleichnamigen Dorfe besaß, mit demjenigen, was damit verbunden war, schuldenfrei und zu eigen erhalten sollte, jedoch erst nach dem Tode jenes Philipps und bis dieser erfolge müße der Spanheimer aus seinem Frohnhofe zu Kreuznache dem Abte jedes Jahr 50 Malter Korn binger Maße liefern laßen, welche jährliche Gülte aber erloschen sein sollte, sobald der Convent nach dem Hinscheiden jenes Edelknechtes in den Genuß des basinheimer Hofgutes eintrete [449]).

Der ebengenannte Willicho hatte, mit Johanns Genehmigung, bereits 1313 von den Söhnen Rudolfs von Ansenbruch, Konrad, Rudolf und Simon, für 70 Mark cölner Pfenninge einen Hof im Dorfe Spanheim käuflich erworben, weil aber derselbe vermuthlich zu den Burgmannsgütern der Veste Spanheim gehörte, so verzog sich der Vollzug dieses Handels bis zum J. 1326, in welchem jenes Gotteshaus erst zu dessen Besitze gelangte [450]) und um dieselbe Zeit schloßen auch die Reichsstädte Straßburg, Speyer, Worms, Oppenheim und Mainz, zur Sicherung der Straßen und um die Räubereien zu stören, einen sogenannten Landfriedensbund mit einander, welchen sie 1327 erneuerten und zugleich den in Kreuznach gesessenen Johannes von Spanheim zum Hauptmanne desselben annahmen; da sich nun die Gemeiner in der Burg Rheingrafenstein in der Nähe jener Stadt be-

---

[447]) Datum Treueri Die Septima Mensis Augusti Anno dni. M⁰.CCC⁰. vicesimo quinto. (7. August). Orig. in Str. Fasc. XIV No. 5, siehe auch Günther Cod. dipl. rheno-mosell. III, 230 No. 133.

[448]) Anno dni. M⁰.CCC⁰. vigesimo quinto. Die septima mensis Augusti. (7. August). Sp. Copb. in K. B fol. XXI.

[449]) Der ist geben ꝛc. 1325 Jare An Sant Lorencien tage des heiligen Mertilers. (10. August). Sp. Copb. in K. B fol. XXII b., siehe auch Trithemii Chron. spanh. fol. 808 ad a. 1325.

[450]) Datum anno Domini MCCCXIII in exaltatione sce. crucis. (14. Sept.). Trith. c. l. fol. 808 ad a. 1326.

sonders grobe Gewaltthaten und Störungen der öffentlichen Sicherheit hatten zu Schulden kommen laßen, so trafen die Städte 1327 mit ihrem Hauptmanne eine Uebereinkunft, wegen der Zerstörung jenes Raubnestes, das nach der Eroberung gänzlich demolirt werden sollte und dann nicht mehr aufgebaut werden dürfe [451], worauf Johannes sogleich Anstalten machte, um seinen eingegangenen Verbindlichkeiten nachzukommen; als aber die Inhaber jenes Schlosses solchen Ernst sahen, krochen sie zu Kreuze und der Rheingraf Johannes nebst den übrigen Gemeinern verschrieben den fünf Städten, so wie dem mainzer Prälaten, der sich ebenfalls dem Bunde derselben angereiht hatte, 1328 eine ewige Erböffnung im Rheingrafensteine, um sich dieser Veste in allen vorkommenden Fällen und Nöthen zu ihrem Schutze bedienen zu können [452], wie wir in der Geschichte der Wild- und Rheingrafen ausführlicher vernehmen werden und bald darauf unternahmen sechszehn Grafen und unter ihnen auch Johannes von Kreuznach, mit 200 Reutern einen Feld- oder vielmehr einen Streifzug gegen den brabanter Herzog Johannes, welche Feindschaft jedoch, nach dem ersten blutigen Zusammenstoße bei Fesche (Peche) und Landen, durch den König Philipp von Frankreich sogleich vermittelt und beigelegt wurde [453].

Wir erinnern uns wohl noch der Stiftung einer Capelle mit einer Altarpfründe in der Burg oberhalb Kreuznachs von Seiten unseres Grafen, welches gottselige Werk er dadurch vollendete, daß er derselben ein unter jener Veste in der neuen Stadt Kreuznach befindliches Haus an der Bach, gewönlich des Schreibers Hof geheißen, im J. 1330 unter folgenden Bedingungen vermachte: der alte gräfliche Schreiber Johann sollte dieses Haus noch lebenslänglich zu genießen haben und erst nach dessen Absterben falle dasselbe für immer an denjenigen Priester, der den Altar in der Burg besinge und welcher es auch zu bewohnen habe, so lange er ein Caplan daselbst seie; welchen Vorgang

---

[451] Der wart gegeben, do man zalte 2c. 1327sten Jare offe den Donrestag nach unser frowen tage vorzewie. (20. August). Orig. in Str. Fasc. V, No. 34.

[452] Der geschreben vnd geben ist zu Oppenheim an dem nechsten Montag nach Sanct Johanstag des theuffers da man zalt 2c. 1328sten jare. (27. Juni).. Sp. Copb. in K. F fol. CCXXVIII etc.; siehe auch Chr. Lehmann's Chron. spirens. fol. 674 bis 676.

[453] Trithemii Chron. spanh. fol. 310 ad a. 1328 et ejusd. Chronic. Hirsaug Tomo II fol. 170.

Simon II. und dessen Sohn Walram, zum Zeichen ihrer vollständigen
Zustimmung, ebenfalls besiegelten [454]). Einige Monate darauf ertheilte
Kaiser Ludwig seinem lieben Getreuen dem Grafen Johannes, und
zugleich seinen Erben, zur Belohnung seiner getreuen Dienste, die Erlaubniß, „das sie zwo Stede zu wintherberge vnd zu Coppenstcyne
„zymmern gebuwen vnd machen sollen vnd mogen mit graben vnd
„muren" und gab lezteren zugleich Freiheiten, gute Gewonheiten und
Marktrechte, wie sie die Stadt Oppenheim zu genießen habe [455]) und
auf den Grund dieses kaiserlichen Gnadenbriefes erließ nun Johannes
im Beginne des nächsten Jahres, nach vorhergegangener reiflicher Berathung mit Simon II. und dessen Sohne Walram, mit seinem Vetter
Philipp von Spanheim-Tannenfels, so wie auch mit seinen zwei
dasigen Rittern und Burgmännern Simon Stelin von Bonheim,
Johann von Bleichen und dann noch mit dem Ritter Lindelmann
von Dirmstein, für die Bürger im Thale zu Winterburg ein besonderes
Privilegium, oder den sogenannten Freiheitsbrief, zur Feststellung der
gegenseitigen Rechte zwischen dem Landesherrn und den Bewohnern
jener Stadt, aus welchem interessanten Actenstücke wir einen kurzen
Auszug geben müßen, weil wir daraus die damaligen bürgerlichen
Verhältnisse genau kennen lernen. Der Graf hielt sich die Berechtigung
bevor, den Schultheißen zu ernennen, welcher, nebst den Schöffen,
seinen Obliegenheiten am Gerichte und sonsten, gewissenhaft nachkommen
müße und die herrschaftliche Jahresbete der Bürger ward auf 60
Pfund gute Heller vestgesezt; dagegen habe ihr Gebieter die Verpflichtung,
auf dem Marktplatze eine Fleischerschirne, nebst einem Kaufhause zu
erbauen und in Bestand zu geben, so wie auch eine Bannmühle sammt
einem Bannbackhause anzulegen und es dürfe dann überhaupt nur auf
diesem Markte und sonst nirgends feiler Kauf getrieben werden; die
bisherigen Rechte der Bürger in ihren Waldungen müßten aber ge-
handhabt und erhalten werden, wofür dem Landesherrn der Zoll, das
Ungelt und der Atz oder die Herbergsbefugniß daselbst zukommen solle;
die gräflichen Manne und Burgmanne mögen jedoch nur dann vor dem
Schultheißen und dem Gerichte zu Recht stehen, „sie wollin tz dann

---

[454]) Geben nach gots geburte 1330sten Jare An Sant Agathen dage der heiligen Jungfrauwen. (5. Februar). Sp. Coph. in K. B fol. CCC b.

[455]) Der geben ist ze Wizzenburg des Samptages nach Margarete. Da man
zalte rc. 1330sten Jare rc. (14. Juli). Orig. in Str. Fasc. I No. 25 und
daselbst B fol. XXIX b.

„gerne tun"; auch die Strafen für Schlagen, Haarausraufen und für
große Wunden, so wie ferner von falschem Maaß und Gewicht, von
zu leichtem Brode, von Todschlag, Meineid und Verrath ꝛc. wurden
genau bestimmt; zudem seien diejenigen Bürger, welche Fuhren hätten,
verbunden, ihrem Herrn jährlich in der Erndte und im Herbste zwei
Wagenfahrten in einer Entfernung von zwei Stunden ausserhalb der
Stadt zu thun, so wie sie auch in Kriegszeiten demselben helfen und
gewappnet mit ziehen müßten, über welche Rüstungen, Waffen und
Pferde der Schultheiß mit den Gerichtsschöffen eine genaue Aufsicht
zu halten habe und endlich möge auch der Graf seine Münze, nebst
Wechselbank daselbst aufrichten und halten; dergleichen vesten Orte
trugen im Mittelalter zur allgemeinen Sicherheit, zur Belebung des
Handels und Verkehrs, so wie auch hauptsächlich zur Bildung und
Gesittung in den Städten und in deren Umgebung gar vieles bei [456].

Der Abt Wilhelm und das Convent zu Spanheim überließen
ihrem lieben Herrn, dem Grafen Johannes und dessen Nachkommen
im J. 1331 ihre Mühle zu Rudesheim mit der dabei liegenden Waide,
dann noch eine andere Mühle daselbst nebst einer Wiese und endlich
auch ihr Backhaus in Genzingen, zum Eigenthume, wofür derselbe
diejenigen Abteigüter in dem genzinger Banne, welche nicht im Erbbe-
stand verliehen waren, von allen herrschaftlichen Auflagen, Rechten
und Diensten befreite, jedoch müße das Kloster seinem Herrn von
solchen Liegenschaften wie bisher jedes Jahr neun Malter Korn, nebst
acht Schillingen Pfenninge entrichten und dürfe auch ohne des Schirm-
vogts Wissen und Zulassung nichts davon veräussern [457]. Einige
Wochen darauf beliehen die Pfalzgrafen Rudolf II. und Ruprecht I.
jenen Grafen und dessen Erben mit den Dörfern Suffersheim und
Leubersheim, so wie auch mit dem dritten theile an ihrer Burg Me-
gelßheim, als Mannlehen [458]; bald darauf reichte Kaiser Ludwig dem
vesten Manne Gerhart von Spanheim, genannt von Nesen, das Gericht

---

456) Diz ding ist geschiet und dirre brief ist geben zu Cruzenach an dem Acht-
zehindin dag des jaris da man schreib ꝛc. 1331sten jare. (13. Januar).
Kremer's dipl. Beitr. 358 No. XXXI.

457) Der geben ist an dem Sondage Letare Jrhlm. Da man zalte ꝛc. 1331stem
Jare. (10. März). Sp. Copb. in K. B. fol. XC, siehe auch Trith. Chron.
spanh. fol. 311.

458) Der geben ist ꝛc. 1331sten jare des Mittwochs nach der Osterwochen.
(10. April). Daselbst F fol. CCXXIIII.

sammt den Gütern in Reue zu Lehen [459]) und am 1. October errichtete unſer Johannes mit dem Rauhgrafen Konrad dem Jungen auf zehn Jahre lang ein Schutz- und Trutzbündniß zu gegenſeitiger Unterſtützung und Hülfe mittelſt ihrer Burgleute und Veſten, unter den damals allgemein gebräuchlichen Bedingungen [460]). In dem darauf folgenden Jahre 1332 übergab erſterer, unter der Einwilligung ſeines Bruders Simon's II. und Neffen Walrams, dem Kloſter Spanheim die Gerechtſamen und den Bezirk oder Bann der Mühle und des Backhauſes in den Dörfern Spanheim und Bockenau zu ewigem Erbpachte [461]); ſpäter ſtellte derſelbe demjenigen Prieſter, welcher die Meſſe zu Sanct Kilian vor der Stadt Kreuznach zu verſehen hätte, eine Verſicherung über eine jährliche Lieferung von 20 Malter Korn und zwar auf ſo lange aus, bis der Pfarrer Peter zu Waldhauſen verſtorben ſeie, der die zu jener Stiftung gehörende Weinberge jezt noch inne habe [462]); nach Verlauf einiger Wochen nahm aber unſer Herr Johannes bei Simon von Arinſwancke 2000 Pfund guter und geber Heller auf und verpfändete ihm, ſo wie je einem ſeiner älteſten Lehenserben dafür die Burg Arinſwanck nebſt dem Thale darunter, mit Gericht, Bann, Leuten, Rechten, Gewonheiten und noch mit folgenden Jahresgülten und Renten, nämlich 100 Malter Korn, 6 Fuder „huntſches" Wein, 40 Pfund Heller von der Bete in Sprenblingen und 30 Malter gehauften Haſer's zu Spachbrücken, welches alles er einnehmen und nach ſeinem Gutbünken gebrauchen dürfe bis zur Ablöſung jener 2000 Pfund, wofür jedoch er und ſeine Erben dem Spanheimer nnd deſſen Nachkommen als Manne ſtäts gewärtig ſein müßten; mit und für den Pfandinhaber Simon ſiegelten vier Grafen und zwei mit demſelben verwandte Ritter [463]) und gegen Ende dieſes Jahres gab der trierer Erzbiſchof

---

[459]) Dieſer brieff iſt geben off dem Velde zu Hagenawe an dem neſten Sondage nach ſant Jacobs dage, In dem Sechzehenden Jare onſers Richs ond in dem britten onſers keyſerthums. (28. Juli). Neues Sp. Copb. in R. No. 1 fol. 128—130.

[460]) Der iſt geben da man zalt 2c. 1331ſtem Jar an Sant Remigis Tag. (1. October). Drig. in Str. Faſc. V No. 35.

[461]) Datum anno Domini MCCCXXXII in die sanct. Pasche. (19. April). Trith. Chron. spanh. fol. 311.

[462]) Der brief iſt geben da man zalte 2c. 1332ſten Jar an Sant Kilianstage. (8. Juli). Drig. im Arch. zu Coblenz.

[463]) Der gebin wart zu Crutzenach Nach gots geburt 1332ſtim Jare an Sant Jacobs dage des Heilgin Zwelfbodin. (25. Juli). Drig. in Str. Faſc. XIV No. 6 und ſp. Copb. in R. B fol. OL et CLI.

Balduin, Provisor von Mainz, den Aebten zu Spanheim und Disibodenberg Vollmacht und Gewalt, die, durch den Rheingrafen Johannes
und andere Edle erbetene, Erhebung der Capelle auf der Insel über
der Brücke in Kreuznach zu einer Pfarrkirche zu bewerkstelligen und
derselben, nach vorausgegangener genauer Untersuchung aller Verhältnisse, die bisherige Mutterkirche zu Sanct Nicolaus in der Altstadt
daselbst, als ein Filial einzuverleiben [464]).

Der Graf Friederich VI. von Leiningen ertheilte 1333 dem Ritter
Gotfried von Randeck die Weisung, seine Lehenstücke zu Büdesheim,
Rode, Ulenheim und Nacke in Zukunft von dem Grafen Johannes
von Spanheim-Kreuznach zu empfangen [465]); etwas später schloß
lezterer mit dem jüngeren Rauhgrafen Konrad wiederholt eine Vereinbarung auf zehn Jahre lang zu gegenseitiger schützender Hülfe ab,
worin aber diejenigen Fälle besonders berücksichtigt und bezeichnet
waren, wie es bei etwaigen Zweiungen unter ihnen, oder bei Mißhelligkeiten zwischen ihrem Gesinde, ihren Burgleuten oder Mannen
gehalten und auf welche Weise dergleichen Vorgänge gütlich beigelegt
werden sollten [466]) und in dem genannten Jahre wuchs in der Nahe-
gegend eine solche Menge guten Weines, daß es an Fässern zu dessen
Aufbewahrung gebrach, daher oft ein mit köstlichem Nectar gefülltes
Faß, für ein größeres und leeres eingetauscht wurde und man zwei
Maaß Wein für einen Pfenning verkaufte [467]). Während des langwierigen, zerstörenden und dazu noch höchst ungerechten Krieges des
Prälaten Balduin mit den Wildgrafen von Daun und Kyrburg, wegen
des Nachlasses des lezten Wildgrafen Heinrich von Schmidburg, seit
dem J. 1328, dessen umständliche Erzählung in die später zu bear-
beitende wild- und rheingräfliche Geschichte einschlägt, wurde dem
Gebiete unseres Johannes, der ein Helfer und Verbündeter jener
Grafen geworden war, in dem J. 1334 durch Raub und Brand
großer Schaden zugefügt und namentlich unter anderem Sprendlingen

---

[464]) Datum Treviris anno dni. M°.CCC°.XXXII°. XIV°. die mensis Decemb.
(14. Dec.). Orig. im coblenzer Archive.

[465]) Geben uff Mitwoch vor sant Albanstag ꝛc. 1333 Jare. (17. Juni). Kgl.
Hof- und Staatsbibl. in München Cod. Bav. No. 1649.

[466]) Der ist geben da man zalte von Cristus geburte ꝛc. 1333stem Jare An
Sant Remigius dage. (1. Oct.). Sp. Copb. in K. B fol. CCXXXX a.

[467]) Trithemii Chron. spanh. fol. 312 ad a. 1333 et ej. Chron. Hirsaug.
II. fol.

erobert und zerrüttet, Kreuznach Burg und Städt, nebst der Stammveste Spanheim, jedoch vergeblich und ohne allen Erfolg, belagert,
dagegen aber die Dörfer Spanheim, Bockenau, Beckelnheim, Rudesheim, Weinsheim und noch viele andere in der Umgegend geplündert,
durch Feuer verwüstet und die Unterthanen hinweggeschleppt [468] u. s. w.;
wie es aber während dieses Kampfes Simon II. erging, werden wir
in dessen Lebensgeschichte vernehmen.

Wir haben bereits oben angemerkt, unserem Grafen seie 1318
die Veste Gudenburg zur Benützung eingegeben worden, allein jetzt
überließ ihm Eberhart Kemmer von Gudenburg dieselbe im J. 1334
sogar käuflich, nebst dem Dorfe Weichersheim mit Gericht, Leuten,
Gütern, Zinsen, kurz mit allem was von jeher dazu gehörte, für eine
nicht genannte Summe Geldes; jener Eberhart gab sämmtliche Gegenstände vor dem Schultheißen und Gerichte zu Weichersheim öffentlich
und feierlich auf und händigte zugleich dem Käufer alle sowohl von
demselben, als auch von dessen Vorältern darüber erhaltenen Briefe
wieder ein [469], Heinrich Peyer von Böppart aber verlegte lezterem,
einige Monate nachher die 100 Pfund Heller, womit er ihn zum Manne
erworben hatte, auf seinen bei Bacharach befindlichen Weinberg [470].
Wir werden unter Simon II. erfahren, welche bedeutende Summen
der cölner Erzhirte Heinrich den Grafen von der kreuznacher Linie,
während der Wahl Friederichs des Schönen von Oesterreich zum Könige
und auch noch nachher, für ihren tüchtigen Beistand wohl zugesichert,
aber später nicht entrichtet hätte, daher Graf Johannes ebenfalls Ansprüche an dessen Nachfolger, den Prälaten Walram in Cöln, erhob,
der sich zwar anfangs weigerte Bezahlung zu leisten, weil er diese
Summen nicht verschrieben hätte und also auch dafür nicht haftbar
seie, allein zulezt kamen doch beide Theile 1334 friedlich und gütlich
dahin überein, daß Walram jenem für alle Forderungen 2500 Pfund
Heller und 400 Mark cölner Pfenninge zu geben versprach und ihn
deßwegen als seinen Beamten in die Burg Turon einsetzte, ebenso wie
die Ritter Konrad der Rothe von Schöneck und Godeschalk von Stum-

---

[468]) Trithemij Chron. spanh. fol. 312 ad a. 1334: ej. Chr. Hirsaug. II. fol.

[469]) Der geben ist Anno dnj. M°.CCC°.XXXIIII°. In vigilia purificacionis
Bte. virginis Marie. (1. Februar). Sp. Copb. in K. B fol. XCIb.

[470]) Geben ꝛc. 1334 Jare uf den fritag nach onsers Herrn gots Uffart. (6. Mai).
Orig. im kgl. Provinz.-Arch. zu Coblenz.

ieln dieses Amt früher gehabt und verwaltet hätten, jedoch unter der ausdrücklichen Bedingung, er dürfe jener Veste und seines Amtes nicht eher entsezt werden, als bis er für die vorgenannten Summen vollständig befriedigt sei, welche Verschreibung Simon II. und dessen ältester Sohn Walram, zu mehrer Gewißheit und Vesthaltung derselben ebenfalls genehmigen mußten [471]). Im J. 1335 gab unser Graf, so wie dessen Bruder Simon II. bereits sechs Jahre zuvor gethan hatte, dem Abte Willicho und dessen Nachfolgern seinen Theil an der Stammburg Spanheim, mit allen ihren Zuständigkeiten, ebenfalls für ewige Zeiten ein, damit ein jeweiliger Abteivorstand diese Veste dem älteren spanheimer Grafen, der ein Herr in Kreuznach sei, zu Lehen reiche [472]) und so war also, wie der Chronist bedeutsam hinzufügt, die ganze Burg Spanheim seitdem ein Lehen jenes Klosters! — Auch sogar in dem, von den spanheimer Besitzungen ziemlich weit entlegenen, untern Elsaße erwarb Johannes Lehenstücke, denn der Ritter Friederich, Clette von Udenheim geheißen, gab demselben diejenigen Güter für ledig und eigen auf, die er von den Gebrüdern Konrad und Werner von Landenburg käuflich erworben hatte, welche Urkunde der Landgraf Ulrich im niederen Elsaße, von dem jene Besitzungen herrührten, gleichfalls besiegelte, allein diese in dem Banne des Dorfes Bolsenheim gelegenen Güter erhielt Ritter Friederich wieder zu rechtem Lehen von dem spanheimer Grafen, der demselben zugleich 100 Pfund Heller für die Mannschaft verabreicht hatte, welchen Vorgang Hugo Senftleben und Claus Zorn, Schultheiß und Ritter zu Straßburg, bezeugten und mit ihren Siegeln beglaubigten [473]) und der Wepeling Peter genannt von Schonenburg, verschrieb noch in diesem Jahre seinem gnädigen lieben Herrn zu Kreuznach, seinen Theil an dem Schloße Schonenburg als ein lediges offenes Haus, um sich aus demselben gegen Jeden zu behelfen, jedoch nur nicht gegen den

---

[471]) Datum Colonie anno Domini M⁰.CCC⁰. tricesimo quarto ipso die Vndecim milium Virginum. (21. October). Günther Cod. dipl. rheno-mosell. III, 320 No. 201.

[472]) Ditze brief ist gebin nach Goz gebort 1335stin Jare des nehisten fridags nach sante Johanns Dage Decollacio. (1. September). Orig. in Str. Fasc. V No. 38, sp. Copb. in K. B fol. XXI et XXII, auch Trith. Chron. spanh. fol. 313 ad a. 1335.

[473]) Der wart geben an dem donrstag nach Sant Remigien dag In dem Jare ꝛc. 1335 Jare. (5. October). Sp. Copb. in K. B fol. XCIX b.

Erzbischof von Mainz und gegen dessen Diöcese, von welchen jene Veste zu Lehen gieng [474]).

Die Oeffnung des Hauses Rheingrafenstein für die Reichsstädte und für Johannes vom J. 1328 wird uns wohl noch erinnerlich sein und da seitdem der Rheingraf Johannes und der dasige Gemeiner Endriß vom Stein gestorben waren, so mußten die Wittwen derselben, nämlich die Rheingräfin Hedwig, deren Witthum überdem auf diese Burg verlegt war und Kunigunde vom Stein mit ihren Angehörigen, im J. 1336 jenem Grafen aufs feierlichste angeloben, den genannten Oeffnungsbrief in allen seinen Theilen treulich halten zu wollen [475]). Der Kaiser Ludwig der Bayer übergab unserem Spanheimer und seinen Erben im Monate Mai sechszig Hausgesäße Juden, Männer, Weiber, Kinder, Gesinde und was dazu gehörte, die entweder in Kreuznach, oder wo er es haben wolle, für immer wohnen sollten und freite ihm zugleich diese Familien, welche aber sammt ihrem liegenden und fahrenden Gute, Niemand anderem zu Dienste sitzen sollten, als allein dem Grafen und seinen Nachkommen, der aber auch dafür des Reiches Mann sein müße [476]) und am nämlichen Tage erlaubte jener Monarch demselben noch von den Nonnen in Frankenthal den Hemshof mit seinen Zugehörungen zu erkaufen und wann dies geschehen seie, sollte er des Reichs Vogtei über jenen Hof mit allen Berechtigungen an Holz, Walde, Fischerei u. s. w. ewiglich zu genießen haben, wofür aber er und die Seinigen, die nach ihm Kreuznach inne haben, ebenfalls des römischen Reiches Manne sein müßten [477]). Der Ritter Gotfried von Randeck und seine Hausfrau Schonette von Flersheim trugen, mit der Zustimmung des Grafen Friederich VI. von Leiningen, in dem nämlichen Jahre unserem Johannes ihre Höfe und Dörfer Münchweiler, Erbenbüdesheim, Ulenheim, Nackti und Rode auf und empfingen sie von demselben wieder zu Lehen [478]) und zu gleicher Zeit schlichtete

---

[474]) Der geben ist nach gotis geburte 1335ſten Jare Ann Sant Niclais Dage. (6. December). Daſ. B fol. CVIIIb.

[475]) Der eine ist gegeben: Daz ist geſchiet zu Crutznach an ſant Mathias abent des Hell. zwolffbotten ꝛc. 1336ſten Jare (24. Februar); der andere von der Rheingräfin: Dißer brief ist geben ꝛc. 1336ſten Jare an fritag nach Halbfaſten. (15. März). Daſ. F fol. CCXXXIb bis CCXXXVIa.

[476]) Der geben ist ze Franchenford des fritages vor dem heiligen Pfingſttag ꝛc. 1336ſtem Jar. (17. Mai). Daſelbſt B fol. XX.

[477]) Nämlicher Datum. (17. Mai). Daſ. B fol. CV.

[478]) Der geben ist bo man zalte ꝛc. 1336ſten Jare an der Mittwochen vor ſant Bitus dage vnd ſiner geſelleſchaft. (12. Juni). Kgl. Hof- und Staatsbibl.

letzterer, als erwählter Rathsmann und Schiedsrichter, einen Streit
des Rudolfs von Ansenbruch mit den Gebrüdern von Hedinsheim über
den Vorschnitt und die Vorlese im Herbste, so wie über die Fischerei
und sonstige Gerechtsamen in Hedinsheim, wodurch sie wieder mit einander ausgesöhnt wurden [479]).

Der Rauhgraf Heinrich von der Neuenbaumburg und sein Sohn
Philipp verpfändeten 1336 ihrem Neffen, dem Herrn Johannes zu
Kreuznach auf Wiedereinlösung, ihre Burg Imsweiler, nebst dem
davorliegenden Dorfe und dem Hofe Münchweiler am Glan, sammt
ihren Zubehörden, Burgmannen, Mannen, Gütern, Leuten, Gülten,
Gerichten, Holz und Feld, Wasser und Weide ꝛc. für 1400 Pfund
guter Heller, unter folgenden Bedingungen: beide Herrn sollten die
versezten Orte in gemeinschaftlichem Besitze behalten, aber der Rauhgraf müße die Burgmänner allein bezahlen, so wie auch die Knechte
verköstigen, dagegen die zwei Ritter Bechtolf von Flamborn und Herrmann von Monrhorn des Spanheimers Amtleute daselbst wären und
ihm aus den jährlichen Einkünften die Zinsen der Pfandsumme mit
140 Pfund Heller nach Kreuznach liefern sollten; lezterer dürfe jedoch
die Unterthanen nicht weiter belästigen, sondern in Kriegszeiten nur
Atz und Herberge von ihnen verlangen und schlüßlich machten sich die
zwei Inhaber verbindlich, jene Veste so wie Land und Leute zu schirmen
und zudem sollten sie im Dorfe Imsweiler nicht mehr als vier jüdische
Hausgesäße zu halten haben [480]). Nach dem Ableben Willicho's rißen
unter dem neuen Abte Heinrich seit 1337 in Spanheim die größten
Unordnungen ein, auch theilten die Conventualen, zum offenbarsten
Nachtheile der Klosterzucht, aufs neue die Einkünften unter sich, der
Abt verschleuderte Güter und Wälder, jeder lebte auf seine eigene
Faust, ja sogar aus der herrlichen Bibliothek verkauften sie die kost-
barsten Werke und Bände zu geringem Preise, um nur damit ihrem
Wohlbehagen fröhnen und genügen zu können, kurz, der Chronist
macht eine klägliche Beschreibung dieses gewissenlosen Lebens und
Treibens [481]). Mit dem vorerwähnten Friederich VI. von Leiningen

in München Cod. Bav. No. 1649, gedr. bei Kremer in seinen dipl. Beitr. 367 No. XXXII.
[479]) Datum anno dnj. 1336to. in die Sctor. Basilidis, Cyrini, Naboris et Nazarij. (12. Juni). Orig. im Arch. zu Coblenz.
[480]) Diß geschach 1336sten Jare An sant Thomas tage des heyligen Aposteln. (21. December). Sp. Copb. in K. B fol. CCXLIX.
[481]) Trithemii Chron. spanh. fol. 314 ad a. 1337.

war unser Spanheimer Graf damals auch lange Zeit in Fehde begriffen wegen eines Theiles der, aus der bekannten leiningischen Erbschaft herrührenden Burg Altleiningen, ja jener hatte sogar lezteren aus dem Besize derselben gesezt, oder wie es wörtlich heißt: „er halt yne „vßgeworffen mit portenern vnd mit Tornknechten vnd mit allem dem „das darzu gehoret," bis dann endlich 1337 eine Sühne zwischen beiden zu Stande kam, vermöge welcher der Bedrängte wieder in seinen Theil daselbst eingesezt und ihm überhaupt nach dem Ausspruche der Schiedsleute, sein Schaden ersezt werden mußte, so wie auch der Leininger den Genuß seiner Rente von 60 Mark in Kreuznach wieder erhalten sollte; um aber das „alte erbe" von dem Grafen Emich von Leiningen her völlig ins Reine zu bringen, wählten sie zwei ihrer getreuen Edeln als Rathsmänner, die sich durch ihre Nachforschungen über diese Angelegenheit Gewißheit verschaffen und das Ergebniß ihrer Bemühungen dem Rauhgrafen Konrad, so wie dem Grafen Philipp von Spanheim=Tannenfels mittheilen sollten, welche lezteren darauf die Pflicht hätten, wo möglich in der Güte oder, wenn dies nicht statt haben könnte, durch einen Rechtsspruch diese Sache endgültig auszu= tragen [482]). Wenn wir bedenken, welche Verbindlichkeiten unser Graf dem Kaiser Ludwig von Payern für seine vielfachen Gnadenbezeugungen schuldig war, werden wir es um so mehr begreiflich finden, daß er damals, nebst seinen gräflichen Verwandten Philipp und Walram von Spanheim, einem Vereine von Bischöfen, Fürsten und Grafen beitrat, der sich zur Aufgabe gesezt hatte, jenem Monarchen zu helfen und ihn zu unterstützen, falls der Erzhirte Heinrich von Mainz demselben seine urkundlichen und eidlichen Zusagen nicht halten würde [483]).

Der Vogt und zwei Bürger in Bingen bezeugten bald nachher, der dasige Jude Enselin Kelin hätte auf alle Forderungen an den Grafen Johannes zu Kreuznach und namentlich auf 250 Gulden ver= zichtet, welche derselbe und dessen Bruder Simon II. ihm schuldig gewesen wären und woran jener seinen Antheil bezahlt hätte [484]).

---

[482]) Datum sub Anno dni. Millesimo CCC⁰.XXXVII⁰. feria quinta proxima post gregorij pape. (13. März). Sp. Copb. in K. B fol. XIII b. et XIIII a et b.

[483]) Der geben ist ze frandenfurt an der zwelfboten tag Petri vnd Pauli ꝛc. 1337sten jar. (29. Juni). Würdtwein subsid. dipl. V, 304 No. 81.

[484]) Dirre brieff ist geben ꝛc. 1338sten Jare An vnser frauwen abinde As= sumpcio. (15. August). Sp. Copb. in K. B fol. XLIX b.

Abermals taucht das leiningische Erbe wieder auf und bestätigt das-
jenige, was wir schon früher darüber bemerkt haben, daß nämlich die
Schwester der leiningischen Gräfin Adelheid (der Gattin Johann's des
Lahmen) Namens Kunigunde, welche an einen Herrn von Blankenberg
(Blamont) in Lothringen vermählt gewesen, von dem leiningischen
Erb-Vermögen die Hälfte der Veste Ebernburg an der Nahe erhalten
habe, deren andere Hälfte die Spanheimer zu Kreuznach aus eben dem
Grunde besaßen, denn der Rauhgraf Ruprecht erklärte 1338: wenn er
vermöge einer Absprache mit seinem lieben Oheim Johannes in Kreuznach, mit der Jungfrau von Blamont die Ehe vollzogen und jenem
4000 Pfund schwarzer Turnose bezahlt oder sicher gemacht hätte, so
müße er mit demselben, oder mit dessen Erben aus dem Dorfe Ebernburg eine Stadt machen, darin eine Burg erbauen und zugleich auf
dem dabei gelegenen Hutteberge noch eine Veste errichten, welche Burg
und Stadt, sammt Einkünften, Gerichten u. s. w., sie und ihre Nachkommen gemeinsam besitzen, genießen und vertheidigen [485]) sollten und
was dergleichen Bestimmungen noch mehrere waren, die später in der
rauhgräflichen Geschichte erläutert werden sollen. Im November errichteten der mainzer Prälat, unser Johannes und dessen Neffe Walram
von Spanheim, der Sohn Simon's II., mit Balduin zu Trier eine
Geleitseinung zum Schuße der Kaufleute und des Verkehrs, welche
Geleitsstraße sich durch deren Gebiete von Mainz an, bis zwei Meilen
jenseits Trier erstreckte und für die Gewerbthätigkeit und den Handel
in den Thälern des Hunsrückens sehr wohlthätige Folgen hatte [486]);
zwei Ritter von Dirmstein beurkundeten aber mehrere Wochen darauf
eine Aussage des Schultheißen zu Gerolsheim, der Edelknecht Herrmann
von Gerolsheim und seine Ehefrau hätten nämlich dem Ritter Eifrit
von Sanct Alban einen Zins von 5 Hellern auf Güterstücke in dortiger
Gemarkung übertragen, statt derjenigen Aecker, die sie unserm Johannes
„der herre ist zu crucenache" verkauft haben [487]) und Wynant Bois

---

[485]) Der geben ist an Sant Matheus dage des Heyligen Aposteln vnd ewangelisten. Da man zalte ꝛc. 1338stem Jare. (21. September). Sp. Copb.
in R. B fol. CCXIIII bis CCXVIb.

[486]) Der geben ist an der nehesten Mittewochen nach allerheiligin tage ꝛc. 1338stem
Jare. (4. November). Orig. in Coblenz; auch unter anderem Datum gedruckt in Würdtwein subsid. dipl. V, 171 No. 30.

[487]) Datum anno dnj. M⁰.CCC⁰.XXXVIII⁰. feria sexta ante lucie. (11. Dec.).
Orig. im kgl. Reichsarchive zu München.

wieß einige Tage später jenem Grafen 40 Mark guter Pfenninge auf
einem Weinberge zu Mannebach am Rhein an, für 4 Mark „Geldis,"
die er und seine Erben künftig als spanheimer Mannlehen haben und
tragen wollten [488]).

Unser Spanheimer sah seine Kräfte dahin schwinden und dachte
deßhalb frühzeitig daran, sich durch milde Stiftungen theils ein bleiben=
des Verdienst um die Kirche zu erwerben, theils aber auch um sich
dadurch zugleich eine ruhige Stunde des Scheidens aus der Zeitlichkeit
zu bereiten, denn er gründete zu seinem und seiner Vorältern Seelen=
troste im J. 1339 in der Pfarrkirche der Stadt Winterburg eine,
durch einen tauglichen Caplan (dessen Präsentation er aber sich und
seinen Nachfolgern, die Herrn zu Kreuznach wären, vorbehielt) zu
versehende, ewige Messe, die er mit einem jährlichen Einkommen von
20 Malter Korn binger Gemäßes, von seinen Mühlen in Spanheim
und mit einem Fuder Wein von seinen Gülten in Roxheim begabte,
welche Pfründe der zeitliche Pfarrer daselbst beziehen und dafür einen
Caplan halten solle, der ihm aber in jeder Beziehung gehorsamen, auch
in seinen übrigen geistlichen Verrichtungen treulich aushelfen und zu=
gleich, so oft der Graf und seine Nachkommen in der Veste Winterburg
verweilen, oder es sonst für gut halten würden, daselbst Messe lesen
müße, welche Anordnung und Begabung auch dessen Neffe Walram
mit besiegelte [489]); am darauf folgenden Tage stiftete derselbe auch in
der, dem heiligen Johannes dem Täufer geweihten Kirche zu Megelß=
heim (Welgesheim) eine ewige Messe, die ebenfalls ein besonderer
Caplan versehen müße, der dafür jedes Jahr 20 Malter Korn von
dem dasigen Zehnten, ein Fuder Betwein zu Schwabenheim, so wie
eine Mark Pfennige (jeder Pfenning zu drei Hellern gezählt) von
den Zinsen oder Geldgefällen in Sprendlingen zu empfangen hätte,
dessen Ernennung zuerst dem Grafen Johannes oder seinen Erben
Herrn zu Kreuznach, dann aber dem Dompropste in Mainz und so
bei späteren Erledigungen einem um den andern abwechselnd zustehen
sollte, gleichfalls unter Walram's Mitbesiegelung [490]). Nach Verlauf

---

[488]) Ditre brief ist geben ꝛc. 1338sten Jare an Sant Thomas Abende. (20. Dec.).
Neues sp. Copb. in K. No. 1 fol. 76—79.

[489]) Datum Anno dni. Mᵒ.CCCᵒ.XXXIXᵒ. Dominica qua cantatur Reminiscere.
(21. Februar). Sp. Copb. in K. B fol. CCCX b. et CCCXI.

[490]) Datum Anno dni. Mᵒ.CCCᵒ.XXXIXᵒ. Die sancti Petri Kathedra.
(22. Februar). Das. B fol. CCCX.

von zwei Tagen gründete er in der Capelle des Thales oder Dorfes
unterhalb der Burg Koppenstein, jedoch ohne Nachtheil für die Pfarrkirche zu Getzenbach, wohin jene Capelle gehörte, nochmals eine ewige
Messe mit folgenden Einkünften: 20 Malter Korn von seiner Mühle
in Winterburg, ein Fuder Wein von der Gülte zu Roxheim und eine
Mark Pfenninge von der Bete in Koppenstein, welche Gefälle der diese
Messe bedienende Caplan jährlich zu genießen habe und den die Grafen
von Spanheim, kreuznacher Linie, den kirchlichen Obern vorzuschlagen
hätten, welchen Brief auch der Erzbischof Heinrich zu Mainz, als
Gründer der Pfarrkirche in Getzenbach, zum Zeichen seine Einwilligung
und zugleich noch der mehrgenannte Walram, mit ihren Siegeln bestätigen [401]) mußten und mehrere Tage nachher wendete unser Johannes,
eben so wie alle vorhergehenten Stiftungen, zu seinem und seiner
Vorfahren Seelenheile, wiederholt noch dem Altare der Sanct Marga-
rethen-Kirche im Dorfe Weltersheim, aber ebenfalls ohne Beeinträchtigung der Pfarrkirche zu Roxheim, welcher jene Capelle als Filial
zustand, eine jährliche Pfründe von 20 Malter Korn und einem
Fuder Wein von den in Roxheim fälligen Gülten zu, die der dafür
anzustellende tüchtige Geistliche zu beziehen haben sollte, dessen Ernennung jedoch, ihm dem Stifter und seinen Nachkommen in Kreuznach,
ausschließlich gebühre, was dessen Neffe Walram wieder mit seinem
Siegel bekräftigte [402]).

Im März desselben Jahres gelobte der Edelknecht Jacob von
Flersheim, für sich und seine Erben, welche Burggrafen zu Breitenstein
werden würden, des Grafen Johann's, Walram's und ihrer Nachkommen von der kreuznacher Linie, treuer und immerwährender Helfer
zu sein gegen Jedermann, jedoch nur nicht gegen den Pfalzgrafen
Rudolf II. auch nicht gegen die Grafen Friederich VI von Leiningen,
Friederich von Saarwerden und deren Erben, womit er noch das Gelöbniß verband, den Spanheimern, auf seine eigenen Kosten und Verlust,
jederzeit „selb dritte gewapneter geriebender lude" zu dienen, jedoch
mit dem Vorbehalte, daß ihm diejenigen Hengste und Pferde, die er
in solchem Streite einbüßen würde durch jene Herrn ersezt werden

---

[401]) Datum Anno dni. M⁰.CCC⁰.XXXIX⁰. In die Bti. Mathie Aplj. (24. Febr.).
  Sp. Copb. in K. B. fol. CCCXI b.
[402]) Datum Anno dni. M⁰.CCC⁰.XXXIX⁰. dominica Letare Jerusalem.
  (7. März). Daf. B fol. CCCX b.

müßten [403]) und am nämlichen Tage erhielten jener Flersheimer und die Seinigen von denselben Grafen, Oheim und Neffe, für sich und seine Nachkommen, den spanheimer Theil der Veste Breitenstein als ewige Erbburggrafen zu Mannlehen, um sich daraus in allen ihren Nöthen zu behelfen, nur dürften sie, ohne ihrer Herrn Wissen und Willen Niemanden zu Gemeinern darin aufnehmen und wenn vom flersheimer Stamme später gar keine Leibeserben mehr vorhanden wären, müße die Burg wieder an Spanheim zurückfallen [404]). Nach Monatsfrist verschrieb sich Rauhgraf Konrad unserem Grafen auf beiderseitige Lebensdauer, zu seinem treuen Beistande wider sämmtliche nachverzeichneten Personen, jedoch mit folgender etwas sonderbaren Ausnahme: wann dieselben in dem Kriege gegen Spanheim „rechte heuptlude" wären, so dürfe er ihm keine Hülfe leisten, sondern er seie nur dann verpflichtet dem Johannes von Spanheim beizustehen, wann jene keine Hauptleute oder Anführer, sondern nur Helfer seiner Feinde wären; jene ausgenommenen Herrn waren folgende: der König Johann von Böhmen, die Erzbischöfe zu Mainz und Trier, die Herzoge von Bayern und Pfalzgrafen bei Rhein, der wormser Bischof, die Aebte von Weissenburg und zu St. Maximin bei Trier, nebst folgenden Grafen: Friederich VI. von Leiningen, sein Schwager, Walram von Zweibrücken, Wildgraf Johannes von Dun, Rauhgraf Georg und sein Bruder, die Rauhgrafen Ruprecht und Heinrich, diese nämlich auf die Dauer des Bündnißes mit denselben und endlich der Graf von Veldenz, so lange er die, ihm durch jenen Rauhgrafen Konrad verpfändete, Veste Nuenburg im Besitze habe, oder dieselbe nicht wieder eingelöset seie [405]).

Wir erblicken also unsern Johannes in diesem Jahre in außerordentlicher Geschäftigkeit, ja er machte sogar noch eine neue Erwerbung, denn Wilhelm von Winstein und dessen Ehefrau Elisabetha von Kirkel, die eine Niftel oder Nichte jenes Grafen war, verkauften demselben und seinen Erben, unter der Zustimmung des speyerer Bischofs als

---

[403]) Datum Anno Dni. M⁰.CCC⁰.XXXIX⁰. In Die Palmarum. (21. März). Sp. Copb. in R. B fol. CXCIIII.

[404]) Dißer brieff ist geben ꝛc. M⁰.CCC⁰.XXXIX⁰. Jar an dem pfalmtag. (21. März). Daf. F fol. XCIIII et XCV.

[405]) Der geben ist bo man schreiß zu latine: Anno Dni. Millio. CCC⁰.XXXIX⁰. feria quinta ante diem bti. Georij martiria. (22. April). Orig. in Str. Fasc. V No. 40 und daf. B fol. CCLV b.

Lehensherrn, um eine nicht angegebene Summe Geldes und für ewige
Zeiten, ihre Burg Tan im Wasgaue, die man seitdem Grafen= oder,
nach damaliger Aussprache, Greventan benannte, mit allen möglichen
Zuständigkeiten an Gerichten, Leuten, Dörfern, Gülten, Gütern,
Rechten u. s. w. nichts ausgenommen [400]) und nach einer Frist von
vier Wochen gelobte jener Wilhelm von Winstein, alles dasjenige ge=
wissenhaft halten zu wollen, was sein Herr, der spanheimer Graf
Johannes, wegen des Hauses oder der Burg in Albich und zu seinen
Gunsten, dem Pfalzgrafen Ruprecht I. versprochen habe, was er auch
noch für seine obengenannte eheliche Hausfrau feierlichst zusagte [401]);
zur selben Stunde übernahm er zugleich noch die Verbindlichkeit,
zwischen hier und dem nächstkommenden Weihnachtsfeste, diesem seinem
lieben Herrn von Spanheim, oder falls derselbe Tods verfahren würde,
dessen Erben, 300 Pfund Heller auf seinen eigenen Gütern belegen
oder verschreiben zu wollen [402]) und endlich öffnete auch Eifrit von
Metzin, ein Ritter und Gemeiner in dem „Obersten huß" Rheingrafen=
stein, jenem Grafen und seinen Nachkommen, Herrn zu Kreuznach,
zur Beilegung ihrer bisherigen Zweiungen, seinen Theil an dieser
Burg, unter dem im Oeffnungsbriefe von 1328 ausgesprochenen Vor=
behalte [403])

Bei zunehmender Schwäche sezte unser Johannes, weil er keine
rechtmäßigen Leibeserben hatte, in seinem lezten Willen den Sohn
seines verlebten Bruders Simon II., den bereits öfter genannten Wal=
ram und nach demselben einen jeden ältesten Grafen des spanheim=
kreuznacher Stamm=Astes, zum Nachfolger und Erben seiner sämmt=
lichen Besitzungen, als Kreuznach Burg und Stadt, Gutenburg Veste
und Dorf, Winterburg, Koppenstein, Tille ꝛc. mit ihren Zubehörden
und zwar unter folgenden klar und bestimmt ausgesprochenen Beding=
ungen ein: es solle keiner seiner Nachkommen zum Besitze und Genuße

---

[400]) Der geben ist uff Sant Laurencius abent ꝛc. M⁰.CCC⁰.XXXIX⁰. Jare.
(9. August). Sp. Copb. in K. B fol. CXXXIIb. Siehe die Geschichte
dieser Veste in der urkundl. Gesch. der Burgen in der bayerischen Pfalz I,
177 bis 190.

[401]) Der geben ist nach gots geburte ꝛc. 1339stem Jare an unser frauwen bage
als sie wart geborne. (8. Sept.). Daselbst B fol. CXXXV.

[402]) Der geben ist uffe unser frauwen dag als sie wart geborn ꝛc. 1339stem
Jare. (8. Sept). Das. B fol. CXXXVI.

[403]) Geben ꝛc. 1339sten jare an sanct Remeigs tag. (1. October). Daselbst
F fol. CCCXXIXb.

jener Burgen, Städte ꝛc. so wie überhaupt seines gesammten Erbes und
Vermögens zugelassen werden, er habe denn zuvor einen feierlichen Eid
abgelegt, den Bewohnern des Landes alle die Freiheiten stät und zuverläßig zu halten, die er und seine Vorältern ihnen zugesagt und verliehen hätten [500]) und gegen Ende Januar's 1340 mußte sein Neffe
Walram ihm nochmals aufs bündigste angeloben, die Seelengeräde und
Vermächtnisse, die sein lieber Oheim Graf Johannes bereits urkundlich
gemacht hätte, oder später noch anordnen würde, auszuführen und zu
vollbringen, so wie auch dessen sämmtliche Schulden, briefliche und andere,
abzutragen und zu bezahlen [501]). Die lezte Nachricht von demselben
ist die Versicherung, die er bald nachher dem Pfalzgrafen Ruprecht I.
ausstellte, keinem von dessen Unterthanen, so wie auch keinem ungerechten pfälzischen Amtmanne in seiner Grafschaft Aufenthalt zu gestatten [502]) und einige Wochen später schied er aus dieser Welt; wir
kennen zwar seinen Sterbetag nicht genau, aber zuverläßig erfolgte
sein Tod im Monate Februar, oder Anfangs März, denn das Nonnenkloster zu Sanct Peter bei Kreuznach erwählte am 15. März 1340
den Grafen Walram zu seinem Vogte und zum Schirmer seiner Freiheiten, „als wir sin verliehen vnd gesessen by sime Veddern graffen
Johan von Spanheim, vnserm lieben herren, dem got gnedig sy" [503])
und im April gelobten die Rauhgrafen mit jenem Walram, getreue
Gemeiner in der Veste Imsweiler sein zu wollen, nach Inhalt der
Briefe „die wir vnd vnser nefe graffe Johan selige von Spanheim
darubir han' gegeben" [504]). Wo seine Asche ruhet ist bis jezt noch
nicht ermittelt, allein aller Wahrscheinlichkeit nach ward er in einer
der obenerwähnten, von ihm so reichlich beschenkten und gedachten
Kirchen beigesezt.

Zwei Jahre nach der Theilung mit seinem Bruder Simon II.,
1303, verlobte sich Johannes mit Susanna, einer Schwester des Wildgrafen Friederichs von Kyrburg, unter der Vermittlung des lezteren

---

[500]) Zillesij Genealogia spanhemica No. 26. Leider ist von diesem wichtigen
    Actenstücke weder das Original noch eine Copie vorhanden.
[501]) Der ist geben vff Sant Paulus dage Conuersio da man zalte ꝛc. 1340tem
    Jare. (25. Januar). Sp. Copb. in K. B fol. CCCL.
[502]) Geben ꝛc. 1340 Jare vff Scolastica ꝛc. (10. Februar). Orig. in Coblenz.
[503]) Der geben ist ꝛc. 1340tem Jare vff den nehisten Mittwochen nach sant
    Gregoriusdage. (15. März). Sp. Copb. in K. B fol. CIX.
[504]) Datum Anno dni. Mᵒ.CCCᵒ.XLᵒ. In die Sancti Georij martiris. (23. April).
    Das. B fol. CCLXVIIa.

und dessen beiden Oheimen, Emichs Bischofs und Gerharts Propstes
zu Freisingen, so wie von spanheimer Seite der zwei Brüder Johann's
nämlich Simon's II. und Emichs, des lütticher Archidiaconus, welche
in Kirchberg zusammen kamen und die beiderseitigen Zusagen und Bedingungen folgendermaßen veststellten: jene freisinger Prälaten machten
sich nämlich nebst ihrem Neffen Friederich anheischig, die Dispens
wegen zu nahen Verwandtschaftsgrades zwischen den Verlobten, bis
zum nächsten Sanct Johannistage auszubringen; Johannes hingegen
verschrieb der Braut zum Witthum die Burg zu Kreuznach mit einem
jährlichen Einkommen von 300 Mark cölner Pfenninge, welche Summe
jedoch, eintretenden Falles, mit 3000 Mark abgelöset werden könne,
wogegen die Wildgrafen versprachen, demselben in Jahresfrist nach
vollzogener Ehe mit jener Susanna, für deren Mitgift eine Wider-
legung von 1000 Mark cölner Pfenninge zu leisten und dafür eine
Jahresrente von 100 Mark auf wildgräfliche, der kreuznacher Veste
zunächst gelegene, Besitzungen anzuweisen und endlich gelobten der
Bischof, so wie der Propst von Freisingen, sammt ihrem Neffen Friederich, in Verbindung mit den spanheimer Brüdern, sie wollten Mittel
und Wege ausfindig machen, damit die sämmtlichen wildgräflichen
Lehen und eigenen Güter, jener Susanna und ihrer Schwester Anna
ohne irgend ein Hinderniß übertragen werden könnten, wenn deren
Bruder Friederich ohne Leibeserben verscheiden würde und erst dann,
wann sämmtliche ebenerwähnte Bedingungen erfüllt wären, verpflichtete
sich Johannes mit seinen Brüdern, die Braut zum Altare zu führen,
würde aber die vorberührte Dispens bis zum bestimmten Tage nicht
erlangt werden, so seien beide Theile ihrer gegebenen Zusagen quit und
ledig [505]). Diese Heurathsabrede hatte indessen, vermuthlich wegen
des Punktes der wildgräflichen Lehen und Patrimonialbesitzungen,
keinen Erfolg und jene Susanna wurde später einem Rauhgrafen von
der neuenbaumburger Linie vermählt; auch machte unser Johannes
seitdem keinen Versuch mehr, sich ehelich zu verbinden, sondern er zeugte
später mit der überaus reizenden Tochter eines seiner Vasallen einen
natürlichen Sohn, den er mit ansehnlichen Gütern aussteuerte, ihn
nachher durch den Kaiser Ludwig den Bayern für legitim oder adels-
fähig erklären und ihm zugleich den Namen von Koppenstein beilegen

ließ, welcher auch der Stammvater des koppensteiner Geschlechtes wurde und als solcher durch den Abt Willicho im J. 1325 die Vogtei über das Dorf Auen als Erblehen der Abtei Spanheim erhielt[506]).

c. Graf Simon II. allein, bis zu seinem Absterben.

Diesen Herrn kennen wir bereits aus der gemeinschaftlichen Regierung mit seinem Bruder Johannes und aus der Theilung mit demselben im J. 1301, durch welche ihm bekanntlich der gegen die Mosel hin gelegene Theil des spanheim-kreuznacher Gebietes mit den Burgen Castelhun, Kirchberg u. s. w. zugefallen war, der dann seinen Wohnsitz in jener Burg erwählte und weil derselbe allgemein als der Erbauer der schönen steinernen Brücke über die Nahe bezeichnet wird[507]), welche die Altstadt mit der Neustadt Kreuznach verband, zugleich den Verkehr und Handel ungemein beförderte und auch die Ansäßigmachung in der Neustadt sehr erleichterte, so muß dieser Bau durch ihn während der gemeinsamen Verwaltung der Grafschaft, also vor dem J. 1301 vollbracht worden sein, weil ja seinem Bruder Johannes 1301 die Stadt Kreuznach allein zum Loos fiel und er auch bis zum J. 1340 in deren Besitze blieb.

Johannes von Schonenburg trug die zum Hofe Schwarzen gehörenden Güter von der Grafschaft Spanheim zu Lehen, daher er dem Grafen Simon II. 1301 die Auslösung derselben mit 50 Mark cölner Pfenninge zugestand, welches Geld er auf eigene Besitzungen zu verlegen versprach, um davon durch seinen Herrn und dessen Erben fünf Mark solcher guten Pfenninge als spanheimer Lehen zu empfangen[508]) und Herr Heinrich von Blankenberg (Albimontis oder Blamont), welcher Kunigunda von Leiningen, die Schwester der Mutter Simons II. Adelheid, geehelicht hatte, stellte nebst seiner Gemahlin, dem Grafen Heinrich von Nassau und dessen Brüdern, so wie unseren zwei Brüdern Simon II. und Johannes, einige Wochen nachher die Versicherung aus, diejenigen Güter, welche ihnen aus der leiningischen Erbschaft in Altleiningen gemeinschaftlich zugefallen wären, namentlich aber die in Lothringen gelegene Beste Mörsberg und Gemünden, wie bisher in

---

[506]) Trithemij Chron. spanh. fol. 306 ad a. 1325.

[507]) Würdtwein Monasticon pal. V, 324.

[508]) Anno dni. M⁰.CCC⁰. primo quarta Idus Octobris. (12. October). Sp. Copb. in K. B fol. CXII b.

ruhigem friedlichem Besitze zu behalten, bis sie dieselben unter sich
theilen würden, wobei er sich aber das Recht vorbehielt, jenen Grafen
nach seinem Belieben einen Vorschlag zur Theilung zu machen, den sie
nicht von sich weisen dürften, weil ihnen dieselbe Befugniß zustehe, sobald
es ihnen genehm seie; auch mit ihm zur Theilung zu schreiten [509]).
Im folgenden Jahre gelobte der König Albrecht unserem Simon II.
mit Brief und Siegel, ihm für seine noch zu leistenden Dienste 500
Mark cölner Pfenninge entrichten zu wollen, für welche Summe der
Monarch demselben des Reiches Rechte in den Dörfern Löbach, Hohen-
rein, Bobach, Schoppe, Steinküli, Engeltrutkülz, die zu der Kirche in
Külz gehörigen Orte, so wie noch Georgenhausen und Bergenhausen,
mit ihren sämmtlichen Zugehörungen, auf so lange verpfändete, bis er
die 500 Mark baar erhalten hätte [510]): der so eben angeführte Heinrich
von Nassau versprach auch seinem Bruder Emich und dessen Ehefrau
Anna, im J. 1303, dasjenige was ihnen aus dem Nachlaße ihres
Ahnherrn, des Grafen Emichs IV. von Leiningen und seines Sohnes
Emich, ihres Oheims, an eigenen und Lehengütern erblich zugefallen
seie, nebst der Burg in Leiningen, sobald sie es verlangen oder für
gut halten würden, mit einander theilen zu wollen [511]), woraus hervorgeht, daß diese Erbstücke seit 1301 zwischen Spanheim, Nassau und
Blankenberg abgetheilt waren.

Der Pfalzgraf Rudolf I. genehmigte in dem nämlichen Jahre
die Uebertragung mehrerer Leibeignen zu Monzingen an Simon II.
durch den edeln Philipp von Kellenbach mit denen er zugleich jenen,
zu Besserung seiner Lehen, belieh [512]) und im September sezten jener
Graf, dessen Gattin und sein Bruder Johannes zu Kreuznach mit
einander vest, die Besitzungen zu Sorren, welche ihr Oheim Eberhart
dem Juden Jonas von Kyrburg versezt hätte, wenn sie derselbe nicht
wieder selbst einlösen oder verkaufen wolle, auf beliebige Weise an sich

---

[509]) Datum Anno dni. M⁰.CCC⁰. primo In crastino beate Katherine virginis
   mense nouembris. (26. November). Sp. Copb. in K. B fol. IIII b.
[510]) Dat. Colon. Anno Domini M⁰.CCC⁰. Scdo. Idus Junij Indcone. XV a.
   Regni vero nrl. Anno Quarto. (13. Juni). Orig. in Str. Fasc. I No. 10
   und sp. Copb. in K. B fol. XXXIX.
[511]) Actum et datum Anno Dni. M⁰.CCC⁰. tercio feria quarta post Mathie
   Apostoli. (27. Februar.) Orig. im ehemaligen Archive zu Ziegenhain.
[512]) Der brieff ist geben zu Wormßen rc. 1303ten Jare an der mitwochen nach
   dem Phingstedage. (29. Mai). Sp. Copb. in K. B fol. CVII b.

zu bringen [518]). Wir sehen also hieraus, daß die beiden spanheimer Brüder, ohngeachtet der stattgehabten Theilung, in Familiensachen und auch sonsten noch manchmal in Gemeinschaft handelten, denn 1304 verpflichteten sie sich, ihrer an den Grafen Ludwig von Rieneck verheuratheten Schwester Anna eine Aussteuer von 1200 Mark cölner Pfenninge zu verabreichen und zwar die Hälfte zu Michaelis, ein Viertheil auf Weihnachten und den Rest am Pfingstfeste künftigen Jahres, wogegen aber der von Rieneck seiner Gemahlin eine jährliche Rente von 120 Mark Pfenninge verschreiben, dieselbe auf die Veste Rotenfels versichern und beide Theile für die Gültigkeit ihrer Zusagen Bürgen stellen mußten; würden indessen jener Ludwig und seine Anna ohne Leibeserben das Zeitliche segnen, so falle die Rente von 120 Mark auf so lange wieder an Spanheim zurück, bis dieselbe mit 1200 Marken abgelöset werde [514]) und der Herr Theodorich von Monjoye, Herr zu Falkenburg ordnete ebenfalls in dem nämlichen Jahre die Mitgift seiner Schwester Elisabetha, der Gattin unseres Simon's II, indem er ihr auf dem Zolle zu Falkenburg jährlich 130 Mark Pfenninge als Zinsen von den 1300 Marken anwies, die sein Vater Walram derselben zur Aussteuer verschrieben hatte [515]), weil aber Simon II. und Johannes von Kreuznach bei dem wormser Bürger Konrad Bertilman für eine Summe von 100 Pfund Heller zu Gunsten ihrer Verwandten, der Frau Mene von Geroltßecken und deren Sohnes Johannes, Bürgen geworden waren, so versprachen leztere im J. 1305, jene Grafen für allen Nachtheil und für jede Unannehmlichkeit, die ihnen möglicher Weise aus solcher Bürgschaft erwachsen könne, in jeder Beziehung genügend entschädigen zu wollen [516]).

Wir wissen aus dem Vorhergehenden, Simon II. habe, nach vollzogener Theilung von 1301 in der Stadt und Burg Castelhun seine Residenz aufgeschlagen und seie auch redlich bemüht gewesen, die dasigen Bürger in der Anhänglichkeit und Liebe zu sich und zu

---

[513]) Datum Anno dni. M⁰.CCC⁰. tercio in crastino natiuitatis Mariae. (9. Sept.). Orig. in Coblenz.

[514]) Dirre brieff ist gegeben ꝛc. 1304 den Jare an Sant Margreten dage. (13. Juli). Sp. Copb. in R. B fol. CCXXVI b.

[515]) Datum Anno dnj. M⁰. trecentesimo Quarto in die beatj Remigij Episcopi. (1. October). Orig. in Str. Fasc. XVIII No. 34.

[516]) Datum anno domini M⁰.CCC⁰. quinto in crastino epiphanie domini nostri. (7. Januar). Acta Acad. pal. IV, 306 No. III.

seinem Hause immer mehr zu bevestigen, was wir besonders aus dem sogenannten Freiheitsbriefe ersehen, welchen er ihnen 1805 ertheilte, oder worin er die denselben schon früher nach und nach gegebenen Ordnungen und Vorrechte eigentlich nur wiederholte und noch mit neuen vermehrte, daher wir zur Beurtheilung der damaligen bürgerlichen Verhältnisse, den Inhalt dieser interessanten Urkunde, wenigstens in ihren Hauptzügen, hier berühren müßen. Der Graf und seine Lebensgefährtin freieten nämlich den Leib und die Güter der dasigen Bürger von aller Bete, Bannwein, so wie überhaupt von jeglichen Diensten, die sie bisher ihm, als ihrem Herrn und dessen Altvordern schuldig gewesen wären, so daß sie fortan nur verbunden seien, die Zinsen und Pachtgelder von ihren liegenden Gütern zu entrichten, würden sie aber, bereits mit herrschaftlichen Abgaben belastetes Gut erwerben, so müßten sie leztere bezahlen und überdem sollte jeder Bürger der Herrschaft nicht mehr als eine Mark cölner Pfenninge, die Armen aber gar nichts, zu leisten haben; nehme der Sohn eines Bürgers eine auswärtige Leibeigne zur Ehe, so werde diese dadurch eine Bürgerin, heurathe aber eine Bürgerstochter einen Leibeignen außerhalb der Mauern Castelhun's, so müßten beide, gleich anderen hörigen Leuten, dem Grafen dienen; zudem sollten auch die Bürger den Zins von ihren Hofstätten erlegen und zwar von 3 Ruthen, deren jede 15½ Fuß enthalte, ein Pfund Wachs und von einem Garten „vßwendig der statt," von 4 Ruthen eben so viel Wachs jedes Jahr auf St. Remigii Tag; der Schultheiß, dessen Ernennung der Landesherr sich und seinen Erben vorbehielt, müße geloben, diesen Freiheitsbrief gewissenhaft zu handhaben, die jährlichen Gefälle und Einkünfte einzusammeln und allen Bürgern „manne oder frauwen, arme oder „Riche rc. ein rechter Richter" zu sein, wobei noch die Strafen für Vergehen und Verbrechen namhaft gemacht werden, mit der Bemerkung: ein gräflicher Vasall oder Burgmann brauche nicht vor dem Schultheißen zu Recht zu stehen, „er wolle ez dann selbst gern thun"; ferner seien die Bewohner der Stadt verpflichtet, wenn sich ihr Herr hier befinde, dessen Gesinde zu beherbergen, dann hielt sich der Graf Zoll, Ungelt und Bannmühlen als ein herrschaftliches Recht bevor, auch müße jeder Bürger demselben jährlich eine Wagenfahrt mit Korn oder Wein thun, so wie zu Fehden mit ausziehen und deßhalb stäts mit Wehr und Waffen gerüstet sein, wer aber darin nachläßig befunden werde, der seie gehalten zwei Schillinge cölner Pfenninge zur

Unterhaltung der Stadtmauer zu erlegen und endlich schenkte der Graf seinen Bürgern noch zwei Hecken oder Waldungen, den Breitenratt und den Herbrucke, um damit „vnsern vnd Jren Notz mit zu schaffen," welches Privilegium die Gräfin und sein Bruder Johannes auch beurkunden und mit besiegeln mußten [517]).

König Albrecht ertheilte 1306 dem Rinold (Reinhold) von Falkenberg, seiner ausgezeichneten Dienste halber, die Einwilligung, er dürfe seiner an Simon II. verehelichten Schwester Elisabetha von ihrer, durch deren Vater Walram verschriebenen, Mitgift eine Jahresrente von 160 Mark cölner Pfenninge auf Reichsgüter, die er zu Lehen habe, verlegen und dieselbe später mit 1600 Mark wieder ablösen [518]) und demnach hatten, wie wir hieraus und oben beim J. 1304 ersehn, die zwei falkenberger Brüder die Auszahlung der Aussteuer ihrer Schwester übernommen. Der Erzbischof Heinrich zu Cöln, ein geborner Virnenburger, gab unserem Spanheimer, seinem Verwandten, im November den Auftrag, in seinem Namen ein tüchtiges Schlachtpferd für seinen Marschall Wernher zu erkaufen, aber die Zahlungstermine so weit als möglich hinaus zu setzen, indem er ihn zur bestimmten Zeit zuverläßig befriedigen würde [519]) und einige Tage nachher veräußerten der Ritter Johannes von Poleche und Bela dessen Hausfrau an denselben und seine Gattin Elisabetha, ihren Hof und sonstige Güter in dem Dorfe Müden (in der Ueberschrift dieser Urkunde wird jener Hof Merlen genannt) für baare 228 Mark, welche sie den Käufern vor den Schöffen des dasigen Dorfgerichtes für erb und eigen übergaben, während jene Bela zu mehrer Sicherheit durch einen feierlichen Eid noch auf alle Ansprüche und Rechte, die ihr auf dieses Besitzthum jemals hätten zustehen können, verzichtete [520]), im J. 1307 mußte aber unser Graf einer durch die Gebrüder von Buich, den Ritter Richart und den Edelknecht Wyrich, errichteten Kuntschaft über das sogenannte Beltheimer Gericht, mit seinem Siegel die Bestätigung ertheilen, welchen

---

[517]) Der wart gegeben vnd geschrieben ꝛc. 1305 Jare an der Kindeln Tage. (28. Dec.). Reues sp. Copb. in K. No. XIII fol. 714—724.

[518]) Datum in Frankenfurt. VII. Kln. Augusti. Anno dni. M⁰.CCC⁰. Sexto. Regni vero nri. anno Octauo. (26. Juli). Orig. in Str. Fasc. No. 11.

[519]) Datum Erpele In vigilia Bti. Andree Anno dnj. M⁰.CCC⁰.VIto. (29. Nov.). Sp. Copb. in K. B fol. XLV b.

[520]) Datum anno domini M⁰. tricentesimo Sexto in vigilia beati Nicolai. (5. December). Reues sp. Copb. in K. No. 1. fol. 140—142.

Gegenstand wir später noch näher werden kennen lernen [521]). Der
Bischof Sybodo von Speyer sagte demselben bald darauf alle die leib=
eignen Leute, die der Edelknecht Heinrich von Erenberg seither von
seinem Hochstifte gehabt hatte, als Lehen zu, sobald er dieß während
der gesetzlichen Frist von ihm begehren würde [522]) und der Ritter
Hugo von Zweibrücken, Slumpo geheißen, bekannte später, von seinem
edeln spanheimer Grafen 40 Mark cölner Pfenninge als Erblehen für
sich und seine Nachkommen erhalten zu haben und dafür dessen erblicher
Mann geworden zu sein, welche Summe er auf seine Allodien im
Banne des Dorfes Busweiler belegen und in einen jährlichen Zins von
vier Mark verwandeln wolle, den er und die Seinigen künftig als Erb=
lehen zu empfangen hätten [523]).

Zu Anfang des Js. 1308 erklärte der Ritter Gotfried von
Baumgarten (de pomerio), er hätte Simon II. dreißig Morgen eigen=
thümliche Aecker zu Rockenbaln und zwar die eine Hälfte im Banne
von Berg und die andere in der Mark von Waßweiler aufgetragen
und von demselben zu Lehen erhalten [524]); nach Verlauf von vier
Wochen befreite lezterer und seine Ehehälfte den Hof der, in der Clause
bei Ravengiersburg befindlichen Nonnen, vom Bannwein und von
Nachtselben d. h. Nachtwachten, so lange sie nämlich im Besitze des=
selben wären, ginge jedoch der Hof in andere weltliche Hände über,
so behielten sich jene gräflichen Eheleute ihre Rechte daran vor [525])
und der Abt Heinrich von Syberg übertrug unserem Spanheimer das
Lehen, welches Ludwig von Tholey bisher von seinem Gotteshause ge=
habt hatte [526]). Um das Aufblühen der Stadt Kastelun noch mehr
zu befördern, so wie auch Handel und Gewerbe daselbst kräftiger zu
heben, erfreute der König Heinrich VII. seinen Blutsfreund und

---

[521]) Dirre brieff wart geben ꝛc. 1307 Jare des britten bagis vor Sant Wal=
purgebag. (29. April). Neues sp. Copb. in K. No. 1 fol. 152—156.

[522]) Datum Anno dnj. M⁰.CCC⁰.VII⁰. feria scda. post Octauam Penthe
costes. (22. Mai). Sp. Copb. in K. B fol. CXII.

[523]) Datum anno Domini M⁰.CCC⁰. septimo In crastino beati Andree Apostoli.
(1. December). Neues sp. Copb. in K. No. 1 fol. 98—100.

[524]) Datum Anno dni. M⁰CCC⁰. octauo feria tercia post Octauas Epiphanie
eiusdem. (16. Januar). Sp. Copb. in K. F fol. XXIIb.

[525]) Dyr brieff wart gegeben ꝛc. 1308 jare an Sant valentinus tag. (14. Febr.).
Würdtwein subsid. dipl. V, 448 No. 178.

[526]) Dieser brieff ist gegeben ꝛc. 1308 Jare des Saiters bagis na an dais
palschen. Neues sp. Copb. in K. No. 1 fol. 110 et 111.

Getreuen Simon II., auf dessen dringende Bitte, 1309 mit der Vergünstigung, in jener Stadt am Mittwoche einen Wochenmarkt abhalten zu dürfen, wobei der Monarch allen denjenigen welche denselben besuchen würden, also Käufern und Verkäufern, seinen, so wie des heiligen Reiches Schutz und Schirm zusicherte [527]) und um diese Zeit muß unsern Grafen eine schwere Krankheit befallen haben, weil er 1310, zu seinem Seelenheile und unter der Mitwürkung seiner Gattin Elisabetha, durch ein Testament nachstehende Vermächtnisse anordnete, deren gewissenhaften Vollzug er seinen Vertrauten, dem Pfarrer Wernher von Belle, seinem Capellane Peter und dem Herrmann von Kulze ganz dringend anempfahl; zuerst benannte derselbe diejenigen Güter zu Rochenhusen, Entkirch, Altensimmern ꝛc. von deren ansehnlichen Zehnten und Fruchtgefällen an Spelz und Hafer durch jene drei Testamentsvollzieher folgende Legate ausgerichtet werden sollten: sie müßten nämlich vor allen der Katharinenkirche bei Frankenstein den Schaden vergüten, welchen er derselben zugefügt hätte, so wie auch ferner noch andere seiner ungerechten Handlungen wieder gut machen und endlich, seines Seelentrostes wegen, jedem der nachstehenden Gotteshäußer, den Brüdern (Carmeliten) in Kreuznach, zu Katharinenthal, auf dem Rupertsberge bei Bingen, Kirschgarten und Nonnenmünster bei Worms, Remigiberg, Cumd, Spanheim, Schwabenheim, Engelpforte, Disibodenberg und Marienpforte, jedem zehn Mark cölner Pfenninge jährlicher Einkünfte aus jenen Fruchtbezügen verabreichen, so wie auch mit zwölf Marken Pfenninge (drei Heller für einen Pfenning gerechnet) und mit anderen Gütern, zu seinem und seiner Vorältern Seelenheile, in Castelhun drei ewige Messen anordnen, die jener Pfarrer Wernher, sein Capellan Peter und Herr Cunemann von Kirph lesen müßten und zudem sollte mittelst jener Einkünfte ein ewiges Licht (über seiner Gruft) gestiftet so wie auch seinem Beichtvater Ruger noch fünf Mark Pfenninge verabreicht werden [528]). Im J. 1311 nahm der Pfalzgraf Rudolf I. Simon den II. für 600 Pfund Heller zum Burgmanne in der Veste Fürstenberg und deren Umgebung auf [529]) und am folgenden Tage

---

[527]) Datum Columbarie VI Idus Nouembr. Anno Domini M⁰.CCC⁰. nono. Regni uero nostri Anno primo. (8. Nov.). Neues sp. Corb. in K. No. 1 fol. 164—166.

[528]) Datum anno Domini M⁰.CCC⁰.X⁰. in die beati Urbani. (25. Mai). Orig. in Coblenz.

[529]) Datum Heydelbergk Anno dni. M⁰.CCC⁰.XI. XIII Kl. Nouembr. (20. October). Sp. Copb. in K. B. fol. XXVb.

verpfändete jener Fürst demselben, für die ihm dargelehene beträchtliche Summe von 2000 Pfund Hellern, die Veste Stromburg, mit zuge= hörigen Dörfern, Gütern und Gerichten, jedoch gegen ausdrücklich vorbehaltene spätere Wiedereinlösung [530]), wodurch die Grafschaft Span= heim abermals einen neuen, nicht unbedeutenden Zuwachs erhielt, so wie dieselbe damals überhaupt in blühendem Zustande war.

Reinold Herr von Monjoye und Falkenberg erkannte sich im J. 1312 für verpflichtet, seinem Schwager Simon II., der Lebensge= fährtin desselben, Elisabeth, seiner Schwester und deren Erben, jährlich 30 Mark Pfenninge von seinem Zolle in Falkenberg verabreichen zu müßen, über welche Schuld sie zwar eine Zeitlang streitig gewesen wären, allein vermöge des Briefes über die Mitgift seiner Schwester, verspreche er jezt, ihnen jene Summe jährlich und zuverläßig zu ent= richten [531]). Der cölner Erzbischof Heinrich, ein Virnenburger, war, wie wir uns später überzeugen werden, bei überflüssigen Geldmitteln überaus rührig und scheint auch, der schwankenden und schwierigen Zeitumstände wegen, während der mehrjährigen Abwesenheit des Reichs= oberhauptes Heinrich VII. in Italien, sich auf alle kommenden Fälle vorgesehen und Freunde erworben zu haben, denn im J. 1313 sicherte er dem edeln Manne, Ritter Konrad von Schleiden für seine seitherigen und dem Erzstifte später noch zu leistenden Dienste, 400 Mark cölner Pfenninge zu, die er demselben jährlich auf seinen Zoll zu Bonn an= wies [532]); diesem Prälaten Heinrich war auch durch Heinrich VII. für seine Bemühungen und Auslagen bei dessen Wahl zum römischen Könige, der Zoll zu Bonn übergeben worden, auf welchen aber jener Fürst zugleich den spanheimer Brüdern Simon II. und Johannes, für ihre Dienstleistungen und Kosten bei seiner Erhebung auf den teutschen Thron, auch noch 6000 Pfund Heller verschrieb; da nun leztere diese Summe bisher nur theilweise erhalten hatten und zudem für nachherige Dienste wieder neue Forderungen machten, so rechnete der cölner Erzhirte mit denselben ab, stellte ihr gesammtes Restguthaben auf

---

[530]) Der brieff ist geben zu Heydelberg ꝛc. 1311ten Jare ane dem Donrstag nach sant Gallen tag. (21. October). Sp. Copb. in R. B fol. XXXIX b; auch gedruckt in den Abhandlungen der bayer. Akademie III, 119 No. IV.

[531]) Datum Anno Dnl. Millmo. CCC⁰. duodecimo, feria tercia proxima post diem beati Ambrosii. (11. April). Orig. in Str. Fasc. XIX No. 13.

[532]) Datum Anno dnj. M⁰.CCC⁰.XIII⁰. feria quinta ante Dominicam Cantate. (10. Mai). Sp. Copb. in R. B fol. CLXVIII.

3880 Pfund Heller vest und seßte sie zu dessen Abtragung in einen
Turoner an jenem Zolle ein, der den achten Theil des gesammten
Zolleinkommens ausmachte [483]).

Wir nahen nun einer merkwürdigen Periode in der spanheimer
Grafengeschichte; der römische König und Kaiser Heinrich VII war
nämlich im August 1313 in Italien plötzlich gestorben und um den
dadurch erledigten Thron traten bekanntlich zwei Bewerber auf, der
Herzog Friederich der Schöne von Oesterreich (ein Sohn Albrechts
und Enkel Rudolfs I., des Gründers der habsburger Dynastie),
welchem der Herzog Ludwig aus Bayern entgegenstand; jeder derselben
suchte durch seine Anhänger für sich zu werben und zu würken und
da der vorhingenannte Erzbischof Heinrich und unsere zwei Grafen von
der kreuznacher Linie auf österreichischer Seite standen, so liefern unsere
Urkunden mehrere interessanten Belege, wie damals das so wichtige
Wahlgeschäft eines Reichsoberhauptes geleitet und welche, mitunter
verwerfliche, Mittelchen angewendet wurden, um seinem Günstlinge das
Uebergewicht vor seinem Gegner zu erringen, indem seit dem verderblichen Zwischenreiche, oder vielmehr seit Rudolfs I. von Habsburg
Erwählung, das Ansehen des teutschen Königsthrones und der Kurfürsten bereits so tief gesunken war, daß bei solchen Wahlvorgängen
nicht das Recht oder das Wohl des Vaterlandes, sondern nur Gunst
und zeitliche Vortheile jeder Art das meiste Gewicht in die Waagschale
legten. Anfänglich strebten die österreichischen Brüder, Friederich der
Schöne und Leopold, beide nach der lockenden Königskrone, denn im
April 1314 gaben sie den edeln Grafen, Johannes von Spanheim und
Johann von Nassau, ihrer ihnen treulich erwiesenen Dienste halber,
die schriftliche Zusicherung, welcher von ihnen mit Gottes Hülfe zum
römischen Könige erwählt werden würde, der müße denselben die Reichsstadt Landau für 1000 Mark löthigen Silbers, straßburger Gewäges,
verpfänden, die sie dann mit ihren sämmtlichen Zubehörden auf so
lange inne haben sollten, bis das Reich dieselbe mit der nämlichen
Summe von ihnen wieder einlöse [484]); im darauf folgenden Monate
machte sich jener Herzog Leopold nochmals urkundlich anheischig, unserem

[483]) Datum in brule in die bti. Laurencij Martir. Anno dni. Mᵒ.CCCᵒ.XIIIᵒ.
(10. August). Orig. in Str. Fasc. I No. 18 und Sp. Coph. in K. B
fol. XLIIII.

[484]) Der geben ist zu Spire ꝛc. 1314 den Jare An dem nesten Sondag nach Sant
Georien dag. (28. April). Das. B. fol. XLI.

Johannes wegen seiner angenehmen Dienstleistungen, vor dem Festtage der Geburt Mariä, 200 Mark Silbers, ebenfalls straßburger Gewichtes, in dessen Stadt Kreuznach anweisen zu wollen [535]) und drei Tage später ertheilte der Pfalzgraf Rudolf I. dem straßburger Bischofe, so wie dem ebengenannten Johannes und jenem nassauer Grafen den Auftrag, ihn bei der bevorstehenden Königswahl zu vertreten, also, weil er seinem Bruder dem Herzoge Ludwig von Bayern abgeneigt war, für den Oesterreicher zu stimmen [536]).

Der Haupthebel und der thätigste Unterhändler für die östreichischen Interessen bei dieser zwiespaltigen Königswahl war jedoch der uns bereits bekannte Erzhirte Heinrich in Cöln, der zugleich mit den meisten gräflichen Geschlechtern des Unterrheins in verwandtschaftlicher und sonstiger naher Verbindung stand und daher eine außerordentliche Rührigkeit entwickelte. Derselbe gab vorerst unserem Simon am 13. Juni 1314 volle Macht und Gewalt, Helfer anzuwerben, die ihm bei der abzuhaltenden Wahl oder wo es sonsten erforderlich seie, in jeder Beziehung beistehen würden, welchen er in seinem Namen 4000 Pfund Heller, zahlbar zu gewissen Zielen und unter besonderen Bedingungen, versprechen sollte, was er ihm alles vergüten und ihn dafür schadlos halten wolle [537]); kaum waren aber vier Tage verflossen, so versprach jener Prälat, dem nämlichen Grafen, damit derselbe ihm und seiner Kirche um so besser und mannhafter gegen seine Feinde, oder wo es nöthig seie, beistehen möge, am nächsten Marien Geburtstage 2000 Pfund Heller von demjenigen Gelde auszubezahlen, das ihm der Herzog Friederich von Oesterreich an dem genannten Festtage in Kreuznach einhändigen würde [538]) und am lezten Tage dieses Monates verschrieb jener geistliche Herr dem Simon II. zu der ersten bedeutenden Summe, wofür er ihm bei der bevorstehenden Wahlhandlung, so wie gegen die Feinde und Gegner des cölner Erzstiftes Helfer verschaffen sollte, nochmals 1000 Pfund Heller, unter derselben Zusage der

---

[535]) Datum Maguncie quarta Idus maij Anno Dni. M⁰.CCC⁰.XIIII⁰. (12. Mai). Sp. Copb. in K. B fol. XLI b.

[536]) Datum in Haidelberch Anno dni. 1314⁰. in vigilia Ascensionis Dni. (15. Mai). Orig. in Str.

[537]) Datum Colonie Anno dnj. M⁰.CCCmo. Quarto decimo. Quinta feria post diem bti. Barnabe apli. (13. Juni). Orig. in Str. Fasc. I No. 19 und Sp. Copb. in K. B fol. XLV b.

[538]) Datum Andernaci Anno dni. M⁰.CCC⁰.XIIII⁰. Secunda feria post diem Btor. Viti et Modesti martirum. (17. Juni). Daselbst B fol. XLVI.

Entschädigung [539]). Dieser Erzbischof erwarb nach Verlauf einiger
Wochen, eben so wie vorher jenen Grafen, auch den strengen Herrn
Wolfram von Hatzigenstein mit 50 Pfund Pfenningen zu seinem
Beistande gegen die (angeblichen) Bedrücker und Widersacher der cölner
Kirche, gleichfalls zahlbar nach Marien Geburt [540]) und zu dem näm-
lichen Zwecke verschrieb jener Prälat am 1. August den gräflichen
Brüdern Heinrich und Emich von Nassau, von dem Gelde, das ihm
der Herzog Friederich der Schöne am 8. September zu Kreuznach an-
weisen würde, 2000 Mark Pfenninge und gab unsern zwei spanheimer
Grafen zugleich die Weisung, jenes Geld, so wie es in Kreuznach
eingegangen seie, den nassauer Brüdern unverweilt einzuliefern [541]);
gegen Ende Septembers aber bevollmächtigte der Herzog Leopold von
Oesterreich die Brüder Simon II. und Johannes, nebst Dieterich von
Katzenelnbogen, für ihn und für seinen Bruder Leute in Dienst zu
nehmen und mit denselben wegen des Anwerbegeldes und dessen Zah-
lungsfristen Verträge abzuschließen, unter dem feierlichen Versprechen,
dasjenige was sie in dieser Hinsicht handeln und anordnen würden
genehmigen zu wollen [542]) und im October erklärte derselbe, er seie
unserem Grafen Johannes für seine bisherigen willigen Dienste, 1000
Mark lauteres und löthiges Silber straßburger Gewäges schuldig, die
er unverzüglich bis nächsten Sanct Martinstag bezahlen wolle, geschehe
dies aber nicht an dem bestimmten Tage, so verpflichte er sich zum
Einlager in Worms und stellte zu größerer Sicherheit noch vier Grafen
und den Dynasten von Ochsenstein als Bürgen seiner Zusagen, ebenfalls mit dem Versprechen des Einlagers in jener Stadt, wenn er
nicht Wort halten würde [543]).

Simon II. versetzte im J. 1316 dem Ritter Giselbert von Schmidburg seine sämmtlichen Leute, die er in dem Dorfe Hainrob hatte,
mit allen seinen Rechten an dieselben und zwar auf so lange, bis

---

[539]) Datum Gudensberg Anno Dni. M⁰.CCC⁰.XIIII⁰. In crastino Btor. Petri
et Pauli Aplor. (30. Juni). Sp. Copb. in K. B fol. XL b.

[540]) Datum Gudensberg Anno dni. M⁰.CCC⁰. quarto decimo In diuisione
Aplor. (15. Juli). Das. B fol. CLXVIII b.

[541]) Datum Bonne Anno dni. M⁰.CCC⁰.XIIII⁰. In die Bti. Petri ad vincula.
(1. August). Das. B. fol. CLXVIII.

[542]) Datum In Spira tercia Kl. Octobr. anno dni. M⁰.CCC⁰. quarto decimo.
(29. September). Das. B fol. XLIII b.

[543]) Dieser brieff wart gegeben 1314 Jare an dem nesten dage Nach Sant Lucas
dag. (19. October). Das. B fol. XLII.

jenem Edeln oder dessen Erben durch den Grafen oder von seinen
Nachkommen 40 Mark cölner Pfenninge ausbezahlt würden [544]) und
der Abt Heinrich von Disibodenberg erkaufte damals auch von den
spanheimer weltlichen und geistlichen Brüdern Johannes, Simon II.,
Emich und Gotfried, den Hof Steinhart um 190 Mark cölner Pfenninge [545]). Der römische König Friederich der Schöne selbst gab später
den edeln Männern, den Grafen Gerlach und Johann zu Nassau,
Simon II. und Johannes von Spanheim, nebst dem Herrn Gerlach
von Lympurg, auf deren Treue und redlichen Willen er sein ganzes
Vertrauen sezte, im J. 1318 den Auftrag und die Gewalt, in seinem
Namen mit Edelleuten, Städten und andern zu unterhandeln, Verträge
mit ihnen abzuschließen und sie zu seinen Freunden und Helfern zu
gewinnen, indem er schon zum voraus alle Verbindlichkeiten genehm
hielt, die sie zu diesem Zwecke, hinsichtlich der Verpfändung von Reichs-
gütern, eingehen würden, welche jenen Herrn hierdurch ertheilte Vollmacht bis zum nächsten Weihnachtsfeste Kraft und Gültigkeit haben
sollte [546]) und am 12. März gelobte der nämliche Monarch jenen
Grafen von Nassau (zu denen jezt noch Walrab, Heinrich und Emich
kamen), von Spanheim, den Herrn von Lympurg und Luther von
Isenburg, einem jeden derselben, als Belohnung ihrer guten Dienste,
1000 Mark Silbers zu geben und ihnen diese Summe auf solche
Reichsgüter, die ihm der Herzog Ludwig von Bayern noch vorenthielte
und welche sie ihm näher bezeichnen würden, zu verschreiben, unter
der Versicherung, zu solcher Verpfändung auch die Zustimmung der
Reichsfürsten zu erwürken und vier Tage nachher bestätigte er jenen
sämmtlichen Grafen und Herrn, so wie allen den, welche sie zu seinem
Dienste anwerben würden, diejenigen Briefe, die sie von seinen Vorfahren am Reiche früher erhalten hätten [547]).

Mit seinem Vetter, Johannes II. von Spanheim-Starkenburg,
hatte Simon II in diesem Jahre auch eine kleine Zweiung wegen der
Verleihung der Pfarrei Kirchberg, die sie jedoch nach eingeholter

---

[544]) Diser brieff ward geben, an deme Sundage vor Palmen ꝛc. 1318ben Jare.
(28. März). Orig. in Str. Fasc. XIV No. 3.

[545]) Joannis Spicilegium tabb. et litt. veterum 243.

[546]) Datum sub sigillo nro. Regali in villaeo XII°. Kaln. Marcij Anno dnj.
Millimo. CCC°. decimo octauo. Regni vero nrt. Anno Quarto. (18. Febr.).
Orig. in Str. Fasc. I No. 21.

[547]) Diese zwey Urkunden sind zu Wien ausgestellt; siehe Dr. Böhmer's Regesten
Ludwigs des Bayern S. 171 No. 109 u. 110.

Kuntschaft und nach den brieflichen Bestimmungen ihrer Väter darüber, auf folgende Weise beilegten: jener solle diese Pfarrstelle mit seinem Bruder Gotfried besetzen, allein bei der nächsten Erledigung habe Simon II. dieselbe zu vergeben und so müsse es später abwechselnd damit gehalten werden [548]). Der Herzog Lupolt von Oesterreich über= nahm, kraft eines Entscheides Johann's zu Nassau, 1819 die Ver= pflichtung, dem Grafen Johannes in Kreuznach an den demselben durch seinen Bruder, den König Friederich, verschriebenen 1000 Mark Silbers, bis nächsten Sanct Walpurgistag, 500 Mark abzutragen [549]) und im October verwilligte lezterer jenem nassauer Grafen und unserem Simon II. auf fünf Jahre lang den Genuß des Zolles zu Hammerstein am Rhein [550]), im folgenden Jahre aber bestätigte derselbe Monarch den gräflichen Brüdern Simon II. und Johannes von Spanheim die ihnen durch den römischen König Adolf von Nassau versezten Reichs= güter zu Ober= und Nieder=Ingelheim, so wie in dem Dorfe Galgen= scheytte mit allen Zubehörden, Rechten u. s. w. und schlug ihnen, für die ihm später zu leistenden Dienste, noch weitere 2000 Mark Silbers auf diese Pfandschaften [551]). Die durch den Pfalzgrafen Rudolf I. 1811 an Simon II. verpfändete Veste Stromburg nebst ihren Zu= ständigkeiten, wünschte dessen Wittwe Mechtilt und ihr Sohn, der Pfalzgraf Adolf, wieder einzulösen, daher sie den Pfandherrn 1320 aufforderten, ihnen einen Tag zu bescheiden, an welchem dieß vorge= nommen werden könnte [552]), womit der spanheimer Graf wohl einver= standen war, allein nicht so der römische König Ludwig von Bayern, welcher damals die pfälzische Lande im Besitz hatte und der Ansicht war, die Auslösung jener Burg und Herrschaft stehe nur ihm zu,

---

[548]) Dißer brief wart geben da man zalt 2c. 1318ben Jare beß nesten tages nach unnßers Herren Offart. (2. Juni). Spanh. Copb. in K. F fol. Xb. u. XXXVa., gedruckt in Kremer's biplom. Beiträgen 828 No. XXI.

[549]) Dirre brief ist gegeben ze Selke an dem nehsten Mentag nach der pfaffen= vastnacht 2c. 1319 Jar. (20. Februar). Orig. in Str. Fasc. I No. 22 und sp. Copb. B fol. XLIIb.

[550]) Böhmer's Regesten Ludwigs des Bayern 173 No. 145.

[551]) Dat. in Posano XIIIº. Klnd. Maij Anno dni. Mº.CCCº.XXº. Regni vero nri. Anno Sexto. (19. April). Orig. in Str. Fasc. I No. 24 u. sp. Copb. in K. B fol. CVIb.

[552]) Der Brief ist geben zu Heidelberch, do mann zalt 2c. 1320sten jar an dem Samstag in der Pfingstwochen. (24. Mai). Abhandlungen der bayer. Aka= demie der Wissensch. III; 128 No. VII und Abschrift vom Originale.

worüber er zwar mit Simon II. in eine Irrung gerieth, sich aber
doch einige Monate nachher dazu bequemen mußte, diesen Gegenstand
durch beiderseitige Rathsmänner, die in Frankfurt zusammen treten
sollten, endgültig austragen zu laßen [553]); der Spruch derselben scheint
indeſſen nicht zu dieſes Königs Gunſten ausgefallen zu ſein, denn,
um nur dies wenige des Zuſammenhanges wegen hier zu erwähnen,
1322 verglichen sich jene Mechtild, Adolf ihr Sohn und der Vormund
ihrer Kinder, Johann zu Naſſau, mit unſerem Simon II. dahin, ſie
ſeien lezterem, für die nach Stromburg eingeantworteten Lebensmittel
und ſonſtigen Hausrath, 300 Pfund Heller, ſo wie noch 200 Pfund
für erlittenen Schaden ſchuldig, welche Summen ſie demſelben in vier
Jahren zu vergüten verſprachen [554]), während die Auslöſung der fraglichen Herrſchaft erſt in Jahresfriſt vor ſich gieng [555]).

Der Schwager unſeres Grafen, Reinald Herr zu Monjoye und
Falkenberg, erließ 1320 eine Weiſung an den Zollbeamten zu Falkenberg bezüglich deſſen, was jener von dieſen Zoll-Einkünften jährlich
zu beziehen habe, weil er ſelbſt verſchiedene Anweiſungen für andere
darauf ausgeſtellt hatte [556]) und zu Anfang des folgenden Jahres
genehmigte Simon II., daß Ritter Ludwig Zant von Merle ſeine
Hausfrau Eliſabeth auf 3 Mark Geldes verwidmen dürfe, die er von
ihm in Kirchberg zu Lehen trage [557]). Mit Balduin von Trier lebte
indeſſen jener Graf in ſchweren Zerwürfniſſen, er bedrängte denſelben
ſehr hart und beſchädigte ihn auf vielfache Weiſe, bis ſie endlich um
dieſe Zeit eine, jedoch nicht mehr vorhandene Sühne errichteten, hin-
ſichtlich welcher der Prälat öffentlich bekannte: wenn er oder die Seinigen
gegen dieſe gütliche Uebereinkunft handeln würden und der Spanheimer
ſich darüber beklage, ſo müße er demſelben, durch die Zwölfe die ſie
über den Vollzug ihrer Sühne beſtellt hätten, in Monatsfriſt den
begangenen Bruch beſſern laßen und da Simon dem Erzbiſchofe als

---

[553]) Der geben iſt zu Franckenfort 1320ſten Jare an Sant Laurenclentage.
(10. Auguſt). Abhandlungen der bayer. Akademie der Wiſſenſchaften III,
124 No. VIII.

[554]) Der geben iſt zu Crutzennach x. 1322ſten Jare vf den zwölften Went.
(5. Januar). Daſ. III, 125 No. IX und ſp. Copb. in R. B fol. XL.

[555]) Nach pfälziſchen ungedruckten Urkunden.

[556]) Datum Anno Domini M⁰.CCC⁰. vicesimo in octauis beati Bartholomei
apostoli. (31. Auguſt). Neues ſp. Copb. in R. No. 1 fol. 175 bis 178.

[557]) Diſer Brief ward geben x. 1321ſten Jare des Maynbages vor dem Zwölften
bage. (5. Januar). Günther Cod. dipl. rheno-mosell. III, 202 No. 109.

Entschädigung die Stadt Kirchberg eingeräumt hatte, so gestattete ihm lezterer, diese Stadt mit 1000 Pfund guten Hellern von dem Erzstifte wieder an sich zu bringen, „vor den schaden Dar Jnn er vns ge= drungen hait" [558]); nach Jahresfrist empfieng aber Simon, nachdem nun die Freundschaft wieder hergestellt war, von dem trierer Oberhirten die Burg Kirchberg zu Lehen, unter seines Bruders Johann's und des Herrn von Brunshorn Besiegelung [559]), wozu auch der Pfalzgraf Adolf einige Tage später seine Zustimmung gab [560]), während der spanheimer Graf, mehrere Wochen zuvor von dem oppenheimer Schult= heiße, Ritter Wernher, 168 Pfund Heller geliehen hatte, wofür er demselben auf vier Jahre lang eine Korngülte von 34 Malter wormser Maßes und jährlich nach Oppenheim zu liefern, zusicherte und zugleich noch sechs edeln Bürgen zur Sicherheit stellte [561]).

Die Ritter von Dützlsheim erkauften 1323 von unseren zwei Herrn, Simon II. und Johannes, 21 Malter jährlicher Korngülten, ebenfalls wormser Gemäßes, für 100 Pfund Heller und dazu noch einen Jahreszins von 4 Pfund Heller um 40 Pfund, beides in dem Dorfe Freimersheim fällig, welche, mit denselben Summen ablöslichen, Gefälle lezere von ihrem Oheim dem Grafen Emich von Leiningen geerbt hatten und die ihnen durch dessen kinderloses Hinscheiden aner= storben waren [562]). Die Frau Jda von Dill bezog jährlich einen, ihr durch Simon II. verschriebenen Zins von 30 Pfund Heller in Kirch= berg, den nach ihrem Tode ihr Neffe, Ritter Herrmann von Obersburg, als Mannlehen erhalten sollte, was auch der Graf, jedoch unter der ausdrücklichen Bedingung genehmigte, daß jene Rente mit 117 Mark cölner Pfenninge eingelöset werden könne, die dann der genannte Herr= mann auf eigene Güter anlegen und als spanheimer Mannlehen tragen

---

[558]) Vnd wart der gegeben Jn vnserm heer vor lastellion des nesten dagis nach Sant Margreten dag ꝛc. 1321 Jare. (14. Juli). Spanh. Copb. in K. B fol. LXXIX.

[559]) Dat. anno dni. 1322do. die 28a. mensis Augusti. (28. August). Orig. im coblenzer Archive.

[560]) Der brieff ist geben zu Stromburg ꝛc. 1322sten Jare an dem nesten Samß= dag vor vnser frauwen dag Als sie geborn wart. (4. September). Sp. Copb. in K. B fol. XXV.

[561]) Difer brief wart gebin ꝛc. 1322 Jair an sente Johis. bage der vnsen herrin daufte als er wart geborin. (24. Juni). Orig. in Str. Fasc. XV No. 9.

[562]) Dirre br. ist geben ꝛc. 1323 Jare an Sant Pancracius dage. (12. Mai). Sp. Copb. in K. B. fol. CLV b.

müßte [563]) und später übergab Graf Ludwig der Junge von Rieneck seinen lieben spanheimer Schwägern, Simon II. und Johannes, seine Güter zu Hilbersheim, welche einige Adelichen seither von ihm zu Lehen gehabt hatten, die er ihrer Pflichten mit der gemessenen Weisung erließ, solches Lehen künftig von jenen Grafen zu empfangen [564]); Ritter Winant von Atzelnheim veräusserte im folgenden Jahre, mit dem Verhängniße des Rheingrafen Friederichs und dessen Sohnes Johannes, seinem Bruder, dem Abte Willicho und dem Convente zu Spanheim, seine sämmtlichen Besitzungen in der Gemarkung von Gemünden, mit allem was dazu gehörte und die seither rheingräfliches Lehen gewesen waren, um die Summe von 674 Pfund guter und geber Heller [565]) und nachdem der Prälat Balduin von Trier 1325 unsern Brüdern das feierliche Versprechen gegeben hatte, es dürfe ihnen aus seiner Veste Baldeneck keinerlei Schaden zugefügt werden, errichteten beide Theile ein Schutz- und Trutzbündniß zu gegenseitigem Beistande gegen jeden andern, wobei sie nur den König Johann von Böhmen, die Erzhirten von Cöln und Mainz, den Pfalzgrafen Adolf, nebst einigen verwandten Grafen von Nassau, Veldenz u. s. w. ausnahmen und noch besonders vestsezten, ihre etwaige Spänne unter sich sollten durch ihre Burgleute ausgetragen werden [566]), während unser Simon II. sonst auch noch einigemal als Rathsmann und Schiedsrichter in kazenelnbogischen Familienangelegenheiten und Irrungen erscheint [567]).

In den beiden folgenden Jahren, namentlich 1328, war derselbe nebst seinem Sohne Walram, sowie sein Bruder Johannes und der Wildgraf Johannes von Daun wiederholt mit jenem Balduin in Krieg verwickelt, wie ja überhaupt damals zwischen den angesehenen Geschlechtern des Hunnsrückens und zwischen dem Erzstifte Trier Feindschaft und Freundschaft gar häufig wechselten, daher jene Grafen wegen der

---

[563]) Der wart geben da man schreb rc. 1323 Jare des Sonbagis vor Sant Johannsdage Baptisten Als er geborn wart. (19. Juni). Sp. Copb. in K. B fol. CCLXXXIIII b.

[564]) Der wart gegeben rc. 1323sten Jare off dem nehsten Monnbag vor Sant Gallen dag. (11. October) Das. B fol. VIIII.

[565]) Gegeben im Jar rc. 1324 vf Sant Johannes abent da er geborn wart. (23. Juni). Neues sp. Copb. in K. No. IV, fol. 417.

[566]) Dieser brieu ist gegeuen do man zalt rc. 1325stem Jare des Dinsdages vor sante laurencius dage des festes dages des augustes. (6. Aug.). Orig. in Str. Fasc. V, No. 38.

[567]) Wenk's heff. Landesgesch. I Doc. 107 und 109, No. 162 und 164.

Gefangenen, die fie in diefen Fehden machen würden, 1329 die Ver=
einbarung trafen, diefelben follten in drei gleiche Theile zerfallen und
davon Simon II. und deffen Sohn, Johannes in Kreuznach fein Bruder
und der Wildgraf jeder ein Drittheil befommen, würden aber etwa
darüber Irrungen entftehen, fo müßten folche durch ihre hiezu be=
ftimmten Burgmänner, nämlich von Simons II. Seite durch Simon
von Spanheim, für den Grafen Johannes durch Kindelmann von
Dirmftein und von des Wildgrafen wegen durch Herrmann von Ho=
finbach, gefchlichtet werden [568]), welche Fehde jedoch im Monate Juni
durch einen Schiedsfpruch Georgs des Grafen von Velbenz, Gotfrieds
von Eppenftein und Heinrichs Herrn zu Hohenfels beendigt und bei=
gelegt ward [569]). Einige Tage darauf leiftete Rorich von Rudesheim,
für fich, feine Freunde und Nachkommen, gegen unfern Grafen Ver=
zicht auf allen Schaden nnd „Kummerniffe der mir ye gefchach odir
mir vnd den mynnen gefchyt von Salomon dem Juden, Abrahams
Sohn, des Burgen ich bin by dem Greven," was zwei Adeliche mit=
befiegelten [570]); auch wiffen wir bereits aus den Lebensumftänden des
Grafen Johannes zu Kreuznach, daß derfelbe 1335 dem spanheimer
Abteivorftande die Hälfte der Stammburg Spanheim einräumte und
wieder von ihm zu Lehen erhielt, worin fein Bruder Simon II. fchon
1329 ihm vorangegangen war, indem er, mit der Zuftimmung feiner
Gattin Elifabetha, den halben Theil an jener Vefte, aus freien Stücken,
ungezwungen und auf immer, dem Abte Willicho und deffen Convente
übergeben hatte, damit diefelben jedesmal dem älteften Gliede diefer
Linie durch das Klofter zu Lehen gereicht werde [571]).

    Balduin der trierer Erzhirte und zugleich Pfleger der Diöcefe
Mainz gieng bereits 1331 mit unferen Grafen Simon und Johannes,
unter den gewönlichen damals gebräuchlichen Bedingungen, ein fehr

——————————

[568]) Gebin nach got gebort Anno dnl. M°.CCC°.XXIX°. In Craſtino Circum-
    ciſionis Dni. (2. Januar). Orig. in. Str. Faſc. V No. 84 bis.

[569]) Der gegeuen vnd geſchriben iſt zu Bingen an dem neiſten Samſtage nach
    Pingſten ꝛc. 1329ten Jahre. (17. Juni). Günther Cod. dipl. rheno
    moſell. III, 279 No. 162.

[570]) Gegeben nach Gots Geburt 1329 Jare des nehſten dagis nach Sant Jo-
    hannis dag Baptiſte als er wart geborn. (25. Juni). Reues ſp. Copb.
    in R. No. 1 fol. 209—211.

[571]) Datum Anno Dnl. M°.CCC°.XXIX°. dominica proxima poſt feſtum Jo-
    hannis Baptiſte. (25. Juni). Daſ. No. 1 fol. 458 bis 462; ſiehe auch
    Trith. Chron. ſponh. fol. 810 ad a. 1329.

wohlthätiges und folgenreiches Bündniß für sicheres Geleite der Kauf=
leute, so wie für den Schutz des Handels und Verkehrs ein, welches
Geleite sich von Mainz aus bis zwei Meilen jenseits Trier erstrecken
sollte [572]); im ersten Monate des folgenden Jahres mußten jene Span=
heimer, in Verbindung mit anderen Fürsten, Grafen und Herrn, einen
Urtheilsspruch des Kaisers Ludwig des Bayern gegen die Bürger der
Reichsstadt Mainz vollziehen helfen [573]) und im März ergieng ein
Officialatsbefehl an den Erzpriester in Gemünden, den Vicarius Si=
mons II. in den Besitz und Genuß des Katharinen=Altares in Kirchberg
einzuführen [574]). Wir haben früher in der Geschichte Johann's von
Kreuznach des hartnäckigen Kampfes Balduins mit den Wildgrafen
von Daun wegen der Veste Schmidburg und deren Zubehörden ganz
kurz gedacht, in welchem Streite auch unser Graf dem von Daun als
Helfer zur Seite stand, daher wir hier von dessen Gattin noch folgende
Episode aus diesem Kriege einschieben müßen. Nachdem nämlich jener
Erzbischof das kreuznacher Gebiet verwüstet hatte, wandte er sich im
J. 1334 in die Ländereien Simons II., um dieselben gleichfalls mit
Brand und Raub zu verheeren und ihn dadurch zu züchtigen, auf
welchem Zuge er auch dessen gewönliche Residenz, die Burg und Stadt
Castelhun belagerte und hart bedrängte. Als nun die daselbst ver=
weilende Gemahlin des Grafen, Elisabetha, eine Nichte jenes Erzhirten
solchen Greuel der Verwüstung und den bereits angerichteten bedeuten=
den Schaden gewahrte, faßte sie einen heroischen Entschluß, sie verließ
nämlich mit ihren Kindern die Veste, suchte jenen Prälaten auf, fiel
vor ihm auf die Kniee nieder und brach in die kläglichen Worte aus:
was beginnest du, ehrwürdiger Vater?! Warum willst du dein eigenes
Fleisch und Blut, das du eigentlich gegen jede Beeinträchtigung anderer
vertheidigen und schützen solltest, dem Mangel und der Dürftigkeit preis
geben? Ich bitte dich, schone deiner Nichte, schone deines Geblütes und
deiner Enkel! — welche Reden den geistlichen Herrn dermaßen ergriffen und
zur Barmherzigkeit bewogen, daß er die Belagerung sogleich aufhob, die
Verheerungen einstelle und sich mit dem spanheimer Grafen versöhnte [575]).

---

[572]) Der gegeben ist an Sente Petirs vnd sente Paulusbage, der heligen
zwelf Boden ꝛc. 1331sten Jare. (29. Juni). Günther Cod. dipl. rh. mos.
III, 198 No. 177.
[573]) Würdtwein Diplomatarium mogunt. I, 484 No. 268 und 488, No. 269.
[574]) Dat. anno etc. 1332do. Non. Marcij. (7. März). Orig. in Coblenz.
[575]) Trithemij Chron. spanh. fol. 313 ad a. 1334.

Die leiningische Erbschafts-Angelegenheit war indessen noch nicht vollständig bereinigt, denn der Ritter Simon Schelin von Bonnenheim stellte, weil er Krankheits halber nicht persönlich vor seinem Herrn erscheinen konnte, 1335 folgendes schriftliche Zeugniß aus: er wäre, da die leininger Grafen Friederich V. und Gotfried (in den Jahren 1316 und 1317) ihre Erben getheilt hätten, von Simon II. und Johannes von Spanheim, deren Burgmann er seie, in ihrem eigenen und im Namen ihrer Verwandten, des Grafen von Nassau und des Herrn von Blamunt (Blankenberg), zu denselben gesendet worden, um dagegen Einsprache mit folgenden Worten zu erheben: „das sie nit „solchen beylen alsolich erbe das grffe. Emich (IV.) myner herren Ane „(Großvater) vnd gr. Emich myner herren Oheyme off sie hatte bracht „vnd off sie were erstorben vnd sie des recht erben weren,“ was zu Karlebach an der Hecken, in Gegenwart des Grafen von Veldenz, des Rauhgrafen Georg, des von Blankenheim, so wie nach vieler guter Leute, Ritter und Knechten, geschehen seie [576]) und nach Jahresfrist saß der Ritter Wynant genannt Beheimer, in dem Gewandhause der Stadt Kirchberg mit den spanheimer Mannen zu Gerichte und veröffentlichte nachstehendes über die dortigen Verhandlungen: seinem Grafen und Herrn Simon II. wären die durch den Ritter Herrmann von Arsberg ledig gewordenen Lehen, durch ihr Urtheil einstimmig zugesprochen worden [577]).

Am folgenden Tage errichteten die Gebrüder Simon II. und Johannes, des ersteren Sohn Walram und der Graf Philipp von der tannenfelser Linie, mit „vorbedachtem mude,“ ein einmüthiges Bündniß zur Erhaltung des Familienfriedens, so wie der Einigkeit unter sich, in welchem sie für sich und ihre Erben, die Herren sind zu Kreuznach und zu Tannenfels, für alle künftige Zeiten folgendes vereinbarten und vestsezten: sie selbst sollten und wollten nimmermehr wider einander sein, oder einem anderen gegen ein Familienglied nicht beistehen und dann erkürten sie aus den spanheimer Burgmannen folgende Ritter zu ihren Rathleuten, nämlich die beiden kreuznacher Brüder den Herrn

---

[576]) Der ist geben ꝛc. 1335 Jare an vnser frauwen dage Annunciacio. (25. März). Sp. Copb. in K. B fol. XVII b.

[577]) Der geben ist nach Gots Geburt 1336sten Jare an dem nesten Sondage vor dem heyligen Phyngstdage. (12. Mai). Neues sp. Copb. daselbst No. 1 fol. 94—96.

Eberhart genannt Kindelmann von Dirmstein und der tannenfelser Graf den Herrn Eifrit, Barfus geheißen, zu einem gemeinschaftlichen Ober= oder Obmann aber den Herrn Johann von Bleinchen (Planig); würden nun, möglicher Weise, unter ihnen und den Ihrigen sich Zwetungen, Krieg, Ansprachen, oder sonstige Mißhelligkeiten ergeben, so dürfe sich keiner eigenmächtig selbst helfen, sondern sie müßten den Vorfall jenen zwei Rathsmännern anzeigen und sich mit deren Entscheide darüber genügen lassen, könnten jedoch diese beiden während vierzehn Tagen in ihrem Spruche nicht einig werden, so sollten sie sich, nebst dem Obmanne nach Alzey verfügen und solche Stadt nicht eher ver- lassen, sie hätten denn zuvor durch einen Spruch „ein ende gebin der- sachin vnd off welche syhte der obirmann vallit, das solle macht habin"; ferner bestimmten sie noch, damit dieser Familienvertrag vesten Bestand haben möge: ihre männlichen Erben und Nachkommen seien, so wie sie das zwölfte Jahr erreicht hätten, verpflichtet, dieses Bündniß in Zeit von sechs Monaten ebenfalls mit Brief und Siegel zu bestätigen und aber auch zu halten, würde jedoch einer von ihnen dies während der bestimmten Frist nicht thun, so müße dessen Vater mit seinem sich weigernden Sohne zu Alzey einfahren und beide dürften dieselbe Stadt nicht eher wieder verlassen, die obige Vereinbarung seie denn zuvor angenommen und bekräftigt worden; sterbe indessen einer der vorer- wähnten Theilhaber an dieser Uebereinkunft, ehe sein Erbe das zwölfte Jahr erreicht hätte, so seie dessen Mannen, Burgmannen, Bürgern und Amtleuten bei ihrem Eide hierdurch strengstens anbefohlen, lezterem nicht eher zu huldigen, oder ihm die Burgen, Städte, Land und Leute zu überantworten, er habe denn vorher gelobt, diesem Familienstatute stät und vest nachzuleben und endlich ward noch beschlossen, wann zwischen den beiden Herrn des kreuznacher Astes sonstige Zerwürfnisse entstünden, so hätten die Schiedsmänner damit nichts zu schaffen, sondern jene möchten solche nach ihrem Gutdünken ausrichten und ins Reine bringen [578]).

Mit dieser zeitgemäßen Handlung beschloß Graf Simon II seine irdische Würksamkeit, denn 1337 ward er zu seinen Vätern versammelt und fand seine Ruhestätte in dem Gotteshause zu Castelhun, in welcher Stadt er seit dem Jahre 1301 gewohnt hatte. Sein Grabstein

---

[578]) Der geben vnd geschr. ist zu Crützennach An dem nesten mandage vor dem heyligen Phyngiste dage, da man zalte 2c. 1336ssten Jare. (13. Mai). Sp. Coph. in K. B fol. LXVIII b bis LXX.

war vor zweihundert Jahren, jedoch unvollständig, noch daselbst zu
sehen, nebst zwei andern, von welchem wir bei Zillesius folgendes
finden: „In der Kirche zu Castelhun sind 3 Stein zu sehen, auf dem
„Ersten stehen diese Worte: vir Domicellus Simon de Sponheim
„cujus anima requiescat in pace, auf dem andern also: et Domina
„Lysa de Veldentz Comitissa, auf dem dritten kann man nur diese
„Worte lesen: obiit nobilis comes de Sponheim quorum animæ
„requiescant in pace. [579]." Wir kennen bereits aus vielen Urkunden
dessen Galtin Elisabetha, eine geborne von Moujoye und Falkenberg,
mit welcher er schon im J. 1303 vermählt war. Die aus dieser Ehe
entsprossenen Kinder hießen und zwar die drei Söhne: Walram, der
seinen Vater in der Regierung ersezte, dann Johann und Reinold oder
Reinholt, beide geistlichen Standes; jener kommt mit seinem Vater
Simon, sowie mit seinem Brüdern Walram und Reixold im J. 1333
nur einmal vor, dieser aber erscheint 1349 als Domsänger in Mainz [580],
allein am 30. März 1352 ward er in der Wohnung des Officials zu
Cöln, nebst noch einem anderen Geistlichen ermordet, nachdem er bereits
Propst im Marienstifte ad gradus zu Mainz, so wie auch Canonicus
daselbst und in Cöln gewesen war [581]. Außer diesen Söhnen hatte
Simon auch noch vier Töchter, nämlich Elisabetha oder Lyse, die im
J. 1331 den verwittweten Grafen Rudolf von Hoemberg zum Gemahl
erhielt, wozu der Vater ihr eine Mitgift von 4000 Pfund guter
Pfenninge verschrieb, welche Rudolf mit einer gleichen Summe wider-
legte und für diese 8000 Pfund Pfenninge seine Stadt Horwe und
die in derselben befindliche Burg Herternberg, mit allem was zu beiden
gehörte, als Unterpfand verlegte, unter der Einwilligung seiner vier
Söhne Albrecht, Rudolf, Hugo und Heinrich, die mit noch sechs Grafen
diesen Witthumsbrief besiegelten und an demselben Tage gewährte
Rudolf seiner Gattin Lyse, ebenfalls mit der Zustimmung seiner Söhne
und der nämlichen Mitsiegler, zur Morgengabe noch 300 Mark Silbers,
die er auf die Burg Werstein, sammt allen Rechten, Nutzungen u. s. w.
anwies [582]; nach dessen Ableben verheurathete sie sich 1340 an den

---

[579]) Zillesij Genealog. Sponhemica etc. Fol. 14 No. 17.

[580]) Würdtwein subsid. diplom. VI, 273 No. 83.

[581]) Gudeni Cod. dipl. mognut. V add. 1127.

[582]) Beide sind ausgestellt: Der zu Rotemburg geben ist, an dem Dunrstage vor
sant Johanstag zu Sungihten, do man zalt 2c. 1331stem Jare. (20. Juni).
Drig. in Str. Fasc. XVIII No. 10 und sp. Coph. in R. B fol. CCLXXIIII a.

Landgrafen Ludwig von Hessen. Die zweite Tochter Agnes wurde
1330, mit einer Aussteuer von 300 Pfund Hellern, an Heinrich von
Veldenz, den Sohn des Grafen Georg, vermählt, welchem die Aeltern
der Braut die Versicherung ausstellten, daß dessen und seiner ehelichen
Hausfrau Agnes in dem Hinlichsbriefe gethaner Verzicht auf span-
heimisches, Eigen und Erbe, denselben nicht hinderlich sein sollte, gleich
ihren übrigen Kindern an dem väterlichen Nachlaße Theil zu nehmen [583]
und 1333 verpflichtete sich jener Graf Georg, die vorbemerkte Aussteuer
seiner Sohnsfrau, die von den Spanheimern, Simon II. und Walram,
in bestimmten Zielen bezahlt werden sollte, auf die halbe Burg Celtane
an der Mosel, welche den Veldenzern vom Erzstifte Cöln verpfändet
war, zu beweisen, unter der Bürgschaft zweier Grafen und vieler
Edeln [584]. Die dritte Tochter Margaretha ward, gleichfalls im J. 1330
dem Wildgrafen Johannes von Daun zum Weibe gegeben, mit welcher
er jedoch keine Nachkommen erzielte und die dauner Linie beschloß [585]
und deren jüngste Schwester endlich, Anna, war die erste frühzeitig
verstorbene Lebensgefährtin des Grafen Johannes I. zu Katzenelnbogen [586].

IV. Graf Walram von Spanheim.

Sowohl dieser Walram, als auch der Graf Johannes III. von
der starkenburger Linie, welche gleichzeitig lebten und beide eine lange
Reihe von Jahren regierten, waren die thätigsten und rührigsten unseres
spanheimer Hauses. Das Würken des ersteren, das nur darauf gerichtet war, den Wohlstand der Grafschaft und das Beste der Bürger
und Unterthanen zu befördern, begann schon bei Lebzeiten seines Vaters
und bald nach seiner Vermählung, daher wir, aus besonderen Gründen,
diesen Vorgang zuerst hier erwähnen müssen; sein Vater suchte nämlich
für denselben eine Lebensgefährtin aus den Jungfrauen der angesehenen,
benachbarten und mit den Spanheimern bereits in vielfacher verwandtschaftlicher Berührung gestandenen katzenelnbogischen Familie, mit Namen

---

[583] Der wart gegeben des nesten mandages nach dem achtzehenden tage etc.
1330sten jare. (15. Januar). Acta Acad. Theod. palat. IV, 360 No. X.

[584] Dieser brieff wart gegeben etc. 1333 jare an dem Frytage nach des heyligen
Crutzes dage als ez erhaben wart. (17. Sept.). Daselbst IV, 361 No. XI.
und sp. Copb. in K. B fol. CCLXXVII etc.

[585] Geschichte der Wild= und Rheingrafen v. Schneider 60.

[586] Wenk's hess. Landesgesch. I, 461.

Elisabetha, die Tochter Graf Wilhelms I., welcher er in dem Hinlichs=
briefe vom Jahr 1330, zwei Monate nach ihrer, zwischen hier und
dem nächsten Sanct Michaelstage zu feiernden, Vermählung mit seinem
Sohne, eine jährliche Rente von 400 Pfund Hellern auf seine eigenen
Güter anzuweisen versprach, die sie lebenslänglich als Witthum zu genießen haben sollte [567]) und mehrere Tage vorher belieh Kaiser Ludwig,
was wir, wegen späterer Vorgänge, ebenfalls jetzt schon hier anmerken
müßen, den vesten spanheimer Burgmann Gerhart von Spanheim, genannt von Neven und dessen Erben mit dem Gerichte und Gute zu
Neven, sammt allen sonstigen Zuständigkeiten [568]).

Im folgenden Jahre hatte Walram den Ritter Heinrich von der
Leyen während einer Fehde sehr beschädigt, daher beide dem Erzbischofe
Balduin Vollmacht und Gewalt ertheilten, sie zu sühnen, welchem
Auftrage derselbe auch auf folgende Weise nachkam: der Graf müße
jenem Ritter bis zum künftigen Martinitage entweder 200 Pfund
guter Heller als Entschädigung entrichten, oder ihm und seinen Erben
dafür von der Gülte zu Kirchberg jährlich 20 Pfund Heller als Mann=
lehen und zwar auf so lange verabreichen, bis jene Summe abgetragen
seie, worauf dann der von der Leyen auf seinem Eigenthume einen
Jahreszins von 10 Pfund Hellern beweisen und denselben als ewiges
spanheimer Mannlehen tragen müße, auch solle derselbe den dem Grafen
in dem Gerichte Soren zugefügten Schaden ersetzen und namentlich
zwei Leibeigene, so wie zwei eingefangene Pferde wieder heraus=
geben [569]); im August begab sich Walram in den Dienst jenes Balduins (wegen der Gnade die ihm derselbe bezüglich des Hinlichsgeldes
seiner Gattin, durch die Bezahlung einer Judenschuld von 1000 Pfund
Heller, erwiesen hatte) als dessen Helfer mit seinem Leibe, Gesinde und
seinen Burgen gegen Jeden, jedoch mit Ausnahme seines Erzeugers,
seines Oheims Johannes von Kreuznach, Wilhelm I. von Kazenelnbogen,

---

[567]) Dis geschah in dem Dorf zu Rindelle Do man zalte ꝛc. 1330stem iare an
sente Lorencien Abinde des heiligen Martillers. (9. Aug.). Orlg. in Str.
Fasc. XVIII No. 9.

[568]) Dieser Brief ist geben off dem velde zu Hagenawe an dem ersten Sonbage
nach Sant Jacobsbage In dem 16den Jare unsers Richs und In dem
dritten unsers keysertumes. (29. Juli). Daselbst Copialbuch E. 5523.

[569]) Der gegeben ist zu Triere an der nesten Mitwochen vor unser frauwen
bage ben man nennet Lyechtmesse ꝛc. 1330 Jare in trierer Bistum. (30.
Januar). Sp. Copb. in K. B fol. LXXXI.

so wie der Grafen Rudolfs von Heygerloch, Heinrichs von Veldenz und des Wildgrafen Johann's von Daun, seiner drei Schwäger [590]) und an demselben Tage trug er zugleich jenem Prälaten, für 500 Pfund baare Heller, von seinen eigenen Gütern vier in Bruchweiler, nahe bei dem Dorfe Hottenbach zwischen den Wäldern gelegene Höfe, mit Leuten, Gerichten, Waldungen, dem sogenannten Unterzog und allen sonstigen Rechten und Zubehörden in der Umgebung Hottenbachs, auf und empfing sie wieder als Lehen der trierer Kirche, jedoch unter der Vergünstigung, diese Höfe mit jener Summe jederzeit wieder einlösen zu können [591]). In dem nämlichen Jahre genehmigten auch die Pfalzgrafen Rudolf II. und Ruprecht I. die Verlegung des Witthums der Gattin unseres Grafen auf diejenigen Güter und Zehnten in dem Kirchberger Gerichte oder Amte, zwischen der Steinstraße, der Simmerbach und dem Lützelsane (d. h. dem kleinen Saanwalde), die sein Vater Simon II. von Kurpfalz zu Lehen hatte [592]) und in welchem guten Einvernehmen Walram mit dem trierer Erzhirten stand, ersehen wir daraus, weil lezterer demselben oder seinen Erben, „vnser neue, knecht vnd man oder sine Erben," 1332 vergönnte, Kirchberg „die Statd, lant, lude vnd gerichte," 50 Malter Hafergülte, die Wiesen in der Wyhelstrut, die dasigen Juden und endlich noch „daz geleyde der strazen," mit den Rechten die er vor der Verpfändung daran hatte, mit 2000 Pfund Heller von dem Erzstifte an sich zu lösen [593]); also auch in der Umgebung jener Stadt befand sich eine Geleitsstraße, welche für die Sorgfalt der Spanheimer zeugt, Handel und Verkehr auf dem Hunnsrücken zu fördern und zu schützen.

Walram's Schwiegervater Graf Wilhelm I. war im November 1331 aus dieser Welt geschieden, worauf jener mit seinem Schwager Wilhelm II., während des Js. 1332, wegen der Mitgift seiner Schwester Elisabetha zu 4000 Pfund Heller in Hader und Fehde gerieth, bis

---

[590]) Der gegeben ist ꝛc. 1331steme ꝛare, des britten bages in dem Owefte. (3. Aug.) Orig. in Coblenz.

[591]) Datum Treueris Anno dni. M°.CCC°. Tricesimo primo Die tercia mensis Augusti. (3. Aug.) Sp. Copb. in K. B fol. XXX.

[592]) Der ist gegeben zu Meinhe ꝛc. 1331sten Jare an dem Sonnenbag nach Michaelis. (6. Oct.) Daf. B fol. XXXII, unrichtig abgedr. in Wenk's heff. Landesgesch. I Urkden. 131 No. 194.

[593]) Datum zu Binge an sente Peters bage in dem Auste. Do man zalte 1332 ꝛare. (1. Aug.) Orig. in Str. Fasc. XIV No. 6, auch daselbst B fol. CLXI. b.

endlich beide im Beginne des nächsten Jahres über die Aussteuer und das Witthum derselben, folgenden Vergleich mit einander eingiengen: unser Graf machte sich nämlich verbindlich, sowohl die Mitgift seiner Gattin zu 4000 Pfund Hellern, als auch die ihr durch seinen Vater zum Witthum verschriebenen 4000 Pfund, also im Ganzen 8000 Pfund Heller bis zum nächsten Osterfeste auf Eigenthum zu verlegen, oder, falls er dies in der angegeben Frist nicht vollziehen würde, mit fünf Edelknechten entweder in Boppart oder in Bingen als Geiseln einzureiten und daselbst so lange zu verweilen, bis er seiner Verpflichtung nachgekommen seie, würde er aber in der Zwischenzeit sterben, so müßten sein Vater Simon II. und seine zwei Brüder Johannes und Reinholt die Sicherung jenes Witthums besorgen, worauf in diesem Actenstücke noch die gewönlichen Bedingungen folgen, wie es gehalten werden sollte, wenn eins der Eheleute vor dem andern, oder beide ohne Leibeserben Tods verfahren würde, in welchem lezteren Falle sich der Graf Wilhelm II in einem besonderen Briefe vom nämlichen Tage das Recht vorbehielt, die Güter worauf das Zugelt seiner Schwester verschrieben wäre, so lange in seinem Besitze zu halten, bis Simon II. oder dessen Nachkommen sie mit 4000 Pfund Heller von ihm auslösen würden, wozu er aber jederzeit erbötig sein müße [594]). Balduin hatte unserem Ehepaare im März dieses Jahres einen von dem Bannweine und den Nachtwachten zu Kirchberg fälligen jährlichen Zins von 50 Pfund Hellern, um 500 Pfund abgekauft, ihnen aber auch, gleich der Verpfändung jener Stadt, die Wiedereinlösung gestattet, jedoch unter der erschwerenden Bedingung, beide Summen müßten gleichzeitig losgekauft werden [595]).

Der Pfarrer Johann zu Hottenbach, des Hugo's sel. Sohn von Schmidburg, veräusserte 1333 an seinen Junker Walram die ihm zugehörigen Theile am Gerichte und an den Wäldern in Hottenbach und „nit me" [596]) und der Ritter Heinrich von der Leyen stellte im November die Erklärung aus, die vorerwähnten 20 Pfund Hellerzinsen,

---

[594]) Beide sind datirt: Der geschriben wart 2c. 1333 Jar des nestin Sondagis na' dem Druzenden dage. (10. Januar). Orig. in Str. Fasc. XVIII No. 12 und sp. Copb. in R. B fol. CCLXXXVI; auch die erste fehlerhaft abgedruckt in Wenk's hess. Landesgesch. I Urkden. 133 No. 198.

[595]) Der gegeben ist zu Triere An dem nesten Mandage nach dem Palmebage 2c. 1333stem Jare. (29. März). Das. B fol. CLXII b.

[596]) Der gegeben wart des Sondags nach Sant Walpurgen dag 2c. 1333 Jare. Actum In Enckerich, (2. Mai). Das. B fol. XC.

fällig von der Bannweingülte in Kirchberg und ablößig mit 200 Pfund
Hellern, als rechtes spanheimer Mannlehen von unserem Grafen
empfangen zu haben [597]); zugleich schloß sich derselbe an das mächtige
kurpfälzische Haus an und ward der Pfalzgrafen Ruprechts des Aelteren
und des Jüngeren Helfer und Diener in ihrem Kriege mit dem Erzhirten Heinrich von Mainz im J. 1334.[598]). Nach Jahresfrist verzichtete der Wepeling Emicho Propst von Diebach und seine Hausfrau
Adelheid gegen die spanheimer Gebrüder Simon II. und Johannes,
vorzüglich aber gegen des ersteren Sohn Walram, auf alle Forderungen
an dieselben wegen Schulden, so wie auch auf die darüber sprechenden
Briefe, unter Mitbesiegelung dreier gräflichen Vasallen.[599]); um dieselbe Zeit hatte Walram auch einen Zwiespalt mit dem Grafen Friederich V. zu Leiningen über die Burgen Altleiningen und Dille mit
allem was dazu gehörte, welchen sie dem Pfalzgrafen Ruprecht I. als
Obmann zur Entscheidung anheimstellten, der auch 1336, vermöge einer
ehrbaren Kundschaft, diese Uneinigkeit durch folgenden Spruch beilegte:
der Leininger müße den Vater Walram's, Simon II. wieder in seinen
Theil zu Altleiningen einsetzen, weil er denselben ohne Gericht und
Recht daraus geworfen hätte und eben so sollten leztere jenem aus der
Beste Dill dasjenige folgen laßen, was sie ihm eidlich und rechtmäßig
daselbst zugestehen würden [600]) und im nächsten Monate hernach gewann
Walram den Johann Spyrer „minen neven" (vielleicht einen Sohn
des Grafen Johannes von Spanheim-Koppenstein) zu einem Burgmanne in Dille mit 6 Pfund Hellern, die er demselben jedes Jahr
von den Gütern „thuſſen (zwiſchen) den welden" zu Hottenbach anwies,
welche jedoch mit 60 Pfund Hellern abgelöset werden könnten [601]).

Nach dem Hinscheiden seines Vaters, 1337, begann indeſſen erst
recht die Thätigkeit deſſelben für seine Familie, so wie für Land und
Leute, denn der Kaiser Ludwig erlaubte ihm, in seiner Grafschaft
dreißig seßhafte Juden zu haben, dieselbe mit allem Nutzen und Rechten

---

[597]) Der gegeben wart ꝛc. 1333 Jare off Sant Clementisdag. (23. Nov.).
Neues sp. Copb. in R. No. 1 fol. 116 bis 118.
[598]) Würdtwein subsidia dipl. IV, 279 No. 73.
[599]) Der da wart geben ꝛc. 1335ſten Jare des andern dagis nach onſßren
Lychames dage. (16. Juni). Sp. Copb. in R B fol. LXXI b.
[600]) Der ist geben ꝛc. 1336 Jare An der mitwochen nach mittefaſten. (13. März).
Daselbſt B folio XV.
[601]) Der wart gegeven ꝛc. 1336 far an sancti Marcusdage des heyligen ewan-
geliſten. (25. April). Orig. in Coblenz

zu genießen, „als man Juden durch recht tun sol," bis zu Widerrufe dieser Vergünstigung [602]; im März erwarb er käuflich von Heinrich dem Alten, Herrn zu Erenberg und von seiner Ehefrau Agnes, die Vogtei zu Stremich für 250 Pfund Heller, indem beide zugleich auf ihre Rechte daran Verzicht leisteten [603]) und einige Tage später giengen der Ritter Hermann genannt Sunder von Senheim, dessen Frau Beintele und ihre Erben, gegen denselben die Verbindlichkeit ein, ihn die zwei Gülten von 10 Malter Korn aus der Bete und 5 Malter Korn nebst 11 Malter Hafer, fällig von dem Vogteirechte in Stremich, zu jeder Zeit einlösen zu laßen [604]); allein eine vortheilhaftere Erwerbung machte er am Schluße dieses Jahres dadurch, daß er an der Pfandsumme von 2500 Pfund Heller, wofür die Stadt Kirchberg an Trier versetzt war, dem Herrn Balduin 2000 Pfund Heller zurückbezahlte, worüber dieser einen Empfangsschein ausstellte, jedoch vorbehaltlich dessen, was er sonst noch an jenen Walram zu fordern habe [605]).

Unterdessen hatten zwischen demselben und dem Grafen Johannes III. von Spanheim-Starkenburg allerlei „zweyunge, offleuse, Criege und missehellungen" obgewaltet, die aber der mainzer Erzhirte Heinrich und Pfalzgraf Ruprecht I., mit ihrer beider Wissen und Willen, so wie unter der Mitwürkung ihrer beiderseitigen Freunde, 1338 durch folgende „mynnerichtunge gantze sune vnd fruntschaffte" beilegten: Walram solle seine älteste Tochter Elisabetha dem ältesten Sohne des Starkenburgers Johannes IV., in Zeit von acht Jahren, zu einer ehelichen Hausfrau geben, wozu jeder Vater sein Kind mit 3000 Pfund Hellern auszusteuern hätte, welche Summen während der acht Jahre, entweder baar erlegt oder dafür ein jährliches Einkommen auf eigne Güter verschrieben werden müße, unter den sonstigen damals gebräuchlichen Bedingungen, worin es jedoch bezüglich des Witthums jener Elisabetha ausdrücklich heißt: sterbe ihr Gemahl, so solle sie die

---

[602]) Der geben ist zu Nürnberg an Mitwochen nach Oculi. Nach kristus Geburt 1337sten iar 2c. (26. März). Orig. in Str. Fasc. 1 No. 29.

[603]) Beide gegeben: Datum anno Dni. M⁰.CCC⁰.XXX⁰. septimo jn festo ascensionis Domini. (29. Mai). Das. Copialb. E. 5523 und im sp. Copb. zu K. neu No. 1 fol. 188 2c.

[604]) Datum Anno dni. M⁰.CCC⁰.XXXVII Dominica proxima post ascensionem dni. (2. Juni). Reues spanh. Copb. in K. No. 1 folio 131—134.

[605]) Der gegeben ist da man zalte 2c. 1337tem Jare an des heyligen Cristis abende. (24. Dec.). Sp. Copb. in K. B fol. CLXII.

Hälfte der Burg Birkenfels inhaben und daselbst wohnen, wann sie nämlich das wünsche und „ire gut da offe verzeren Ire lebetage," allein nach ihrem Tode falle, wenn das Zugelt von 3000 Pfund ab= gelöset seie, jene halbe Burg wieder an Starkenburg zurück; ferner sezte man vest, um die Grafschaft Spanheim nicht durch neue Theilungen zu schwächen oder zu zersplittern: das genannte Bräutchen dürfe keinen Antheil an ihres Vaters Gut oder Besitzungen haben, so lange noch Lehenserben vorhanden wären und endlich verbanden sich beide Theile noch dahin, ihre künftigen Zwetungen und Kriege durch einige, aus ihren Burgleuten und Freunden selbstgewählte, „gemeine man" richten und schlichten zu laßen [606]); zu derselben Stunde ward auch das Ver= sprechen der Väter von beiden Linien, ihre Kinder nach Verlauf von acht Jahren ehelich zusammen zu geben, unter der Bürgschaft des Prälaten von Mainz und des Pfalzgrafen, so wie des Propstes Jo= hannes zu Xanten, des Grafen Friederichs VI. von Leiningen und seines Sohnes Fritzmann's, der rauhgräflichen Gebrüder Georg und Konrad, des Dompropstes zu Worms Friederichs von Leiningen und des Ritters Kindelmann von Dirmstein, vest und unverbrüchlich abge= schlossen und verbrieft [607]) und demnach war es also schon damals manchmal im Gebrauche, den gestörten Frieden in den angesehenen Familien, durch die Verlobung und spätere Vermählung der Kinder von Widersachern herbeizuführen und jene Eheberedung hatte auch würklich einen erwünschten Erfolg.

Aus dieser Zeit fanden wir auch die kurze Nachricht, wie Dill die Veste, Langenlonsheim, Dreysen und mehrere beträchtliche Wald= districte durch Balduin von Trier an Walram zu Lehen gereicht wurden [608]) und dieser Graf vollendete zugleich die durch seinen Vater begonnenen Einrichtungen zu besserer Erhaltung der Ordnung im Einsammeln der Jahresgefälle, so wie zu kräftigerer Verwaltung der Gerichtsbarkeit, zum Wohle der Unterthanen, indem er seine Grafschaft in besondere Bezirke theilte, aus denen später die sogenannten Aemter

---

[606]) Der geben ist zu Sphansheim 2c. 1338stem Jare an sente Jacobis tage des heilgin Apostoln. (25. Juli). Orig. in Str. Fasc. V No. 89.

[607]) Der gegeben wart 2c. 1338 Jar of Sancte Jacobus dag des Heilgen Apostelen. (25. Juli). Copie daselbst Fasc. XVII No. 14.

[608]) Datum Anno dni. M⁰.CCC⁰.XXXVIII⁰. feria quarta proxima post festum Omnium Sanctorum. (4. Nov.). Aus dem früheren Briefgewölbe in der Burg zu Kreuznach.

oder eigentlicher Amtsbezirke, hervorgiengen, deren oberste Verwaltungs-
und Gerichtsbeamten ihren Sitz in einer, gewönlich unter den Burgen
gelegenen, Stadt haben mußten, zu welcher eine gewisse Anzahl Dörfer
geschlagen oder damit vereinigt wurden und ein solcher Beamter in
den Städten führte den Namen Truchseß, weil er die herrschaftlichen
Jahres-Zinsen und Gülten zu erheben hatte und derselbe war aber
auch zugleich als Amtmann der Vorsitzende am Schöffengerichte, um
Recht und Gerechtigkeit zu handhaben. Bis indessen diese äusserst
zweckmäßigen Einrichtung geordnet und in vollständigem Gange war,
gab es natürlicher Weise noch manche Anstände, besonders darüber,
wie weit ein solcher Amtsbezirk reiche und wie viele Ortschaften dazu
gehörten, ja vielleicht wollten auch die Inhaber einzelner kleinerer
Vesten sich anfangs nicht unter den Gerichtszwang der Städte beugen.
Als Beweis für leztere Behauptung führen wir folgende Thatsache
an: der Truchseß Jakob und die Schöffen zu Kirchberg bekannten im
J. 1338 durch eine gerichtliche Kuntschaft und auf ihren Eid: daß
Haus (Burg) Meytzenhausen seie durch die Vorältern ihres Herrn
und Gebieters unter folgenden Rechtsverhältnissen an Spanheim gekommen, daß man während der vierzehn Jahre, seit jener Truchseß
Amtmann gewesen, alle in jenem Hause verübten Frevel vor ihn und
vor sein Gericht nach Kirchberg zur Aburtheilung gebracht habe, so
wie auch überhaupt jeder Dieb, oder sonstiger Verbrecher, den man in
Meytzenhausen ergriffen hätte, bisher ebenfalls an jenes Gericht zur
Bestrafung, „nach rechte desselben gerechtis,“ abgeliefert worden wäre,
welche Erklärung der Pfarrer Frank aus Kirchberg mit besiegeln
mußte [609]).

Unser Herr stand im J. 1338 mit vielen vom Abel in einer
schweren harten Fehde, die jedoch der Kaiser Ludwig dadurch beilegte,
daß er Anfangs 1339 drei der hauptsächlichsten Rädelsführer der
lezteren, nämlich Matthias von Meytzenhausen, Hermann von dem
Walde und Johann von Bopparten, „Houbtmanne der vfflouff vnd
dez kryges den si gehabt hant mit dem Edeln mann Graf Walramen
von Spanheym,“ vor sich nach Nürnberg beschied, wo sie in ihrem
und ihrer Streitgenossen Namen die Erklärung abgaben: jener Graf

---

[609]) Datum anno dni. M⁰.CCC⁰.XXXVIII⁰. in Crastino Sanctor Innocentum.
(29. Dec.) Copien in Str. E No. 5523 und neues sp. Copb. in R. No. 1
fol. 88 — 91.

habe ihnen in dieser Fehde nicht im geringsten Unrecht gethan, sondern nur so gehandelt, wie es ihm wohl anstehe und sie hätten auch über denselben keine solchen Reden geführt, die ihm zu Schande oder Laster gereichen könnten, worauf der Monarch beide Theile wegen der gehabten „offlouff vnd stözze aller fruntlichen versunet vnd vereynet" und ihnen ernstlichst gebot, diese Sühne zu halten und ja nicht dagegen zu handeln[610]). Im darauf folgenden Mai schrieb Ludwig der Bayer von München aus und unter dem Hofgerichtssiegel an unsern Walram, er hätte vier Manne angeordnet, um den Wildgrafen Johannes von Daun mit dem Grafen Heinrich dem Jungen von Veldenz über verschiedene streitigen Gegenstände gütlich mit einander zu vereinigen, könnten aber jene solches Werk nicht vollbringen, so ernenne er ihn zum fünften Manne, um denselben, zwischen hier und dem nächsten Sanct Jacobstage, diesen Streit entweder mit der Minne, oder mit dem Rechte richten zu helfen oder sie zu sühnen[611]) und im October verschrieb der König Johann von Böhmen dem genannten Spanheimer für seine erwiesenen eifrigen Dienstleistungen 600 und dessen Rittern, ebenfalls für ihre tapferen Bemühungen, 1000 Goldgulden, welche beiden Summen ihm am nächsten Sanct Johannis des Täufers Tage ausbezahlt werden sollten[612]), allein diese Gelder waren im folgenden Jahre noch nicht abgetragen, daher jener Monarch in seinem Testamente vom 9. September 1340 befahl, daß mehreren Grafen und unter diesen auch jenem Walram, die ihnen verschriebenen und auf ohngefähr 6000 Gulden sich belaufenden Summen, für ihre im vorhergehenden Jahre während des Krieges gegen den König von England in Frankreich geleisteten Dienste, so wie für die dabei erlittene Beschädigungen, von den Einkünften des böhmischen Reiches ausgerichtet werden müßten[613]).

Das Jahr 1340 ward sehr bedeutsam und wichtig für unseren Walram, so wie für die Besitzungen der kreuznacher Haupt-Linie durch das, entweder Ende Februar's, oder zu Anfang des Monates März erfolgte, kinderlose Ableben seines Oheim's des Grafen Johannes,

---

[610]) Der geben ist zu Nürenberg an dem frytag nach dem Oberisten ꝛc. 1339 iar ꝛc. (8. Januar). Orig. in Str. Fasc. I No. 29bis.

[611]) Datum in Monaco Anno dni. M⁰.CCC⁰.XXX⁰.IX⁰. feria Vta post Pent. (20. Mai). Daselbst Fasc. I No. 30.

[612]) Datum apud San. Quintinum Anno dni. 1339no. In vigilia omnium Sanctorum. (31. October). Sp. Copb. in K. B fol. XLVII.

[613]) Würdtwein subsid. dipl. nova XII, 68 No. XVI.

woburch bie Trennung von 1301 aufgehoben war und also das kreuznacher Gebiet seitbem wieder ein Ganzes bilbete, bas auch später nicht
mehr getrennt wurde. Wir haben bereits oben am Schluße der Lebensgeschichte jenes Johannes bemerkt, wie sich unser Graf bemselben verschrieben hatte, nach seinem Hinscheiden bessen Stiftungen, Seelengerede
u. s. w. zu vollziehen und bessen Schulden zu tilgen, in welchem
Aktenstücke er sich noch besonders eiblich verpflichten mußte, seine
gegebene Zusage „Stede veste vnd gantze zu halden, vor mich vnd alle
„myne erben, myne Amptlube vnd die mynen, sunder alle geuerde die
„yemant kan herbencken obir synden vnd sal bas thune vnd halden In
„ber wyse vnd bescheydenheyt, als iß myn obgnt. vetter heißet, setzet
„vnd bestellet, vor dem datum bieß briefiß obir barnach" [614]), was
auch alles burch benselben treulich vollzogen warb; denn nachbem sein
Oheim nicht lange barauf ben Weg alles Fleisches gegangen war,
erneuerten Walram und seine Elisabetha ben burch ben Verstorbenen
im J. 1331 ben Schöffen und ben Gemeinden im Thale zu Winterburg gegebenen Freibrief [615]) und brei Tage barauf wählte bie Meisterin
und der Convent bes Augustiner Nonnenklosters zu Sanct Peter bei
Kreuznach unseren Herrn zu ihrem Vogte und Beschützer, bamit er
sie, gleich seinem verstorbenen Oheime und so lange er am Leben bliebe,
kräftigst schirmen und vertreten möge [616]), worüber berselbe am folgenden
Tage einen Rückschein ausstellen mußte [617]). Gegen bas Ende bieses
Monates nahm unser Ehepaar bei ben Rittern Kinbelmann von Dirmstein und Simon von Arenswank, so wie bei bem Pfarrer Heinrich
und ben zwei (Stabt- und Gerichts-) Schreibern zu Kreuznach, 2000
Pfund Heller auf, wofür biese Gläubiger jährlich 150 Pfund vom
Ungelte in jener Stabt und einen Jahreszins von 140 Pfund bei
bem Rauhgrafen Heinrich (von Münchweiler wegen), auf so lange
erheben und einnehmen sollten, bis sie bie Hauptsumme, sammt Unkosten

---

[614]) Der ist geben off Sant Paulusbage Conuersio ba man zalte ꝛc. 1340 Jare.
(25. Januar). Sp. Copb. in R. B fol. CCCI.

[615]) Dieser Brief ist gegeben ꝛc. 1340 Jar off Sant Gregorien bag. (12. März).
Orig. in Coblenz.

[616]) Der gebin ist ꝛc. 1340stem Jare off ben nehißtin Mitwochin nach fant Gre-
gorius bage. (15. März). Orig. in Str. Fasc. III No. 13 und sp. Copb.
in R. B fol. CIX.

[617]) Datum Anno Dnl. M⁰.CCC⁰.XL⁰. feria quinta post festum Gregorij.
(16. März). Monast pal. V, 331 No. 81.

und Zinsen wieder erhalten hätten [618]); einer archivalischen Notiz zufolge
bestätigten auch Walram und seine Gattin in dem nämlichen Jahre
den Bürgern Kreuznachs das von dem erst verblichenen Grafen Johannes früher ertheilte Privilegium [619]) und die Rauhgrafen Heinrich
und Philipp, Vater und Sohn, gelobten demselben, dessen gute und
getreue Gemeiner in der Veste Imsweiler sein zu wollen, so wie dies
in der Verschreibung seines seligen Oheims darüber ausgesprochen
seie [620]).

Da sich in den folgenden Sommermonaten der schon oben einigemal berührte Krieg der Erzbischöfe Balduin von Trier und Heinrich
zu Mainz mit den Wildgrafen, hauptsächlich vermöge des durch jene
Prälaten mit ihren Helfern am 24. Juli abgeschlossenen Bündnisses [621]),
wieder heftiger erneuerte, schlug sich Walram auf die Seite seines hart
bedrängten Schwagers, des Wildgrafen Johannes von Daun, allein
der Erfolg dieses erbitterten Kampfes wurde sehr nachtheilig für die
vordere Grafschaft Spanheim, indem der trierer Erzhirte mit seinen
überlegenen Schaaren bis nach Kreuznach vordrang und in der Umgebung dieser Stadt durch Brand und Raub wiederholt äußerst großen
Schaden anrichtete [622]) und um nun solchen langwierigen beiderseitigen
Verheerungen ein Ende zu geben, traf der Kaiser Ludwig der Bayer
eine Sühne, oder vielmehr ein wohlthuende Waffenruhe zwischen den
kriegführenden Theilen, in welcher auch, nebst mehreren Fürsten, Grafen
und Herrn, Walram als Bürge für seinen wildgräflichen Schwager
Johannes vorkommt [623]). Derselbe hatte sich jedoch durch die Theilnahme an diesem Kriege, weil er gegen Balduin seinen Herrn, als
dessen Lehensmann, gekämpft, den Unwillen des lezteren im höchsten
Grade zugezogen, daher schon vor dem eben erwähnten Waffenstillstande,
zwischen beiden durch ihre Freunde Unterhandlungen gepflogen wurden,
denn der Herzog Rudolf zu Sachsen, nebst den Grafen Gerlach von

---

[618]) Der geben ist da man zalte re. 1340 jar uff den dag annunciacionis
Marie virginis. (25. März). Orig. in Coblenz.

[619]) Datum Mo.CCCo.XLo. Sp. Copb. in K. F Anhang fol. CCLXX.

[620]) Datum Anno dni. Mo.CCCo.LXo. In die Sancti Georgij martiris. (23. April).
Daselbst B fol. CCLXVII.

[621]) Gudeni Cod. dipl. mogunt. III, 312 No. 225.

[622]) Trithemij Chron. spanh. fol. 316 ad a. 1340.

[623]) Der geben ist zu franckenford re. 1340sten jare an dem Dinstage nehst vor
unser frauwen tage als sy geborn ward. (5. Sept.). Würdtwein subsid.
dipl. nova V, 201 No. 94.

Naſſau und Joſried von Leiningen erklärten ausdrücklich, ſie hätten
von Walram vernommen: er wolle die dem trierer geiſtlichen Herrn
ausgeſtellten Urkunden gerne halten, in ſofern derſelbe denjenigen,
welche er ihm gegeben habe, ebenfalls nachkommen wolle, worauf jene
drei Herrn, als erwählte Schiedsrichter, ſich ſogleich dahin ausſprachen:
ſie hielten es durchaus für recht und billig, daß jeder der Genannten
den Briefen des andern nachleben müße [624]. Deſſen älteſte Schweſter
Eliſabetha oder Lyſe verheurathete ſich, wie bereits früher erwähnt,
nach dem tödlichen Hingange ihres Gemahls, des Grafen Rudolfs von
Hoemberg, mit dem Landgrafen Ludwig von Heſſen, welcher, nebſt ſeiner
„Elichen Wirthen" im Jahr 1340 unſerem Grafen, ihrem Schwager
und Bruder, einen Verzicht auf alle Forderungen an ſpanheimer Güter,
oder ſonſtige Erbſtücke ausſtellten, es ſeie denn, daß Walram ohne
eheliche Leibeserben mit Tode abgehen würde, in welchem Falle ſie
mit deſſen Schweſtern und Schwägern auch gleichheitlich erben ſollten
und eben ſo begaben ſich jene fürſtlichen Eheleute noch aller Anſprüche
auf Witthum oder anderes Erbe das ihnen von Seiten des verlebten
Grafen Rudolfs und von deſſen Kindern ſpäter zufallen könnte, indem
ſie dies alles ihrem ebengenannten ſpanheimer Schwager und Bruder,
oder deſſen Erben, ohne jede Widerrede, überließen [625].

Balduin von Trier ſchäumte vor Wuth über unſern Walram,
weil derſelbe ihm, während des, von trierer Seite unbegründet und
ungerecht begonnenen und geführten, Krieges, bedeutenden Schaden
zugefügt und ihn und die Seinigen auf alle erdenkliche Weiſe ſehr bedrängt hatte, jezt aber gar nichts mehr von ſich hören oder merken
ließ und an Vergütung des angerichteten Schadens nicht im entfernteſten
dachte und der Prälat ließ ihn daher, wie wir bereits vorher aus der
Erklärung des Herzogs Rudolfs von Sachſen vernommen haben, Anfangs Septembers vor den Kaiſer, vor eben dieſen Herzog und vor
viele andere Fürſten, Grafen, Herrn und Ritter, nach Frankfurt laden,
allein er erſchien nicht daſelbſt; eine zweite Ladung war eben ſo er-
folglos und ſo blieb dann dem geiſtlichen Herrn nichts anders übrig,
als vermöge oder „nach den brieuen die er von dem kayſere und dem

---

[624] Der gegeben iſt zu franckenfort du man zalte ꝛc. 1340 iar off den nehſten
Suntag nach ſant Egidij tag. (3. Sept). Orig. in Coblenz.

[625] Der geben iſt Do man zalte nach Criſtus geburht 1340 Jar off ſancte
Gallen tag. (16. October). Orig. in Str. Faſc. I No. 32 und ſp. Copb.
in K. B folio CCXCI b.

riche" hatte, auf welche er sich mehrmals berief, unsern Grafen, als
seinen Mann und Vasallen, zum drittenmale vor das Mannegericht
des Erzstiftes nach Trier auf den 23. October vorzuladen, wodurch
Balduin seine Absicht, den ungehorsamen Spanheimer zur Strafe und
Entschädigung zu bringen, ganz bestimmt zu erreichen hoffte, weil dasselbe aus vier Grafen (darunter auch der Vetter desselben Johannes III.
von der starkenburger Linie), sechs Herrn, 31 Ritter und trierer
Vasallen, „und viel ander byderuer lutt, paffen vnd leyen," gebildet
und zusammengesezt war; als aber dies zahlreiche Mannegericht also
feierlich versammelt gewesen, ward Walram überlaut dreimal öffentlich
„geheischen vnd yme alda gerufen von gerichtes wegen," ob er oder
Jemand der Seinigen zur Verantwortung erschienen wäre, allein
Niemand war da, worauf die kaiserliche Briefe, nebst den unseren
Grafen betreffende Urkunden und endlich noch die Klagen, Forderungen
und Ansprachen, welche der Erzbischof und etliche der Seinen gegen
denselben hatten, geöffnet und vorgelesen wurden. Aus diesen lezten
Aktenstücken ergaben sich nun, um das weitläufige Protokoll und die
gesammte Procedur kurz zusammen zu fassen, vier und dreißig schwere
Klagpunkte gegen unsern Spanheimer, über gebrochene Sühnen, schuldige
Gelder, nicht geleistete pflichtgemäße Vasallenhülfe, hauptsächlich aber,
weil er die Juden zu Kirchberg und in vielen anderen Orten gebrand-
schazt, mißhandelt, ja theilweise gemordet und sich auch nach dem Tode
seines Oheims Johannes dessen Lehen, die an Trier heimgestorben
seien, bestehend in Winterburg und in beträchtlichen Walddistrikten,
frevelhaft und ungerechter Weise angemaßt hatte u. s. w. u. s. w.,
durch welche Beeinträchtigungen und Gewaltthaten dem Erzstifte, so wie
dessen Vorstande und überhaupt den Seinigen ein sehr bedeutender
Schaden erwachsen seie, dessen Vergütung Balduin auf 31,630 Pfund
Heller entzifferte und am Schluße kam noch eine Menge Beschwerden
vor, über Beschädigungen, welche der Angeklagte an den trierer Vasallen
verübt haben sollte, worauf die ganze Versammlung das einstimmige
Urtheil fällte: der Prälat hätte seine und der Seinigen Forderungen rc.
an unseren Grafen „rechtlichen vnd redelichen eruolget," oder erwiesen
und lezterer müße den angerichteten Nachtheil ersetzen, welcher Urtheilsspruch demselben durch zwei lehenbare trierer Manne „zu hus vnd zu
houe" verkündigt werden solle und wenn er keine Folge leiste, so wäre
Kurtrier befugt, rechtlich an des Grafen Gut zu greifen, sich daran zu
halten bis er vollständig entschädigt und befriedigt seie und — dabei

bliebs, denn Walram verhielt sich ganz ruhig und von einem Erfolge
dieses Spruches ist uns weiter nichts bekannt geworden, indem jener
wegen der Verwüstung der Umgegend Kreuznachs durch das Heer des
Erzbischofs und seiner Verbündeten, seinerseits zuverläßig auch eine
namhafte Gegenrechnung hätte aufstellen können [626]).

Die Dynasten Salentin und Craft von Isenburg gelobten, unserem
Grafen, für 500 Pfund ihnen eingehändigte Heller, binnen Jahresfrist einen Zins von 50 Pfund Heller auf ihre Allodien anzuweisen [627])
und nach Verlauf eines Monates verschrieb der Ritter Rüdiger Bock
von Erphenstein lezterem und seinen Erben eine ewige Oeffnung in
der Burg Erphenstein im neustadter Thale, die er von dem Grafen
von Leiningen zu Lehen trug, um sich aus und in derselben zu vertheidigen gegen Jedermann, mit Ausnahme des Pfalzgrafen Rudolfs II.
des Grafen Jofrieds von Leiningen und der Herrn von Ochsenstein, [628])
welche Veste mit ihren Zubehörden später als Mitgift eine zeitlang in
in den Besitz des lezten Grafen des Spanheimer Geschlechtes, Johannes V. gekommen war. Dem Pfalzgrafen Ruprecht I., mit welchem
Walram immer im besten Einvernehmen stand, stellte er bald darauf
die Erklärung aus, während dessen Lebenszeit keine pfälzischen Unterthanen, Männer oder Frauen, in seine Burgen oder vesten Städte
aufzunehmen, es seie denn, daß sie darin ihren ständigen Wohnsitz
nehmen wollten [629]) und jenes Pfalzgrafen Bruder Rudolf II. bezeugte
demselben Grafen, er seie an dem vestgesezten Tage vor ihm zu Neustadt erschienen, um die Angelegenheiten mit dem speyerer Bischofe zu
ordnen und ins reine zu bringen und hätte daselbst den ganzen Tag
über gewartet, allein weder der der geistliche Herr, noch Jemand von
seinetwegen habe sich dorten eingefunden [630]). Diese Zerwürfnisse

---

[626]) Der gegeben ist zu Triere off ben uehesteu manbag vor sente Symon's vnd
sente Judas tage der heyligen Aposteln c. 1340sten Jare. (28. October).
Orig. in Coblenz.

[627]) Der geben ist c. 1340 Jare off sampstag nach Sant Lucie der h. jungfrauwen. (14. December). Orig. in Coblenz.

[628]) Der geben ist Anno dni. M⁰.CCC⁰.XL⁰. primo In die Btor. Fabiani et
Sebastiani. 20. Januar). Sp. Cop. in K. B fol CVII b.

[629]) Datum feria tercia proxima post dominicam Reminiscere Anno dni.
M⁰.CCC⁰.XLImo. (6. März). Pfälzer Cop. daselbst No. 3 fol. XII a.

[630]) Der ist geben ze der Nuwenstat des dornstags nehst vor dem Sunbag so
man singet Letare M⁰.CCC⁰.XL⁰. primo. (15. März). Orig in Str. Fasc. V
No. 42.

zwischen dem Bisthume Speyer und unserem Spanheimer rührten theils von der Veste Grevenian, die Walrams Oheim, Graf Johannes, von den v. Winstein erkauft hatte und welche speyerisches Lehen war, theils aber auch davon her, weil diese Oberhirten noch fortwährend Ansprüche auf die Stadt Kreuznach erhoben, als seie dieselbe gleichfalls ein Lehen des Hochstiftes, während welchen Streites aber der Graf Josried von Leiningen, Johannes von Meckenheim und Bertholt von Flamborn, beide Ritter ein Zeugniß folgenden Inhalts aufgestellt hatten: als der Bischof Gerhart jenen Grafen Johannes von Spanheim auf dem Georgenberge bei Pfeddersheim mit der Burg Tan beliehen habe, hätte lezterer in ihrer Gegenwart dem Prälaten erklärt: Herr ich bin außer Tan auch noch euer Mann, denn ich und meine Erben die Herrn zu Kreuznach sind, sollen von euch und eurem Bisthume noch einen Theil Kreuznachs zu Lehen empfangen, welchen Worten er noch folgende beifügte: er hätte wohl mit seinem Bruder Simon II. abgetheilt, aber sie seien dabei stäts „eyn Muhtsatze" gewesen, oder immer in der Gemeinschaft ihrer sämmtlichen Güter gestanden [681], über welchen Gegenstand wir bald noch ein mehreres vernehmen werden.

Der Ritter Johannes von dem Steine, unter der Burg Nassau gelegen und seine Ehefrau Jutta versprachen im Juli 1341 unserm Grafen, die von ihm empfangenen 200 Pfd. Heller binnen zwölf Wochen auf eigene Besitzungen anzulegen [682]); Ritter Wilfin v. Spanheim, genannt von Sobernheim und dessen Ehehälfte Jutta veräußerten aber nachher denselben und an seine Nachkommen ihre sämmtlichen Rechte, Gerichte Leute Güter und Gefälle in den Gemarken und Höfen zu Pferdsfeld, Eckweiler, Spuckweiler, Sprenbelbach, Yppenscheyt und was sie sonst bisher daselbst vor dem Walde besessen hätten, ausgenommen die Wiesen im Pferdsfelder Banne, für eine, jedesmal in zwei Zielen zu entrichtende, Jahresrente von 22 Pfund Heller kreuznacher Währung, die jedoch mit 220 Pfund wieder abgelöset werden können [683]), und später ertheilte Kaiser Ludwig durch sein Hofgericht

---

[681]) Der geben wart zc. 1341 Jare uff den nesten Dornstag nach dem Phyngist tage. (31. Mai). Sp. Copb. in K. B fol. CXXXIII.

[682]) Datum Anno dni. M⁰.CCC⁰.XL⁰. primo vigilia beati Jacobi. (24. Juli). Orig. in Coblenz.

[683]) Dieser brieff wart geben uff Sant Laurencius dag zc. 1341ßten Jare. (10. Aug.). Sp. Copb. in K. B fol. CIII; auch gedr. in Günther Cod. dipl. rhen.-mos. III, 437 No. 275.

zu München unserem Spanheimer die Weisung, sich wegen rechtlicher
Ausgleichung seiner Irrung mit dem speyerer Oberhirten Gerhart,
vor dem Pfalzgrafen Rudolf II. zu stellen [634]). In diesem Jahre
stand derselbe auch „ine zwohunge, vffleuse, kriege vnd Missehellunge
die lange gewesen sint" mit den Bürgermeistern und dem Rathe der
Stadt Mainz, kleinlicher Ursachen halber, weil nämlich die Mainzer
einmal in den gräflichen Waldungen gejagt und in Geuwelsheim des
Grafen Vieh genommen, oder wenigstens geschädigt hätten, er aber
dagegen das städtische Vieh „vff dom Mersche" weggetrieben habe,
worüber sie sich jedoch im Februar 1342 „luterlichen und fruntlichen"
mit einander sühnten, indem sie auf alle gegenseitigen Forderungen,
Geldschulden allein ausgenommen, Verzicht leisteten, mit dem feierlichen
Versprechen, jede fernere Feindseligkeit einzustellen und „surbaz eyn-
ander zu eren vnd zu furdern [635])" und einige Wochen darauf hatte
Walram von dem Anselm von Bewartstein das in der Nähe Greventan's gelegene, vom Reiche lehenbare, Dorf Bundenthal an der Wies-
lauter erkauft, womit ihn das Reichsoberhaupt Ludwig, aus besonderer
Gunst und zu Besserung seiner Reichslehen, sogleich belieh [636]), aber
im Juli nahmen er und seine eheliche Hausfrau Elisabetha bei dem
Ritter Simon von Arinswant 2000 Pfund gute Heller auf, wofür sie
demselben und nach dessen Tode seinem ältesten Lehenserben und sonst
keinem mehr, eine Rente von 125 Pfund Heller von ihrer Bete in
Kreuznach, so wie auch noch eine Gülte von 62½ Malter Korn (die
der dasige gräfliche Truchsesse und dessen Ehefrau Pedirssen früher im
Genusse gehabt hatten) unterpfändlich verschrieben, beide Gefälle jedoch
wieder ablösbar mit jener Summe [637]).

Im September dieses Jahres erwarb unser Graf käuflich den
Theil Heinrichs von Erenberg an der Burg Erenberg auf der Mosel,

---

[634]) Der gebin ist ze München an Sunntag nach Andree In dem 27ten Jar
vnsers Riches vnd in dem 14ben bez Keysertumes. 2. December). Orig.
in Str. Fasc. II No. 33.

[635]) Vnd geschach diese Sune vnd vertzig vnd wart dirre brieff gegeben ꝛc.
1342sten Jare an sant Agnetenbage der heilgen Junffrawen. (5. Febr.).
Orig. daf. Fasc. V No. 43 und sp. Coph. in R. B fol. LXIIII b.

[636]) Gebin ze franchenfurt an Suntag nach Mathis in dem 28sten Jar. vnsers
Richs vnd in dem 15ben des Keysertumes. (I. März) Aus einer ungedr.
Urkundensammlung.

[637]) Der br. ist geben ꝛc. 1342 Jare vff den nehsten Samßbag vor Sant Marien
Magdalenen bag. (20. Juli) Sp. Coph. in R. B fol. CLII und CLIII a.

wozu der pfälzer Lehensherr Ruprecht I. unter der Bedingung seine
Einwilligung ertheilte, daß der neue Besitzer, gleich dem früheren, der
Pfalz mit dem genannten Hause warten oder dienen müsse [638]) und später
erhielt derselbe von den Eheleuten Burkart von Hittenheim, einem
Edelknechte und Margaretha von Winstein, den achten Theil des Zehnten
in dem Gerichte Tan für baare 50 Pfund Heller [639]). Unterdessen
war Walram wegen der uns bekannten Klagen des speyerer Prälaten
Gerhart gegen ihn, in des Reiches Acht verfallen, aber dennoch hatte
Kaiser Ludwig der Bayer, der große Stücke auf denselben hielt, beide
Gegner vor sich nach München beschieden, an welchem Tage „dem egen.
von Spanheym kein achte schaden solt," um sie friedlich zu vereinigen,
was jedoch nicht sogleich gelang, daher sie jener Monarch zu gütlicher
und minniglicher Aussöhnung wiederholt vor seinen Vetter, den
Pfalzgrafen Ruprecht I. verwies; falls aber auch diesem das Verein=
barungswerk nicht gelingen würde, so möchten sie dann ihre Klagen
wieder an das Reichsoberhaupt zum rechtlichen Entscheide bringen. [640]).
Am 31. Mai 1343 gelobte der Rheingraf Johannes unserem Herrn,
dem Oeffnungsbriefe seines seligen Vaters Johannes und dessen Ge=
meiner über das Schloß Rheingrafenstein vom J. 1328 gewissenhaft
nachkommen zu wollen [641]) und das nämliche that auch im October
der Ritter Syfrit genant von Metzin [642]), welches eidliche Versprechen
dieser Syfrit an eben dem Tage nochmals, aber mit dem besondern
Zusatze abgab: „wanne der Eddel gr. Walrab zu lande kompt," müsse
er demselben wegen dessen, was er an ihn zu fordern habe, unver=
züglich Rechts gehorsam sein, „alß were ich in myn teil deß huß Ryn=

---

[638]) Der geben ist zu Aube des Jars ꝛc. 1342sten Jares an dem Samßdage
nach unser fraumenbag, als sie geborn wart. (14. Sept.). Neues sp.
Copb. in R. No. 1 fol. 162.

[639]) Der geben wart an dem nehsten dinstage nach sants Lucien dagen Do man
zalte ꝛc. 1342 Jar. (17. Dec.). Orig. in Str. Fasc. V No. 43 bis und
Sp. Copb. in R. B fol. CXXXI b.

[640]) Der geben wart ze München an dem nehsten Dinstag nach dem Sunnetage
So man singet Quasi modo geniti In dem 28sten Jar unß Richs und
im 15ben des kaisertums (22. April). Orig. in Str. Fasc. No. 34 und
sp. Copb. in R. B fol. LX.

[641]) Der geben Ist ꝛc. 1343 an dem heil. Pfingstabent. 31. Mai). Sp. Copb.
in R. F fol. CCLVII b.

[642]) Daz ist geschiet zu Crutzenach uff den nehsten Dinstag nach Sant Remigis=
tag ꝛc. 1343stem Jare (7. Oct.). Sp. Copb. in R. F fol. CCLVIII a u. b.

grauenstein noch nit gesetzt [443]." Nach Verlauf mehrerer Wochen stellte Wilhelm von Walbeck nicht nur einen Rückschein aus über ein von unserem Spanheimer empfangenes Burglehen in Castelhun zu jährlich 11 Pfund Heller aus, sondern er sagte auch noch zugleich demselben und seinen Erben von der kreuznacher Linie Enthalt in seinem Hause Walbeck zu [444].

Walram suchte sich in dem Besitze Greventan's immer mehr zu schützen und zu befestigen, denn der Edelknecht Knetilmann von Tan und seine Hausfrau Engelbrut verschrieben demselben für 100 baare Pfund Heller im J. 1344 eine ewige Oeffnung in ihrer Burg und „huße zu Tan," um sich daraus bei Tag und bei Nacht gegen Jeden zu behelfen [445] und einige Tage nachher befand er sich als Schieds-richter unter den Rathsmannen, um die Irrungen der Gebrüder von Bolanden mit den Pfalzgrafen Ruprecht I. und II. beizulegen [446], im Monate August schlossen aber die falkensteiner Brüder Cuno und Jo-hannes, eine Eheberedung zwischen dem minorennen Sohne ihres ver-storbenen Bruders Philipp und zwischen der ebenfalls minderjährigen Tochter Walram's ab, die in neun Jahren vollzogen werden sollte und in welcher sich lezterer verbindlich machte, derselben ein Heurathsgut von 3000 Pfund Hellern mit zu geben, das durch die Falkensteiner mit einer gleichen Summe widerlegt werden müßte [447] und damals lebte unser Graf auch wieder in Fehde mit dem Erzbischofe Heinrich von Mainz, welcher für 500 Pfund Heller den Raugrafen Ruprecht zu seinem Diener und Beistande gewann [448], allein dieser Kampf währte nicht lange und Anfangs Octobers waren beide wieder die besten Freunde, denn als jener Prälat um diese Zeit sich Helfer gegen die Pfalzgrafen

---

[443]) Datum Anno dni. M⁰.CCC⁰.XLIII⁰. feria Tercia proxima post diem bti. Remigij. (7. Oct.). Sp. Copb. in K. F fol. CCXXXIX a.

[444]) Datum Anno dni. M⁰.CCC⁰.XLIII⁰. ipso die bta. Lucie virginis (13. Dec,). Neueres spanh. Copb. in K. No. 1 fol. 122—126.

[445]) Datum Anno dni. M⁰.CCC⁰.XLIIIto. feria sexta proxima post diem btor. Petri et Pauli Aplor. (2. Juli). Sp. Copb. in K. B fol. CXXXV und Orig. in Str. Fasc. V No. 44.

[446]) Der geben ist zu Heydelberg ꝛc. 1344 Jare an dem dinstage vor Sand margreten tage der heil. Juncfrowen. (6. Juli) Frankfurter pfälz. Copb. fol. 196.

[447]) Datum Franckenfordt In claustro predicatorum Anno dni. M⁰.CCC⁰. XLIIII⁰. feria quinta proxima post diem Btl. Bartholomei Apli. (26. Aug.). Sp. Copb. in K. B fol. CCLXXIX etc.

[448]) Würdtwein subsid: dipl. nova V, 249 No. 116.

und deren Anhang zu erwerben suchte, nahm er dabei den Spanheimer namentlich als denjenigen aus, gegen welchen sie nicht streiten dürften [449]). Beide waren also damals wohl mit einander ausgesöhnt, allein um den Frieden und die Einigkeit für die Zukunft dauerhaft zu begründen, erwählte jeder Theil zwei Rathsleute und zwar der Erztirte den Gotfried stail von Bygen und Johann von Veldersheim, Walram hingegen den Junggrafen Heinrich von Veldenz und den Ritter Johannes von Richenstein, um besonders den kitzlichen Punkt über den Fortbestand der zwischen Mainz und Spanheim früher errichteten Bündnisse und Verträge vestzustellen, welche sich denn auch in zwei gesonderten Protokollen über nachstehende, bisher immer streitigen, Gegenstände folgendermaßen und einmüthig aussprachen: der geistliche Herr und Walram sollten beiderseits sämmtliche Briefe und Vereinbarungen die sie, gleich ihren Vorfahren, für sich, ihre Nachkommen und das Erzstift unter einander gemacht und abgeschlossen hätten, gewissenhaft halten, auch müßten sie diejenigen Leute wieder herausgeben, welche seit der Ernennung Heinrichs zum Erzbischofe wechselsweise in ihre gegentheiligen Gebiete gezogen seien, allein wegen der fremden Unterthanen, die während dieser Zeit entweder in das mainzer oder spanheimer Land eingewandert seien (also die später sogenannten Wildfänge) sollten Verhöre angestellt werden und wer von den beiden Herrn sein Recht auf dieselben am besten nachweisen würde oder könne, dessen sollten sie sein; ferner erklärten die Rathsmänner: über die vor dem zulezt abgeschlossenen Bündniße oder Vertrage Eingewanderten, stände ihnen kein Urtheil zu und endlich entschieden sie noch, die in den seither getroffenen Uebereinkünften gegenseitig zugesagte und versprochene Hülfe müßten beide Gebieter einander treulich leisten und genau vollziehen [450]); im November nahm indessen unser Herr noch den Ritter Claus von Westhuß zum Burgmanne in Greventan mittelst 100 Gulden an, wofür derselbe in dem Banne von Künheim im straßburger Bisthume,

---

[449]) Dessen subsid. dipl. VI, 199 No. 48.

[450]) Der mainzer Entscheid ist datirt: Diese sprache ist gesprochen zusschen Spanheim vnd Gentzingen Jnn dem velde Des Sondagis nach Sant Gallen dag Anno dni. M°.CCC°.XLIIII°.; der spanheimer hingegen: Geben da man zalte von goz geburthe 1344 iar vff den Suntag nach sce. gallin dage. (17. Oct.). Orig. in Str. Fasc. V No. 45 und Sp. Copb. in R. B fol. CCCCI b bis CCCCIII a.

10 Viertel Waizen= und Korngülten aufgab und sie von Spanheim als taner Burglehen erhielt [651]).

Im J. 1345 fanden wir wieder die feierlichen Erklärungen und Gelöbnisse für unsern Grafen von vier Edeln, nämlich Dietrichs von Morsheim unterm 6. März, Eifrits von Meinheim vom 4. Juni, Strube's von Lewenstein und Thiels von Werstat, beide unterm 25. December, dem Oeffnungsbriefe über den Rheingrafenstein von 1328 genau nachleben zu wollen [652]), der Abt Eberhart zu Klingenmünster und sein Convent ertheilten aber dem Ritter Anselm von Berwartstein bei Greventan die Erlaubniß, seine abteilichen Lehenstücke, namentlich das Dorf Birkenhört mit dazu gehörigen Ortschaften, Gerichten, Leuten, Gütern und Einkünften an Walram zu veräussern, sie sprachen zugleich jenen seiner Eide und bisherigen Mannschaft los und überließen die genannten Lehen dem Spanheimer zum Besitze und Genuße, jedoch müße er anstatt des Berwartsteiners der Abtei einen lehenbaren Mann stellen und dürfe ihr Gotteshaus überhaupt in seinen übrigen Rechten und Gewonheiten nicht hindern oder kränken [653]), daher auch einige Monate später jener Anselm in Gegenwart des Ritters Simon Siebers von Lachen und des Bürgers Peter Naldisen aus Neustadt bekannte, der Graf hätte die von ihm erkauften Lehengüter „gutlich vnd lieblich" bezahlt, so daß er deshalb nicht mehr die geringste Forderung an denselben oder an dessen Erben zu machen habe [654]) und Kaiser Ludwig der Bayer hatte schon vorher die Veräusserung der mit Birkenhört verbundenen Orte Reichsdorf und Bellenborn an den von Spanheim genehmigt und lezterem dieselben als Reichsgüter zu Lehen gereicht [655]). Später ergaben sich jedoch mehrere Anstände unter den Inhabern der Herrschaft Tan darüber, wem von ihnen das Recht des Kirchensatzes oder der Verleihung der zwei dazu gehörigen Pfarreien in Tan und

---

[651]) Der wart geben an Sant Martynsabent In dem Jare ꝛc. 1344 Jare. (10. Nov.) Spanh. Copb. in K. B fol. CXXVII.

[652]) Daselbst F folio CCXXXIX b., CCXL b. und CCXLI a.

[653]) Der do geben wart ꝛc. 1345stem Jare an Sant Phylipps vnd Sant Jacobs dage der Heyligen Aposteln. (1. Mai). Sp. Copb. in K. B folio CXXXV b.

[654]) Datum Anno dni. Mo.CCCo.XLVto. feria sexta proxima post Natinitatem Marie virginis. (9. Sept.). Daselbst B fol. CXXXVI b.

[655]) Der geben ist zu Nurenberg an Dinstag vor Biti ꝛc. 1345 Jare ꝛc. (14. Juni). Das. B fol. CXXX.

zu Hauenstein gebühre, daher unser Graf mit denselben einen Vertrag errichtete, kraft dessen zuerst Johannes von Altan, dann Heinrich von Fleckenstein und im dritten Erledigungsfalle unser Walram jene beiden Pfarrstellen zu besetzen haben sollten und zugleich trat der eben angeführte Johannes demselben noch ein bei Greventan gelegenes Haus nebst Hofstall als Eigenthum ab, wogegen er aber auf seine Berechtigung an die Cisterne bei der Burg Altan verzichten mußte [656]).

Kaiser Ludwig kündigte bald darauf den vier wetterauischen Reichsstädten Frankfurt, Gelnhausen, Friedberg und Wezlar an, er hätte unseren Spanheimer zu seinem und des Reiches Landvogt in der Wetterau eingesezt und gebot ihnen, demselben als solchem zu gehorchen [657]) und einige Wochen nachher ertheilten die Pfalzgrafen Ruprecht der Aeltere und der Jüngere jenem Grafen den ehrenvollen Auftrag und die Gewalt, in ihrem Namen die Stadt Weinheim an der Bergstraße von dem mainzer Erzbischofe und von dessen Domcapitel, oder von deren Amtleuten, in Empfang und Besitz zu nehmen [658]). Walram hatte auch der Meisterin und dem Convente auf dem Ruprechtsberge bei Bingen einen Zins von 9 Pfund Hellern versezt, den ihnen der Amtmann zu Kreuznach jährlich von der dortigen Herbstbete verabreichen müße, dessen Ablösung mit 90 Pfund Hellern sie zugleich ihrem Herrn im J. 1346 zusagten und am nämlichen Tage veräusserten jene Nonnen noch an denselben und an dessen Erben für 90 Pfund Heller, ihre Leute, Gülten, Zinsen, Aecker, Wälder c. die sie bisher in den Dörfern und Gerichten zu Remirsweiler und Mengesrod gehabt und genossen hätten, namentlich aber ihren Antheil Waldes „off dem Sane" [659]), im darauf folgenden März kündigte aber das Reichsoberhaupt sowohl seinem Landvogte in der Wetterau, Walram von Spanheim, als auch der Stadt Frankfurt an, er habe die wetterauer

---

[656]) Datum anno dni. M⁰.CCC⁰.XLVto. feria scda. proxima ante diem beati Luce Ewangeliste. (17. Oct.). Orig in Str. Fasc. III No. 15 und neues sp. Copb. in K. No. 20 fol. 50 b.

[657]) Geben zu Werde am frytag nach sant Andrestage c. 1345sten jar. (2. Dec.). Bachmanns Betr. über das Elsaß 294 No. XIV, siehe auch Böhmer's Reg. Lud. Imp. 154 No. 2458.

[658]) Datum die Doica. ante Thome apli. Anno dni. 1345to. (18. December). Orig. in Str. Fasc. II No. 35.

[659]) Beide Urkunden sind gleich datirt: Datum Anno dni. M⁰.CCC⁰.XLVIto. Ipso die Conuersionis Sancti Pauli Aplt. (25. Jan.). Sp. Copb. in K. B fol. CLXIIII und CVI.

Nonnenenklöster Engelthal und Thron in seinen Schutz aufgenommen, mit dem Auftrage, dieselben zu beschirmen [660]) und einige Tage hernach ertheilte jener Monarch dem nämlichen Landvogte die Weisung, die durch die römischen Könige und Kaiser verpfändeten Reichsgüter in der Wetterau einzulösen, an sich zu bringen und ohne Jemandes Hinderniß und Einsprache so lange zu besitzen oder zu genießen, bis das Reich dieselben wieder von ihm ledige und an sich löse [661]) woraus deutlich erhellet, in welchem Ansehen er bei Kaiser Ludwig stand.

Es ist uns bereits bekannt, Walram habe sich bei Gelegenheit der Sühne mit der starkenburger Linie im Juli 1338 anheischig ge= macht, dem Sohne des Grafen Johannes III von Starkenburg, eben= falls Johannes (IV.) geheißen, in Zeit von acht Jahren eine seiner Töchter zum Weibe zu geben, was nun auch in dem ausbedungenen Jahre 1346, gleichfalls im Juni, würklich vollzogen ward, indem er seiner Tochter Elisabeth für ihre Mitgift, jährlich zu 300 Pfund Heller, die Summe von 3000 Pfund Hellern auf sein Gericht zu Soren an= wies [662]). Im nächsten Monate verschrieb sich der Ritter Peter Frise von Bacharach eidlich seinem Herrn und Gebieter, die über die Oeff= nung des Rheingrafensteins sprechende und schon oft erwähnte Urkunde von 1328 treulich zu halten [663]), aber im J. 1347 erblicken wir unsern Grafen in einer sehr großen Thätigkeit; der Rauhgraf Georg und dessen Sohn Wilhelm quittirten ihm nämlich vorerst, als Vormunde über des lezteren Gattin Kunigunde, Gräfin von Spanheim=Tannenfels 1500 Pfund Heller, als die andere Hälfte ihres Zugeltes [664]); mit dem Rauhgrafen Ruprecht zur Altenbaumburg hingegen war er in schweren Streit gerathen, wegen der ihnen gemeinschaftlich zugehörigen Veste Ebernburg, worüber sie und ihre beiderseitigen Helfer lange Zeit in Zweiungen, Krieg und „missehellunge" befangen gewesen waren, bis es endlich, zur Beendigung des langen Haders, ihren

---

[660]) Dr. Friedr. Böhmer's Regesten Kaiser Ludwigs des Bayern. S. 155 No. 2477 und 156 No. 2483 unterm 5 und 12 März.

[661]) Der geben. ist zu Heydelberg an vnser frauwen dag Jn der Fasten ꝛc. 1346sten Jare ꝛc. (25. März). Sp. Copb. in R. B fol. XLIIII b.

[662]) Der da wart geben ꝛc. 1346sten Jare uff Sancte Jacobs Abunde des heil. Aposteln. (24. Juli). Copie in Str. Fasc. XVIII No. 15.

[663]) Datum Anno dni. M⁰.CCC⁰.XLVI⁰. Jn vigilia Assumpcionis beate Marie. (14. August). Sp. Copb. in R. F fol. CCXLI.

[664]) Datum anno dni. M⁰.CCC⁰.XL⁰. septimo Ipso die Circumcisionis dni. (1. Jan.). Das. B fol. CCLXIIII b.

Freunden und Verwandten zu Anfang dieses Jahres gelang, sie mittelst einer Sühne und Verzichtleistung, in Kreuznach einander näher zu bringen und sie auf folgende Weise vollständig auszusöhnen: unser Graf sollte die Veste und das Dorf Ebernburg, nebst Höfen und Gütern, allein inhaben, wogegen aber dem Rauhgrafen die zwei Dörfer Feil und Bingart mit allen ihren Zugehörungen ebenfalls allein zustehen sollten, welcher leztere sich noch zugleich pflichtig machen müße, wider die Grafen von Veldenz nicht mehr zu sein und jenem Walram aus seinem Theile Altenbaumburgs künftig keine Beschädigungen mehr zuzufügen, für welche Zugeständnisse ihm lezterer 2500 Pfund Heller einhändigte [665]) und in demselben Monate, so wie im October nahm er auch wieder zwei feierliche Erklärungen über den bekannten Oeffnungsbrief der Burg Rheingrafenstein von Claß von Wissen und von dem Wepeling Johannes von Morsheim entgegen [666]). Später standen unser Graf und die Bürgerschaft zu Kreuznach in einer Irrung mit dem dasigen Geistlichen Konrad wegen seiner Pfarrei, die sie ihm auf so lange entzogen hatten, bis er sich fügen würde, worauf sich derselbe endlich zu einem Vergleiche mit jenen bequemte, worin er geloben mußte, ihnen für die Zukunft hold und treu zu sein [667]).

Der durch Heinrich von Virnenburg von seinem Kurstuhle verdrängte Erzbischof Gerlach von Mainz, nahm in seiner Noth, wie er dies um diese Zeit auch mit dem Pfalzgrafen Ruprecht I. gethan, unsern Spanheimer zu seinem Helfer gegen jenen an, mit dem Versprechen, ihm für den geleisteten Rath, Beistand und Hülfe 40,000 kleine florenzer Goldgulden zu geben, wofür er demselben seine Burgen Beckelnheim und Martinstein, nebst der Stadt Sobernheim, mit allen Dörfern, Gerichten und sonstigen Zuständigkeiten, nichts ausgenommen, zu Pfande verschrieb, in welche Pfandgüter lezterer jedoch erst dann, wann jener Prälat wieder zu seinem Erzstifte gekommen seie, eintreten und dieselben ohngestört benützen sollte so lange er am Leben seie, so wie auch die genannten Vesten sammt der Stadt erst nach dessen Hin-

---

[665]) Geben in dem 1347sten Jare In dem nunzehenden dage In dem Maende den man nennet Januarius das ist der Hartmaende In der Bruder Stoben der Carmeliten zu Crutzenach vor none zyd ꝛc. (19. Jan.) Sp. Copb. in K. B fol. CCXXVII b. bis CCXXXI a.

[666]) Vom 27. Jan. und 25. October. Daselbst F fol. CCXLI et CCVXLII.

[667]) Datum anno dnī. Mº.CCCº.XLº. septimo vigilia ascensionis Dnī. (9. Mai) Orig. in Coblenz.

scheiden wieder eingelöset werden dürften; in einer besondern Urkunde
aber erklärte sich Gerlach zugleich für verpflichtet, unmittelbar nach
dem Wiedereintritte in sein Bisthum, mit Walram oder mit seinen
Erben die Einungen, Bündniße und Vereinbarungen zu erneuern und
zu beschwören, welche die früheren Erzbischöfe mit den Grafen von
Spanheim errichtet hätten und auch, auf deffen Begehren, solche Verschreibungen abzuändern, „zu kurzen oder zu lengen nach unser beyder
frunde Rait"; ferner machten sich beide noch anheischig, jeder müße
die hinter im gesessenen Unterthanen des andern verabfolgen laßen und
endlich gelobte der Prälat, seinem spanheimer Helfer allen Schaden zu
vergüten, den er in dem Kriege mit jenem von Virnenburg, dem
jetzigen Bischofe in Mainz, erleiden würde und unmittelbar nach dem
Abschluße dieser Verträge giengen des verjagten Erzhirten Brüder, die
Grafen Adolf und Johann von Nassau, eben des vorerwähnten Bündnisses wegen, noch die Verbindlichkeit ein, sowohl unserem Walram,
als auch dem Pfälzer Ruprecht I. die Hälfte ihrer Burg und Herrschaft Weilnau einzugeben, um dieselbe mit ihnen in Gemeinschaft zu
besitzen [668]).

Besondere Sorgfalt verwandte unser Herr auf die Erwerbung
neuer, bisher gemeinsamer oder verpfändeter, Besitzungen, um seine
Grafschaft theils immer mehr zu erweitern, theils dieselbe beffer zu
begränzen; denn so veräufferte der Ritter Heinrich Fust von Stromburg, in Verbindung mit den Gebrüdern Philipp und Heinrich von
Montfort, an denselben rechtlich, redlich und erblich ihre bisher besessenen und ausgeübten Rechte, Gerichte, Gülten, Zinsen, Wälder ꝛc.
in den zwei Dörfern Wolfenrod und Schlierscheit für 380 Pfund
Heller, für welche Summe ihnen der Käufer bis zu deren Abtrage
eine jährliche Rente von 38 Pfund Hellern anwies [669]). Ritter Johannes genannt vom Steine hingegen bekannte wenige Tage darauf,
sobald ihm unser Graf 500 Pfund Heller erlegen würde, so seie das
Dorf Genzingen ledig und los und gehöre wieder zu deffen Gebiete [670])

---

[668]) Diese drei Urkunden sind ausgestellt: Der geben ist an sancte Margareten
bage der heiligen Jungfrowen ꝛc. 1347ben Jare. 13. Juli). Sp. Copb. in
R. B fol. CCCXC b. bis CCCXCIII b.

[669]) Datum Anno Dni. M⁰.CCC⁰.XLVII⁰. feria Tercia post Assumpcionis
bte. virginis Marie. (21. Aug. Daf. B fol. CVII.

[670]) Der geben ist uff unser frauwen bag als sie geborn wart Anno dni.
M⁰.CCC⁰XLVII⁰. (8. Sept). Daf. B fol. CLVI b.

und unmittelbar nachher erkaufte derselbe von der Wittwe Dieterichs von Milewalt, Namens Jutta, und von ihrem Sohne die Vogtei, Manne, Leute, Gerichte, Güter und Einkünfte, überhaupt „alle die Gute vnd herschafft" zu Senheim und zu Protiche, mit Ausnahme eines Hauses, Weinbergs, Baumgartens und noch einiger näher be- zeichneten Güterstücke, wobei sich Mutter und Sohn noch besonders für verbunden erklärten, die Einwilligung und den Verzicht ihrer Kinder und Geschwister, „so wie sie zu iren tagen kommen" d. h. mündig geworden seien, über diesen Handel beizubringen [671]). Später trat unser Spanheimer als erbetener Vermittler in einer Fehde der Grafen Heinrich des Jungen und dessen Neffen Georgs von Veldenz mit dem Wildgrafen Johannes von Daun auf und bewürkte eine friedliche Vereinigung beider Parthien [672]); auch erinnern wir uns gewiß noch der Sühne vom Januar dieses Jahres zwischen unserem Grafen und dem Raubgrafen Ruprecht wegen der Veste Ebernburg, bezüglich welcher der Raubgraf Georg von Altenbaumburg und dessen Sohn Wilhelm sich mit dem ersteren dahin verbündeten, wenn jener Ruprecht oder seine Angehörigen gegen den vorgenannten beschwornen und besiegelten Sühnvertrag handeln, oder denselben brechen würden, ihm mit aller ihrer Macht und Kraft beizustehen [673]).

Gerlach Herr zu Brunshorn verpflichtete sich 1348, den Grafen Walram und seine Nachkommen in dem Besitze der erst kürzlich er- worbenen Vogtei Senheim nicht hindern oder stören zu wollen [674]) und in dem nämlichen Monate machte lezterer den Ritter Cuno von der Leyen zu seinem Burgmanne in Castelhun mit 80 Pfund Heller, oder dafür 8 Pfund Heller von der dortigen jährlichen Maibete [675]); derselbe und sein Sohn Simon III, der damals schon mit einer Gräfin von Vianden vermählt war, errichteten aber später zwischen dem

---

[671]) Datum anno dni. M⁰.CCC⁰.XLVII⁰. dominica proxima post festum Na- tiuitatis Beate Marie virginis gloriose. (9. Sept.). Neueres sp. Copb. in R. No. 1 fol. 35, auch in Str. No. 5523.

[672]) Datum anno Dni. M⁰.CCC⁰.XL⁰. septimo in die sanctorum Symonis et Jude Aplor. (28. Oct.). Acta Acad. pal. IV, 371 No. XV.

[673]) Datum Anno Dni. M⁰.CCC⁰.XL⁰. septimo Die Bti. Thome Cantuarensis. (29. Dec.). Sp. Copb. in R. B fol. CCXLV a.

[674]) Datum Anno dni. M⁰.CCC⁰.XLVIII⁰. feria tercia proxima ante Dnicam. Palmarum. (8. April). Neueres sp. Copb. in R. No. 1 fol. 31.

[675]) Der geben ist re. 1348 jare am fritag vor Philippi vnd Jacobi tage. (25. April). Orig. in Coblenz.

Schwager des lezteren, dem Domherrn zu Cöln Gotfried von Vianden
und zwischen dem Grafen von Namur, welcher den Bruder Gotfrieds,
Ludwig von Vianden, erschlagen hatte, eine Sühne, in die jedoch jener
Gotfried nur unter der Bedingung einwilligte, daß die beiden span=
heimer Herrn ihm dasjenige thun und halten müßten, was vier beider=
seits gekorne Rathleute über diesen Vorfall sprechen und vestsetzen
würden [676]). Auf Anordnung des Pfalzgrafen Ruprecht I. ward durch
ein zu Alzey abgehaltenes Manngericht, eine gütliche Vereinbarung
Walrams mit dem Johannes von Falkenstein dahin aufgerichtet, daß
jener in dem lehenbaren Besitze des Dorfes Euffersheim bleiben solle,
worüber er jedoch an einem vestgesezten Tage ein feierliches öffentliches
Zeugniß ablegen müße [677]), welcher Verbindlichkeit derselbe auch, dem
Pfalzgrafen so wie dem von Falkenstein gegenüber, vor dem Schult=
heiße und dem Rathe in Alzey zur bestimmten Frist pünktlich
nachkam, womit also dieser streitige Gegenstand erledigt und der
Besitz jenes Dorfes gegen alle ferneren Einsprüche gesichert war [678]).
Der strenge Edelknecht und spanheimer Vasall Gerhart von Span=
heim hatte sich um den König Karl IV., bei dessen Bewerbung um
den teutschen Thron solche Verdienste erworben, daß derselbe ihm aus
besonderer königlichen Gnade im J. 1349 die Vergünstigung ertheilte,
falls er nämlich ohne rechtmäßige Leibeserben sein Leben beschließen
würde, so sollte dann dessen Schwester Lyse, oder deren Abkömmlinge,
alle die Lehen erhalten und tragen, die derselbe seither vom Reiche
gehabt hätte [679]).

Das genannte Jahr war ebenfalls wieder reich an schönen und
einträglichen Erwerbungen, indem der Rauhgraf Georg von der Alten=
baumburg und seine eheliche Hausfrau Margaretha, an unsern Herrn
und an dessen Nachkommen die Hälfte ihrer Veste Nunburg, nebst
einer, jedes Jahr auf Martini fälligen, Rente von 100 Pfund Hellern,
unter folgenden für das spanheimer Haus sehr günstigen Bedingungen,
versezten: was nämlich dem Pfandherrn an jenem jährlichen Zinse

[676]) Datum anno dni. M⁰.CCC⁰.XLVIII⁰. Dnica. proxima ante diem Bti.
Jacobi Apli. (20. Juli). Sp. Copb. in R. B fol. XLIX.

[677]) Der geben wart ꝛc. 1348uo. Ipso die Bti. Laurencij martiris. (10. Aug.).
Daselbst B fol. LXXIIII.

[678]) Ohne besonderen Datum. Daselbst B fol. XXVII.

[679]) Datum Colonie die XIIIa. Mensis februarij. Anno dni. M⁰.CCC⁰.XLIX⁰.
Regnorum nror. Anno Tercio. (13. Feb.). Das. B fol. XXXI b.

fehle ober abgehe, baß müße ber Rauhgraf noch auf die andere Hälfte
jener Burg schlagen und derselbe, so wie seine Erben dürften solchen
Versatz nur erst dann von dem Spanheimer mit 1000 Pfund Hellern
wieder einlösen, wann sie die Veste für sich selbst behalten und auch
die Auslösung ein halbes Jahr zuvor ankündigen würden; sollte
indessen unser Graf etwa im Besitze oder Genuße solchen Pfandes gehindert, verkürzt oder gestört werden, so müßten die Rauhgrafen, gegen
Erlegung von weiteren 600 Pfund Hellern, demselben auch noch ihre
Stadt Simmern zur Hälfte „in rechter guber gemeynschafft" versetzen
und sie dürften dann aber, ohne des neuen Mitbesitzers und der
Seinigen Willen und Verhängniß, den übrigen Theil jener Stadt
nicht weiter an andere als Pfand eingeben; weil nun die Hälfte Num-
burgs an Kunigunde die Gattin von Rauhgraf Wilhelm, des Sohnes
jenes Georgs, zum Witthum verschrieben war, so mußten beide am
nämlichen Tage nochmals ihre ausdrückliche Zustimmung zu dieser
Verpfändung ertheilen, so wie zugleich unserem Grafen in guten Treuen
versprechen, ihn und seine Nachkommen in ihren rauhgräflichen Theilen
zu Ranstein und Ranstul, Burg und Stadt, gegen Jeglichen zu schützen
und zu enthalten [680]) und zwei Tage später, so wie im Monate März
finden sich wieder zwei Gelöbnisse für Walram von Heinrich Winter
(von Alzey) und dem Ritter Syfrit Puncker von Wartemberg über
den ofterwähnten Oeffnungsbrief Rheingrafensteins [681]).

Peter von der Leyen erklärte damals aufs feierlichste, mit dem
ebengenannten spanheimer Grafen „vmb alle Criege Mißhellunge
zweyunge vnd offleuße" vollständig gesühnt zu sein, womit er noch die
Versicherung verband, gegen denselben und die Seinen nie mehr zu
sein, so wie auch seinen Antheil an der Veste Leyen, unten und oben
in Zukunft nicht mehr gegen ihn gebrauchen zu wollen, welche Erklärung oder Sühne er und seine Hausfrau Agnes zu mehrer Vestig-
keit durch die strengen Ritter Richart von Stubernheim, Johann
Kynyng von Ludensdorff, Peter Wihen und durch den Wepeling Johan

---

[680]) Diese drei Urkunden sind an einem Tage gegeben: Datum Anno dni.
Mo.CCCo.XLo. nono. Ipso die bti. Mathie Apli. (24. Feb.). Die beiden
ersten: Sp. Copb. in K. B fol. CCXXVI et CCCLXV, die dritte vom
Orig. in Str. Fasc. XV No. 15.

[681]) Vom 26. Februar und 30. März. Sp. Copb. in K. F fol. CCXLIII und
CCXLIIII.

Hunzingen von der Nuwerburg mit besiegeln ließen ⁶⁸²) und Arnolt
Adeleise von Waldeck, „der zo Waldeck wanet," stellte an demselben
Tage dem gräflichen Schreiber zu Castelhun, Namens Johannes, eine
Empfangsbescheinigung über 26 Pfund Heller „kasteluner werung"
aus, für ein an Walram verkauftes Pferd ⁶⁸³). Der spanheimer Abt
Trithem berichtet uns über die im Laufe dieses Sommers aus Asien
verbreiteten furchtbaren pestartigen Uebel und Krankheiten, welche in
Europa den dritten Theil der Menschheit hinweggerafft haben sollen
und die Verwüstungen derselben müssen jedenfalls sehr groß gewesen
sein, denn nach jenes Abtes Zeugniß starben in der damals noch
kleinen Stadt Kreuznach 1600, in Mainz hingegen über 6000 Menschen
an dieser argen Pest, deren Folgen aber dadurch noch betrübter wurden,
weil sie, da man die Israeliten beschuldigte solches Sterben verursacht
zu haben, die Veranlassung zu einer entsetzlichen fanatischen Verfolgung
derselben war ⁶⁸⁴). Am 2. November veräusserten die Grafen Johannes
und Eberhart von Kazenelnbogen an unsern Spanheimer die Hälfte
ihrer im schönen fruchtbaren sogenannten Gaue (Gaulande) bei Niederolm an der Selzbach gelegene Burg Stabecken, nämlich Veste, Dorf,
Leute, Gerichte, Güter und Gefälle rc. überhaupt alles was dazu gehörte, für 3000 baare Pfund Heller „guter vnd geber werunge," unter
folgenden, in drei besonderen Urkunden enthaltenen, Bedingungen: jene
Grafen dürften die andere Hälfte an Niemand anders als nur an
Walram und ebenfalls nicht höher als um 3000 Pfund Heller verkaufen, jedoch nebst der Wiedererstattung derjenigen Summen, welche sie
seitdem noch kuntlich darin verbauen würden; unser Graf und seine
Elisabetha hingegen übernahmen die Verpflichtung, ihren halben Theil
Stabeckens nur ihren Verwandten von Kazenelnbogen und deren Erben
um dieselbe Summe wieder zu überlassen, aber gleichfalls mit Vergütung der, vermöge einer durch die Burg- und Amtleute, Manne
und Burger beglaubigten Kuntschaft, darauf verwendeten Baukosten
und endlich beschloßen noch beide Theile, Verkäufer und Käufer, an
ihrer jetzt gemeinschaftlichen Veste Stabecken, „Burg, dorff, graben vnd
gericht vnd an allen enden da es noit ist", außer den schon dafür

---

⁶⁸²) Datum Anno dni. M⁰.CCC⁰.XL⁰. nono. Sabbato post festum Penthecostes. (6. Juni). Sp. Copb. in K. B fol. LXX b.
⁶⁸³) Der gegeben wart rc. 1349 iar bes samisbages na pingestbage. (6. Juni).
Orig. in Str. Fasc. XIX No. 6.
⁶⁸⁴) Trithemii Chron. spanh. fol. 321 et 322 ad a. 1349.

bestimmten 400 Pfund Hellern die sogleich an die Gebäude verwendet
werden sollten, auch noch 1200 Pfund Heller zu verbauen, wozu jeder
Theilhaber die Hälfte beitragen müße [685].

Walram war seiner, an einen Herrn von Limpurg vermählten
Schwägerin Anna 50 Pfund guter Heller schuldig wegen einer Krone
(Geschmeide oder Kopfputz), die seiner Frau Elisabetha, der Schwester
jener Anna, als Erbe zu Theil geworden seie, daher er dieselbe im
J. 1350 in einen großen Turnos an dem Zolle zu Sanct Goar auf
so lange einsezte, bis sie jene 50 Pfund eingenommen hätte [686]. Entweder war im vorhergehenden Jahre großer Mißwachs gewesen, oder
vielleicht lagen auch, der herrschenden grimmigen Pest wegen, alle
Feldarbeiten darnieder, kurz, derselbe erkaufte, um seinen armen Unterthanen zu helfen und ihre Noth zu lindern, von dem Bischofe Salman
in Worms einen bedeutenden Vorrath von, in der Stadt Ladenburg
am Neckar lagernden Früchten, wofür er jenem geistlichen Herrn die
beträchtliche Summe von 2000 Pfund, weniger 13½ Schillinge, Heller
einhändigen ließ [687] und im April brachte er, in Verbindung mit
dem Grafen Heinrich von Veldenz, zwischen dem Rauhgrafen Georg,
dessen Gemahlin Margaretha und ihrem Sohne Wilhelm, so wie
zwischen der verwittweten Wildgräfin Margaretha von Daun, seiner
Schwester, eine friedliche Aussöhnung, wegen der durch den Gatten der
lezteren jenem Rauhgrafen gewaltsam entrissenen Veste Stolzenburg zu
Stande [688]. Im Spätjahre belieh unser Herr den Johann von
Waldeck, Battenburg geheißen, mit dem Hofe zu Dummershausen als
Burglehen, das auch auf dessen Söhne und Töchter, ja in deren Er-
mangelung sogar auf seine Brüder und Schwestern vererben könne [689]
und im folgenden Monate besserte er den lebenslänglichen Witthum

---

[685] Diese drei Briefe sind an einem Tage gegeben: Datum Sprendlingen in
  Crastino omnium Sanctorum Anno dni. M⁰.CCC⁰.XL⁰. nono. (2. Nov.).
  Sp. Copb. in R. B fol. CCCXLVII b. bis CCCXLIX a.

[686] Datum sub Anno MCCCL Feria sexta proxima ante Dominicam Invocavit. (9. Februar). Wenk's hess. Landesgesch. I. Documente 161 No. 231.

[687] Datum Anno dni. M⁰.CCC⁰.L⁰. In vigilia Bti. Mathie Apli. (23. Febr.).
  Sp. Copb. in R. B fol. CCCXLI b.

[688] Dieser brief wart gegebin des nesten Donrstagis na dem heiligen Osterdage ꝛc. 1350 Jair. (1. April). Senckenbergii Meditationes de universo
  jure etc. 69 No. VII.

[689] Datum anno dni. M⁰.CCC⁰.L⁰. in die Paulini Epi. (31. Aug.). Sp. Copb.
  in R. aus neuer Zeit No. 1 fol. 34 ꝛc.

seiner geliebten Elisabetha, den sein seliger Vater Simon II., unter
der beiden Pfalzgrafen als Lehensherrn Genehmhaltung, auf die halbe
Stadt Kirchberg („oh zu der zyt sin was") verlegt hatte, mit der Veste
Gudenburg, sammt dem darunter gelegenen Thale oder Dorfe Weitersheim, so wie mit den drei, in der Nähe des Nonnenklosters Sanct
Katharinenthal befindlichen Orten Roxheim, Hargesheim und Weiler,
sämmtlich mit ihren Zubehörden [690]).

Die Dynasten von Hohenfels am Donnersberge waren mit der
Zeit dermaßen ausgeartet, daß sie sich damals, wie würkliche Wegelagerer, dem sogenannten Stegreifunwesen ergaben und unter anderem
hauptsächlich die Besitzungen der beiden Reichsstädte Worms und
Speyer sehr bedrängten und beschädigten, daher dieselben mit den
mächtigen und angesehenen Grafen Walram von Spanheim und Heinrich von Veldenz, 1350 ein Bündniß in der Absicht errichteten, um
mit vereinten Kräften jenes Raubnest zu erobern und zu zerstören,
das dann später nicht mehr erbaut werden dürfe, was auch im folgenden Jahre würklich ausgeführt ward [691]). Der strenge Ritter Johann
vom Steine erkaufte 1351 von Heinrich von Montfort eine zu Kreuznach fällige Jahresrente von 19 Pfund Hellern, mit der Zustimmung
der beiden Gemeiner des lezteren und unter dem ausdrücklichen Vorbehalte, daß es unserem Grafen zu jeder Zeit frei stehen sollte, jenen
Zins mit 190 Pfund Hellern an sich zu lösen [692]) und wir finden
jezt auch wieder einen erneuerten Beweis von dem rastlosen Eifer des
Spanheimers, wichtige Erwerbungen, jedoch nicht nur an Gülten und
Zinsen, sondern auch an Gütern zu machen, denn der Ritter Philipp
von Wunnenberg der Alte, früher Viccdom im Rheingaue, mußte ihm
feierlich angeloben, falls seine Brüder (d. h. Schwäger) von Hohenfels
ihre Güter zu Eich am Altrhein (einige Stunden unterhalb Worms
gelegen) verkaufen würden oder wollten, welche Besitzungen die Jungen
von Hohenfels jenem Philipp theilweise verpfändet hätten, er möglichst
dafür Sorge trage, daß dieselben dem spanheimer Hause zugewendet

---

[690]) Datum Anno Dni. Mⁿ.CCCⁿ.Lmo. Jubileo, feria sexta proxima post
Mathei apli. (24. Sept.). Orig. in Str. Fasc. XVIII No. 18.
[691]) Der gegeben ward uff Sante Remigiis dag ꝛc. 1350ften Jare. (1. Oct.).
Orig. im Archive der Stadt Speyer No. 622. Siehe auch Lehmann's
Chron. spir. fol. 704 ꝛc. und meine pfälzischen Burgen IV, 188.
[692]) Datum ꝛc. 1351 Jare zu Halpfasten. (27. März). Sp. Copb. in K. B
fol. CLVII.

werden möchten ***), was einige Monate darauf würklich geschah, denn der von Wunnenberg und seine Ehefrau Grede überließen im Juni 1351 käuflich an Walrab, an dessen Ehehälfte Elisabetha und an deren Nachkommen, was sie zu Eich von den Hohenfelsern bisher im Besitze gehabt hatten, nämlich Burg und Dorf, mit Vogtei, Gerichte, Leuten, Gülten, Gütern und Weinmarkt, kurz mit allen Zuständigkeiten, ausgenommen das Gut welches ihnen von den Gebrüdern Herrmann und Friederich von Hohenfels versezt seie, für eine ungenannte ansehnliche Summe Geldes (später werden wir erfahren, daß es 3900 kleine florenzer Goldgulden waren), um diese Güter gleich ihren übrigen Besitzungen inzuhaben und zu benutzen ohne der Verkäufer Einsprache oder Widerrede und zugleich ermächtigten sie den Grafen, das dasige, durch die Hohenfelser an jenen Philipp verpfändete, Gut um die Pfandsumme ebenfalls an sich zu lösen ****), welche bedeutende Erwerbung wahrscheinlich die nächste Veranlassung war, daß er bei seinen Burgleuten, den Söhnen Wolfs von Spanheim, am anderen Tage 2000 Pfund Heller aufnehmen mußte und ihnen davon bis zur Rückerstattung jährlich 200 Pfund Zinsen zu geben versprach. ***)

Bezüglich dieses Eich's fielen uns noch einige Daten in die Hände, welche wir zur Erläuterung der früheren Schicksale desselben und um sie zugleich der Vergessenheit zu entziehen, hier nicht unerwähnt lassen mögen. Der Erzbischof Heinrich in Cöln nahm den edeln Mann Hermann Herrn zu Hohenfels, seinen Blutsfreund, der Verdienste wegen, die er sich um das Erzstift erworben hatte, im J. 1306 für 100 Mark cölner Pfennige zu seinem und seiner Kirche Vasallen an, wofür er ihm eine Jahresrente von zehn Mark auf eigene Güter (später in Eich) beweisen und dieselben als Lehen tragen mußte ***) und nachher, 1313, empfieng jener Hermann von dem Erzhirten von Balduin zu Trier 300 Pfund guter Heller, wogegen er demselben sein eigenes oder allodiales Dorf Eich bei Worms, mit allen Vogteirechten,

***) Datum anno dni. M⁰.CCC⁰.LI⁰. ipso die Beator. Philippi et Jacobi aplorum. (1. Mai). Orig. in Str. Fasc. XV No. 17.
****) Der gegeben ist ꝛc. Anno dni. M⁰.CCC⁰.LI⁰. primo Crastino Nativitatis Sci. Johannis Baptiste. (25. Juni). Sp. Copb. in R. B fol. CCCLXXVII.
***) Datum Anno dni. M⁰.CCC⁰.LI⁰. die Btor. Johannis et Pauli martirum. (26. Juni). Daselbst B fol. CXLIX b.
***) Datum Brule Die dominico post festum omnium sanctorum Anno dni. M⁰.CCC⁰.VIto. (8. Nov.). Daselbst B fol. CLXVII.

Einkünften, hohen und niederen Gerichten, kurz mit sämmtlichen Gütern und Zugehörungen, nebst einer jährlichen Rente auftrug und als trierer Lehen empfieng. ⁶⁹⁷) Der genannte Hermann verkaufte oder verpfän= dete jedoch im J. 1347 seine sämmtlichen Besitzungen im Dorfe zu Eich, in dem Hofe zu dem Sande und in den Gemarken anderer, zu jenem Orte und Hofe gehöriger, umliegender Dörfer an den strengen Ritter Philipp v. Wunnenberg seinen Bruder (i. e. Schwäger) und an dessen Frau Grebe, für eine ihm ausbezahlte Summe, zum ohnge= störten Besitze ⁶⁹⁸) und am folgenden Tage übertrug er die dortige Vogtey, den Weinmarkt und was er sonst noch von trier'schen Lehen daselbst hatte, dem Jacob von Albich zu Afterlehen, mit der Verpflich= tung dasselbe zu vermannen und von jenem v. Wunnenberg und von dessen Söhnen oder Töchtern zu empfangen und zu tragen. ⁶⁹⁹) Wir haben nun oben vernommen, wie Philipp v. Wunnenberg Burg und Dorf Eich, den Hof zum Sande, mit deren sämmtlichen Zubehörden im J. 1351 an Walram von Spanheim für frei und eigen veräusserte, daher jener auch bewürken mußte, daß der Prälat Balduin auf das eicher Lehen förmlich verzichtete, nachdem er demselben und seinem Erz= stifte 1354 sein Haus und Hof genannt zum Dienheimer zu Selhofen in der Stadt Maynz, mit allem was dazu gehörte, als Lehen aufge= tragen hatte ⁷⁰⁰), in welchen Verzicht Balduin's Nachfolger im nächsten Jahre einwilligte ⁷⁰¹) und wozu auch einige Wochen später der Dom= propst, der Dombechant und das gesammte Capitel der trierer Kirche ebenfalls ihre Zustimmung ertheilten. ⁷⁰²)

---

⁶⁹⁷) Actum et datum in baptismo prope Treuerim die XVIII a. mensis Julij Anno incarnacionis duice. Mᵒ.CCCᵒ. tereio decimo. (18. Juli). Drig. in Str. Fasc. I No. 17 und daf. B fol. CCLXXVIII a.

⁶⁹⁸) Datum Anno dni. Mᵒ.CCCᵒ.XLᵒ. septimo feria quarta ante Georij mris. (18. April). Drig. in Str. Fasc. XV No. 11.

⁶⁹⁹) Datum anno dni. Mᵒ.CCCᵒ.XLᵒ. septimo feria quinta ante diem sci. Georij mris. (19. April). Sp. Copb. in K. B fol. CCCLXXIX b.

⁷⁰⁰) Der gegeben ist zu Triere des nesten Sondagis vor Sant Agneten dage der heyligen Jungfrauwen 2c. 1353 Jare nach gewonheyt Jn onserm Stiefft zu Triere. (19. Jan.). Daselbst B fol. CCCLXXXI

⁷⁰¹) Geben zu Nurenberg 2c. 1355 Jare off Mitwochen nach des heyligen Cristus= dage. (30. Dec.). Daf. B fol. CCCLXXXII.

⁷⁰²) Der geben ist 2c. 1355 Jare des frytagis nach Sant Valentius dage, nach gewonheyt zu Schriben Jn dem Stiefft zu Triere. (19. Februar 1356). Daf. B fol. CCCLXXXI b.

Nach dieser kurzen Abschweifung kehren wir wieder zu unserem Walram zurück; der Ritter Johannes vom Steine stellte demselben 1352 die bestimmte Erklärung aus, wenn er die jenem verpfändete Gülte von 10 Malter Korn in Kreuznach von ihm oder von seinen Erben mit 100 Pfund Hellern wieder an sich bringen würde, so wolle er auf alle weitere Forderungen Verzicht leisten. [703] Die ansehnlichen Erwerbungen unseres Grafen in der Umgebung von Mainz und Worms, nämlich Stadecken und Eich am Altrheine, erregten indessen nicht allein die Aufmerksamkeit, sondern auch den Neid des sonst überaus tüchtigen und umsichtigen Pfalzgrafen Ruprechts I., dessen Bestrebungen, wie diejenigen Walrams, ebenfalls und vorzugsweise nur auf Erweiterung und Vergrößerung des pfälzischen Gebietes gerichtet waren, daher sich manchmal Irrungen zwischen beiden ergaben, denn jener Fürst errich-tete im Frühjahre 1352 einen Frieden, oder vielmehr eine mehrwöchent-liche Waffenruhe, mit der Reichsstadt Speyer und mit deren Helfer, unserem Spanheimer, in die auch die, damals bischöflich wormsische, Stadt Ladenburg am Neckar, sammt ihren Bürgern, eingeschlossen wurde, [704] welche Uebereinkunft man nachher noch vom Kreuz-Erfin-dungstage an bis zum nächsten Feste Johannis des Täufers verlän-gerte, [705] allein schon einige Tage darauf suchte der Kurpfälzer, viel-leicht im edeln Gefühle seines Unrechtes, seine seitherigen Zerwürfnisse mit Walram beizulegen, indem er, bei einer Zusammenkunft in Worms, mit demselben einen sogenannten Anlaß, oder ein Compromiß auf Schiedsleute, errichtete, die, nach genauer Untersuchung der Klagpunkte, die Sühne vorbereiten und später darüber entscheiden sollten, [706] von welchen Klagstücken wir nur den einzigen, aber schweren und gewich-tigen, unseres Grafen: Ruprecht I. hätte nämlich an ihm, so wie an den Bewohnern der Stadt Ladenburg den Frieden gebrochen und über-

---

[703] Gegeben uff sante Mathias abent des heyligen aposteln rc. 1352sten Jare. (24. Feb.). Orig. in Str. Fasc. XIX No. 5.

[704] Der wart geben rc. 1352 Jar an dem Sundage rc. Reminiscere in der vasten. (4. März). Orig. im Archive der Stadt Speyer No. 632.

[705] Der wart geben rc. 1352sten Jare an dem nehesten mantage vor Sant Walpurgen dage. (30. April). Orig daselbst No. 630.

[706] Der gegeben ist zu Wormezen of den nesten fritag vor sce. Pancracien dage des heiligen martelers rc. 1352sten Jare. (11. Mai). Orig. in Str. Fasc. VI No. 50 und sp. Coph. in K. B fol. LXXIIII rc.

fahren, hier kurz erwähnen wollen, [707]) weil die pfalzgräflichen Beschwerden, sowie überhaupt alle größeren pfälzischen Ereignisse, in die Geschichte von Kurpfalz gehören, wo sie auch ihre Stelle und Würdigung finden werden; jener Anlaß hatte übrigens den erwarteten guten Erfolg, denn sämmtliche Klagen, Forderungen und Anstände wurden Anfangs August durch die Schiedsmänner in Worms erledigt oder gütlich beigelegt und so die Eintracht zwischen den beiden Partheien wieder hergestellt.

Während dieser Vorgänge vermittelte unser rühriger Spanheimer auch eine friedliche Mutscharung zwischen seinen Schwägern, den gräflichen Brüdern Wilhelm und Eberhard von Katzenelnbogen [708]) und suchte sich zugleich durch Bundesgenossen zu stärken, denn er gewann den Dynasten Reinhart v. Westerburg und dessen Nachkommen mit 600 Pfund Hellern zum Burgmanne in seinen sämmtlichen Vesten, [709]) für welche Summe jener im nächsten Jahre 60 Pfund Heller auf eigene Besitzungen verschrieb und sie als Lehen von der Grafschaft Spanheim empfieng. [710]) Im Monate August stiftete auch, unter Walrams Genehmhaltung, Aleid (Adelheid), die Wittwe des Edelknechts Gerharts v. Spanheim und wohnhaft in der Veste Neve, eine ewige Messe und Memorie auf dem Altare in der dasigen Burgcapelle, die sie mit verschiedenen Gütern und Gefällen begabte, [711]) welcher gottseligen Handlung der Abt Mathäus zu Sprinkirsbach und das Kloster Stuben, nach Verlauf von zwei Jahren, die Bestätigung ertheilten [712]); Wolfram v. Lewenstein, Ritter und dessen Sohn Johannes, veräusserten später an unseren Grafen ihre an dem Katzensteg bei Neuenbaumburg befindliche Mühle mit Zubehörden für 100 Pfund gute baare

---

[707]) Ist dieser brieff gegeben zu Wurmezze uff sante Stephanstag als er funden wart 2c. 1352 Jar. (3. Aug.). Drig. in Str. Fasc. VI No. 52 und sp. Copb. in K. B fol. LXXVI 2c.

[708]) Dieser brieff wart gegeben vnd geschrieben 2c. 1352sten Jare uff Sant Peters vnd Paulus dage der heyligen Aposteln. (29. Juni). Sp. Copb. in K. B fol. CCCXLIII.

[709]) Datum Anno Dni. M⁰.CCC⁰.L⁰. sedo. In Octauo Petri et Pauli aplor. (6. Juli). Das. F fol. LXXVII.

[710]) Datum Anno Dni. M⁰.CCC⁰.L⁰. tercio Dnica. die qua cantatur Misericordiæ Dni. (7. April). Copialbuch in Str. E 5524.

[711]) Dat. Anno dni. M⁰.CCC⁰.L⁰. sedo. in Octaua bti. Stephani. (3. Aug.). Drig. in Coblenz.

[712]) Datum anno Dni. M⁰.CCC⁰.L⁰. quarto in vigilia bti. Bartolomei. (23. Aug.). Drig. daselbst.

Heller, mit der Einwilligung Johanns vom Steine, dem dieselbe versezt war und der auch deshalb mitsiegelte [713]) und im December endlich nahm jener Herr den, etwas entfernt wohnenden, Edelknecht Lamprecht Streuf von Castel an der Blies zu seinem Manne auf, mit
dem Versprechen, demselben dafür entweder 200 Pfund Heller zu verabreichen, oder eine Rente von 20 Pfund anzuweisen. [714])

Mit dem Beginne des folgenden Jahres half Walram nebst andern Verwandten und Freunden als erwählte Austragsmänner, die
Streitigkeiten zwischen den Grafen Gerhart zu Dietz und Johann von
Nassau-Merenberg entscheiden; [715]) im folgenden Monate aber gelobte er
mit seinen vorerwähnten kazenelnboger Schwägern den Frieden in dem
Schlosse Richenberg und in dem dazu gehörigen ganz genau bezeichneten Bezirke [716]) und fünf Tage später freiten derselbe, seine treue
Lebensgefährtin Elisabetha und ihr Sohn Symon, „dorch gots vnd
vnßere Seelenheils willen", die sämmtlichen Güter der Abtey Disibodenberg in der Gemark ihres Dorfes Wimßheim, es seien nun Haus,
Hof- Aecker, Wiesen oder Weingärten u. s. w. von Azungen oder
Herbergen im Dorfe und im Felde, ferner von Wagenfahrten, Fuhren
und Pferde zu leihen, von Steuern und Beiträgen zu Bauten an Kirchen
und Kirchhöfen, sowie von andern änlichen Lasten und zugleich nahmen
sie das Kloster noch in ihren besonderen Schutz und Schirm, damit
dasselbe seine Besitzungen und Einkünfte ruhig genießen könne, jedoch
mit der einzigen Ausnahme, daß nämlich wann jene Gemeinde, mit
der Genehmigung ihres gräflichen Herrn oder seines Amtmannes,
Gräben und Zäune, oder Wege und Stege zu machen hätte, die Conventsherrn dann, ebenfalls nach Maßgabe ihrer Güter, dazu beisteuern
müßten, sonst aber von allen anderen Beschwerden ganz befreit sein
sollten, für welche Freiung und Vergünstigung der Abt und sein Convent dem Grafen 300 Pfund Heller unter der Bedingung zustellten;

---

[713]) Datum Anno dni. M⁰.CCC⁰.LII⁰. In vigilia Mathei apli. (20. Sept.).
Sp. Copb. in R. B fol. XCIX.

[714]) Der geben wart ꝛc. 1352 jare an Sant Thome dage. (21. Dec.). Orig.
in Coblenz.

[715]) Der do wart gegeben ꝛc. 1353sten Jare uff den Dinstag vor dem achtzehenden Dage. (8. Januar). Wenk's heff. Landesgeschichte L Doc. 817
No. 410.

[716]) Dyser bryf wart gegeben ꝛc. 1352steme iare uff sent peters dag als er zu
babiste gesatzt wart als man in Tryre bystum schribet. (22. Febr.). Orig.
in Str. Fasc. VI No. 49.

wann biefe Summe wieder zurück bezahlt feie, follte auch „vorftehende frihcit intzwei fin und nit nie weren". [717] Ohngeachtet der Sühne mit Kurpfalz vom vorigem Jahre, müffen dennoch wieder Reibereien und Irrungen zwifchen Ruprecht I. und Sponheim vorgefallen fein, weil Pfalzgraf Rudolph II. einen Frieden und eine Einigung unter beiden zu Stande brachte, welche erfterer mit dem Zufatze genehmigte und beftätigte, unferm Walram dürfe fürder aus den pfälzifchen Bur- gen fein Schaden mehr zugefügt werden, gefchehe es aber dennoch „von vngefchichte", fo wolle er den Nachtheil fogleich beffern und zudem foll- ten die beiderfeitigen Gefangenen „Frift vnd zil haben acht tag darnach fo die orfage vß ift." [718]

Die Grafen Walram v. Spanheim und Heinrich v. Veldenz veranlaßten im Auguft 1353 ein Schöffengericht in dem Orte Uden- capelle für ihre Schwefter und Schwägerin, die verwittwete Wildgräfin Margaretha von Daun, über die rheingräfliche Oberhoheit und Gerecht- fame in dem genannten bei Grumbach gelegenen [719] Dorfe und jener fuhr immer noch unermüdet fort, durch Erwerbung an Gütern oder Pfandfchaften fein Gebiet zu vergrößern und daburch zugleich feine Familie zu bereichern, denn der wormfer Bifchof Salman verfezte dem- felben 1354 feine, ohnweit Worms auf dem rechten Rheinufer Rhein- dürkheim gegenüber gelegene, Burg zu dem Steine, nebft dem was dazu gehörte an Wiefen, Waffer, Waide, Gülten und Gefälle, dazu auch noch eine jährliche Rente von 300 kleinen Gulden und eine Weingülte von einem Fuder, fällig von der bifchöflichen Bete zu Dirm- ftein, für 3500 kleine baare Goldgulden, unter den damals gebräuch- lichen Bedingungen, nämlich der neue Pfandherr dürfe 500 kleine Gul- den an jener Vefte verbauen und verbeffern, zugleich feie diefelbe dem Prälaten ftäts geöffnet, um fich daraus zu vertheidigen, auch könne fie mit Erlegung der Pfand= und Baufumme jederzeit ausgelöfet werden

---

[717] Datum Anno dni. M°.CCC°. quinquagesimo tercio feria quarta proxima post dominicam que vocatur Oculi. (27. Feb.). Diffibobenberger Urkun= benbuch fol. 133 b und fp. Copb. in K. B fol. CCXC a.

[718] Datum in Nouaciuitate quarta feria poft petri et Pauli btor. aplor. Anno dni. M°.CCC°.L°. tercio. (3. Juli). Orig. in Str. Fafc. VI No. 54.

[719] Der geben wart des negften Donnerftags vor vnfer frauwen tage als fie zu himell fure, den man nennet zo latin Assumpcio rc. 1353 Jar. (8. Aug.). Senckenberg Selecta juris et hift. VI. 578 No. IX.

und gehöre dann wieder dem Bischofe und seinem [720]) Hochstifte. Unser Graf und der Ritter Heinrich Schzeel v. Lorch stellten ihre Beschwerden über beiderseitige Beeinträchtigungen dem Erzbischofe Gerlach von Mainz zum Austrage anheim, der ihnen auch den Auftrag ertheilte, ihre Klagen durch genaue Kundschaften zu erhärten [721]) und die oben erwähnte Verlobung der zweiten Tochter Walrams, Namens Margaretha, mit dem Dynasten Philipp dem Jüngsten von Falkenstein und Herrn zu Minzenberg, wurde vermöge des Hinlichsbriefes von 1344, auch im J. 1354 vollzogen; jener verschrieb seiner Tochter, anstatt der früher bestimmten Mitgift zu 3000 Pfund Heller, eine Jahresrente von 300 Pfund auf die Dörfer Hilbersheim und Zotenheim, beide jedoch mit jener Mitgiftssumme wieder auszulösen und der junge Ehemann verlegte den Witthum seines Weibchens, ebenfalls mit einem jährlichen Geldzinse von 300 Pfund Hellern, auf seine Theile an Burg und Stadt Assenheim in der Wetterau, nebst den dazu gehörigen Frucht- und Geldgefällen. [722]).

Die Frau Jutta vom Steine, Wittwe Johann's v. Waldeck genannt v. Battenburg, errichtete mit ihrem Schwager Heinrich, Herrn v. Waldeck, 1355 einen „ganzen Mutbescheit", kraft dessen sie in ihrem angewiesenen Witthum verbleiben sollte, wogegen die mit letzterem gemeinschaftlich besessenen Güter zu Burgen, Hirzin und zu Tischeit nach ihrem Absterben ganz an denselben fallen müßten, erkläre aber der Graf v. Spanheim das Lehen zu Kastellaun für ein Erbburglehen, so sollte es gleichfalls ihrem Schwager allein zugehören, oder sie müsse ihm deßhalb vor den dortigen spanheimer Burgleuten zu Recht stehen; [723]) Walram, seine Gattin und deren Sohn Simon, „Greue von Byanden", befreiten zugleich bald darauf, wie sie im vorhergehenden Jahre mit Wimmersheim gethan hatten, so auch jezt, auf dieselbe Weise und mit den nämlichen Worten die Klostergüter des Diſibodenbergs zu Hilbers-

---

[720]) Der gegeben ist ꝛc. 1354ſtem Jare des neſten fritags vor Sant Pancraeien bage. (9. März). Sp. Copb. in K. B fol. CCCXXXVII b. etc.

[721]) Der gegeben ist ꝛc. zu Meinze off den Mittewochin neheſt vor ſante Martini bage ꝛc. 1354ſtem Jare. (5. Nov.). Orig. in Str. Faſc. VI No. 55 (hat das J. 1355) und daſelbſt B fol. CCXLVII (mit dem Jahr 1354).

[722]) Der gegeben ist des nehſten Mitwochs vor Sante Catherinen bage, nach Gots Geborte ꝛc. 1354den Jare. (19. Nov.). Daſelbſt B fol. CCLXXXI und CCLXXXII und Copie in Str. Faſc. XVIII No. 19.

[723]) Datum Anno M⁰.CCC⁰.L⁰. feria quarta ante festum panthecostes. (20. Mai). Daſelbſt B fol. XCV.

helm von allen Steuern und Lasten, wofür der Abteivorstand jenen 850 Pfund Heller bezahlte [724]) und im December schlichtete das Reichs=oberhaupt Karl IV. eine abermalige Zweiung zwischen dem Kurfürsten Ruprecht I. von der Pfalz und unserem Grafen, welche sich beide an die kaiserliche Gnade um Entscheid gewendet hatten, auf folgende Weise: Dieselben sollten „vmb die stoze", die sie bis auf den heutigen Tag mit einander gehabt hätten, eine rechte freundliche Sühne haben und aber auch halten, sowie sämmtliche Gefangenen, nebst der Veste Alt=leiningen in des Kaisers Hand und Gewalt auf so lange gestellt wer=den sollten, bis der Spanheimer seine pfälzischen Lehen von Ruprecht I. empfange, wozu jener Monarch und der größte Theil der Kurfürsten denselben ermächtigt hätten, wolle sich jedoch der Graf nicht belehnen lassen, so möchten sie offen oder ledig bleiben, allein in dem einen, wie in dem andern Falle, so entschied Karl IV., müßten die beiderseitigen Gefangnen entlassen und auch unserm Herrn sein Haus Leiningen wieder zugestellt werden. [725]) Der Bruder des lezteren, Namens Jo=hannes, hatte im J. 1356 den Ritter Gerhart Chorus, sammt einigen Schöffen und Bürgern aus Aachen zu Gefangenen gemacht und sonst noch beschädigt, sie aber wieder entlassen und den zugefügten Schaden vergütet, worüber sie einen Verzicht und eine Urfehde ausstellten, die der dortige Stadtrath nicht nur beurkundete und besiegelte, sondern auch noch unserm Walram, der sich seines Bruders lebhaft angenom=men hatte, in einem besonderen Briefe feierlich gelobten, diesen Vorfall an ihm nicht rächen oder ahnden zu wollen. [726]).

Der seit dem J. 1346 an den Grafen Johannes IV. von Span=helm-Starkenburg verheuratheten Tochter desselben, Elisabetha, verschrieb ihr Eheherr 1356 eine Rente von 300 Pfund Hellern auf die Dörfer, Leute, Gülten u. s. w. die zur Burg oder zum Amte Birkenfels ge=hörten und dazu noch die Hälfte dieser Veste mit Burgmannen, Thurn=knechten und „Portenern als recht und gewonlich ist", zu ihrem lebens=länglichen Wittthum und Wöhnsitze [727]) und auf Sanct Johann's des

---

[724]) Datum Anno dni. M⁰.CCC⁰.LV⁰. die beatorum Kyliani et socior. eius. (8. Juli). Disibodenberger Urkundenbuch fol. 133 b.

[725]) Der geben ist zu Nurenberg ɔc. 1355sten Jare Des nehsten Montages nach sant Lucien tage. (14. December). Sp. Copb. in K. B fol. V b.

[726]) Beide sind batirt: Der gegeben ist des fritages nach dem heilgen zwolften bage ɔc. 1356sten Jare. (8. Januar). Orig. in Str. Fasc. VI No. 56.

[727]) Der geben ist ɔc. 1356 Jare Des frytagis In der Heyligen Osterwochen. (29. April). Sp. Copb. in K. B fol· CCLXXVI.

Täufers Tage stiftete unser Spanheimer, als Herr und Gebieter, eine
Sühne und Einigung unter den zahlreichen Besitzern und Gemeinern
der Vesten Walbeck, Schöneck, Ehrenberg und Elz, die in jenen Raufzeiten einander lange befehdet, bekriegt und sich gegenseitig großen Schaden zugefügt hatten. [728] Der Bischof Salman von Worms hatte unterdessen, vermuthlich aus Besorgniß, er möchte durch den mächtigen
pfälzer Kurfürsten Ruprecht I. beeinträchtigt werden, dem Grafen Walram die Stadt Ladenburg zur Beschützung und Handhabung anbefohlen,
der jedoch, weil er natürlicher Weise nicht beständig dort anwesend
sein konnte, die beiden ritterlichen Brüder Albrecht Großheinrich und
Kleinheinrich von Erleckeim daselbst einsezte, „das sie daselbis In sinen
wegen raube vnd Amptlude sin sollen", welche zugleich die Verpflichtung übernahmen, die Statt und Bürger treulich zu schuren, zu schirmen und zu verantworten und auch dieselben nach ihres Grafen et-
waigem Ableben, nur dessen rechten Erben einzugeben und zu überlassen [729].

Unser Spanheimer verpfändete, um, wegen seiner öfteren Abwesenheit, sowie wegen der weiten Entfernung von seiner Grafschaft, bei
der einsam gelegenen Burg Stein einen besseren, gemeinschaftlichen
und sicheren Stütz- und Haltpunkt zu haben, die Hälfte derselben, mit den
dazu gehörigen Dörfern, Gerichten, Leuten und Einkünften, im November 1356, für 1600 kleine Goldgulden, jedoch gegen Wiedereinlösung,
an die Bürgermeister und den Rath der Stadt Worms unter folgenden
Bedingungen: leztere sollten mit ihm in rechter Gemeinschaft jener
Veste sitzen und dieselbe auch gemeinsam genießen und gebrauchen,
allein in den dazu gehörigen Waldungen dürften sie nur für die Burg
Bau- und Brennholz zur Nothburft hauen und also die Wälder nicht
verwüsten, auch müßten sämmtliche Diener und Knechte, seien es nun
Burggrafen, Kellner, Thurmknechte, Gärtner, Wächter, Bäcker, oder
sonstiges Gesinde angeloben, jedem der beiden Herrn und Besitzer treu
und redlich zu dienen, worauf dann noch die gewöhnlichen Bestimmungen
folgen, wann etwa Zwist oder Uneinigkeit entweder unter dem Gesinde,

---

[728] Der gegeuen wart 2c. 1356eme Jare of sente Johans Dage vnsers Heren
Deufers der gelegin is vur dem Erne. (24. Juni). Günther Cod. dipl.
rhen.-mos. III, 620 No. 431.

[729] Der geben ist 2c. 1356stem Jare an Sant Margareten abende der Heyligen
Jungfrauwen. (12. Juli). Sp. Copb. in K. B fol. CCCXI, b.

oder zwischen den beiden Inhabern ausbrechen sollten, oder das Haus
von andern bedrängt werden würde, daher sie endlich noch einen besonderen Burgfrieden mit einander abschlossen [730]). Der Wepeling
Symon von Bliescastel hatte unserem Grafen in dessen Zerwürfnissen
mit dem Kurfürsten Ruprecht I. oder dem Aelteren, viele und gute
Dienste erwiesen, wofür er aber auch genügend belohnt worden war
und deshalb 1357 auf alle weiteren Ansprüche Verzicht leistete; [731])
am 20. April bekannte letzterer für sich und die Seinigen, sie seien
mit dem frommen Ritter Philipp von Wonnenberg dem Alten gänzlich
gesühnt über alle Zwcelungen, die sie bisher wegen des Gutes zu Eich,
des Hofes zum Sande und der Güter zu Sprendlingen mit einander
gehabt hätten und verzichteten gleichfalls gegenseitig auf alle sonstigen
Forderungen [732]) und sechs Tage später versetze Walram dem Heinrich
zum Jungen, Bürger zu Mainz und Schultheiße in Oppenheim, so
wie dessen Kindern erster Ehe, Burg und Dorf Eich, den Hof zum
Sande und das Gut, welches den jungen Hohenfelsern gehört hatte,
sammt allen oben geschilderten Zugehörungen, wiederlöslich für die
Summe von 3900 kleine florenzer Goldgülden, unter den damals allgemein
gebräuchlichen Bedingungen, namentlich aber mit der Befugniß, an die
Veste, Häußer und Scheuern innerhalb des Burggrabens, da wo es
nothwendig seie, 1000 kleine Goldgulden verbauen zu dürfen; an dem
nämlichen Tage fertigte auch der von Wunnenberg, als ehemaliger
Inhaber jener Güter, diesen Pfandbrief wiederholt mit denselben Worten aus und zudem gab er, nebst seiner ehelichen Hausfrau Grede, in
einer besonderen Urkunde einen nochmaligen feierlichen Verzicht auf
jene Liegenschaften von sich. [733])

Die Edelknechte Peter und Wilhelm von der Leyen erklärten nicht
lange nachher, sie, ihre Helfer und Diener wären mit unserem Span-

---

[730]) Der do geben ist off Sant Martyns dag In dem Jare zc. 1356stem Jare.
(11. Nov.). Sp. Copb. in R. B fol. CCCXXXV.

[731]) Datum Anno dnl. MᵒCCCᵒLVIIᵒ. In Octaua Purificacionis Beate marie
virginis. (9. Febr.) Das. B. fol. CXXIII.

[732]) Datum anno dni. Millimo. CCCᵒLmo. septimo feria quinta post dominicam quasimodo geniti. (20. April) Karlsruher pfälzer Copialb. No.
46½ fol. 132 b.

[733]) Diese drei Urkunden haben denselben Datum. Der geben ist zc. 1357 iare
of den nesten Mitwochen vor sant Walpurgtage. (26. April). Orig. in
Str. Fasc. XIV No. 7 und sp. Copb. in R. B fol. CCCLXXIII bis
CCCLXXVI.

heimer, mit Johannes III. von Starkenburg, nebst Heinrich von Veldenz und den Ihrigen über ihre seitherigen Fehden „genzlichen und
gar, gutlichen vnd lieplichen mit eine verriechtet, vereiniget vnd gesunet"
und versprachen zugleich, nie mehr gegen diese ihre Herren zu sein,
auch dürfte ihre Burg zu der Leyen „obene vnd vndene", nicht mehr
gegen dieselben gebraucht werden, würden aber leztere dennoch aus
ihrer Veste auf irgend eine Weise beschädigt, so machten sie sich, nebst
ihrem Verwandten Heinrich von der Leyen, anheischig, entweder solchen
Schaden in Monatsfrist, zu vergüten, oder sämmtlich in eine der Burgen jener Grafen und zwar im Gebiete Walrams zu Kirchberg, Johann's zu Tranrebach (Trarbach unterhalb Grevenburg) oder des
Veldenzer's zu Lichtenberg, als Geisseln einzukommen, um daselbst bis
zur vollbrachten Entschädigung zu verbleiben; zugleich verzichteten die
von der Leyen auf alle weiteren Ansprüche an jene Herrn und deren
Erben, leisteten auch einen gestabten Eid, Vorstehendem gewissenhaft
nachzukommen und ließen schlißlich noch diese Sühne durch den trierer
Erzbischof Boemund, sowie durch dessen gesammtes Domcapitel besiegeln und beurkunden; [784] Herr Heinrich zu Helfenstein stellte aber
in diesem Jahre einen Rückschein über 15 kleine schwere Gulden aus,
die er von unserem Grafen als Mannlehen erhalten hatte, wofür er
demselben seinen Theil des Waldes, genannt die Seyle und einen Zins
von 3 Mark in dem Dorfe Elwart anwies, welche Güter und Gülte
aber in keiner sonstigen Gemeinschaft oder Ganerbschaft stünden. [785]
Der Ritter Antilmann von Grasewege und seine Hausfrau Liebmund
erlaubten 1358 dem Truchseßen Götze und dessen Ehefrau Trude, eine
ihnen durch Walram geschuldete Rente von 11 Pfund Hellern zu jeder
Zeit mit 135 Pfund einzulösen [786] und der Herzog Wilhelm von
Jülich hatte dem Diterich Hoytze, Herrn zu Ulmen die, dessen Vater
früher abgedrungene, Burg Ulmen wieder eingeräumt, um sie zu bewahren und zu behüten, damit seine Helfer und Diener, während des
Krieges mit unserem Spanheimer und mit Konrad Proibst von der

---

[784] Der gegeben ist 2c. 1357 Jare des Samßdagis In der heiligen Phinggiste-
wochen. (3. Juni). Sp. Copb. in K. B fol. CXV b. 2c.

[785] Datum anno dni. M⁰CCC⁰LVII⁰. in vigilia omnium sanctorum. (31. October). Neueres sp. Copb. in K. No. 1. fol. 156—160.

[786] Datum Anno dni. Mo. CCC⁰LVIII⁰. In Octana Ephye. (14. Januar).
Daj. B fol. CXLIX.

Schleiden, sich in und aus derselben gegen die eben genannten behelfen
möchten und Diterich sollte deßwegen darin auf seine Kosten ständig
5 gewappnete Reisige halten; wenn sich aber der Herzog mit seinen
Widersachern aussöhne, müsse er jene Veste demjenigen überlassen, dem
sie vertragsmäßig zugesprochen würde, [737] welcher Krieg indessen für
den Herzog von Jülch nachtheilig ausgefallen zu sein scheint, wenigstens
geriethen jener von Ulmen und seine Helfer in die Gewalt unseres
Grafen, denn sie mußten sich wegen ihrer Entlassung aus dem Kerker
zu Castellaun und über ihre Rückkehr dahin nach geschehener Mahn-
ung, so wie auch wegen ihres friedlichen Stehens in der Zwischenzeit
eidlich reversiren. [738]

 Der Comthur des teutschen Ordenshauses zu Mainz, Konrad
von Frankfurt und seine Brüder schlossen 1358 mit Walram eine Vereinbarung dahin ab, wenn er ihnen die 450 kleine florenzer Goldgulden
in Mainz erlege, für welche Summe er ihre Güter in Hilbersheim
gefreiet hätte, so müßten sie demselben seine Verschreibung darüber herausgeben, und er trete dann wieder in seine früheren Rechte bezüglich
jener Besitzungen, so wie auch der Orden ebenfalls bei den Berechtigungen seines Gutes stehen bleibe, „als vor, wo der Kauff geschehen" [739]
und am letzten December gab der trierer Prälat als Lehensherr noch
seine nachträgliche Einwilligung zur Bewidmung der Gattin Johann's IV. von Starkenburg, Elisabetha der Tochter Walram's, mit
jährlich 300 Pfund Heller auf die Burg Birkenfelt; [740] der vorerwähnte
Dieterich Hunste von Ulmen, Ritter, mußte indessen 1359 aufs neue
geloben und zu den Heiligen schwören, sobald die Sühne seines Herrn
von Jülch mit dem von Spanheim ausgesprochen sein würde, seinem
Vater, seiner Stiefmutter und seinem Bruder Clais ohne allen Verzug
das Haus zu Ulmen wieder zuzustellen, mit denjenigen Rechten, als
sie früher daran hatten und darin saßen, ehe es ihnen angewonnen
wurde, ohne den geringsten Vortheil oder Nutzen dabei zu suchen,

---

[737] Gegeben off Sant Bartholomeusdag Anno dni. M°CCC°LVIII°. (24. Aug.)
Neueres sp. Copb. in K. B fol. CIII.

[738] Der geben ist rc. 1358 Jare op der heiligen Mure Tagh. (11. Nov.)
Orig. in Coblenz.

[739] Datum Anno dni. M°CCC°LVIII°. In vigilia Mathei Apli. et ewante.
(20. Sept). Sp. Copb. in K. B fol. CCXLIII.

[740] Der geben ist zu Trier rc. 1358 Jar off Mandag neheft nach Cristusbage.
(31. Dec.). Daf. B fol. CCLXXXV.

würde er aber dies nicht thun, so seie er „Erlois und meinheidich und sulde (die Sühne) doch gehalten werden." [741]) Der Erzbischof Wilhelm zu Cöln belieh im April den Dieterich von Milwalt mit einigen Güterstücken in der Poßten Senheim an der Mosel als cölner Lehen [742]) und nach dem Absterben Großheinrichs übertrug unser Graf die Vogtei= oder Amtmannsstelle zu Labenburg dem Bruder desselben, Ritter Kleinheinrich von Erlickeim, der sich über die treue Ausübung seiner übernommenen Pflichten besonders verbindlich machen mußte. [743]) Die edeln Gebrüder Peter, Konrad, Hilliger und Wolf genannt von Untzen, überließen ihrem gnädigen Herrn von Spanheim und seinen Erben ihre Leibeigene Irmgart, eine Tochter Niclais aus Lonsheim, den man nennet am Holzwege, nebst ihren Kindern und Nachkommen zu ewiglichem Besitze, daher sich jene zugleich aller späteren Ansprüche auf dieselbe begaben [744]) und einige Tage darauf erlaubte unser Graf dem Heintz zum Jungen, Schultheiß in Oppenheim, die ihm versetzten Güter zu Eich und zum Sande zu „verligen zu Erbeschaffte vmb Gulde" und ebenso machte er sich anheischig, demselben bei der Einlösung dasjenige wieder zu erstatten, was er an den genannten Höfen, „kuntlich" verbaue oder verbessere. [745])

Auf Sanct Martinstag dieses Jahres befreieten Walram und seine Gattin die Besitzungen der spanheimer Abtei in den Bännen zu Spanheim, Rüdesheim und Bockenau von den jährlichen Beten, Diensten ꝛc., überhaupt von allen herrschaftlichen Abgaben und Leistungen, für 1000 Goldgulden von Florenz (ein sprechender Beweis wie ansehnlich begütert jenes Gotteshaus daselbst war), wobei sich der Abt Philipp und sein Convent noch besonders und von freien Stücken gegen ihren Landesherrn erboten, wenn dessen Gesinde- oder Kriegsleute in

---

[741]) Datum anno dni. M°CCC°CVIIII° in crastino btl. Valenthini mrys. (15. Febr.). Orig. in Str. Fasc. VI No. 59.

[742]) Datum Bacharaci feria tercia post dominicam Judica Anno Domini M°CCC° quinquagesimo Nono. (9. April). Neueres sp. Copb. in R. No. 1 fol. 29.

[743]) Datum Anno dni. M°CCC°LIX°. Tercia feria proxima post festum Penthecostes. (11. Juni). Sp. Copb. in R. B folio CCCXLI a.

[744]) Datum Anno dni. M°CCC°LIX°. Sabbato ante galli Confessoris. (12. Oct.) Das. B fol. CV b.

[745]) Datum Anno dni. M°CCC°L°. Nono feria sexta post Luce Ewangeliste. (25. Oct.) Orig. im Kgl. Reichsarchive zu München s. v. Gr. v. Spanh. Fasc. 2.

dem Dorfe Spanheim, unterhalb der gleichnamigen Stammburg, zu
Herberge lägen, so möchten oder sollten sie in dem Kloster essen und
trinken, weil sie darin „baß vnd sicher ligent, wand In dem Dorffe"
und überdem könnten diese Heerhaufen bei solcher Veranlassung auch
ihre Pferde in den Höfen und Ställen der Abtei unterbringen, jedoch
müßten sie dann Kost und Futter für dieselben stellen und herbei=
schaffen. [746]).   Im folgenden Jahre gelobten die rheingräflichen Brüder
Konrad und Hartard unserem Grafen, sie wollten der Verschreibung
ihres seligen Vaters Johannes und der Gemeiner desselben über die
Oeffnung in Rheingrafenstein von 1328 gewissenhaft nachkommen [747]
und Anfangs Septembers ertheilte Kaiser Karl IV., weil die Kaufleute
früher durch die Gebiete der Erzbischöfe von Mainz und Trier, sowie
des Herzogs Wenzeslaus zu Luxemburg gefahren wären, dem Span=
heimer die ernstliche Weisung, den Handeltreibenden deshalb die Ge=
leitsstraße durch seine Grafschaft, die sie früher benutzt hätten, wieder
zu öffnen, sie auf derselben gegen jede Beeinträchtigung zu schirmen
und auch, wie früher, dafür Geleitgeld von ihnen zu erheben, wenn
aber Zweifel oder Anstände über letzteres obwalten sollten, so habe der
Monarch dem Heintz zum Jungen, seinem Schultheiße in Oppenheim,
befohlen, dasselbe in seinem Namen den Umstänben gemäß zu mehren
oder zu mindern „glich als wir daz selber deten." [748])

Ritter Richart Meynfelder bezeugte 1361, er hätte seine eigenen
Zehnten zu Niedermendich und in Thur von seinem spanheimer Herrn
als Lehen empfangen [749] und der Gemeiner in Walbeck, Heinrich von
Battinburg und dessen Ehefrau Kunigunde, verschrieben ihre sämmt=
lichen Güter und Gefälle, nämlich einen dritten Theil des Zehnten zu
Sauershausen, sammt den Wiesen, ferner das Gut in Durweiler, be=
stehend in Aeckern und Wiesen, die Höfe zu Donnershausen und zu
Bulche mit den Gänsgülten, die Wiesen und Mühlen gelegen in der

---

[746]) Gegeben rc. 1359sten Jare off Sant Martins Dag Der bo gelegen ist In
bem winther. (11. Nov.). Sp. Copb. in K. B fol. CCXCV b., siehe auch
Trith. Chron. Spanh. fol. 327 ad a 1359.

[747]) Datum Anno dni. M⁰.CCC⁰. Sexagesimo feria sexta post Inuencionem
sancte Crucis. (8. Mai). Das. F fol. CCXLIIII b.

[748]) Geben zu velde vor Ezzlingen am Samztage vor unsir frauwen tag, als
sie geborn wart unsir Riche in bem 15ben vnd des keisertums in dem Sesten
Jare. (5. Sept). Orig. in Str. Fasc. II No. 42.

[749]) Datum anno dni. M⁰.CCC⁰.LX⁰. pr⁰. feria quinta post assumptionem
bte. Mario virginis. (19. Aug.). Neueres sp. Copb. Das. No. 1 fol. 114 rc.

Behen, die Hälfte der Weinberge, Weingülten und Zinsen in Borge, nebst noch anderen Einkünften in Dickscheit, Mücke, Hirtin, Hosinbach und zu Kyr, ihres bessern Nutzens und ihrer Nothdurft willen, unserm Walram, ihrem lieben Herrn, um dieselben nach ihrem Hinscheiden in Besitz zu nehmen, jedoch müße er jenes Ehepaar ihr Leben lang darin beschirmen und verantworten [750]. Dieterich Milewalt, ein Mepeling, verkaufte bald darauf dem spanheimer Amtmanne Risch zu Castelhun seinen Antheil an dem Baumgarten in Senheim, sammt demjenigen, was ihm noch später davon anersterben möge [751] und am 1. October räumte Heinrich, Herr zu Pirmont, wahrscheinlich Schulden halber, unserem Grafen und dessen Sohne, Simon III. Graf von Vianden, sein Schloß Pirmont und das Gericht zum Forst, beide zur Hälfte und unter besonderen Bedingungen, auf vier Jahre lang zum Genuße ein [752]. Herr Wyrich zu Freißdorf und dessen Sohn Hermann gaben in demselben Monate vor den Schöffen und dem Gerichte zu Wingeringen die öffentliche Erklärung ab, sie hätten auf ihrem eigenen ebengenannten Dorfe jenem Grafen eine Rente von 20 Gulden bewiesen und von ihm wieder zu Mannlehen erhalten [753]. Walram aber und seine Lebensgefährtin Elisabetha sprachen die Besitzungen der Propstei Ravengirsburg zu Gehtzingen, für 200 florenzer Goldgulden und 70 Malter Korn, ebenfalls von allen Lasten und Abgaben frei, worüber der Propst Cuno und sein Capitel einen Rückschein von sich geben mußten, wenn ihnen jedoch ihr Herr jenes Geld und Korn wieder zurückerstatte, so sollten ihre Güter in Gentzingen solche Freiheit nicht mehr zu genießen haben, sondern der Herrschaft in eben dem Maße wie früher zu Diensten sein [754]; unser Graf begab sich also bei solchen Befreiungen nicht auf immer seiner Rechte und Dienste bezüglich jener geistlichen Güter, sondern dieselben konnten, gleich jeder anderen Pfandschaft wieder eingelöset werden und demnach waren also dergleichen

---

[750] Datum Anno dni. M⁰.CCC⁰.LXI⁰. In crastino Decollacionis Johannis Baptiste. (30. Aug.). Neueres sp. Copb. in K. B fol. XCIIII.

[751] Datum Anno Domini M⁰.CCC⁰.LX⁰. primo in vigilia natiuitatis bte. Marie virginis. (7. Sept.). Neueres Copb. das. No. 1 fol. 130 ꝛc.

[752] Datum anno dni. M⁰.CCC⁰.LX⁰. primo, ipso die Remigy. (1. Oct.) Günther Cod. dipl. rheno. mosell. III. 674 No. 475.

[753] Datum Anno dni. M⁰.CCC⁰.LX⁰. primo in crastino bti. Luce Ewangeliste. (19. Oct.). Sp. Copb. in K. aus neuer Zeit No. 1 fol. 81 ꝛc.

[754] Datum Anno Dnl. M⁰.CCC⁰.LX⁰. primo Quarta feria Anto Symonis et Iude Aptor. (27. Oct.) Das. B fol. CCXCIIII a.

Verleihungen eine kluge Spekulation oder ein Mittel um Geld in die Hände zu bekommen, mit welchem er die stattlichsten Erwerbungen machen konnte.

Unser Spanheimer nahm im December 1361 den Ritter Wirich Fust von Kazenelnbogen, der in seinen seitherigen Feldzügen an seiner Seite tapfer für ihn gestritten hatte, zu einem Burgmanne in Castelhun an, für 15 Pfund Heller, welche ihm der dortige Amtmann jährlich auf Martini auszahlen mußte, die aber mit 150 Pfund abgelöset wer= den könnten und dann auf eigene Güter zu verlegen seien [755]); Ritter Antilmann genannt von Grasewege hingegen stellte 1362 eine Beschei= nigung über die Gnade aus, welche Walram, in widerruflicher Weise, den im Dorfe Semisbach gesessenen Leuten, so lange sie jenem ver= pfändet wären, zugewendet hatte, daß sie sich nämlich in dem Saan= walde mit liegendem und unschädlichem Gehölze versehen dürften [756]). Philipp von Bolanden, Herr zu der alten Baumburg und seine Gattin Mene verschrieben jenem Grafen und dessen Erben zu Kreuznach in demselben Monate eine ewige Oeffnung in ihren Vesten Altenbaumburg, Stolzenburg, Bolanden und Wöllstein, um sich daraus gegen Jeden, den pfälzer Kurfürsten Ruprecht I. allein ausgenommen, zu verthei= digen; zugleich gestattete auch ersterer diesem, dasjenige an sich zu lösen, was von jenen Burgen verpfändet seie und endlich machte sich der Bolander noch verbindlich, demselben den Vorzug vor anderen zu laßen, wann er Theile seiner Besitzungen veräussern wolle, für welche an= nehmbaren und vortheilhaften Zugeständnisse unser Herr jenem Philipp die Hälfte seines Theils an der Veste Nunburg, d. h. ein Viertheil, eingab, welcher Antheil nach Philipps Tode an dessen Bruder Konrad, den lezten Bolander und von diesem an deren rechtmäßigen Erben fallen sollte, die sich jedoch, vor ihrem Eintritte in den Besitz Nun= burgs, pflichtig machen müßten, sämmtliche Bestimmungen dieser Ueber= einkunft treulich halten zu wollen [757]). Im März wandte Kaiser Karl IV. unserem Walram zwei Turnose an dem Zolle in Coblenz,

---

[755]) Datum Anno Dni. Mo.CCCo.LXo. primo feria post Luciæ virginis. (14. Dec.) Neues sp. Copb. in K. No. 1 fol. 70 zc.

[756]) Datum Anno Dni. Mo.CCCo.LXIIo. In die Bti. valentini martiris. (14. Febr.) Daf. B fol CLXIII.

[757]) Dirre brieff ist gegeben an sant Mathias Dage des heilgen Apostiln zc. 1362sten Jare. (24. Febr.). Orig. in Str. Fasc. VI No. 60 und auch daf. B fol. CCXVI b.

bis auf Widerruf zu [758]) und bald darauf gebot der Rauhgraf Rup=
recht von der Altenbaumburg dem Truchsessen Hugo von Tune, die
von ihm zu Pfand habenden Orte Becherbach, Limpach, Sulzbach und
den Hof zu Gauchisberg, mit Gerichten und sonstigen Zubehörden,
jenem Grafen zu lösen zu geben und demselben die Versatzbriefe dar=
über auszuantworten, was auch geschah [759]), denn am folgenden Tage
veräusserten der genannte Ruprecht, dessen eheliche Hausfrau Katharina
und sein Sohn Heinrich wiederkäuflich an den Spanheimer und an
dessen Erben sämmtliche, in ihren Höfen in jenen drei Dörfern und
zu Gauchisberg fällige Gülten und Güter, nebst allen Rechten und
Gewonheiten, es seien Leute, hohe und niedere Gerichte, Fruchtgülten,
Pfenningzinse, Besthäupter, Herberge, Wälder, Wasser und Waide, kurz
mit allen Zuständigkeiten für die Summe von 1000 Pfund Heller [760]),
wodurch die Grafschaft Spanheim=Kreuznach wieder einen ansehnlichen
Zuwachs erhielt; zwei Tage nachher befahl der Verkäufer den Schult=
heißen, Schöffen und Hubnern in jenen Orten, ihrem neuen Herrn zu
huldigen, sowie demselben von nun an, wie bisher ihm, gehorsam zu
sein [761]) und nach Verlauf einiger Wochen bescheinigte ersterer den
richtigen Empfang von 250 Pfund Heller von dem Kaufgelde [762]).

Der vorerwähnte Philipp, Herr von Bolanden und zu Alten=
baumburg gieng um dieselbe Zeit und unter der Zustimmung seines
Bruders Konrad, mit seinem lieben Neffen Walram, „vmb recht
fruntschafft vnd Heymelichkeit," folgenden Tausch ein: er überließ ihm
nämlich den strengen frommen Mann Rudolf von Ansenbruch, der
bisher das halbe Haus und den Hof zu Selzen bei Kreuznach von
der Rauhgrafschaft zu Lehen gehabt hatte, welches leztere er nun künftig
von Spanheim zu empfangen hätte, jedoch müße derselbe wegen des
lehenbaren Gutes zu Hedesheim noch der Rauhgrafschaft Mann bleiben,

---

[758]) Geben zu Nurnberg 2c. 1362 jare vff Durnstag nach sant Gregorien tag.
   (17. März). Orig. in Coblenz.

[759]) Datum Anno Dni. M⁰.CCC⁰.LXII⁰. ipsa die bti. Sixti. (6. August). Orig.
   in Str. Fasc. XIV No. 10.

[760]) Der geben ist 2c. 1362sten Jare des Sonbages vor Sant Laurencien Dage.
   (7. Aug.). Sp. Copb. in K B fol. CCXLI b 2c.

[761]) Datum anno dni. M⁰.CCC⁰.LXII⁰. In vigilia Bti. Laurency martiris.
   (9. Aug.). Das. B fol. CCLXVI.

[762]) Der geben ist 2c. 1362sten Jare vff des heiligen Crutzis Dage abende als
   ez erhaben wart. (13. Sept.). Das. B fol. CCCXV b.

wogegen jener Philipp von dem Grafen den strengen Ritter Ulrich von Leyen und dessen Erben zu einem Lehensmanne erhielt [762]), in welchen Tausch Rudolf von Ansenbruch nachher einwilligte und sich unserer Grafschaft als Mann und Lehenträger verschrieb [764]), und kaum waren einige Wochen verflossen, so befreite unser gräfliches Ehepaar auch die Güter des Klosters Disibodenberg in dem Dorfe Rüdersheim, für 260 Pfund Heller baares Geld, von allen herrschaftlichen Lasten, Abgaben und Diensten [765]). Walram hatte sich, durch seinen öfteren und kräftigen Beistand zur Zeit der Noth und Gefahr, um die Stadt Coblenz sehr verdient gemacht, daher der dasige Rath und die gesammte Bürgerschaft ihm dafür das Bürgerrecht ertheilten, das auch auf dessen sämmtliche Nachkommen, die Herrn zu Kreuznach sind, übergehen und vererben sollte und zugleich verliehen sie demselben die Hälfte eines Hofes sammt Haus und Garten innerhalb ihrer Mauern zum Genuße, nebst einer jährlichen Rente von 50 Mark Heller [766]) und allem Vermuthen nach hatte unser wackerer Spanheimer, als Mitglied des Bundes, welchen die Kurfürsten von Mainz und Pfalz mit den Bischöfen von Worms, Speyer und vielen rheinischen Grafen, Herrn und Reichsstätten gegen die sogenannte böse Gesellschaft errichtet hatten [767]), der Stadt Coblenz jene ausgezeichneten Dienste geleistet.

Der Gemeiner zu Waldeck, Simond genannt Weltze und seine Ehefrau Lyse trugen ihre Güter und Einkünfte bei Zullißheim, Beltheim, ihre Höfe zu Quinshausen und zu Macken und dann noch ihre Mühle in der Beyen, nächst bei Waldeck gelegen, mit deren sämmtlichen Zubehörden, für 1400 kleine, gute und schwere (also Gold-) Gulden, im November 1362 dem Grafen Walram auf und empfiengen alles vorgenannte wieder zu rechtem spanheimer Lehen für sich und ihre

---

[762]) Datum Anno Dni. M⁰.CCC⁰.LXII⁰. Sabbato proximo ante festum Assumpcionis Bte. Marie virginis. (13. August). Copie in Str. E. 5524.

[764]) Anno dni. M⁰.CCC⁰.LXII⁰. ante bartholomej. (23. August). Sp. Copb. in R. F fol. XCI.

[765]) Der geben ist x. 1362 Jare an deme nesten Sundage vor uns frauwen Dage als sie geborn wart. (4. Sept.). Disibodenberger perg. Urkunden-Copialb. fol. 134.

[766]) Der gegeben ist x. 1362sten Jare, an unsir frauwen Abende bi man zu Latine nennit Natiuitatis. (7. Sept.). Orig. in Str. Fasc. XV No. 21.

[767]) Dat. Anno Domini M.CCC.LXII. Acta Acad. Theod. pal. VI, 852 No. V.

Nachkommen.[768]), der Herr Johannes zu Schöneck öffnete aber, zu Anfang des nächsten Jahres, demselben und dessen Sohne Simon III. sein Haus Hartradestein, worin er ihnen zugleich eine Wohnung nebst Stallung anwies, um sich dieser Veste gegen Jeden, jedoch nur nicht gegen den Herzog Wenzeslaus von Brabant, bedienen zu können [769]). Auch die Besitzungen des Nonnenklosters Ulenhausen zu Basenheim freiete unser Herr für 150 Goldgulden von allen Abgaben und herrschaftlichen Beschwerden, daher die Aeblin und ihr Convent sich verschrieben, wann der Schultheiß, die Schöffen und die gesammte Gemeinde jenes Dorfes ihnen diese Summe in Bingen erlegen würden, so müßte ihr dasiges Klostergut dem Grafen und seinen Erben wieder zu allen Diensten, Gnaden und Ungnaden bereit stehen, „als vor der zyt en ez gefryhet wurde" [770]) und einige Wochen nachher versetzte der Edelknecht Ulrich vom Steine, des seligen Friederichs Sohn, dem spanheimer Hause für 400 florenzer Goldgulden die Hälfte seines Dorfes Weiler mit Gerichte, Leuten und Gemark auf so lange zum Besitz und Genuße, bis jene Summe wieder zurückerstattet sete [771]).

Wir haben bisher schon mehrmal gesehen, in welcher genauen Verbindung Walram mit dem Hochstifte Worms und dessen Vorständen hauptsächlich des Schirmes der Stadt Ladenburg und der Veste Stein wegen, gestanden war, auf welche beiden Orte er viele Mühe verwendet und in jeder Beziehung sehr große Opfer gebracht hatte, ohne aber für seine mannigfachen vieljährige Dienste belohnt oder entschädigt worden zu sein, was endlich zwischen beiden Theilen vorerst zum Mißvergnügen, später aber zu offenbarer Feindschaft, also zum Bruche führte und weil unser Graf keine Vergütung für seine aufgewandten bedeutenden Kriegs und andere Kosten erlangen konnte, behielt er einsweilen Ladenburg und die Burg Stein in seiner Gewalt und wollte sie dem Bischofe Dieterich nicht mehr herausgeben, daher derselbe jenen bei dem Kaiser

---

768) Datum Anno Dni. M⁰.CCC⁰. Sexagesimo sedo. Ipsa die Katherine virginis. (25. Nov.) Sp. Copb. in K. B fol. XCVI.

769) Der geben ist ꝛc. 1363sten Jare, an dem nehesten Mitwochin nach dem zwulftin Dage. (11. Januar). Orig. in Sir. Fasc. VI No. 62.

770) Datum dnica. die Ante Georgy Anno dni. M⁰.CCC⁰.LXIII⁰. (16. April.) Sp. Cop. in K. B fol. CCXCIII b.

771) Geben off sante Phylipps und Jacobs dage der heyligen Aposteln. Anno Dni. M⁰.CCC⁰.LXIII⁰. (1. Mai). Orig. in Str. Fasc. XIV No. 11. und daselbst B fol. XCIX.

Karl IV. in Anklagestand versezte und ihn gerichtlich belangen ließ. Unser Spanheimer war nun ein pfälzischer Edelmann und die Kurfürsten von der Pfalz hatten von den Reichsoberhäuptern die Vergünstigung und das Vorrecht erhalten, daß ihre Edelleute nur vor ihnen zu Recht stehen dürften oder müßten, daher Ruprecht I. denselben von dem kaiserlichen Gerichtshofe wieder zurückforderte, worauf Karl IV. auch sogleich beide Parthieen an das kurpfälzische Hofgericht verwies, vor welchem sie dann 1363 erschienen und ihre gegenseitigen Klagen und Ansprüche vortrugen und geltend machten. Da der Kurfürst über die bisherigen Mißhelligkeiten und Zweiungen, also über den Stand der ganzen Klagsache bereits im Klaren war, machte er vorerst einen Versuch, die Streitenden gütlich auseinander zu setzen, oder wie dessen eigenen Worte lauten: „ob wir sie mit eyner mynne mochten gerichten," wozu auch beide Theile sogleich bereit waren und deßhalb in guten Treuen gelobten, der Entscheidung Ruprechts und seiner Räthe gewissenhaft nachzukommen, welche leztere folgendermaßen ausfiel: Walram sollte für allen Schaden, Verluste u. s. w. die er, des Bisthums Worms wegen, seit Jahren erlitten hätte und welche auf die ansehnliche Summe von 23,000 Goldgulden angewachsen waren, die Veste Stein mit ihren sämmtlichen Zugehörungen unterpfändlich behalten, so wie auch die Hälfte der jährlichen Einkünfte der Stadt Ladenburg und zwar beides auf so lange zu genießen haben, bis er für jene Summe vollständig befriedigt seie, wobei jedoch dem Bischofe Dieterich und seinen Nachfolgern vorbehalten blieb, entweder mit 23,000 Goldgulden, die in Worms oder in Mainz zu erlegen wären, jene beiden Pfandschaften auf einmal, oder eine jede derselben einzeln mit 11,500 Goldgulden an sich zu kaufen, die dann auch dem Hochstifte wieder eigenthümlich zugehören sollten, welcher Spruch einige Tage darauf, am 15. Mai, durch einen Notar in dem bischöflichen Hofe zu Worms ausgefertigt wurde [772]. Zum Vollzuge desselben versezte nun jener wormser Prälat, einige Monate nachher, unserem Grafen für die 23,000 Goldgulden, sowohl die Hälfte Ladenburgs, als auch der Veste Stein, beide mit allem was dazu gehörte, unter der Vergünstigung der Auslösung nach vierteljähriger Aufkündigung, in welchem Aktenstücke

---

[772] Diß ist geschehen In der Stait zu Wormiße ꝛc. da man schreyb ꝛc. 1363stem Jare ꝛc. an dem funffzehendisten dage des maendes des meys vmb prime ꝛpt ꝛc. (15. Mai). Sp. Copb. in K. B fol. CCCXXVI ꝛc.

die spanheimer Forderung folgendermaßen bezeichnet ist: „umb koste schaden vnd verlust, wie man das nennen mag, die er vnd die sine entphangen gelieden vnd genommen hant von krieges vnd ander sache wegen by vnserm vorfarn hern Salmon Bischoff zu Wormßen selige vnd sijt mals her biß vff diesen huttigen Tag;" wwrde aber einer oder der andere Theil den Bestimmungen dieser Pfandverschreibung nicht nachkommen, so übernehme der Pfälzer Kurfürst die Verpflichtung, entweder dem Bischofe oder dem Grafen gegen denjenigen zu helfen oder beizustehen, der die eingegangenen Artikel nicht gehalten habe und in einer besondern Urkunde mußte sich letzterer noch verbindlich machen, dem Prälaten die ausbedungene Einlösung jener Summe jederzeit zu gestatten. [773]).

Derselbe besserte im September dieses Jahres abermals den Wittbum seiner Lebensgefährtin Elisabetha mit der Burg Kestelin (Castelhun), sammt der unterhalb gelegenen Stadt, ferner noch mit seinem Hofe in Maiden, und mit seinen sämmtlichen Weinbergen zu Senheim, [774] weil aber jene Veste ein Lehen des Bißthums Worms war, so ertheilte dessen Vorstand Dieterich einige Tage später seine Einwilligung zu dieser Verschreibung; [775] der Ritter Bechtolf von Sottern (Sötern) versprach hingegen nach Monatsfrist, den Briefen und Bündnissen, welche die Gemeiner in der Burg zum Steine (Rheingrafenstein) mit dem Erzstifte Mainz, mit dem seligen Grafen Johannes von Spanheim-Kreuznach und dessen Erben, so wie mit den Städten errichtet hätten, gewissenhaft nachleben zu wollen [776] und die Burgmänner zu Junkeroth mußten, nachdem um dieselbe Zeit der Krieg des Erzbischofs Cuno von Trier, des Herzogs Wenzeslaus zu Lutzelnburg und Brabant und unseres Walrams ꝛc. mit ihren Junkern Fried-

---

[773] Beide sind datirt: Der gegeben (geben) ist ꝛc. 1363 Jare vff Sant Margarethen dage der Heyligen Jungfrauwen. (13. Juli). Sp. Copb. in K. B. fol. CCCXXX b ꝛc. und Karlsruher pfälzer Copb. No. 100, A fol. 44 ꝛc. Verstümmelt abgedruckt in Schannat hist. episc. wormat. Cod. Prob. 177. No 206 und 178 No. 207.

[774] Dirre brief ist geben uffe Sancte Mauriciustage des heyligen Marterers, des Jares 1363stem Jare. (22. Sept). Orig in Str. Fasc. XVIII No. 23.

[775] Der gebeⁿ ist in vnßer Stat zu Laudenburg in dem Jare ꝛc. Anno dni. Mᵒ.CCCᵒ.LXᵒ. tercio in die bt. Michaelis Archangeli. (29. Sept). Daf. Fasc. XVIII No. 24 und sp. Copb. in K. B fol. XXII.

[776] Der gegeben wart ꝛc. 1363 Jare vff aller Heiligen Abent. (31. October). Orig. in Str. Fasc. VI No. 63.

rich Walram und Johann von der Schleiden Herrn zu Junkeroth, gänzlich gesühnt war, aufs feierlichste geloben und zu den Heiligen schwören, gegen jene zwei Fürsten, den Spanheimer sowie deren Helfer und Erben, gegen deren Manne, Burgmanne und überhaupt gegen alle diejenigen, die ihnen zu verantworten stünden, nie mehr zu sein und zu handeln, jedoch sole ihnen erlaubt, ihre ausstehenden Schulden bescheiden einzufordern und einzutreiben. [777]

Im Jahre 1364 befreite unser Herr für 120 Goldgulden und unter den schon öfters angeführten Bedingungen über die Ablösung dieser Summe, die Güter und Besitzungen der disibodenberger Abtei in den Gemarken der Dörfer Hackenheim und Bonheim von allen Abgaben, Auflagen und Diensten, die von denselben bisher der Grafschaft geleistet werden mußten, [778] worauf der Abt Jacob und sein Convent nachher den üblichen Rückschein ausstellten [779] und von Heinrich von Elche, Herrn zu Oilbruck, sowie von dessen Hausfrau Lucia, löste Walram, nach Verlauf einiger Wochen, eine jährliche Weingülte von 10 Ohm zu Burgen, die jenem von seinem Schwager Simon von Waldeck als Mitgift angewiesen worden war, um 250 „Real gut von gutte, Münzen und gewechte", welchen Vorgang auch ein Burgmann zu Oilbruck, der Edeling Volkmar von Boppart, mitbesiegelte [780]. Dem uns bereits bekannten Herrn Philipp von Bolanden zur Altenbäumburg und dessen Ehefrau Mene ertheilte interessen bald darauf unser Spanheimer am 1. März die Versicherung, wenn sie in Zeit von zwei Jahren die jährliche Rente von 140 Goldgulden, wofür ihm der dritte Theil der Stolzenburg versetzt wäre, mit 2000 florenzer Gulden ablösen würden, er ihnen dann diese Veste wieder einräumen wolle, [781] wogegen sich jenes Ehepaar am nämlichen Tage verbindlich

---

[777] Der geben ist 2c. 1363 Jare des zweyten Dagis des maendes den man nennet November zu latine. (2. Nov.). Orig. in Coblenz und sp. Copb. in R. B fol. CXCIX.

[778] Der geben wart off deme Achtzehenden bage Anno dni. M⁰.CCC⁰.LX⁰. quarto. (18. Januar). Disibodenberger perg. Copb. fol. 164.

[779] Datum Anno dni. M⁰.CCC⁰.LXIII⁰. Ipso die Conversionis Sancti Pauli. (25. Januar). Sp. Copb. in R. B fol. CCXCIII a.

[780] Actum Anno dni. M⁰.CCC⁰.LXIIII⁰. In Crastino Bti. Mathie Apll. Secdm. Stilum Colonien. (26. Febr.). Daf. B fol. XCV b.

[781] Datum Anno Dni. M⁰.CCCmo.LXIIII⁰. feria sexta post Dnicam. Oculi in Quadragesima. (1. März). Gudeni Cod. dipl. mog. V, 655 No. 49.

machte, insofern die fragliche Auslösung vorgenommen werden sollte, demselben zuvor dasjenige Geld zu erlegen, das er, eben um dieser Pfandschaft willen, an den Schreiber des Kaisers, wegen dessen Genehmigungsbriefen, bezahlt hätte [782] und da Johann Herr zu Caffenberg früher durch unsern Grafen, mittelst einer unbekannten Summe, zum Manne und Helfer in seinem Kriege mit dem Erzbischofe zu Trier gewonnen worden war, welches Geld derselbe auf eigene Güter hätte bewerfen sollen, was aber bisher noch nicht geschehen war, so verzichtete jener Johannes zu seines Herrn Gunsten auf die Vogtei zu Strémich, welche Cuno von Winnenberg seither von ihm zu Lehen trug, damit letzterer dieses Lehen künftig von der Grafschaft Spanheim empfangen möge, von welchem Uebertrage der von Caffenberg jenen Cuno sogleich in Kenntniß sezte. [783]

Walram stand auch im Jahre 1364 mit dem Johannes von Blankenheim in einer Fehde, daher er mit Dieterich und Clas, Herrn zu Ulmen, im Juni ein Bündniß errichtete, worin sie folgendes vestsezten; einer müsse dem andern helfen und beistehen, keiner dürfe sich ohne des andern Wissen mit ihrem Widersacher sühnen und das Haus Blankenheim sollte ihnen beiden (wahrscheinlich nach dem Kriege) mit dem von Blankenheim gemeinsam zustehen, so daß jeder einen dritten Theil daran besitze und sich desselben nach Belieben bedienen dürfe, allein eben so müsse auch jeder sein Drittheil zur Unterhaltung der Veste, sowie zum Erhalte des Burggrafen, des Pförtners, der Wächter und anderer Knechte beitragen; [784] die Wäpelinge Heintze und Henne Gebrüder und Henne Swenstrufeln von Partenheim, denen Philipp von Bolanden, Herr zur Altenbaumburg und sein Bruder Kenrad die Hälfte ihres Theils an der Nuwen- oder Nupburg für 452 Pfund gute Heller verpfändet hatten, gelobten aber deshalb unserm Grafen und seinen Erben 1865, ohne dessen Wissen und Willen in den zu jener Veste gehörigen Dörfern weder selbst eine Herberge oder Lager zu nehmen, noch durch andere nehmen zu lassen und ihm auch die

---

[782] Der geben ist des nesten frytags nach dem Sondage So man singet Oculi in der vasten, Des Jaris 2c. 1364sten Jare. (1. März). Sp. Copb. in K. B fol. CCLXIIII

[783] Beide datirt: der geben ist 2c. 1364sten Jare des Sondegis vor Sent Walpurgen dage. (28. April). Neueres Sp. Copb. in K. No. 1 fol. 255 2c.

[784] Datum in die bti. Joh. Baptiste Anno dnj. M°CCC°LX°, quarto. (24. Juni). Orig. in Str. Fasc. VI No. 64.

genannte Burg für jene Summe zustellen und einräumen zu wollen, wie dies alles bereits früher zwischen Spanheim und Bolanden aus= gemacht, verbrieft und besiegelt worden seie. [745]) Im April dieses Jahres wiederfuhr indessen unserem Spanheimer von Seiten des Kai= sers Karl IV. eine große Ehre, Gnade und Auszeichnung, indem der= selbe ihn durch seine Diener und Boten, durch ein in sehr schwülstiger Sprache verfaßtes Schreiben, zu den Hochzeitsfeierlichkeiten seiner bei= den Töchter freundlichst einladen ließ, deren Aeltere, Katharina, dem Markgrafen Otto von Brandenburg, die Jüngere aber, Elisabetha, dem Herzoge Albrecht von Oesterreich vermählt werden sollte [746]) und im August erlaubte jener Herr seinem Vasallen, Ritter Simon von Wal= beck, genannt Wiltze, den Wiethum seiner Ehefrau Lisen von Isenburg auf seine spanheimer Lehenstücke in den Dörfern Weltheim und Züttins= hausen, auf die zwei Höfe zu Offenhausen und zu Macken, sowie auf die Mühle in der Beyen verlegen zu dürfen. [747])

Um diese Zeit entstand in der Stadt Kreuznach (wie gar oft aus einer geringfügigen Veranlassung) eine große Spannung und zu= letzt ein Aufruhr zwischen den Bürgern und dem Rathe, welcher bald eine (sehr üble Wendung nahm und eine solche rasche Ausdehnung ge= wann, daß selbst einige Rathsmitglieder, sogar an geweihter Stätte, nicht gesichert waren, durch die Volkswuth zu blutiger Rechenschaft gezogen und gefordert zu werden; die Bewegung ward jedoch endlich gestillt und die empörte Bürgerschaft wieder beruhigt, indem vier der Haupt=Anstifter und Rädelsführer ergriffen und nach des Landesherrn Befehl auf öffentlichem Marktplatze enthauptet wurden. [748]) Der oben erwähnte Krieg der drei Brüder von der Schleiden und Herrn zu Jmlerbth, Friederichs, Walram's und Johann's, mit dem trierer Erz= hirten Cuno, dem Herzoge Wenzeslaus von Lützelnburg und von Bra= bant, mit unserem Grafen und deren Helfern, welche die Veste Jun=

---

[745]) Datum Anno dni. Millimo.CCC⁰.LX⁰. quinto in die Purificacionis bte. virginis. (2. Febr.). Orig. in Str. Fasc. XIV No. 12 und sp. Copb. in K. B fol. CCLVII.

[746]) Datum Prage die XXVIa. Aprilis Regnor. nror. anno vicesimo, Imperij vero dnodecimo. (26. April). Orig. daf. Fasc. II No. 40.

[747]) Der geben ist zc. 1365stem Jare uff den nesten frytag vor unser frauwenbage den man zu lathe nennet assumpcio. (8. Aug.). Sp. Copb. aus neuer Zeit No. 1 fol. 96 zc.

[748]) Trithemii Chron. spanh. fol. 329 ad a. 1365.

keroth feindlich befeßen d. h. belagert hatten, ward erft am 25. October 1365 auf folgende Weife gefühnt und beigelegt: jene mußten Junkeroth, Burg und Thal mit Häußern, Pforten, Thürmen, Mauern und allen fonftigen Zuftändigkeiten, gänzlich in der vorgenannten Fürften und Herren Hand oder Gnade geben und ftellen, „also, daß fie die Hufere, Muren, Porten und Thorne ꝛc. mögen thune abbrechen und fliechten nach allem jrem willen;" feie dies gefchehen und hätten ihre Burg- männer jenen drei Kriegs-Herren ꝛc. gelobt und gefchworen, fo follten fie durch leztere aufs neue mit ihrer Burg begnadigt werden und die- felbe wieder erhalten, jedoch unter Verzichtleiftung auf jeglichen, wäh- rend diefes Krieges erlittenen, Schaden und Verluft, fowie fie auch diefe und ihre übrigen Veften nie mehr gegen die Fürften und unferen Spanhelmer gebrauchen dürften; würden aber die genannten Herren die Burg Junkeroth und das Thal abbrechen und „Schlechten" (d. h. fchleifen oder ebenen), fo dürften die drei Gebrüder, ohne ihrer Befieger Einwilligung, diefelbe nie mehr aufbauen, auch könnten fie endlich ihren Bruder Dieterich nur unter der Bedingung wieder zu feinem Theile an ihrer Stammvefte gelangen laffen, wann er die gegenwärtige Ver- einbarung durchgängig gutgeheißen und ebenfalls feierlich gelobt hätte diefelbe gleich feinen Brüdern auch zuverläffig und treulich zu halten. [789])

Einige Tage nach diefer friedlichen Ausgleichung fand fich Wal- ram bei dem Bifchofe Lambert in Speier ein und erhielt von dem- felben, jedoch mit befonderem Vorbehalte, die hochftiftigen, in dem Briefe aber nicht namentlich bezeichneten Lehen [790]) und fpäter hatte jener auch eine Fehde mit den Gemeinern der Vefte Dalburg, nämlich mit Diether und Peter Kämmerern von Dalburg, beide Ritter, nebft des leztern Bruder und Emmerich von Waldeck, wegen der ihnen durch den Grafen „gefcheen" Gefchichte in Waldenhaufen, zu deren Beilegung fie, im Anfange des Jahres 1366, von jeder Seite drei Schiedsleute und den Grafen Friederich VII. von Leiningen den Alten zum Ob- manne erwählten, würde aber deren Spruch dahin ausfallen, daß die ftreitenden Parthien fich entweder vor dem pfälzer Kurfürften, oder

---

[789]) Der gegeben ift ꝛc. 1365 Jair uff Sondag neeft vor aller Heiligen dage. (25. Oct.). Orig. in Coblenz und fp. Cop. in R. B fol. CXCIX b. ꝛc.

[790]) Acta funt hec in civitate Spirenfi ipfa die animarum fub anno Dni. M°.CCC°.LXVto. (2. Nov.). Remling's bifchöfl. fpeyer. Urkundenbuch I, 639 No. 634.

vor dem Trierer Bischofe zu „verbedingen" hätten, so müßten sie ebenfalls „gefulgin" sein; was jedoch alles bis zum nächsten Oster- oder
längstens bis zum Pfingstfeste zu geschehen habe, während die Gemeiner
die gesammten Spanheimer Edeln, Diener, Bürger und arme Leute, bis
zur ausgemachten Sache, in des Obmann's Hand stellen sollten. [701]
Mehrere Tage darauf ließ sich unser Graf, aus weiser, löblicher Vorsicht, durch den neuernannten Prälaten Johannes zu Worms die Erklärung geben, er wolle sämmtlichen Stücken, Punkten und Artikeln
der Pfandverschreibung seines Vorgängers Dieterich über Ladenburg
und Stein von 1363 gleichfalls redlich nachkommen [702] und der Graf
Heinrich von Velberg, nebst dem Schultheiße, den Schöffen und der
Bürgerschaft der Stadt Arnsheim, erkauften etwas später von dem
Herrn Johannes von Scharseneck das Dorf und Gericht Horchheim
bei Worms für 1050 Pfund Heller; da aber dieses Dorf mit seinen
Zugehörungen von unserem Spanheimer zu Lehen rührte und derselbe
auch in diese Veräußerung bereits eingewilligt hatte, so stellten ihm die
Käufer die Versicherung aus, es solle ihm jederzeit frei stehen, jenes
Horchheim mit der genannten Summe wieder zu erkaufen oder an sich
zu bringen. [703]

Im Laufe dieses Jahres vollzog der thätige Walram noch einige
vortheilhafte Käufe zur Mehrung seines Besitzthumes, denn im Mai
erwarb er vorerst für 900 kleine „gebir" Gulden von Simon von
Waldeck und dessen Eheweibe Lise deren eigenes oder Erbgut zu Bur-
gin, jedoch gestatteten der Käufer und seine Elisabetha denselben in
einem besonderen Briefe die Wiedereinlösung des Gutes mittelst der
nämlichen Summe, [704] im October aber verkauften ihm, seiner Gattin
und ihren Erben, die Herrn zu Kreuznach sind, der Wäpeling Johann

[701] Diese brieff ist Geben des nesten dages nach dem Jarsdag den man in
latine nennit Circumcisio Anno a nativitate dni. Mᵒ.CCCᵒ.LXᵒ. sexto.
(2. Jan.). Orig. in Str. Fasc. VI No. 67 und sp. Copb. in K. B fol.
LXVIII; unvollständig gedr. in Gudeni Cod. dipl. mog. V, 667 No. 58.
[702] Der geben ist ꝛc. 1366 Jare des vierten dagis nach dem heyligen zwolfften
dage. (10. Jan.). Das. K fol. CCCXXX b ꝛc.
[703] Der geben ist uff die neste mitwoch In den Oster heyligen dagen In dem
Jart ꝛc. 1366sten Jare. (8. April). Das. B fol. CLVII b.
[704] Beide sind ausgestellt: Datum anno dni. Mᵒ.CCCᵒ.LXVIto. in festo
Pentecost. (2. Mai). Orig. in Str. Fasc. XV No. 22 und in jenem
Copb. B fol. XCVII.

genannt, Habtenzappe von Spanheim und dessen, eheliche Hausfrau
Gehe ihren Hof und Haus gelegen auf der Haymüken, mit Gärten,
Wiesen, Aeckern, u. s. w. für 160 baare Gulden; beide gaben ihrem
Herrn diese Liegenschaften vor den Gerichten zu Spanheim und Winterburg rechtlich auf, indem sie zugleich den Abt Philipp in Spanheim
baten, diesen Vorgang in ihrem Namen zu besiegeln [795]) und am
Schlusse dieses Jahres veräusserten der so eben erwähnte Simon von
Waldeck und seine Lise an unsern Spanheimer und an dessen Nachkommen zu Kreuznach, das beltheimer Gericht mit seinen Zuständigkeiten und mit allen Rechten, so wie sie und ihre Aeltern, dieß bißher
besessen hätten und namentlich auch mit der Mannschaft u. s. w. für
baare 500 kleine Goldgulden; weil nun jenes Gericht, theilweise virnen-
burgisches Lehen war, so verlegten die genannten Eheleute, zur Sicherheit, daß solcher Verkauf würklich mit der Zustimmung des Grafen
von Virnenburg, zugegangen, seie, ihrem Herrn noch ihr sämmtliches
bewegliches und unbewegliches Gut, eigen, Erbe oder Lehen und endlich stellten sie an dem nämlichen Tage unserem Grafen ihre Güft und
Kirchensätze, die sie gemeinsam mit der Propstei Ravengirsburg in
Haymrin hätten, zu, um dieselben, ohne Jemandes Einsprache zu seinem Nutzen und nach seinem Gutdünken zu gebrauchen, welche drei
Verschreibungen noch zwei Edle, Friedrich von Ehrenberg und Konrad
von Schöneck mit ihren Siegeln bekräftigen mußten. [796])

Das durch den Herrn Philipp von Bolanden an Walram versetzte und schon mehrfach besprochene Drittheil an der Veste Stolzenburg, befand sich damals noch in des letzteren Hand, daher er jenem
wiederholt die Zusicherung ausstellte, er könne diese Pfandschaft zu
jeder Zeit, jedoch erst nach vorhergegangener, viertejährigen Aufkündigung, wieder an sich bringen [797]) und der Ritter Jehann Marschall
von Waldeck übertrug, in Verbindung mit seiner Hausfrau Grebe, die
ihnen durch unseren Spanheimer auf das Ungelt in Kreuznach ver-

---

[795]) Datum anno dni. M°.CCC°.LX°. sexto ipso die bti. Remigij. (1. Oct.)
   Orig. in Str. Fasc. XV No. 23 und Sp. Copb. in K. B fol. XC b.
[796]) Sie sind an einem Tage ausgestellt: Datum anno dni. M°.CCC°.LXVIto.
   feria quarta ante festum nativitatis Cristi. (23. Dec.). Sp. Copb. in K.
   B. fol. XCIII, XCVI b und XCVII b.
[797]) Der geben ist off. Sant Agathen dag der heyligen Jungfrauwe des Jars 2c.
   1367sten Jare. (5. Feb.). Das. B. fol. CCLVIII.

schriebene Jahresrente von 50 Pfund Heller, dem Ritter Gerhart vom Steine und seiner Lebensgefährtin Hebeln, welche jenem Herrn sogleich die Zulage gaben, diesen Zins zu jeder ihm beliebigen Zeit mit 500 Pfund Hellern wieder auslösen zu können. [798] In demselben Monate veräusserte der Wäpeling Kindeln von Siude an unseren Grafen den dritten Theil des Gerichtes zu Hüffelsheim um 20 Gulden, unter der Zustimmung seiner Mutter Sophie und seines Schwegers Simon Bucke von Belden, [799] nachdem der Wildgraf Friederich als Lehens-herr, „umb sunderlich fruntschafft vnd Heymelichkeit" zu seinem Neffen Walram, schon einige Tage vorher seine Einwilligung unter der aus-drücklichen Beeingung gegeben hatte, der Sohn jenes Wäpelings müsse solches Lehen lebenslänglich vermannen, der Spanheimer aber nach dessen Tode einen lehrbaren Mann stellen. [800] Auch der Wildgraf Otto von Kirburg verpfändete seinem lieben gräflichen Neffen von Spanheim und dessen Erben, seine Theile an Keren (Kirn?) und an Medersheim, mit hohem und niederem Gerichte, sammt allen sonstigen Zubehörden, für 1000 mainzer Goldgulden, aber wiederlöslich mit die-ser Summe. [801] und die Marschallin Hebel von Waldeck erklärte dem-selben aufs bestimmteste, er könne den ihr auf das Kreuznacher Ungelt verschriebenen jährlichen Zins von 130 Pfund Hellern, wann es ihm beliebe, mit 1300 Pfund Hellern loskaufen; [802] Walram aber hatte im darauf folgenden Monate dem Raubgrafen Philipp von der Neuen-bamburg 3000 kleine florenzer Goldgulden geliehen, wofür ihm der-selbe auftrug und versetzte den vierten Theil von Neuenbaumburg, Beste und Thal mit Burgmannen, Thurnknechten, Pförtnern, Wächtern, Schöffen und Bürgern, nebst dem vierten Theile des dabei befindlichen Dorfes Sarltzheim, ferner die Hälfte des Gerichts und Hofgutes zu

---

[798] Beide sind datirt: Actum et Datum Anno dni. M⁰.CCC⁰.LX⁰. septimo feria quinta ante festum Bti. Valentini Martiris (11. Febr.). Sp. Copb. in K. B fol. CXLI und CLXIIII.

[799] Geben uff Sant peters dag den man nennet zu Latine Kathedra Anno dni. M⁰.CCC⁰.LX septimo. (22. Febr.). Daf. B fol. CII.

[800] Datum Anno dni. M⁰.CCC⁰.LX⁰. septimo Sexta feria ante Valentini. (12. Febr.). Daf. B fol. CII.

[801] Actum dnica. die qua cantatur Innocauit Anno dni. M⁰.CCC⁰.LX⁰. septimo. (7. März). Neueres sp. Copb. in K. No. IV fol. 667 ꝛc.

[802] Datum Anno dni. M⁰.CCC⁰.LX⁰. septimo Sabbato ante festum ascen-sionis Dni. (22. Mai). Daselbst B fol. CXLIX.

Wöllstein, mit den halben Dörfern Gummesheim, Biltirsheim, Diesen-
heim und den halben Hof Hetzenheim, alles dies mit sämmtlichen Zuständigkeiten und auf Wiedereinlösung mit der genannten Summe; [803])
andererseits versprachen in derselben Stunde jener Rauhgraf und dessen
Mutter Agnes, unseren Grafen und seine Nachkommen in diesem ihm
verpfändeten Viertheile jener Burg ruhig zu belassen, was ihre Erben,
ehe sie in dieselbe eingesetzt würden, ebenfalls vorher geloben müßten,
indem ihnen sonst die dasigen Burgmänner, Thurnknechte, Pförtner
und Wächter, sowie die sonstigen Amtleute, Schultheißen, Schöffen und
Bürger in Neuenbaumburg nicht schwören oder huldigen dürften, worauf sie sich schlüßlich auch anheischig machten, mit dem neuen Pfandinhaber und Mitbesitzer einen „guden eynteldigen" Burgfrieden halten
zu wollen [804]) und am folgenden Tage erklärte noch Rauhgraf Philipp,
das halbe Dorf Wanßheim gehöre gleichfalls zu den Ortschaften, die
an Spanheim versetzt seien, [805]) so wie auch einige Wochen später der
vorhin angedeutete Frieden würklich daselbst beschworen wurde. [806])

Da der erste Witthumsbrief der edeln Gattin Walram's, Elisabetha, verloren gegangen war, so stellte er, damit seine liebe Ehehälfte
deßhalb später nicht benachtheiligt oder verkürzt werden möchte, im
August 1367 folgendes Zeugniß darüber aus: sein seliger Vater Simon II. hätte dieselbe auf seine halbe Stadt Kirchberg, diesseits der
Steinstraße „als die Eyemer flußet", so wie auch auf die Hälfte des
dasigen Gerichtes, der Bürger, Leute, Gülten, Einkünfte u. s. w. ver-
witmet und zwar mit Willen, Gunst und Verhängnisse der Pfalzgrafen Rudolph II. und Ruprecht I., von denen solche Güter theilweise
zu Lehen gegangen seien, welche Erklärung und Erneuerung des ur-
sprünglichen, zu Verlufte gegangenen, Witthumsbriefes, der älteste
Sohn, Simon III. Graf zu Spanheim-Vianden, mitbesiegeln mußte [807])

---

803) Der geben ist des Jaris ꝛc. 1367stem Jare uff Sant Johans dag Baptisten
  Als er geboren wart. (24. Juni). Sp. Copb. in R. B fol. CCCCXXII.
804) Geben des Jaris ꝛc. 1367stem Jare uff Sant Johans dag Baptisten als
  er geborn wart. (24. Juni). Das. B fol. CCXXXVIII ꝛc.
805) Der geben ist ꝛc. 1367 Jare des nehsten bagis nach Sant Johans dag Baptisten Als er geborn wart. (25. Juni). Daselbst B fol. CCCCXXIIII.
806) Datum Anno dnl. Mᵒ.CCCᵒ.LXVIIᵒ. In Crastino Divisionis aplor. (16.
  Juli). Das. B fol. CCXLIIII b.
807) Der geben ist des nehsten bagis noch unser frauwen dag den man zu Latin
  nennet Assumpcio In dem Jare ꝛc. 1367sten Jare. Das. B fol. XXXII.

und anfangs Novembers verschrieb der Ritter Konrad von Schöned
der Rothe, unserem Grafen und dessen ebengenanntem Sohne einen
Enthalt in seiner Veste zu dem Kreuzberge, um sich aus derselben,
während der Fehde mit Herrn Johann zu der Schleiden und mit der
Gesellschaft zn den „Blaenhüden" (blauen Hüten) geheißen, zu behelfen,
jedoch nur nicht gegen den cölner Erzhirten und nach beendigtem
Strauße müße dieser Enthaltsbrief wieder an ersteren zurückgegeben
werden.[808]) Im folgenden Jahre versezten Johannes Herr zu Saffenberg, dessen eheliche Hausfrau Gertrud und ihr beider Sohn Wilhelm,
jenem Spanheimer und seinem Sohne Simon III., die Hälfte ihrer
Burg Saffenberg, mit allem was man dazu rechnete, um 800 Gulden[809]) und im Monate December fanden wir noch eine weitläufige
eidliche Kuntschaft der Gerichtsschöffen zu Altensimmern über die Rechte
der Grafschaft Spanheim-Kreuznach und namentlich unseres Herrn, in
dem, bei jener Stadt gelegenen, Dorfe Endelskomede, welcher Schöffen-
sitzung auch Heinrich von Erlickeim, Ritter und pfälzischer Vicedom zu
Heidelberg, beiwohnte, der diese gerichtliche Verhandlung, über welche
ein notärisches Protocoll aufgenommen ward, ebenfalls bezeugte.[810])
Später hatte unser Walram, nach dem Jahre 1368, dem Rauhgrafen Philipp von der Reuenbaumburg wiederholt mehrmals Geld
vorgeschossen, nämlich zuerst 200 und nachher wieder 400 Goldgulden,
die lezterer jenem zu der früheren Pfandsumme von 3000 Goldgulden
schlug, wofür er ihm bereits 1367 ein Viertel an Reuenbaumburg und
mehrere Dörfer verschrieben hatte, ebenfalls ablösig mit der gleichen
Summe.[811]) Wir haben bisher die Thätigkeit, Umsicht und Sorgfalt
unseres Spanheimer's in Erwerbung von Gütern und Pfandschaften
zur Vermehrung des Familienvermögens, gewiß mit Vergnügen bemerkt, allein nun finden wir auch ein schönes und seltenes Beispiel,
daß dessen edle langjährige Lebensgefährtin Elisabetha, in dieser Be-

---

808) Datum anno dñi. M⁰.CCC⁰.LXVII⁰. feria sexta post Omnium sanctorum.
(5. Nov.). Orig in Str. Fasc. VI No. 68.
809) Der geben ist ꝛc. 1366 Jare uff Sant Georgien tage. (23. April). Orig. in
Coblenz.
810) Erben zu alten symern in der statt des sontags nehst vor sant niclaus
dag ꝛc. 1368sten Jare. (3. Dec.). Aus einem alten coblenzer Copialbuche
Folio CXXVI.
811) Der gegeben ist an Sant Ambrosius dage Anno domini M⁰.CCC⁰.LX⁰.
Nono. (4. April). Sp. Copb. in R. B. fol. CCCXXIII b.

ziehung ihrem Gemahle nicht nachstand und von dem nämlichen Geiste
der Sparsamkeit und der mütterlichen häußlichen Sorgfalt beseelt war,
denn sie lösete, ohne Vorwissen ihres Eheherrn, von ihrem ersparten
Haushaltungsgelde nach und nach mehrere Korn- und Weingülten, die
der verlebte Graf Johann von Spanheim-Kreuznach, ihr Oheim, in
den Orten Sprendlingen, Dreisen und Ippesheim für geistliche Stiftungen verpfändet hatte, mit 80 Mark und 348 Pfund guter Heller
wieder ein und kaum war dies zur Kenntniß ihres Gatten gelangt,
„wie die Edel Elyzabeth unser Liebe Eliche Frauwe bewiset und er-
zeyget sunderliche Liebe, truwe und gunst, die sie heit zu uns unsern
und Jren kindern und erben," als er auch sogleich die Anordnung traf,
dieselbe sollte solche, durch sie bereits losgekauften und noch später aus-
zulösenden, jährlichen Gülten lebenslänglich zu genießen haben. [312]
Der Graf Ludwig von Rieneck und seine Gattin Kunigunde (von Spanheim-Tannenfels und früher die Wittwe des Rauhgrafen Wilhelm)
verseßten ihre Theile an der Veste Nuhenburg (Nußburg), mit demjenigen was dazu gehörte, den strengen Edelknechten Winant von Waldeck und Henne von Partenheim, für 500 gute Gulpen kreuznacher
Währung, unter der Bedingung, unserem Grafen, der bereits einen
Theil an jener Burg inne hatte, diese Pfandschaft zu lösen zu geben
und wenn derselbe auch noch den, jener Kunigunde durch ihren ersten
Eheherrn, den Rauhgrafen Wilhelm, der seine Linie beschloß, verschriebenen Witthum zu 3000 Pfund kreuznacher Heller käuflich an sich zu
bringen wünsche, so sollten ihm dann jene 500 Gulden daran in Abzug gebracht werden, welches Uebereinkommen aber den Herrn Walram
an den Briefen, die er vorher von dem Rauhgrafen Georg, von dessen
Sohne Wilhelm und von Philipp von Bolanden erhalten hätte und
die er noch in Händen habe, nicht hindern oder beeinträchtigen
dürfte; [313] unser Graf und seine Elisabetha befreiten auch um diese
Zeit für 500 Malter Korn die Höfe und Besißungen der Abtei Eber-
bach im Rheingaue, namentlich den neuen Hof bei Kreuznach und in
den Dörfern Hargeßheim, Roxheim, Weittersheim, Breitinphas und

---

[312] Dirre br. ist geben ꝛc. 1369stem Jare uff den Sonbag Als man singet
Cantata. (29. April). Sp. Copb. in K. B fol. CXXXIX ꝛc.

[313] Der gegeben ist an der Heyligen Zwölffboten dage Philippi und Jacobi ꝛc.
1369ben Jare. (1. Mai). Orig. in Str. Fasc. XIV No. 13 und sp. Copb
in K. B fol. CCXLVI b.

Darinburn, von allen herrschaftlichen Lasten und Abgaben, daher Abt Konrad und sein Convent den gebräuchlichen Rückschein ausstellen mußten, wann nämlich jene Frucht zurück geliefert würde, so sollten dem Landesherrn auch wieder alle früheren Rechte an jenen Liegenschaften zustehen [314]) und unterdessen hatte · der vorhin erwähnte Winand von Waldeck bei jenem Grafen von Rieneck und seiner Kunigunde 50 gute Goldgulden aufgenommen, die demselben bei der Auslösung der Veste Rumburg, entweder durch dieses Ehepaar, oder durch den Spanhelmer, an der Pfandsumme von 500 guten Gulden, in Abzug gebracht werden sollten, wofür ersterer zwei Bürgen stellte. [315])

Wir haben bisher vielfältig vernommen, in welchen traulichen und freundlichen Verhältnissen Walram mit Philipp von Bolanden, Herrn zu der Altenbaumburg gelebt und demselben, gegen Verpfändung raugräflicher Güter und Vesten, sogar ansehnliche Geldvorschüsse gemacht hatte, allein plötzlich entzweiten sie sich, hauptsächlich über den gemeinsamen Besitz von Bürgen, es kam zwischen ihnen zu schweren hartnäckigen Fehden und Kämpfen, dadurch zu drückender Gefangenschaft und endlich, nach mehrjährigem Hader und Zwietracht, zu großen beiderseitigen Verlusten, vornämlich für unser spanheim-kreuznacher Haus, allein den Hauptvortheil aus solchen Kriegen zog am Ende der pfälzer Kurfürst Ruprecht I.; wir besitzen zwar die Acten über diese betrübten Vorfälle nicht ganz vollständig, aber dasjenige, was wir geben können, liefert uns doch ein anschauliches Bild der, unter dem schwachen und ohnmächtigen Reichsregimente Karls IV., in jenen verderblichen rohen Raufzeiten immermehr um sich greifenden Unordnungen, und Ungesetzlichkeiten. Unser Graf verdrängte nämlich, oder er warf vielmehr jenen Philipp von Bolanden eigenmächtig aus den ihnen theilweise und gemeinschaftlich zustehenden Vesten Altenbaumburg und Rumburg, über welche Gewaltthat eigentlich die Fehde entbrannte; jeder Theil zog seine Helfer an sich und so kam es zuletzt, nach langem Umherziehen und nach vielen gegenseitig angerichteten Beschädigungen 1869 bei Sprendlingen, ohnweit Kreuznach, zu einem harten entscheidenden Treffen, in welchem, nebst vielen anderen, auch ohngefähr 300

---

[314]) Der geben ist uff Sant Bonifacius dage ꝛc. 1869ben Jare. (5. Juni). Sp. Coph. in R. B fol. CCXCV.

[315]) Der ist geben ꝛc. 1869tem Jare An des Heyligen dag den man nennet zu Latine Viti et Modesti. (15. Juni). Daf. B fol. CCL.

Rheingauer, die der erzstift-mainzische Viacedom dem Spanheimer zuge-
führt hatte, sämmtlich ihr Leben verloren, Walram aber selbst gefangen genommen und in einem Kerker der Burg Krobsberg bei Eren-
loben verwahrt wurde. [314] Den Tag an welchem diese Schlacht vor-
fiel, vermögen wir nicht genau anzugeben, weil die Verfasser der Spanheimer Chronik dieses, in der Nähe ihres Gotteshauses, sich zugetrage-
nen, Unfalles ihres gräflichen Schirmherrn, unverantwortlicher Weise,
auch nicht im geringsten erwähnen, jedoch ereignete sich, weil wir bisher unsern Grafen bis zur Mitte Juni's in Thätigkeit fanden, jene
unglückschwangere Begebenheit zuverlässig in der zweiten Hälfte des
vorhin bemerkten Jahres; derselbe ward indessen später seiner Haft
entlassen, nachdem er mit dem Bolander eine Vereinbarung abgeschlossen, sowie auch Bürgen und Geiseln dafür gestellt hatte, daß, wenn er
zu einer bestimmten Zeit mit seinem Gegner nicht gesühnt sein würde,
entweder er selbst, oder seine Geiseln für ihn, sich wieder in die bolander Haft stellen müßten; den Zeitpunkt wann dies geschah, können
wir auch nicht bestimmt bezeichnen, aber jedenfalls befand sich derselbe
bereits vor dem Monate März 1370 auf freiem Fuße, weil wir ihn
bei diesem Monate wieder in seiner Grafschaft antreffen, denn das
städtische Gericht zu Kreuznach bezeugte nämlich Anfangs März 1370,
Greta, die Tochter Heinrichs aus Genzingen hätte dem Abt und dem
Convente zu Disibodenberg für ihr Seelenheil vor ihnen, den Schöffen,
ihren Leib und ihr Gut aufgegeben oder zugestellt, welchen Vorgang
jedoch unser Spanheimer bei seiner Zurückkunft aus dem Grunde nicht
gelten lassen wollte, weil er vorher eine Verordnung gegeben hätte, daß
Klosterleute in und bei Kreuznach keine Güter erwerben dürften, worauf aber das Schöffengericht erklärte, jene Schenkung sei geschehen,
ehe dieses Verbot des Grafen erlassen gewesen wäre und zugleich noch
bezeugte, jener Abt hätte auch früher in der Kreuznacher Gemark dasjenige Gut an sich gebracht, welches dem Arnolt von Spanheim durch
den Tod seines Vaters anerstorben gewesen seie, das man das Disibo-
dengut nenne [317] und drei Tage darauf gelobten die Edelknechte und
Gebrüder Johannes und Contz genannt Brageis von Büdesheim, der

<hr />

[314] Würdtwein nova subsidia dipl. VIII, 398.
[317] Dirre brieff der wart gegeben etc. 1370 im Jare In dominica Innocauit.
(3. März). Disibodenberger perg. Copialb. fol. 76.

uns bekannten Oeffnungsverschreibung über den Rheingrafenstein von
1328 treulich nachleben zu wollen. [818])

Hinsichtlich der Entlassung Walram's aus dem Kerker zu Krebs-
burg, gab es jezt mehrfache Verhandlungen und zwar darüber, auf
welche Weise er frei geworden seie und ob er die gegebene Zusage bezüglich seiner sowie seiner Geiseln gebrochen hätte oder nicht, kurz die
Fehde, da man sich nicht verständigen konnte, erhob sich wieder von
neuem, aber diesmal war das Kriegsglück jenem günstiger, denn er
bekam den Philipp von Bolanden nebst dem Arnolt von Meckenheim
in seine Gewalt und brachte sie nach dem Rheingrafenstein in sichern
Verwahr, worauf sechs Ritter oder spanheimer Wäpelinge, Johann
von Schonenberg, Wolf von Spanheim, Richart wonder von Castelun,
Rudolf Swab von dem Walde, Clas Poley und Helewich von Britzenheim, im Mai 1370, ihrem Herrn über seine Loslassung aus der früheren Haft folgendes einmütige Zeugniß ausstellten: jener Philipp
von Bolanden hätte in ihrer Gegenwart erklärt, er habe den Spanheimer, gegen die gegebenen Geisel seines Gefängnisses entlassen, unter
der Bedingung, wann er vor dem nächsten Sanct-Vitustage (15. Juni)
nicht mit ihm thädingte und die beiderseitigen Zerwürfnisse beendige,
so seien dessen Geisel verpflichtet ihn, oder er sich selbst wieder in die
Haft zu stellen; zugleich hätte aber der Bolander auf denselben seines
Gefängnisses wegen verzichtet und ihn seiner diesfälligen Eide, sowie
auch seine Geiseln ebenfalls der für ihren Herrn geleisteten Gelübbe
und eingegangenen Verbindlichkeiten los und ledig gesagt und zwar
länger als zwei Wochen vor jenem Vits Tage, welche Aussage, bei
der auch noch andere „viel erbere lude passen leyen, Ritter vnd knechte
daby sin geweste vnd han das gesehen vnd gehört," jene Sechs mit
gestabten Eiden bekräftigten. [819]) Zu noch größerer Sicherheit, sowie
zur Bestätigung der Wahrheit dieser Vorgänge, mußte aber der im
Rheingrafenstein gefänglich verwahrte Bolander, noch vor dem 15. Juni
eine Urkunde oder eine sogenannte „Rottel" von sich geben, worin er
den Hergang der Loslassung unseres Grafen aus seiner Gefangenschaft,

---

[818]) Datum Anno dnj. M⁰.CCC⁰.LXX⁰. feria quarta post dominicam qua
cantabatur Inuocauit. (6. März). Sp. Cop. in K. F. fol. CCXLVI ꝛc.

[819]) Daß geschahe die mandagis vor vnsers herren vffart dage ꝛc. 1370ftem
Jare. (20. Mai). Daselbst B fol. CCCXIX b ꝛc.

wolk der Pflichtverlassung seiner Geisseln, genau und barnit zugleich
alles Geschehene eben so schilderte, wie jene sechs Manne dies eidlich
angegeben hatten, welches alles er auch selbst zu halten versprach, oder
wie dessen eigene Worte lauten: „wir globen diß alles vnd Ire hilt-
des besunder mit vnsern truwen Eyde sicherheyde vnd gantzer wair-
hayte Rede veste vnd vnerbruchliche zu haldene," mit dem entschuldi-
genden Zusatze, er seie mit Walram und seinen Helfern, vorher ehe er
ihn gefangen genommen, und auch bis auf diesen heutigen Tag, in
Fehre und in keinem Frieden gestanden, so daß also derselbe den Landfrieden nicht gebrochen hätte, worauf er schlüßlich noch hinzufügte, „auch
enwolde grav Walrab, noch die vns fingen, nit mit vns Essen noch
drinken," welche Erklärung der von Bolanden auf des Spanheimer's
Frage, ob alles dies der Wahrheit gemäß seie, vor den anwesenden
Zeugen, den Pröpsten Cuno von Ravengirsbach und Jacobs von
Pfaffenschwabenheim, sowie der strengen Ritter Johann Hertwins von
Lorch, Hartmann Bayer's von Boppart, Eberharts von Spanheim und
noch anderer „erbern lude", laut und öffentlich mit „Ja" beantwortete
und bekräftigte, daher das mainzer geistliche Gericht über diesen ganzen
Hergang ein Instrument abfassen mußte, [820] und unser Graf sich
auch noch an dem nämlichen Tage von jenem Philipp von Bolanden
ein besonderes Document über den Verlauf dieser Begebenheiten ausstellen ließ. [821]

Weil nun Walram den ebengenannten Bolander und den Arnold
von Meckenheim noch fortwährend in strengem Kerker behielt, so wurde
durch den Inhaber der Krobsburg und durch einen Verwandten des
letzteren deshalb eine Klage bei dem Kaiser anhängig gemacht, welcher
auch im August 1370 die Bürgen und Geiseln des Spanheimers für
seine Haft in jener Burg, nämlich die Grafen Friedrich VII. den Alten und den Jungen von Leiningen, Wilhelm und Diether von Kazenelnbogen, Johann III. und Gottfried von Spanheim-Starkenburg,
Heinrich von Veldenz und Heinrich II. von Spanheim-Tannenfels

---

[820]) Da man zalte 2c. 1370 Jare 2c. vff den vierzehenden dag des maendes
den man nennet zu Latine Junium 2c. zu vesper zyt In der Burgl die
heißet Rpngraffenstepne Meynzer Bißthummes In der Stoben derselben
burge. (14. Juni). Sp. Copb. in K. B fol. CCCXVI a.

[821]) Datum Anno dnj. M°.CCC°.LXXmo. feria sexta ante festum scl. Viti et
modesti. (14. Juni). Orig. in Str. Fasc. VI No. 70.

ferner Herrn Johannes von Scharfeneck, Tilmann vom Stein, Boos von Waldeck, Philipp von Montfort, Johann und Heinrich genannt Wolf, Brüder von Spanheim, Johann von Bletzchen, Friederich, Pfaff geheißen, sämmtlich Ritter und noch den Heinrich von Thanne einladen ließ, am 22. August vor ihm in Nürnberg zu erscheinen, um die Anstände wegen ihrer Bürgschaft zu erledigen. [822] Unterdessen hatten aber die Anhänger und Freunde jener beiden Gefangnen, Wolf und Henchin von Meckenheim, Gerhart von Odenbach genannt von Krobsburg, nebst ihren Helfern, welche sämmtlich Lehens- und Burgmänner des pfälzer Kurfürsten Ruprechts I. waren, unserem Grafen die Fehde angesagt und demselben im Monate August die Hälfte der Stadt Landenburg, die er bekanntlich pfandsweise besaß, angewonnen oder geraubt, [823] über welchen Gewaltstreich, der ebenfalls eine Folge seiner früheren Gefangenschaft in Krobsburg war, Walram auch klagend bei Karl IV. einkam, der ihm sogleich einen Gerichtstag nach Nürnberg auf den dritten September vestsezte, in welcher Sitzung derselbe erklärte, der von Bolanden hätte ihn des Gefängnisses, nebst der Bürgschaft und Geiselschaft losgesagt, worauf das Reichsoberhaupt ihm einen weiteren Tag auf Freitags vor Matthäi anberaumte, um diese Aussage zu beweisen und zu erhärten, [824] am nächstfolgenden Tage hielt jedoch Karl IV. wieder eine Gerichtssitzung zu Nürnberg, um die Klage zwischen Henchin von Meckenheim, Gerhard von Odenbach und zwischen seinem Neffen Walram von Spanheim, wegen dessen Gefangenschaft in Krobsburg zu entscheiden, allein nur lezterer war daselbst erschienen, jene aber nicht, [825] was der Monarch bezeugte und zugleich den beiden Säumigen einen weiteren Termin zu ihrer Verantwortung unserem Grafen gegenüber bestimmte. [826] Weil nun diesem aufgegeben war, sich wegen seiner Entlassung aus dem Krobsburger Kerker gültig auszuweisen, so forderte er den Propst Jacob von Schwabenheim, als

---

[822] Geben zu Prag an sant Petterstag den man nennet ad vincula unser Reiche in Rom. im 25sten des Bohemischen 14sten und des Kaisertums in dem 16den Jare. (1. Aug.). Orig. in Str. Fasc. II No. 48.

[823] Würdtwein subsidia diplom. nova VIII, 393.

[824] Geben mit Urteil des nehsten Dinstages nach Egidij zc. 1370. (3. Sept.). Orig. in Str. Fasc. II No. 49.

[825] Geben zu Nuremberg an der nehsten Mitwochen nach sand Egidij tag unß. Reich in dem 25sten zc. (4. Sept). Orig. das. Fasc. II No. 50.

[826] Geben zu Nuremberg an der nehsten Mitwochen nach sant Gilgentag unser Reiche in dem 25sten zc. (4. Sept.). Orig. das. Fasc. II. No. 51.

einen Zeugen der Erklärung Philipps von Bolanden in dem Schloſſe Rheingrafenſtein, auf, hierüber vor dem Kaiſer mündliche Kuntſchaft abzulegen, wozu derſelbe gerne bereit war und ſich auch ſogleich auf den Weg nach Nürnberg begab, aber Krankheitshalber das Reiſeziel nicht erreichen konnte, nach ſeinem eigenen ſchriftlichen Geſtändniſſe: „vnd hatten vns vffgemacht vff den Samßtag Exaltacio sce. Crucis 1370, Nu ſin wir vff dem wege krangk vnd ſieche wurden, das wir noch krenklicher Libis noit nit vort vor den obgen. vnſn. Hrn. den keyſer kommen mogen," daher er auf ſeinen Ordenseid eine ſchriftliche Kuntſchaft ausſtellte, in welcher er bekannte, es ſeie in ſeiner und vieler anderer Herren Gegenwart, damals in Rheingrafenſtein alles ſo zugegangen, wie es in dem, durch das geiſtliche Gericht aufgenommenen Notariats-Inſtrumente enthalten ſeie, [837]) worauf der Kaiſer am 24. September folgendes in das Gerichtsprotocoll aufnehmen ließ: Der Spanheimer ſeie an dem ihm befohlenen Tage nicht nur vor ihm erſchienen, ſondern er hätte auch die nöthigen Beweiſe und Briefe über die Bürgſchaft für ſeine Haft vorgelegt und ſeie alſo dem kaiſerlichen Gebote gehorſam geweſen, dagegen aber wäre der leininger Graf mit dem Geiſelbriefe, den er dem Gerichte hätte unterbreiten ſollen, aus dem Grunde ausgeblieben, weil er von ſeinen Mitgeiſeln dazu nicht bevollmächtigt geweſen ſeie [838]) und als auch jene beiden von Odenbach und von Meckenheim auf die zweite Vorladung vor dem Reichsoberhaupte in Nürnberg nicht erſchienen waren, ſo geſtattete lezterer unſerem Grafen, ſich gegen dieſelben in ihrer Abweſenheit zu vertheidigen und zu rechtfertigen, [839]) womit dann das ganze Gerichtsverfahren beendigt war.

Unſer Herr hatte ſich alſo dadurch vor dem höchſten Reichsgerichte gegen alle Anſchuldigungen aufs glänzendſte gerechtfertigt, allein der zwei Gefangnen von Bolanden und von Meckenheim wegen, die er noch fortwährend in ſtrenger Verwahrung hielt, ward er in eine neue Fehde verwickelt, in welcher der pfälzer Kurfürſt an der Spitze ſeiner Widerſacher ſtand, daher unſer Spanheimer Helfer und Bundesgenoſſen anwarb und unter andern im October 1370 den Richart Herrn zu

---

[837]) Ohne Ort und Datum. Orig. in Str. Faſc. VI. No. 71.

[838]) Der geben iſt zu Nurnberg bej nehſten Dinſtages vor ſant Michelstag ꝛc. 1370ſten iar. (24. Sept.). Orig. daſ. Faſc. II No 52.

[839]) Geben zu Nuremberch an Dinſtag nach ſant Michelstag ꝛc. 1370ſtem Jar. (1. Oct.). Orig. daſ. Faſc. II No. 58.

Dune und zu der Altenburg für 1000 kleine Gulden zu seinem Manne
und Diener gewann, der sich nebst seiner Ehehälfte Irmenswynt verschreiben mußte, ihm mit sieben Gesellen mit Glenen, jedoch auf des
Grafen Kosten und Verlust, zu dienen und zu helfen, ihn und die Seinigen in seinen beiden ebenerwähnten Burgen zu enthalten, ihm auch
Herberge in seinem Gebiete zu geben, und demselben auf jede Weise
treulich beizustehen wider die Pfalzgrafen Ruprecht den Alten und den
Jungen, den Grafen Heinrich von Veldenz und wider sämmtliche Helfer und Verbündete der von Bolanden, von Odenbach und von Meckenheim, überhaupt gegen alle „die ytzunt in demselben Kryege sint vnd
noch hernach daryn komen mogent," mit alleiniger Ausnahme des Erzbischofs von Trier. [830]) Damit aber bei dem Spanheimer über die
wahren Gesinnungen und Absichten jener beiden Pfalzgrafen nicht der
geringste Zweifel obwalten möchte, erkauften dieselben, nach Verlauf
einiger Tage von dem Odenbacher und dem Meckenheimer die Hälfte
der eroberten, in der Nähe Heidelbergs, also für Kurpfalz sehr bequem
und erwünscht, gelegenen Stadt Ladenburg [831]) und fünf Tage später
ward Walram durch die Neune die über den Landfrieden am Rheine
bestellt waren, auf einen bestimmten Tag nach Mainz zur Verantwortung vorgeladen, weil er, wie Jhnen Kurfürst Ruprecht I. oder
der Aeltere angezeigt, während des Landfriedens, ihm und den Seinigen ihr Eigenthum mit unrechter Gewalt genommen, sie auch sonst
noch angegriffen oder beschädigt hätte und dies noch täglich thue, mit
dem Beisatze würde er sich in Mainz nicht stellen, „wir müsten für-
baz dar zu thun, als der lantfride stect." [832]) Nach solchen Vorgängen
verbanden sich also im folgenden Monate December die oben angeführten Grafen, Herrn und Ritter, nebst noch einigen anderen, welche
während der Haft unseres Grafen Geiseln für denselben geworden
waren, aufs engste dahin mit einander, dessen und seiner Helfer Feinde
zu sein, weil er sie nicht aus der Bürg- und Geiselschaft gelöset hätte,
daher sie ihm, am nächsten Aschermittwoche, ihre Absagebriefe zuschicken
und überhaupt während dieses Krieges den Pfalzgrafen Ruprecht I. und

---

[830]) Der geben ist des Jars ꝛc. 1370stem Jare uff den nesten Sundag nach
santte Lucas dage. (20. Oct.). Orig. in Str. Fasc. VI No. 72.

[831]) Datum Heidelberg quarta feria ante festum omnium scorum. anno dni.
1370mo. (30. Oct.). Karlsr. pfälzr. Copialb. No. 7 fol. 151.

[832]) Datum anno dni. M°.CCC°.LXX°mo. scda. feria proxima post festum
omnium scor. (4. Nov.). Orig. in Str. Fasc. VI No. 73.

II., sowie noch anderen Grafen ꝛc. als Widersachern der Grafschaft
Spanheim, treulich helfen und beistehen wollten; würde jedoch Walram,
zwischen hier und jenem bezeichneten Tage, seine zwei schon so oft erwähnten Gefangenen, Philipp und Arnolt, entweder vor den Prälaten
von Mainz nach Bingen, oder vor den von Trier nach Wesel bringen
und mit standhaften Gründen den Beweis führen, daß er beide mit
Recht gefangen gehalten hätte, so sollte er des Rechts genießen, im ent-
gegengesetzten Falle aber seien sie dessen Feinde; söhne sich indessen unser Graf bis zur nächsten Fastnacht mit jenem Kurfürsten und Pfalzgrafen, sowie mit seinen Geiseln aus, so wären sie aller in diesem
Bündniße eingegangenen Verpflichtungen quit und ledig, und eben so
auch, wann derselbe mit Tode abginge; stürben aber die fraglichen
Gefangenen während ihrer Haft, so müßten sie dennoch sämmtlich die
in dieser Vereinbarung versprochene und zugesagte Hülfe gegen den
Spanheimer leisten. [833])

Ehe diese Fehde, oder vielmehr dieser Krieg losbrach, wurden im
März 1371 in einer Verschreibung des Grafen Gerhart von Virnenburg über das pfälzische Lehen der großen und kleinen Pellenz, nebst
deren zahlreichen Gerichten, durch den Virnenburger sämmtliche Rechte
vorbehalten, welche das spanheimer Haus kreuznacher Linie, als von
Kurpfalz herrührend, in mehreren Orten jener Gerichtsbezirke auszu-
üben hatte, [834]) über den Verlauf und die Ausrehnung jener Fehde
selbst vermögen wir aber, wegen Abgangs diplomatischer Belege und
chronistischer Nachrichten, keine weitere oder genauere Auskunft zu geben;
bedenkt man indessen die Menge der beiderseitigen Fürsten, Grafen und
Herrn, mit ihren zahlreichen Reisigen, die daran Theil nahmen und
deren gegenseitige Erbitterung, so muß der Kampf zuverlässig und vor-
aussichtlich hartnäckig und blutig gewesen sein, allein endlich neigte man
sich doch von beiden Seiten zum Frieden und zur Versöhnlichkeit hin,
wozu der Kurfürst Ruprecht I. oder der Alte und dessen Neffe Pfalzgraf Ruprecht II. oder der Junge, bei weitem das meiste beitrugen.
Diejenigen Grafen und Herrn, die sich wegen Walrams Haft als

---

833) Der geben ist zu Lamßheym des nesten mitwochen nach sant Lucien dage
der heyligen Jungfrauwen ꝛc. 1370sten Jare. (18. Dec.). Karlsr. pfälzer
Copb. No. 100 A fol. 61.

834) Günther Cod. diplom. rheno-mosell. III. 746 No. 524.

Bürgen oder Geiseln pflichtig gemacht hatten, und deren Namen uns aus dem bisherigen zur Genüge bekannt sind, mußten demnach im Mai die Burg Neuleiningen beziehen und daselbst in sogenannter Geiselhaft liegen bleiben, jedoch ertheilte der Graf Johannes von Nassau-Dillenburg, der von der leininger Erbschaft her Theil an Altleiningen hatte, denselben, sowie ihren Dienern und Unterthanen die tröstliche Versicherung, es dürfe ihnen, so lange der Krieg noch zwischen beiden Theilen währen möge, von Altleiningen aus, nicht der geringste Schaden zugefügt werden, [835]) was derselbe auch zugleich jenen zwei Pfalzgrafen zusagte und nach Verlauf einiger Wochen veranlaßten leztere in ihrer Veste Pfalzgrafenstein eine Vereinbarung, dahin gehend, jede der streitenden Parthien müsse drei Rathleute ernennen, die sich in Coblenz versammeln, die beiderseitigen Ansprachen, Forderungen und Antworten anhören, schriftlich annehmen, darauf nach eingezogenen Kuntschaften und genauen Beweisen ihr Gutachten darüber aufsetzen sollten und dann dasselbe dem Erzbischofe Cuno von Trier zur Entscheidung zu übergeben hätten, dessen Ausspruche sich beide Theile unbedingt fügen müßten; diese Rathsmänner waren von pfälzischer Seite: Graf Johann von Nassau-Merenberg, Symon Herr zu Lichtenberg im Elsaße und Graf Johannes zu Salm, von spanheimer Seite aber: Johannes Herr zu Saffenberg, Ulrich von der Leyen und Eyfrit Jacob von Wartenberg und endlich sezten noch jene zwei Fürsten die vier Klagpunkte, um die es sich eigentlich handelte, folgendermaßen ganz kurz vest: Walram hätte bezüglich der Vesten Altenbaumburg und Nunburg gegen Ehre und Pflicht gehandelt und ebenso auch zweitens durch die Gefangenhaltung Philipps von Bolanden und Arnolts von Meckenheim, dann habe er drittens bei seiner eigenen Haft, sowie seinen Geiseln gegenüber, seinen Eid verlezt und endlich wäre er überhaupt landfriedensbrüchig verfahren. [836])

Als eine Folge dieses Compromisses mußte unser Graf am folgenden Tage dem trierer Erzhirten Cuno die so eben erwähnten zwei Burgen einräumen, sowie auch die beiden oft genannten Gefangenen,

---

[835]) Datum Wintzingen tercia feria ante festum peuthecostes etc. 1371 jare. (20. Mai). Kgl. geh. Staatsarchiv in München 189, fol. 1.

[836]) Der gegeben ist zu Pfalzgrevenstein ꝛc. 1371 jair, uff Sente Vitus vnd Modestus dach der heil. marteler. (15. Juni). Orig. in Coblenz.

Philipp und Arnolt, zur Verwahrung ausliefern, er selbst aber wieder
in seinen früheren krobsburger Kerker wandern, daher die Hauptge=
meiner daselbst, die von Odenbach und von Meckenheim, demselben
die Zusicherung gaben, ihm „an sine libe noch glyedern nyt wee dun,
noch yn qwetzen, noch pynigen" zu wollen [337]) und am 12. Juli hän=
digten die sechs Schiedsleute jenem Prälaten ihr Gutachten ein, sowie
auch die beiden Gefangenen von Bolanden und Meckenheim aus und
gingen an demselben Tage noch die Verbindlichkeit ein, sich dem Aus=
spruche der letzteren zu unterwerfen, [338]) welcher Spruch denn gegen
Ende Augusts würklich erfolgte und so lautete: Walram hätte dem
Bolander die Altenbaumburg ohne alles Recht und wider Ehre ange=
wonnen und entrissen, daher er, um seine Ehre zu bewahren, demselben
diese Veste sogleich und zwar in dem nämlichen Zustande wieder ein=
räumen müsse, wie er sie vor der Entwältigung besessen habe, allein
hinsichtlich der Nunburg, welche beide Theile bisher gemeinschaftlich
genossen und auch einen gemeinsamen Beamten, sammt übrigem Ge=
sinde, Pförtner, Wächter u. s. w. daselbst gehabt, habe jener Graf dem
Philipp von Bolanden gegenüber nicht wider seine Ehre gethan, oder
sie nicht mit Unrecht in Besitz genommen, jedoch vorbehaltlich der
Rechte des Erzstifts Trier, von welchem dieselbe zu Lehen rühre; ferner
sprach der trierer Erzhirte zu Recht, der von Spanheim hätte den von
Bolanden und von Meckenheim gegen seine Ehre gefangen genommen
und behalten, daher beide sogleich auf freien Fuß zu setzen seien; dann
fiel dessen Entscheidung über Walram's Verwahrung in der Krobsburg
dahin aus, er habe bezüglich der, sogar vor den Pfalzgrafen beschwor=
nen, Sühne mit Bolanden, daß er nämlich, wenn er dieselbe nicht halte,
sich wieder in Haft stellen, oder seine Geiseln als Bürgen einlegen
müsse, was beides nicht geschehen seie, wider seine Ehre gehandelt und
müsse sich daher sogleich wieder nach Krobsburg in die Haft begeben
(was indessen bereits geschehen wäre), bis die Sühne erfüllt und er
durch den von Bolanden seines Gefängnisses rechtlich entledigt werde,
würde aber dem von Odenbach diese Veste entwältigt, so seie jener

---

[337]) Des nesten Montagis nach sant Viti vnd Modesti Dage. (16. Juni). Orig.
in Coblenz.

[338]) Der gegeben ist do man zalte ꝛc. 1371 jair uff den 12 dag des maendes
genant Julius zu latine. (12. Juli). Orig. das.

verpflichtet, sich in Ramberg und wann auch diese den Odenbachern angewonnen würde, in der Burg Schelodenbach und zwar in demjenigen Theile, der den von Meckenheim gehöre, zur Haft einzufinden, um an einem dieser Orte so lange zu verbleiben, bis er seiner Gefangenschaft mit Recht erlaßen werde und endlich entschied noch Simo, unser Herr hätte die beschworne Sühne und den Frieren nicht überfahren und also gegen den Kurfürsten Ruprecht I., dessen Mann er seie, nicht ehrlos gehandelt, weil ihre beiderseitigen Irrungen zu jener Zeit noch unauegemacht gewesen wären. 839) So war das Ende dieses in den damaligen Rauf- und Faustrechtszeiten nicht ungewöhnlichen, Dramas; unser Spanheimer hatte theils Recht, theils Unrecht, so wie der gerechte Spruch des trierer geistlichen Herrn ausfiel, daher jener auch einige Wochen nach diesem Urtheile gegen diesen Prälaten auf jede Ansprüche oder Rache wegen seines Gefängnisses, so wie wegen alter Urfehden und der mit den Pfalzgrafen geschlossenen Sühne halder, feierlich Verzicht leisten mußte. 840)

Mit dem Propste Herdan zu Ravengirsburg schloß Walram, kurz vor dieser letzten Erklärung, einen Vergleich über die ihnen gemeinschaftlich zustehende Verleihung der Pfarrkirche in Horen (Horn?) dahin ab, daß dieselbe nämlich vorerst durch die Propstei, dann aber durch den Grafen und so künftig abwechselnd besetzt und verliehen werden sollte. 841) Wir werden später noch manchen Nachwehen und Folgen jenes Krieges begegnen, aus welchen wir auf die vielen Kosten und den Nachtheil, die derselbe der Grafschaft Spanheim verursachte, einigermaßen einen Schluß machen können, denn weil unser Graf während jener Feldzüge und zur Sicherung seiner Stadt Kreuznach, die in deren Nähe außerhalb der Mauern, bei der Sanct Kiliunscapelle, befindliche Clause, worin sich drei geistliche Schwestern befanden, zerstören und abbrechen laßen mußte, verlegte er dieselbe jetzt, damit nicht später wieder der nämliche Uebelstand und Nothfall in Kiegszeiten eintreten

---

839) Der gegeben ist zu Erembretsteyn ꝛc. 1371 Jare uff dornstage nest nach sant Bartholomeusdage des Heyligen Apposteln. (28. Aug.). Karls. pflzr. Copb. No. 100, A fol. 62 b und sp. Copb. in R. B fol. CCII ꝛc.

840) Der geben ist ꝛc. 1371 jare an Sant Matheustage. (21. Sept). Orig. in Coblenz.

841) Datum Anno Domini MCCCLXX primo in Vigilia Nativitatis Beate Marie Virginis. (7. Sept). Würdtwein subsid dipl. VI, 151 No. 34.

möchte, in die Stadt, ließ zu dem Ende bei der daselbst vorhandenen Katharinencapelle eine neue Clause erbauen und ersuchte deshalb den Erzbischof Johann zu Mainz um seine Genehmhaltung, besonders aber darüber, daß diese Anstalt wie früher unter der Aufsicht des städtischen Pfarrherrn stehen und, wenn eine der jetzigen drei Schwestern mit Tode abgehen würde, dann nur zwei geistliche Frauen in derselben gehalten werden und wohnen sollten, „umb unserm herrgote ewecliche zu dienen;" [842]) der Edelknecht Johannes geheißen von Rotinbur, rechnete aber bald darauf mit seinem spanheimer Herrn und mit dessen Freunden, wegen „dinste, koste, verlost von pherden, Hengeste, Harnasche, atunge" und überhaupt wegen erlittenen Kriegsschadens, ab und war von demselben vollständig bezahlt worden, bis auf 130 Gulden, die er bis zum nächsten Pfingstfeste erhalten sollte, worauf er über den richtigen Empfang jener Summe einen Brief ausstellte [843]) und ebenso hielt Walram im Beginne des Jahres 1372 eine Abrechnung mit dem Ritter Sorich und seinem Bruder Godart, beide Herren zu Ernstein, ebenfalls wegen Kriegsbeschädigung und blieb denselben 1200 kleine Goldgulden schuldig, woran er ihnen sogleich 500 Goldgulden erlegte, die sie ihm bescheinigten, [844]) der Rest ward jedoch inhaltlich der vorhandenen Quittungen, theils in dem nämlichen, theils im Jahre 1374 abgetragen.

Ohngeachtet dieser öfteren und mitunter ansehnlichen Ausgaben für Kriegskosten, erwarb aber unser thätiger Graf noch fortwährend Güter oder Gefälle; denn im März erkaufte er von dem Edelknechte Sybel Monphorn von Albich und dessen Hausfrau Clemen, eine in Rumburg fallende jährliche Fruchtgülte von 6 Malter Korn und 5 Malter Hafer um eine gewisse nicht genannte Summe; [845]) in demselben Monate bezeugte indessen Ritter Aylf (Adolf) von Graschaff, er hätte den, wegen seines Schwagers Johannes von Seine, seinem spanheimer Herrn schuldigen Eid, in die Hände seines anderen Schwagers,

---

842) Der gegeben ist 2c. 1371 Jare off sant Nicolaus tag des Bichtrs. (6. Dec.). Orig. in der heidelberger Univ.-Bibl. No. 7.

843) Dirre br. ist gegeben off den frytag nach Sant Lucien dag Anno dni. M°.CCC°.LXX°. primo. (19. Dec.). Sp. Copb. in R. B fol. LXIII.

844) Datum Anno dni. M°.CCC°.LXX°. primo die dnica. ante festum Ephie. dni. Secundum Stilum Treueren. (4. Jan. 1372). Das. B fol. CCCLXVII.

845) Der geben ist 2c. 1372 Jare off den nesten donrstag vor dem Sondag als man singet Letare. (4. März). Das. B fol. CI b.

des Herrn Rorichs von Grenstein, abgelegt [846]) und nicht lange hernach wurde derselbe jenes Grafen loslediger Mann. [847]) Abermals erwarb Walram bald darauf käuflich von Peter von Schaleiden und dessen ehelichen Frau Lene, ihr Dorf Schaleiden, mit Gericht, Herrschaften und allen sonstigen Zuständigkeiten für 100 Pfund Heller, mit der Einwilligung des bisherigen Lehensherrn, sowie unter Verzichtleistung der Frau Lene auf den ihr in jenem Dorfe verschriebenen Witthum [848]) und die Bestätigung dieses Kaufes, sammt den Verzichten des von Saulheim und jener Lene, wurde einige Wochen später durch das geistliche Gericht zu Mainz ausgefertigt, [849]) im September hingegen verlieh der Spanheimer dem Ritter Friederich Pfaff von Bleinchen einige Güterstücke bei Genzingen und ein Haus zu Jppesheim, für deren Genuß aber derselbe jährlich 14 Malter gutes dürres Korn nach Kreuznach liefern und zugleich noch drei Morgen eigene Aecker in der Gemark des letzteren Ortes verlegen mußte, die der Graf, insofern jener mit der Kornlieferung säumig werden würde, in seine Hand nehmen und damit wie mit seinem Eigenthume schalten dürfe. [850])

Wie viel man damals auf unseres mächtigen Herrn Beistand hielt, ersehen wir daraus, weil der Rath und die Bürgerschaft zu Coblenz denselben wiederholt, wegen der besonderen Gunst und Freundschaft die er jederzeit für sie gehabt und gehegt hätte, zu ihrem Mitbürger, Beistand und Helfer auf dessen Lebenszeit unter folgenden Bedingungen aufnahm: Die Stadt versprach, ihn und seine Nachkömmen, die Herrn in Kreuznach sind, zu verantworten, zu berathen, zu schirmen, sowie ihnen beizustehen gleich ihren übrigen Mitbürgern und das nämliche gelobte er den coblenzer Einwohnern zu thun, ebenso wie seinen eigenen eingesessenen Bürgern, Mannen und Burgleuten; auf

---

[846]) Gegeuen in dem iare rc. 1372ſten des maendachs na Antage (Antlaßtage) paiſchen (Paschae) (28. März). Orig. in Str. Faſc VII No. 74.

[847]) Datum Anno dni. M⁰.CCC⁰.LXX⁰. sedo. In festo Corporis Xpi. (28. Mai). Sp. Copb. in R. B fol. CLXXX b.

[848]) Dißer brieff iſt geben off den Sondag als man ſinget in der heyligen Kirchen Misericordia dni. Anno dni. M⁰.CCC⁰.LXX⁰. Sedo. (11. April). Daſ. B fol. LXXVI.

[849]) Actum et datum Eltuil Anno dni. M⁰.CCC⁰.LXX⁰. sedo. Sexta Kalend. Maij. (26. April). Daſelbſt B fol. LXXVII.

[850]) Datum anno dni. M⁰.CCC⁰.LXX⁰. secundo feria seda. ante festum natiuitatis beate marie virginis. (6. Sept.). Daſ. F fol. LXXVI b.

ben Fall aber, daß er oder seine Erben in Coblenz bleiben oder wohnen wollten, räumten die Bürger demselben denjenigen Hof, Haus und
Garten in der Stadt zur Hälfte ein, welchen der Rath für 500 kleine
Goldgulden von Franz von Dielich erkauft hätte, wozu ihm noch jährlich eine Rente von 50 Mark auf Marien Geburtstage verabreicht
werden sollte, allein jene Wohnung dürfte durch die Spanheimer nicht
veräussert oder verpfändet werden und wenn nach seinem Hinscheiden
dessen Nachfolger in der Grafschaft sich binnen Jahresfrist auf die
Weise wie sein Vater verbriefe, könne er ebenfalls in dessen Rechte mit
der Stadt, sowie in jenem Hof und Hause eintreten. [851]) Bald darauf belieh
Walram den Grafen Gerhart von Virnenburg, gleich seinen Voreltern,
mit der Pellenze dies- und jenseits der Mosel [852]) und die vorhin angeführten Rorich und Godart, Gebrüder und Herrn von Crinstein,
bescheinigten einige Tage nachher, das ihnen durch ihren spanheimer
Herrn noch von der bolander Fehde her schuldige Dienstgeld, durch
dessen Schultheiß in Kastelun, Namens Clase, mit 200 mainzer Goldgulden richtig empfangen zu haben; [853]) am folgenden Tage genehmigte
aber der vorgenannte Gerhart, daß unser Graf dem Simon von Waldeck 900 Gulden auf das beltheimer Gericht, das derselbe von Virnenburg zu Mannlehen trage, geliehen hätte, welches Gericht jedoch in die
Pellenz gehöre, die er Gerhart selbst von der Grafschaft Spanheim-
Kreuznach als Lehen besitze und zugleich bezeugte er, jener Graf habe
auch ihm noch 500 mainzer Goldgulden auf dieses Gericht vorgeschossen,
daher er dasselbe jetzt mit allen seinen Nutzungen und Zubehörden inhaben könne, [854]) worauf der Spanheimer und dessen Sohn Simon III.
dem Virnenburger, sowie dessen Bruder Adolf und ihren Leibeserben
am dritten Tage darauf das Recht zugestanden, das beltheimer Gericht
mit 1400 Goldgulden zu jeder Zeit von ihnen wieder an sich lösen
zu dürfen. [855])

---

[851]) Der gegeben ist zc. 1372sten Jare An vnser frauwen Abent den man zu
latin nennet Natiuitas. (7. Sept.). Sp. Copb. in K. B fol. CCXCVl. b.

[852]) Datum Kastelun Anno Dni. M⁰.CCC⁰.LXXII⁰. In crastino Exaltacionis
Sancte Crucis. (15. Sept.). Copie in Str. E No. 5524.

[853]) Datum Kestelun Anno dnl. M⁰.CCC⁰.LXXII⁰. die Sabbo. ante Mathei
apli. et ew⁰. (19. Sept.). Orig. in Str. Fasc. XIX No. 12.

[854]) Datum Anno dnj. M⁰.CCC⁰.LXXII⁰. In vigilia Mathei Apli. (20. Sept.).
Sp. Copb. in K. B fol. XCIII b.

[855]) Datum anno domini MCCCLXXII in crastino Mathei apostoli. (22. Sept.).
Günther Cod. dipl. rhen.-mos. III, 766 No. 540.

Der Bruder Peter und der ganze Convent des Antoniterhauses zu Alzey errichteten 1373 mit ihren Leibeignen in dem Dorf und Gerichte Bolzheim einen Vertrag über ihre gegenseitigen Leistungen und Rechte, jedoch dürften jene diesen Ort nicht verkaufen, versetzen oder einem Edeln zu Lehen auftragen, auch darin keinen bürglichen Bau anlegen oder aufführen und am Schluße betonten die Geistlichen folgendes noch ganz besonders: Schultheiß, Schöffen und die gesammte Gemeinde jenes Dorfes, Männer und Weiber, Alte und Junge, müßten ewiglich unseres Grafen und der Stadt Kreuznach Bürger verbleiben, „In aller der maße als sie mither geweste synt" [855]); im folgenden Jahre verpfändete Walram dem Ritter Eberhart von Scharfenstein und dessen Sohne, dem Wepeling Dietz, die Hälfte seines Viertheils an der Veste Neuenbaumburg für 725 Gulden, aber mit der Verpflichtung der lezteren, ihm und seinen Erben jenes Achtel jederzeit für dieselbe Summe wieder zu kaufen zu geben [856]) und dem Edelknechte Eberhart Kindelmann von Dirmstein schuldete er und seine Gattin Elisabetha die ansehnliche Summe von 1500 Gulden, gleichfalls herrührend von der bolander Fehde, über welche Schuld und deren Entstehung sich jener Edelknecht also ausspricht: nämlich 1000 Gulden „als von Schezunge wegen myns gefengnisse, da ich in sime kriege gefangen wart", über die 500 Gulden sagt er aber, was sehr charakteristisch für die damalige Kriegsführung ist: „die han ich geacht vor „schaden koste vnd zerunge an den wirthen zu Croppisburg, vor azunge „daselbis, vor zerunge als ich vnd die mynen verzerten vff vnd abe „zu ryten vnd auch vor mynen habe vnd harnasch vnd alle koste vnd „schaden, was ich das vff dise zyt von desselben myns herrn wegen ge- „lebet vnd gehabt han. Diß alles han ich gerechnet an 500 guldin", wofür und bis zur Ablösung der ganzen Forderung ihm unser Graf einen Jahreszins von 150 Gulden aus seinen Gefällen zu Schwabenheim zusicherte [858]). Am 11. Februar 1375 stellten Johannes von Lewenstein, nebst den Brüdern Sifrit und Andres vom Stein, sowie

[855]) Datum Anno dni. M°.CCC°.LXXIII°. feria Sexta post Jacobi apli. (29. Juli). Sp. Copb. in L. B fol. OCLXXXII b.

[856]) Geben des Sondagis nach dem Phingisttage Anno dni. M°.CCC°.LXX°. quarto. (28. Mai). Daf. B fol. CCCXXIIII b.

[858]) Geben vff Sant Bonifacius dag Anno dal M°.CCC°.LXX°. quarto. (5. Juni). Daf. B fol. CLIII b.

im Monate Mai Clas vom Stein der Junge, „Canonick zum Dume zu Mentz", dem Spanheimer, als ihrem Herrn, den üblichen Revers wegen der Oeffnung des Rheingrafensteins aus [859]) und im März hatte der Amtmann Martin zu Neuenbaumburg mit dem Amte Kreuznach einen „kut" d. h. einen Tausch oder Wechsel mit drei rauhgräflichen, gegen eben so viele spanheimer Leibeignen getroffen, die namentlich bezeichnet sind [860]).

Ueber die Wahl der Schöffen in Kreuznach traf Walram, für sich und seine Erben als Herrn dieser Stadt, „vmb gemaches vnd ewiglichen friedelebens willen", mit dem dasigen Rathe gegen Ende dieses Jahres folgende Vereinbarung: seie eine Schöffenstelle zu besetzen, so sollten die Bürgermeister und Schöffen ihrem gnädigen Landesherrn einige Personen dazu vorschlagen, finde aber derselbe sie nicht passend oder tauglich zu einem solchen Amte, so möge er oder seine Nachkommen zu der erledigten Stelle eine andere, ihnen anständige Person, kiesen und einsetzen, jedoch vorbehaltlich anderer oder früherer Uebereinkünfte zwischen den Grafen der kreuznacher Linie und dem Rathe, die sämmtlich in ihren Kräften bleiben müßten [861]), mit dem Wild- und Rheingrafen Johann von Daun und mit dessen Gattin Jutte errichtete hingegen unser Graf 1376 eine freundliche und erbliche Einung, worin jene gelobten, nie mehr gegen lezteren oder seine Erben zu sein, auch dürfe demselben aus den wildgräflichen Burgen kein Schaden zugefügt werden; ferner ertheilten jene dem Spanheimer die Vergünstigung, dasjenige was sie von ihren Besitzungen versetzt hätten, an sich zu kaufen oder zu lösen, so wie sie auch das, was sie später verpfänden oder veräussern wollten, ihm und seinen Nachkommen zuerst anbieten und, wenn sie wegen der Pfand- oder Kaufsumme einig werden würden, überlassen müßten und schlüßlich ward noch ausbedungen, nach dem Ableben jener Eheleute sollten deren gesetzliche Erben erst dann zu den wildgräflichen Schlössern und Herrschaften zugelassen werden, wann sie gelobt hätten, diese Vereinbarung vest und treu zu halten [862]). Schon

---

[859]) Sp. Copb. in R. B fol. CCXLVII und CCLI b.

[860]) Der geben vnd beschen ist off Sut Samßtag vor vnnser lieben frauwen clyben tag Anno dni. M°.CCC°.LXXV°. (24. März). Daß. F fol. CCXXI b. ꝛc.

[861]) Der geben ist off Sant Thomas tag des heyligen Aposteln ꝛc. 1375 Jare. (21. Dec.). Daselbst B fol. CCLXXXVII b.

[862]) Der da geben ist off den Dinstag nach dem suntag Als man in der heilligen kirchen singet Jubilate deo ꝛc. 1376 Jar. (6. May). Daß. F fol. LVIII. ꝛc.

seit mehreren Jahren hatte Walram auch, von der Veste Grevenstein aus, vielfache Ansprüche an den Abt von Weissenburg, welcher die an die Herrschaft Tan gränzende Burg Berwartstein besaß, erhoben, bis endlich diese Mißhelligkeiten vermöge der Zeugenaussagen der betreffenden Dorfbewohner, Ende Novembers wenigstens vorläufig so beigelegt wurden: dem Grafen stehe kein Recht zu, in der Lauter bei Bundenthal zu fischen und über die zu leistenden Hauptrechte, so wie über den Zug aus einem Gebiete in das andere, hätten nur die sieben Schöffen des schlettenbacher Gerichts zu entscheiden, auch gebühre jenem kein Antheil am reichsdorfer Zehnten, sondern derselbe gehöre allein der Abtei [843]).

Im J. 1377 machte der Edelknecht Gerhart von Dirmstein verschiedene Forderungen an unsern spanheimer Herrn und zwar vorerst wegen eines verseßenen Burglehens seines Vetters Eberharts von Dirmstein, dann wegen Schadens den er Geldes halber, das ihm die armen Leute zu Sprendlingen schuldeten, erlitten habe, welchen sie ihm auch vergütet hätten und zuletzt noch wegen eines verseßenen Mannlehens seines seligen Vaters, worüber sich Walram mit demselben für eine Summe von 60 mainzer Gulden abfand, woran er ihm die Hälfte sogleich erlegte, so daß lezterer auf alle weiteren Ansprüche verzichtete [844]) und zwei Tage darauf verpfändete der Wildgraf Otto von Kyrburg an unseren Grafen und an dessen Familie, seinen Theil der Dörfer Kirn und Medersheim sammt dem Gerichte, Banne und mit allem was in lezteren befindlich und gelegen wäre, es bestehe in was es wolle, um 1000 mainzer Gulden in gutem Golde und schwerem Gewichte, welche Orte er ihm vor deren Schultheißen, Schöffen und Gerichten für eigen aufgab, jedoch sämmtliche Gegenstände wieder ablößig mit derselben Summe [845]); im April verkaufte aber die Gräfin Kunigunde von Rieneck ihren Theil an der Veste Nuwen- oder Nunburg mit dem Gerichte und der Herrschaft und dazu die Dörfer Wöllstein, Wansheim, Gumtzheim, Mantzenfelt und allen Zugehörungen, wie sie dieselbe von ihrem Schwäher, dem Rauhgrafen Georg und von ihrem

---

[843]) Datum Anno dni. Millimo.CCC⁰.LXX⁰. sexto crastino Sancte Katherine. (26. Nov.). Berwartsteiner Coder. fol. 15.

[844]) Datum sexta feria proxima ante Dolcam. Innocavit Anno dnj. M⁰. CCC⁰.LXXVII⁰. (13. Feb.). Sp. Copb. in R. B fol. CXXIIII.

[845]) Datum dominica die qua cantatur Innocavit Anno dni. Millio.CCC⁰.LXX⁰. septima. (15. Feb.). Daf. F fol. XXXI b ꝛc.

erſten Gatten, dem Rauhgrafen Wilhelm von Altenbaumburg, für ihr Zugelt und als Witthum bisher innegehabt und genoſſen hätte, mit der Zuſtimmung ihres jetzigen Gemahls Ludwigs von Rieneck, an das ſpanheim-kreuznacher Haus für 1600 Gulden, welchen Grafen zugleich noch das Recht zugeſtanden ward, die an den von Waldeck und von Partenheim für 450 Gulden in Pfand gegebenen Theile an jener Burg und was der von Graſewege zu Wansheim unterpfändlich inne habe, an ſich löſen zu dürfen [866]) und zwei Jahre ſpäter verzichtete dieſelbe vor dem geiſtlichen Gerichte in Mainz, zu Gunſten der Grafſchaft Spanheim, nochmals feierlich auf ihre ſämmtlichen Witthumsrechte, weil ſie die dazu gehörigen Güter ꝛc. rechtlich verkauft hätte [867]).

Walram und ſein Sohn Simon III. Graf von Blanden, erwarben dem ſpanheimer Hauſe um dieſe Zeit wieder einige mächtige Helfer, indem Heinrich Herr zu Dune in der Eifel und deſſen beide Söhne, Johannes und Ruprecht, ſich für ledige Manne unſerer Grafſchaft erklärten (und zwar aus dem Grunde, weil erſterer den gefangenen Heinrich von Dune wieder aus ſeiner Haft entlaſſen hatte), und zugleich gelobten, derſelben treulich zu dienen mit der Burg Dune, ſowie mit andern Schlöſſern und ihren ſämmtlichen Landen und Leuten. [868]) Die Meiſterin Lyſe und der Convent zu Sanct Ruprechtsberg bei Bingen liehen hingegen unſerm Grafen und ſeiner Gattin Eliſabetha mehrere Wochen darauf 500 Goldgulden mainzer Währung, wofür deren Höfe Güter und Gefälle in Genzingen, Lonsheim, Baſenheim, Bonheim, Leubersheim, Weitersheim und in anderen Gerichten und Marken, von allen herrſchaftlichen Dienſten, Laſten und Abgaben gefreyet wurden, jedoch ſollten nach der Rückzahlung dieſer Summe die früheren Verhältniſſe und Verbindlichkeiten jener Höfe und Güter wieder eintreten und die zugeſtandene Befreiung ihr Ende erreicht haben. [869]) Im September dieſes Jahres verſetzten obiger

---

[866]) Der geben iſt uf Sent Georgien tage ꝛc. 1377ben Jare. (23. April). Orig. in Str. Faſc. XIV No. 15 und ſp. Copb. in R. B fol. CCXXII ꝛc.

[867]) Diß iſt geſcheen zu Meintze ꝛc. 1379ſtem Jare ꝛc. an dem nunzehenben dage des maendes den man nennet zu Latine Julium ꝛc. (19. Juli). Daſ. B fol. CCXXXV ꝛc.

[868]) Der geben iſt uff Sant Bonifacius dage ꝛc. 1377ben Jare (5. Juni). Daſ. B fol. CXCV b.

[869]) Der geben iſt uff den neſten mandag vor Sant Marien Magdalenen tage ꝛc. 1377 Jare. (20. Juli). Daſ. B fol. CCXCII.

Wildgraf Johannes zu Daun und seine Jutte an Spanheim ihre
Veste und Burg Brunkenstein bei Daun, nebst der unter derselben an
der Simmer gelegenen Mühle und einem dabei befindlichen Weinberge
für 500 Goldgulden, welche Summe, nach Verlauf von fünf Jahren,
wieder zurückerstattet oder abgelöset werden könnte, indessen dürften
aber während der Pfandschaft die daselbst befindlichen spanheimer
Diener, Knechte und Gesinde mit ihrem Viehstande die zu jener Veste
gehörigen Wälder, nebst Wasser und Waide gebrauchen [870]) und im
Januar 1378 erstand unser Graf, für eine nicht angegebene Summe,
von dem Edelknechte Simon von Senheim vier Leibeigne, Männer
und Weiber und „alle die ymer von den Wortzeln komet" (d. h. sammt
den Kindern, die von ihnen abstammen) mit allen sonstigen Rechten. [871])

Walram, obgleich damals schon hochbejahrt, verläugnete dennoch
den fehdelustigen kriegerischen Geist seiner Zeit nicht im geringsten,
denn er nahm 1378 den Ritter Friederich von Volrats und dessen
Sohn Friederich, genannt Griffenclae von Volrats, zu seinem und
Simons III. Manne und Diener an gegen Jeden, den Erzbischof
von Mainz, allein ausgenommen, für welche Dienste beide in vier
Jahren und zu besonderen Zielen, 400 mainzer Goldgulden erhalten
sollten. [872]) In einer solchen Fehde hatte er den Rauhgrafen Heinrich
von der Altenbaumburg zum Gefangenen gemacht, welcher sich im
Juni 1379 bis zum achten Tage nach Weihnachten des künftigen
Jahres für haftbar oder „verbunden" erklärte, jedoch mit dem Zulatze
und dem Versprechen: daß er sämmtliche „globniß und gebuntnisse",
die er zu anderen Zeiten seines Gefängnisses wegen, unserem Grafen
gegeben hätte, halten und denselben genau nachkommen wolle, sowie er
sie früher „globt und geredt han", welches Gelöbniß der Bischof
Dietrich von Metz mit seinem Siegel bekräftigen mußte; [873]) einige
Tage nachher erkaufte er für jährliche 15 Pfund Heller kasteluner

---

[870]) Datum Anno dnl. Mº.CCCº.LXXº. septimo, quarta feria post natiuitatem bte. Marie virginis. (9. Sept.). Neueres spanh. Coph. in K. No. IV
fol. 662.

[871]) Datum Anno dnl. Mº.CCCº.LXXº. Octauo In crastino Epyphanie. (7.
Januar). Daf. No. 1 fol. 21.

[872]) Datum Anno Daj. Millio.CCCº.LXXº. octauo ipso die Mathie Apli.
(24. Febr.). Orig. in Str. Fasc. XVII No. 1 bis.

[873]) Der gegeben wart rc. Mº.CCCº.LXXº. vnd nune Jare des Sondags vor
Sant Johans dage Baptisten. (18. Juni). Sp. Coph. in K. B fol. CCLVII b.

Währung, den Hermann v. Rennenberg zu seinem Burgmanne bei
Kastelun, welche, durch den basigen spanheimer Amtmann jedes Jahr
auf Sanct Martinstag zu entrichtende, Rente, mit 150 Pfund Hellern
abzulösen seie und dann, als Lehen, auf Güter anzulegen wäre [874]
und zum letztenmale finden wir denselben am 9. September dieses
Jahres, da er als Lehensherr seine Einwilligung gab, daß Ritter
Anton von Montfort sein alleiniger, in einer Korngülte von
20 Maltern bestehendes, Burglehen veräußern und die erlöste Summe
auf eigene, zu seinem Hofe in Ormtsheim bei Flamersheim gehörige
Güter anweisen dürfe, mit Wissen und Verhängniß seines kürzlich
verstorbenen Vaters Friederichs, seiner verwittweten Mutter Dyna
und seiner ehelichen Hausfrau Johanetta. [875]

Walram endigte seine langjährige, äußerst thätige und rühmliche
Laufbahn, auf welche er, bezüglich dessen, was er für die Vermehrung
seiner Besitzungen, sowie überhaupt für den Wohlstand und das Ge-
deihen seiner Bürger und Unterthanen gewirkt hatte, am Schlusse
derselben befriedigend zurückblicken konnte, in der ersten Hälfte Februars
1380 um Sanct Dorotheen Tage [876] und ward in der Probsteykirche
Pfaffenschwabenheims zu seiner verdienten Ruhe gebracht. Zuverlässig
war derselbe kurz vor seinem Hinscheiden durch irgend einen geistlichen
Oberhirten mit dem Banne belegt worden, weil der Cardinal Pyleus
erst in Jahresfrist nach seinem Tode, dessen Sohne Simon III. die
Erlaubniß ertheilte, die Exequien für seinen seligen Vater in der Kirche
zu Schwabenheim bei offenen Thüren und während sechs ganzer
Tage feiern zu dürfen [877] und jene Kirchenstrafe scheint auch die Ur-
sache gewesen zu sein, daß die undankbaren Mönche in Spanheim des
Ablebens ihres Gebieters und Schirmherrn auch nicht mit einer Silbe

---

874) Der geben ist des Sontags nach Sant Johans dag Baptisten Als er geboren wart. Anno dni. M⁰.CCC⁰.LXX⁰. nono (26. Juni). Neueres Copb.
in R. No. 1 fol. 63.

875) Datum Anno dni. M⁰.CCC⁰.LXXIX⁰. sexta feria post festum Natiuitatis
marie. (9. Sept). Def. B fol. IX.

876) Anno MCCCLXXX in Februario circa festum Dorotheae virginis mo-
ritur Walramus comes in Spanheim. Würdtwein subsidia diplom. nova
VIII, 396.

877) Datum franckenfordie Maguntin. dyoc. IX Kl. maij. Pont. sanctiss. in
Xpo. pris. et dni. nri. dni. Vrbani diuina prouidencia pape sexti Anno
Tercio (22. April). Sp. Copb. in R. B fol. XXXI.

in ihren Annalen gedenken, da sie doch sonst eine Menge unbedeutender, ja mitunter abgeschmackter Kleinigkeiten und Nachrichten aufgezeichnet haben. [378]) Seine edle, einsichtsvolle und treugesinnte Lebensgefährtin Elisabetha, eine Gräfin von Kazenelnbogen, haben wir bereits zur Genüge kennen gelernt; sie überlebte ihren Gatten und hatte später einige Mißverständnisse mit ihrem Sohne Simon III. wegen ihres Wittums, die aber 1383 durch folgende freundliche Uebereinkunft ihre Erledigung fanden: letzterer sollte seiner Mutter für ihren anständigen Unterhalt auf Lebenszeit überlassen und einräumen, die Veste Gudenburg mit ihren Zuständigkeiten, die sie aber nicht veräußern oder mit Pfandschaften beschweren dürfe; ferner den Hof Pantzweiler auf dem Hunnsrücken, mit allem was damit verbunden wäre und endlich jährlich noch folgende Zinsen und Gefälle: 100 Gulden in zwei Zielen, 50 Malter Korn binger Maßes, nebst einem Fuder hunnischen und eben so viel fränkischen Weines; [379]) ihr Sterbejahr ist uns bis jetzt noch nicht bekannt geworden.

Sie gebar ihrem Gemahle, während einer langen glücklichen und zufriedenen Ehe fünf Kinder, zwei Töchter, Elisabetha und Margaretha, von deren Vermählungen wir oben schon gehandelt haben und drei Söhne, Simon III., der seinem Vater in der Grafschaft nachfolgte, dann Heinrich und Johannes, von denen wir jedoch nur einige Nachrichten besitzen; jener unternahm nämlich 1378, zur Tilgung seiner Sündenschuld, eine Wallfahrt nach Jerusalem in Begleitung eines spanheimer Mönchs, Wernhers von Dille, als Capellan, welchen beiden der Abt zu Spanheim, Craffto, noch seinen Bruder, Eytelwolf von Spanheim beigesellte, der auch bei dieser Gelegenheit zum Ritter des heiligen Grabes ernannt wurde; [380]) Heinrich soll 1391 gestorben sein, von

---

[378]) Da der ursprüngliche Grabstein Walrams beschädigt war, so erneuerten die Canoniker dieser Propstei das Andenken desselben im vorigen Jahrhunderte durch folgende Inschrift: Monumentum
G. M. WALRAMI COMITIS
in Spanheim
De Canoniae huius fundatorum familia
Anno MCCCLXXX Idibus februarij demortui et
in veteri olim navi huius Ecclesiae sepulti.
Siehe Andreae Crucinacum palatinum pag. 67 und andere.

[379]) Datum Anno dni. Millio.CCC°. Octuagesimo tercio. die scti. Vrbani papae et mris (25. May). Orig. in Str. Fasc. XVIII No. 33.

[380]) Joh. Trithemij Chron. spanh. fol. 334 ad a. 1378.

seinem Bruder Johannes wissen wir aber mit Bestimmtheit, daß er im Jahre 1383 den Weg alles Fleisches ging und zwar ohne Nachkommen zu hinterlassen. [881])

V. Simon III. Graf von Spanheim und zu Blanden.

Wir haben diesen Herrn bisher schon in vielen Verhandlungen gemeinschaftlich mit seinem Vater angetroffen und besonders nahm er in dessen lezten Lebensjahren sehr oft an wichtigen Regierungsgeschäften Antheil; als aber Walram in dem für ihn so nachtheiligen Treffen bei Sprendlingen 1369 in die Hände Philipps von Bolanden und Herrn zu der Altenbaumburg gefallen war und zu Krobsburg im Kerker schmachtete, mußte dessen Sohn, der Junggraf Simon, um seinen Erzeuger unterstützen zu können, an seinen Schwager, den Herrn Philipp von Falkenstein-Minzenberg, die Dörfer Hilbersheim und Zotzenheim sammt deren Gefällen, für 1490 Goldgulden unter folgenden Bedingungen verpfänden: diese Orte könnten jederzeit mittelst Erlegung jener Summe wieder zurückgekauft werden und sollten dann unserem Simon wieder frei zustehen, mit Ausnahme der seiner Schwester Margaretha, der Gattin des Falkensteiners daselbst verschriebenen Jahresrente von 300 Pfund Heller; zugleich machte sich lezterer verbindlich, die Bewohner der beiden Dörfer während der Pfandschaft nicht höher mit Beten oder sonstigen Lasten zu belegen, nur müßten sie ihm jährlich Herberge geben, so wie einige Weinfahrten leisten und zum Schluße erklärte er, wenn sein Schwäher, Graf Walram, seiner Haft entledigt werde und ihm dieser Versatz nicht genehm wäre, würde er, gegen Rückzahlung des geliehenen Geldes, demselben binnen Monatsfrist nach seiner Loslassung, jene zwei Ortschaften wieder ledig und los zustellen [882]), auch machte sich der Falkensteiner am 8. November gegen seinen Schwager Simon noch pflichtig, die Hälfte jener Summe an der Münze zu Mainz in Zeit von 14 Tagen, den Rest aber während der folgenden zwei Wochen ebenfalls daselbst zu bezahlen [883]). Vermuthlich war Simon bei dieser nämlichen traurigen Veranlassung genöthiget, auch noch bei anderen Geld aufzunehmen, denn er gelobte im folgenden

---

[881]) Joh. Trithemii Chron. Spanh. fol. 335 ad a. 1383.

[882]) Datum Anno dni. M°.CCC°.LXIX°. Ipso die Bti. Remigii. (1. Oct.) Ep. Copb. in R. B fol. CLIIII. und F folio XLII. rc.

[883]) Der gegeben ist rc. 1369sten Jare uff den dornstag vor Sant Martinsdage des heyligen Bischoffes. (8. Nov.) Das. B fol. CLV.

Jahre, die dem kurpfälzischen Vicedom oder Amtmonne in Neustadt, Ritter Konrad Landschaden, schuldigen 75 Goldgulden bis nächsten St. Michaelstag zu entrichten und stellte ihm dafür seine guten Freunde, die Gebrüder Wolf und Heinrich, Wolfe von Spanheim, zu Bürgen [884]).

An dem Kriege des Herzogs Wenzeslaus zu Lützenburg und Brabant, des Bruders Karls IV., mit dem Herzoge Wilhelm von Jülch, nahm Junggraf Simon thätigen Antheil und befand sich auch am 23. August 1371 in der entscheidenden und blutigen Schlacht bei Bastweiler, in welcher jedoch lezterer einen glänzenden Sieg erfocht und der brabanter Herzog nebst einer großen Zahl von Grafen und Edeln und darunter auch unser Simon, in die Gewalt des Siegers geriethen, so wie überhaupt von beiden Seiten mehr denn 8000 Streiter (?) und unter diesen wenigstens 40 vom Adel gefallen sein sollten; die Gefangenen mußten (den Herzog Wenzel allein ausgenommen, welchen das Reichsoberhaupt nach Verlauf von 11 Monaten auf freien Fuß stellen ließ) mehrere Jahre hindurch in strenger Haft schmachten, bis sie endlich gegen schweres Lösegeld entlaßen wurden, denn es heißt wörtlich in der spanheimer Chronik, der von Jülch hätte eine unglaubliche Summe Geldes von denselben erpreßt [885]) und wie wahr diese Angabe seie, ersehen wir aus siebenzehn uns bekannt gewordenen Abrechnungen Simon's mit seinen spanheimer Vasallen, die ebenfalls gefangen worden waren, über „koste, verloste, scheßunge, atzunge vnd schaden“, welche in den Jahren 1375 bis 1377 jenem Simon, dem Herzoge und der Herzogin von Lützelnburg theilweise ihre Forderungen quittirten, unter denen sich ansehnliche Summen von 468, 500, 1000, 1150, 1815 rc. Goldgulden befinden, die wir jedoch, nebst ihren Empfängerk nicht alle namhaft machen wollen [886]). Mit dem Herrn Konrad von Thonenberg hatte Junggraf Simon 1374 gleichfalls einen harten Strauß zu bestehen und war mit demselben in langwierige und schwere Fehde verwickelt, in welcher die spanheimer Unterthanen vieles erdulten mußten und große Einbußen erlitten, wiewohl der ganze Streit sich eigentlich und ursprünglich nur um eine Schuld von 800 Gul-

884) Datum anno dnj. Millo. CCC⁰LXX⁰. feria sexta post domicam. jubilate. (10. May) Orig. in Str. Fasc. XIX. No. 11.

885) Trithem. Chron. spanh. fol. 331 ad a 1371.

886) Dieselben find sämmtlich enthalten in dem sp. Copb. zu K. B von fol. CXV. bis CXXIII b. und von CCCLVIII. bis CCCLXXI.

ben in den Dörfern Prentzfeld und Loingenbach handelte, welche Orte
Walram seinem Sohne übergeben und zur Nutznießung eingeräumt
hatte; später erwählte man jedoch Rathsleute um diese Zerwürfnisse
ins Reine zu bringen, daher in der Kirche zu Traben am 18. Mai
1375 viele Verhandlungen gepflogen und mehrere feierliche Eide ge-
schworen wurden, welche die Schuldforderung des Herrn von Thonenberg erhärteten; nachher hielt man aber wegen der beschädigten Unterthanen jener zwei Ortschaften unter der Line zu Prontzfeld, am 2.
und 10. Juni noch Gerichtssitzungen ab, vor welchen alle Bewohner
jener Dörfer erschienen und mittelst ihrer Eide auf die Heiligen aus-
sagten, was sie bei dem Ueberfalle Konrads von Thonenberg an Sanct
Niclausabende (5. December) 1374, von ihrer Habe verloren, so wie
auch einige Tage darauf wegen einer Brandschatzung hätten leisten
müßen, wobei jeder seine eingebüßte, meistens nicht unerhebliche Summe
einzeln angab, welchen Schaden jener Konrad vergüten mußte, womit
die Geschichte ein Ende hatte [887] und woraus mitunter auch deutlich
hervorgeht, wie roh und schonungslos man leider in jenen Rauf- und
Fehrezeiten mit den Unterthanen oder sogenannten „armen luten“ und
mit ihrer Habe umgieng.

In Verbindung mit Johann von Hayn, Hochmeister des teutschen
Ordens und mit den Gebrüdern Wilhelm und Eberhart Grafen von
Kazenelnbogen, half Junggraf Simon von Spanheim und von Vianden,
welche leztere Grafschaft er mit seiner Lebensgefährtin Maria erheu-
rathet hatte, im J. 1377 die langjährigen Kriege, Aufläufe und Zweiungen des Landgrafen Herrmann zu Hessen mit dem Grafen Johann
von Nassau zu beiderseitigen Zufriedenheit ausgleichen und beilegen [888];
kaum hatte aber Graf Walram die müden Augen geschlossen, so ergriff dessen Sohn die Zügel der Regierung und begann seine Thätigkeit, denn er erneuerte nicht nur sogleich im Februar 1380 den Frieden
in Neuenbaumburg vom J. 1374 mit der Rauhgräfin Agnes daselbst
und mit dem Rauhgrafen Philipp zur Neuen- und Altenbaumburg [889]),

---

[887] Die Protocolle finden sich in dem sp. Coph. in K. B fol. CLXX. bis CLXXVII.

[888] Datum Frldberg! sexta feria proxima ante Bartholomei apli. Anno Dnl.
M⁰.CCC⁰.LXXVII. (23. Aug.). Reinhards Kleine Ausführungen II. 287.
No. VII.

[889] Datum Anno dnl. Millesimo CCC⁰.LXXX⁰. Secunda feria post Dnicam
Innocauit. (19. Februar). Sp. Coph. in K. B. fol. CCCCXII.

sondern lezterer und seine eheliche Hausfrau Anna schlugen auch noch
an demselben Tage die, von der Verpfändung der Veste Imsweiler
herrührende und dem seligen Walram schuldig gewesene jährliche Rente
von 140 Pfund Hellern, welche sie demselben eine Reihe von Jahren
hindurch nicht entrichtet hatten und die also versessen war, mit der vertragsmäßig übereingekommenen Summe von 2400 mainzer Goldgulden
unserem Simon III. zu den 3600 Goldgulden, wofür dessen Vater
früher der vierte Theil an Neuenbaumburg versezt worden war, so daß
also seitdem die beträchtliche Summe von 6000 Goldgulden auf diesem
Viertheil lastete, die jedoch abgelöset werden könne und in derselben
Stunde machte sich noch jenes Ehepaar, bezüglich derjenigen in diese
Pfandschaft gehörigen Güter, die von dem St. Maximinsstifte bei Trier
zu Lehen giengen, anheischig [890]), dem Pfandherrn während einer
bestimmten Frist die schriftliche Zustimmung des Abtes bewürken
und einliefern zu wollen; am nämlichen Tage verwilligte auch jener
Rauhgraf unserem Simon III., die demselben verpfändeten Burg und
Dorf Imsweiler sollten, in zwei gleiche Hälften getheilt und dann,
jedoch nur auf die Dauer von zwei Jahren, durch sie in Gemeinschaft
besetzen werden, für welche Vergünstigung lezterer während dieser zwei-
jährigen Frist auf die davon zu beziehende Jahresrente von 140 Pfund
Hellern verzichtete, allein nach dem Ablaufe dieser zwei Jahre müße
daselbst alles wieder nach dem Inhalte des Pfandbriefes gehalten
werden. [891])

Später nahm die Gemeinde Hüffelsheim unseren Grafen, gleich
seinem Vater und seinem Oheim Johannes, zu ihrem Schuz- und
Schirmherrn an, wofür sie demselben jährlich auf Martini fünfzig
Malter Hafer nach Kreuznach zu liefern versprach; [892]) Gobel, genannt
Pastore und Philipp, Gebrüder von Ulmen verschrieben sich ihm auf

Lebenszeit zu ledigen Mannen [893]) und einige Tage nachher bestätigte derselbe mit seiner Gattin Maria, den Schöffen und der Gemeinde im Thale zu Winterburg den Freibrief des Grafen Johannes von 1331. [894]) Walram hatte früher dem Edelknechte Jacob von Böle seine Vesten Neuenbaumburg und Stein als Vogt oder Amtmann übertragen und da aber derselbe wegen Verlust, Zehrung und Bauten daselbst manchen Schaden erlitten hatte, rechnete dessen Wittwe Elsa, nach ihres „Huß-wirts" Tode, mit ihrem Herrn ab, der ihr 313 Gulden schuldig blieb, wozu er derselben noch 100 Gulden schenkte, um damit, für die ihr in Labenburg zu Verlust gegangenen Kleider und Kleinotien, andere an deren Stelle zu kaufen, was also zusammen 413 Gulden ausmachte, an welcher Summe Simon III., nach seines Vaters Ableben, jener Else 55 Gulden baar erlegte und für den Ueberrest einige Termine festsetzte. [895]) Derselbe söhnte sich zugleich im folgenden Monate mit dem Herrn Cuno von Winneberg und Beilstein über dessen Forde-rungen für allen seinen Verlust aus, den er in seinen früheren Kriegen und Fehden mit Walram erlitten hatte und da derselbe auf seine Ansprüche Verzicht leistete, erhielt er von unserem Grafen ein, mit 1000 Gulden ablösiges, Mannlehen von 100 Gulden jährlicher Einkünfte. [896])

Die aus der leiningischen Erbschaft herkommende Burg Alt-leiningen war damals noch theilweise im Besitze unserer Familie, denn wir fanden vom J. 1380 zwei Lehenbriefe von Simon III. über Burg-mannsgüter daselbst für den Ritter Johannes von Flersheim und den Edelknecht Emerich genannt Bock von Erffenstein [897]) und nach Verlauf einiger Wochen erklärten sich fünf Edle freiwillig für loslebige Manne

---

[893]) Datum Anno Dni. M⁰.CCC⁰.LXXX⁰. feria secunda post festum Penthe-costes. (14. May). Sp. Copb. in R. B fol. CLXXIX.

[894]) Der geben ist 2c. 1380 Jare vf frytag nach Pfingsten. (18. May). Orig. in Coblenz.

[895]) Der geben ist vff Sant Viti vnd Modesten dag der Heyligen mertler Anno dni. M⁰,CCC⁰.LXXX⁰. (15. Jnny). Spanh. Copb. in R. B fol. CCCXXXIX.

[896]) Der geben ist zu Cochme 2c. 1380 vff Sonbag neste nach Sant Peters vnd Paulusdage der heyligen Aposteln. (1. July). Daf. Copb. aus neuer Zeit N⁰. 1. fol. 1—10.

[897]) Der geben ist zu Wormeße vff vnser frauwen abent als sie geborn wart Anno dni. M⁰.CCC⁰.LXXX⁰. und der andere: Datum Anno dnl. M⁰.CCC⁰.LXXX⁰. quarta feria post diem sel. Lamperti Epl. (7. und 19. Sept). Daf. B fol. V. und V. b.

der Grafschaft Spanheim, weil jener Graf den Dielchin von Zolfer,
der schon Walrams Gefangner gewesen war, auf ihre Verwendung hin,
sogleich seiner Haft entlassen hatte. [898]) Nicht lange hernach nahm derselbe den Ticther Kämmerer von Worms, dessen Vorältern bisher
immer treue Helfer und Diener des spanheimer Hauses gewesen waren,
zu seinem Manne an für 12 Gulden jährlich, die er ihm auf die
Gefälle zu Kreuznach anwies und die mit 120 Gulden loszukaufen
wären [899]) und später war er mit dem Hertwin, geheißen Heyden von
Lorch, wegen Kriegskosten, die sein Vater Walram demselben noch
schuldete, um eine Entschädigungssumme von 150 Gulden übereinge-
kommen, die er jenem in ein Kreuznacher Burglehen verwandelte, [900])
im Januar 1381 erneuerten aber der Rath und die gesammte Bürgerschaft der Stadt Coblenz mit unserem Spanheimer die „Fruntschaffte
vnd Heymelichkyt", welche sie mit dessen Vater im Jahr 1372 errichtet
hatten, mit dem Versprechen, dieselbe ebenfalls treu und gewissenhaft
zu halten [901]) und einige Tage darauf wies er dem Ritter Emout von
Endelsdorf, (welchem durch Walram 700 Goldgulden zu Mannlehen
verschrieben, aber nicht bezahlt worden waren) eine baare Summe von
1000 Goldgulden als Mannlehen an, wofür derselbe und seine Ehefrau
Geretrud, unter entsprechender Bürgschaft, eine jährliche Rente von
100 Goldgulden auf ihre eigene Güter verschrieben, [902]) woraus wir
sehen, daß unser Graf aus seines seligen Vaters Kriegsjahren her, doch
auch noch manche nicht geringfügige Verbindlichkeiten zu erfüllen hatte,
denn mit dem Johann Wormsberg von Dirnstein mußte sich derselbe
am lezten Tage dieses Monats ebenfalls abfinden, über Forderungen,
die er an seinen verstorbenen Vater gehabt hatte, „als vmbe alle koste

---

[898]) Der geben ist ꝛc. 1380stem Jare uff Sant Severinusdage des heyligen Bi-
schoffs. (23. October). Sp. Copb. in K. B fol. CLXXXV.

[899]) Datum Anno. Dni. M⁰.CCCmo.LXXXmo. feria tercia post Martini
Episcopi. (13. Nov.). Gudeni Cod. dipl. mogunt. V. 695. N⁰. 81.

[900]) Datum anno dni. M⁰.CCC⁰.LXXX⁰. In vicilia Bta. Barbare virginis.
(3. December). Daf. B fol. LVI.

[901]) Der gegeben wart ꝛc. 1380stem Jare uff Sant Anthoniusdag ꝛc. des 17den
dagis des maendes den man nennet den Hartmaendt. (17. Januar). Daf.
B folio CCXCVII. (more. trevir.)

[902]) Der gegeben wart ꝛc. 1380 Jare. uff Sant Agneten dag der Heyligen
Jungfrauwen. (21. Januar) more trevir. Daselbst B fol. CCCXXXIII;
nochmals beurkundet: 1381 montag nach Oftern (15. April). Orig. in
Coblenz.

vnd Rait (Hausrath), nustent vße genommen, die Ich gehabt vnd ge-
laißen han zu der Alten Lyninzen", daher er ihm die übereingekommene
Summe von 150 florenzer Goldgulden am nächsten Sanct Johannistage in Kreuznach zu erlegen versprach. [903])

Der pfälzer Kurfürst Ruprecht I. oder der Aeltere war wegen
des Städtchens Rockenhausen und wegen der Abtei Lorsch mit dem
Erzbischofe Adolf von Mainz in großen Zwiespalt gerathen, welchen
der König Wenzeslaus gerne beigelegt sehen möchte, daher er Simon III.
zum Ober= oder Obmanne ernannte, um die rockenhauser Angelegenheit, weil die beiden durch die Habernden erwählten Rathsmänner,
Johannes von Eberstein von mainzer und der Graf Heinrich II. zu
Spanheim=Tannenfels von pfälzischer Seite, sich darüber nicht einigen
konnten, zu entscheiden, was er auch, mit der Beihülfe dieser Rathleute,
endlich glücklich zu Stande brachte und dadurch das große Vertrauen
vollkommen rechtfertigte, welches das Reichsoberhaupt, sowie die beiden
streitigen Theile in ihn gesetzt hatten. [904]) Der frühere Keller zu
Daßburg, Wilhelm von Kreuznach, hatte sich unterdessen vielfach gegen
seinen Herrn von Spanheim und gegen andere vergangen, daher er
genöthigt war, im Juni 1381 verschiedene Verzichte auszustellen, sowie
mehrere Versprechen abzugeben und zwar vorerst gegen Simon III.,
sich wegen seines durch denselben erlittenen Gefängnisses und seiner
Schätzung halber nicht rächen zu wollen, dann mußte er erklären, er
seie mit dem Ritter Eitelwolf von Spanheim, nebst dem Pfarrer Clais
von Münsterappel vollständig gesühnt, denen er eine „versiecherns" gebrochen hätte und endlich noch wegen einer Sühne mit Junker Walram von Coppenstein, sammt allen denen, „die des Dagis off dem velde
mit yme waren, do Ich gefangen wart," welche Verzichte und Erklärungen jenes unruhigen Gesellen, Schultheiß und Gericht zu Kreuznach
beglaubigen und besiegeln mußten [905]) und ebenso bekannte der Wäpeling Heimbrecht von Dollendorf, er seie mit unserem Grafen gänzlich
ausgesöhnt und verglichen, über alle Schäden und Zweiungen, die sein

---

[903]) Datum Anno dni. M⁰.CCC⁰.LXXXI⁰. Quinta feria ante festum Purificacionis bte. marie virginis. (31. Januar). Sp. Copb. in K. B fol. IV.

[904]) Geschehen in dem Dorffe zu Brenspach off den nechsten dinstag nach Invocavit me 2c. 1381 jar. (5. März). Cod. pal. membr. Stuttgart. fol. 125.

[905]) Datum Anno Dni. M⁰.CCC⁰.LXXX⁰. primo feria sexta post Diem Bti.
Bonifacii et Sociorum Eius. (7. Juny). Sp. Copb. in K. B fol. LVII.

seliger Vater und er mit dem Grafen Walram und ihrem jetzigen Herrn gehabt hätten, auch wäre er des lezteren Mann geworden, welche Mannschaft er jedoch nur dann aufsagen dürfe, wann er demselben vorher 100 gute und schwere mainzer Gulden erlegt habe. [306])

Den Rauhgrafen Heinrich von der Altenbaumburg traf nicht lange nachher das Schicksal, durch unseren Grafen in einer Fehde überwältigt, niedergeworfen und gefangen zu werden, daher er demselben, bei seiner Erlösung aus dem Kerker, die sämmtlichen Briefe erneuern mußte, kraft welcher er und sein seliger Vater Ruprecht dem verstorbenen Walram die Burg und das Gericht zu Ebernburg, nebst den Dörfern Bilde und Benegartten (Feilbingart), mit Leuten, Feldern ꝛc. aufgegeben hätten, dann trug er unserm Simon III. auch die Dörfer und Gerichte Becherbach, Limpach, nebst „allen anderen herschafften gerichten und Dorffern, Holffen, luden velden u. f. w. mit allen lehenbaren mannen ꝛc." auf, verzichtete zugleich auf leztere, machte sich noch pflichtig, seine Veste Altenbaumburg an Niemand anders versetzen oder verkaufen zu wollen, als an Spanheim und endlich gelobte er noch, nie mehr gegen Simon III. und die Seinigen handeln zu wollen; [307]) nach Verlauf von einigen Wochen gab aber derselbe edle Junker, Rauhgraf Heinrich unserem Grafen, der bei diesem Vorgange durch Eitelwolf von Spanheim, Claß von Bleichen, Pastor zu Münsterappel, Wolf Burggraf von Ebernburg und Heinrich Truchseß zu Kreuznach vertreten war, vor dem Gerichte und den Schöffen zu Bilde (Feil), eben dieses Dorf mit seinen Zubehörden, feierlich zum Eigenthume auf, „mit halme vnd mit munde," unter dem Gelöbnisse, alle mit jenem Spanheimer vereinbarten Verträge und Briefe treulich halten zu wollen und leistete zugleich in einem darüber errichteten Notariats-Instrumente Verzicht auf alle und jegliche Ansprüche an das Dorf Feil; [308]) das nämliche geschah auch an demselben Tage und nur einige Stunden

---

[306]) Der geben ist off den Sontag nach fant Bartholomei tage. Anno dni. Millio. CCC⁰.LXXX⁰. primo. (25. Aug.). Orig. in Str. Fasc. VII No. 76 und sp. Copb. in R. B fol. LXXVIII.

[307]) Datum Anno dni. M⁰.CCC⁰.LXXXI⁰. In die Btl. Mathei apli. et ewangte. (21. Sept.) Daselbst B fol. CCXLII ꝛc.

[308]) In dem Jare ꝛc. 1381sten Jaren In dem Maende den man nennet zu latyne October off den 21sten desselben maenbis zu Sexten zyt In dem Dorff zu Bilde an dem Gerichte. (21. Oct.). Daf. B fol. CCXXXIII ꝛc.

später, mit der Veste Ebernburg vor dem Gerichte im Thale daselbst, durch jenen Rauhgrafen Heinrich und vor den ebengenannten Vertretern des Spanheimers, unter folgenden interessanten Förmlichkeiten: „da nam Jungherr Heinr. Rugraffe eynen halme In syne hant vnd „gab den halme dem Schultheißen vnd sprache, Ich geben hie off, myme „hren. graffe Simon von Spanheim vnd sinen erben Ebirnburg mit „gerichte ꝛc. (und allen möglichen Zugehörungen) vnd entherben mich „da mide vnd erben da mit den obgen. hren. vnd sine erben" ³⁰⁹) und auf die eben beschriebene rechtliche Weise kam also die Ebernburg mit ihren Dörfern u. s. w. eigenthümlich an unser gräfliches Haus.

Während dieser Vorgänge hatte der Kurfürst Ruprecht I. mit den Grafen Wilhelm, Eberhart und Diether von Kazenelnbogen, Simon III. von Spanheim, Heinrich II. von Spanheim=Tannenfels und Johannes zu Nassau, gegen den Grafen Ruprecht von Nassau und seine Helfer, unter den damals gewönlichen Bedingungen ein Bündniß abgeschlossen, worin aber namentlich ausbedungen war: dasjenige, was sie an Burgen, Gefangnen, Leuten ꝛc. erobern und erbeuten würden, gleichheitlich unter sich theilen zu wollen; ³¹⁰) Ritter Eberhart und dessen Sohn Dietze von Scharfenstein gelobten darauf im Jahre 1382, den Frieden den sie mit dem seligen Walram, mit der Rauhgräfin Agnes zu der Neuenbaumburg und mit deren Sohne Philipp in dieser Veste beschworen hätten, auch mit Simon III. vest zu halten ³¹¹) und als die Amtmänner und armen Leute des Pfalzgrafen Ruprechts II. unseren Herrn in der Ausübung seiner Jagdgerechtsamen in dem Saanwalde beeinträchtigt, ihm Jagdgeräthe, Garne u. s. w. genommen hatten, worüber er sich bei dem Kurfürsten höchlich beklagte, lösete derselbe, mit dem Beirathe Wilhelms und Eberharts von Kazenelnbogen, Friederichs VII. von Leiningen, Heinrichs von Spanheim, Johann's zu Nassau und des Wildgrafen Friederichs von Kirburg, dieses Mißverständniß sogleich gütlich durch die Entscheidung auf: die von Spanheim hätten das Gejägde im Saanwalde von dem Kurfürstenthume

---

³⁰⁹) Der nämliche Datum, nur heißt es jezt am Schluße: zu nonen ggt In dem baile zu Ebernburg an dem gerichte. Sp. Copb. in K. B fol. CCXXXIIII ꝛc.

³¹⁰) Gebin zu Oppinheim off den Mitwochen nach sant Michelstag ꝛc. 1381sten Jaren. (2. October). Orig. in Str. Fasc. VII No. 77.

³¹¹) Datum anno dni. Mᵒ.CCCᵒ.LXXXᵒ. Scdo. feria post. Dulcam. Innocauit. (25. Febr.). Sp. Copb. in K. B. fol. CCCCXXVIII.

Pfalz zu Lehen und dürften also durch pfälzische Beamten oder Unterthanen darin nicht gestört oder gehindert werden. [212]) Simon III. war
in früheren Jahren für seinen Verwandten, Heinrich III. von Veldenz,
bei einigen Juden zu Alzei, die demselben 1600 Gulden geliehen hatten,
als Hauptschuldner Bürge geworden, daher dessen Söhne, Heinrich und
Friederich, jenem die Versicherung ausstellten, ihn für allen möglichen
Nachtheil, den er dieser Verbindlichkeit wegen etwa erleiden möchte,
entschädigen zu wollen und zwar aus dem einfachen und gültigen
Grunde, „want die schuld auch von vnserm vatter seligen darkommen
ist vnd wir der zu schaffen hain vnd er (Simon III.) nit" [213]) und
im letzten Monate dieses Jahres erkaufte unser Herr von dem Rauhgrafen Philipp, Herrn zu der Neuen- und Altenbaumburg, mit welcher
Familie es um diese Zeit immer mehr den Rückgang und überhaupt sichtbar
auf die Neige gieng, für erb, ewig und unablöslich und um 120 baare
Gulden, einen auf der jährlichen Bete zu Neuenbaumburg ruhenden
Zins von 12 Gulden. [214])

Der oben beim J. 1381 bemerkte Emont von Eudelsdorf und
seine Ehehälfte mußten sich 1383 unserem Grafen zur Stellung von
Geiseln verpflichten, wenn sie die von demselben erhaltenen 1000 Goldgulden bis zu einer bestimmten Frist, nicht mit einer Rente von 100
Goldgulden auf Eigenthum bewiesen haben würden. [215]) Vermuthlich
des drohenden Städtekrieges wegen, suchte der Spanheimer sich seiner
alten Manne zu versichern, oder sich mit ihnen zu sühnen und dazu
noch neue Helfer zu erwerben, um für alle Fälle gerüstet zu sein, denn
mit Simon, genannt Mauchenheimer von Zweybrücken, söhnte er sich
über ihre beiderseitigen Ansprüche aus und händigte demselben, bezüglich früher erzeigten und später noch zu leistenden Dienste, achtzig Gulden ein, um dafür einen Hengst zu erkaufen; [216]) am andern Tage

---

[212]) Datum Oppinheim in die bte. Marie Magdalene. Anno dni. M⁰.CCC⁰.LXXX⁰.
Secundo. (22. Juli). Orig. in Str. Fasc. VII No. 78.

[213]) Der gegeben wart off Sant Bartholomeus dag des heiligen zwolffbotten.
Anno dni. M⁰.CCC⁰.LXXXII⁰. (24. August). Sp. Copb. in R B fol.
XLIII b.

[214]) Datum Anno dni. M⁰.CCC⁰.LXXX⁰. scdo. Die bti. Nicolai Episcopi.
(6. Dec). Daf. B. fol. CCCCXXVI.

[215]) Der geben ist rc. 1383 Jare an sant Agneten tag. (21. Januar). Orig.
in Coblenz.

[216]) Datum Anno dni. M⁰.CCC⁰.LXXX. tercio Die sci. Alexy confessoris.
(17. Juli). Daf. B. fol. LI b.

aber verschrieb sich der Wäpeling Crafft von Dalßheim demselben lebenslänglich zum ledigen Manne und erhielt ebenfalls einen Hengst für seinen Dienst, [817]) auch reichte der Spanheimer dem Grafen Arnolt von Blankenheim jährliche 80 Gulden zu einem Mannlehen [818]) und einer sicheren archivalischen Notiz von diesem Jahre zufolge, verpfändete ihm Friederich von Montfort für 400 Goldgulden die zwei Dörfer Wolßheim und Aspisheim, [819]) ein augenscheinlicher Beweis, wie blühend damals, ohngeachtet der kriegerischen Vorbereitungen, bei weiser Sparsamkeit und Fürsorge, die Finanzen unserer Grafschaft waren. Nach Jahresfrist erklärte der Wäpeling Gerhart Kranich von Dirmstein, nachdem er zuvor bei seiner Entlassung aus dem Kerker eine Urfehde ausgestellt hatte, er seie auf seine Lebensdauer der Grafschaft Spanheim-Kreuznach lediger Mann [820]) geworden und dasselbe thaten auch im folgenden Jahre und an einem Tage die Edelknechte Johannes von Kelle und Johann Schmidburg von Schonenburg, welcher leztere seinem Herrn noch überdem seine eben genannte Veste für alle Fälle zu seinem Gebrauche öffnete und eingab. [821])

Graf Walram hatte früher bei einem Israeliten 1200 Goldgulden aufgenommen und dafür einige seiner edeln Vasallen, von der Leyen, von Bleinchen, von Rudisheim und von Sprendlingen zu Bürgen oder Geiseln einsetzen müssen und da nun dessen Sohn Simon III. 1386 jenes Capital zurückbezahlte, erklärten die vier genannten Bürgen, sie seien jezt durch ihren Herrn und Gebieter ihrer für dessen Vater eingegangenen Verpflichtungen erledigt [822]) und im August versprach der Rhein- und Wildgraf Johannes zu Daun unserem Grafen ehlich, die Verschreibung, die sein Vater Johannes und seine Mutter Jutte 1376 dem edeln Walram ausgestellt hätten, treu und vest zu halten und

---

817) Datum Anno dni. M°.CCC°.LXXXIII°. In Crastino Sancti Alexii Confessoris. (18. Juli). Sp. Cop. in K. B fol. CLXXIX b.

818) Datum anno dni. 1385cio in vigilia bti. Laurency. (9. Aug.). Orig. in Coblenz.

819) Datum Anno M°.CCC°.LXXX°. tercio. Sp. Cop. in K. F Anhang No. 10.

820) Datum Anno dni. M°.CCC°. Octuagesimo quarto Sabbato proximo post festum nativ. Xpi. (31. December). Das. B fol. CLXXIX.

821) Beide sind ausgestellt: Datum Anno dni. M°.CCC°.LXXX°. quinto Die Palmarum. (26. März). Das. B fol. CXXVIII b und CLXXXIII b.

822) Datum Anno dni. M°.CCC°.LXXX°. sexto Die ascensionis Dni. (31. Mai). Das. B. fol. CXXII b.

derselben in allen ihren Punkten und Artikeln nachkommen zu wollen; [323]) dasselbe gelobte auch der Erzbischof Adolf von Mainz hinsichtlich der „ewige verbündnisse" die sein Vorfahrer Werner und der Graf Johannes von Spanheim errichtet hätten, womit er noch zugleich die Zusage verband, unserem Simon III. mit seinen sämmtlichen Schlössern, Städten, Land und Leuten beizustehen, wenn er mit den Herzogen und Pfalzgrafen Ruprecht dem Aeltern, Jüngern und Jüngsten, oder deren Helfern in Krieg und Feindschaft gerathen würde, mit dem beigefügten Versprechen, ohne sein Wissen und Willen sich mit diesen Fürsten nicht zu sühnen oder zu vereinigen. [324])

Wir haben bisher schon einigemale leise angedeutet, wie ämsig und angelegentlich Kurfürst Ruprecht I. nach dem Besitze der, in der Nähe seiner Residenz Heidelberg befindlichen, bischöflich wormsischen Stadt Ladenburg trachtete, deren Hälfte unserem Spanheimer schon längst durch das Hochstift versetzt worden war, bis jener Fürst doch endlich im J. 1386 seine Absicht erreichte, deren nächste Veranlassung in der Geschichte des kurpfälzischen Hauses, wohin sie eigentlich gehört, ihre Erörterung finden wird, daher hier in Bezug auf unsern Grafen, in Kürze nur so viel: derselbe sah sich gleichsam gedrungen, die Hälfte Ladenburgs und der Veste Stein für 21,000 Gulden an Kurpfalz zu versetzen [325]) und am nämlichen Tage auf allen Schaden und Verlust zu verzichten, den sein Vater erlitten habe, als ihm Ladenburg und Stabecken durch Kurpfalz angewonnen worden wären, welche leztere Burg er zugleich dem Kurfürsten öffnen [326]) und einige Tage darauf dem Bischofe Eckart in Worms und dessen Domcapitel, denen eigentlich die Wiedereinlösung gebührte, diese neue Verpfändung auch noch anzeigen mußte. [327]) Aus den beiden folgenden Jahren fanden wir nur zwei Urfehden einiger Adelichen, nämlich Ludwigs vom Kirchhofe, Schriber geheißen, 1387

---

[323]) Datum anno dni. millio. CCC°.LXXX°. sexto dominica ante decollacionis sancti Johannis baptiste. (26. Aug.). Sp. Copb. in K. F fol. LXI.

[324]) Der geben ist etc. 1386stem Jare des nesten Maendagis nach Sant Matheusdage des Heyligen ewangelisten. (24. Sept.). Daf. B. fol. CCCXCIIII b.

[325]) Datum Oppenheym Sabbato ante diem Beati Martini Anno dni. 1386to. (10. Nov.). Pfälzer Copb. in K. No. 100, A fol. 47.

[326]) Geben zu Oppenheym uff den Sampßtag neste vor Sant martinsdage anno domini 1386to. (10. Nov.). Daf. fol. 49 b.

[327]) Datum Crutzennach die sancte Elisabeth vidue anno dni. M°.CCC°.LXXX°.VI°. (19. Nov.). Daf. fol. 48 b.

und Henne's Hadamar von Liech, nebst Fritsche Kußbuß vom J. 1388, in welchen sie angelobten, nie mehr gegen ihren spanheimer Herrn zu sein oder zu handeln, [328]) aber Katharina von Kaltenfels, die Wittwe des schon mehrmals erwähnten Ritters Ettelwolf von Spanheim, rechnete 1389 mit unserem Grafen ab über dasjenige, was ihr seliger Mann im Namen seines Gebieters eingenommen und ausgegeben hatte, sowie auch darüber, was letzterer ihm selbst schuldig seie, hauptsächlich aber wegen der Wiese in Freylaubersheim, wonach Simon III. ihr 140 Gulden schuldig blieb, die er sogleich berichtigte; zugleich stellten auch Jacob von Kaltenfels und dessen eben angeführte Schwester Katharina, als die rechtmäßigen Erben, letzterem die Versicherung aus, er dürfe die Dörfer Wankheim, Edelsheim und Kalkofen an sich ziehen und die Bewohner derselben wie gebräuchlich in Eid und Pflichten nehmen, weil ihm, vermöge der Verschreibungen des verstorbenen Philipps von Bolanden und des Rauhgrafen Philipps von der Neuenbaumburg, diese drei Orte zu lösen ständen, [329]) und nach Verlauf von vier Wochen mußte der Edelknecht Friederich von Montfort unserem Spanheimer den Pfandbrief über die Gerichte und Dörfer Wolfsheim und Aspisheim, mit Leuten, Gütern und Einkünsten für 400 gute mainzer Gulden, nochmals erneuern. [330])

Mit dem Edelknechte Heinrich Schmidberg von Schonenburg söhnte sich Simon III. ebenfalls wieder aus, worauf jener dessen ledigloser Mann ward, auch zugleich auf alle und jegliche Ansprüche Verzicht leistete, die er früherer Zweiungen und Mißhelligkeiten halber füglich hätte erheben können und endlich noch das Versprechen ablegte, dem Ritter Johannes von Spanheim, den er bisher gegen den Grafen in seiner Veste Schonenburg enthalten hätte, sogleich diesen Enthalt aufzukündigen. [331]) Am Tage der heiligen Katharina bestätigte und

---

[328]) Datum Anno dni. 1387mo. In die Sancte marie magdalene (22. Juli) und Datum Anno dni. 1388uo. quarta feria post dnicam. Letare. (11. März). Sp. Copb. in R. B fol. CLXXXII und CLXXXIIII.

[329]) Beide batiren: Datum Anno dni. Mo.CCCo.LXXXo. nono feria quinta post Octavam Ephie. Dni. (7. Januar). Daselbst B fol. CXX b und CCLXIIII.

[330]) Datum Anno dnj. Mo.CCCo.LXXXIXo. In die purificacionis Bte. Marie virginis. (2. Febr.). Das. B fol. XCII.

[331]) Datum Anno dni. Mo.CCCo.LXXXIXo. Sexta feria post Diem Sancti Bartholomei Apli. (27. Aug.) Das. B fol. CXCI.

erneuerte unser Herr der Stadt Koppenstein ihre seither genossenen Rechte und Freiheiten; [982]) im Juni 1390 ward Wygant von Waben dessen Mann, mit dem eidlichen Gelöbnisse, ihm in den spanheimer Burgen treu und redlich zu dienen [983]) und der Edelknecht Rorich von Merxheim räumte demselben seinen Theil des Hauses oder der Burg Merxheim auf dessen Lebenszeit und mit der bestimmten Erklärung ein, wann letzteres zerstört, verbrannt, eingenommen oder sonst verwüstet würde, deshalb nie eine Forderung an ihn, oder überhaupt an die kreuznacher Linie machen zu wollen, weil dieselbe damit nichts zu thun noch zu schaffen haben sollte. [984]) Unser Graf war der Meinung, sowohl die Hausfrau des Herrn Gerharts vom Steine, als auch Metze geborne vom Steine und Wittwe Hinrichs von Stromburg, seien jede mit 50 Pfund Jahreszinsen auf die Gefälle in Genzingen verwitthumt worden, wogegen aber dieselben 1391 eine Erklärung von sich gaben, sie hätten darüber weder von ihrem Schwiegervater und Vater, dem seligen Johann vom Steine, eine Verschreibung, noch auch von des Grafen Vater, Walram, einen Witthumsbrief deshalb erhalten, daher sie beide, zu Gunsten des spanheimer Hauses, auf jene Rente verzichteten. [985])

Bald darauf nahm Symon III. bei Henne Marschalck von Waldeck und bei dessen Ehefrau Helmburg 450 Gulden auf, wofür er ihnen von seinem Weinungelte zu Kreuznach 45 Gulden jährlich verpfändete; [986]) da die Briefe seines Vaters und seine eigenen über ein kasteluner Burglehen von 15 Pfund Hellern für den Herrn Wilhelm zu Rennenberg verloren gegangen waren, stellte lezterer im November die Versicherung aus, wann dieselben über kurz oder lang

---

[982]) Der geben ist zu Crutzennach ꝛc. 1389 Jare an sant Katharinentage der heil. Jungfrauwen. (25. Nov.). Orig. in Coblenz.

[983]) Datum anno dni. Millio. CCC⁰. Nonagesimo feria sexta post diem scl. Bonifacii Epi. (10. Juni). Orig. in Str. Fasc. VII No. 80, auch sp. Copb. in K. B. fol. CXO b.

[984]) Datum anno dni. M⁰.CCC⁰. Nonagesimo in die sancte Katherine virg. et mris. (25. Nov.). Orig. das. Fasc. VII No. 81.

[985]) Beide sind ausgestellt: Datum quarta feria post doicam. Iudica Anno dni. M⁰.CCC⁰.LXXXX⁰. primo. (15. März). Sp. Copb. in K. B fol. LXXIII und LXVII.

[986]) Datum Anno Dni. M⁰.CCC⁰.XCI feria secunda post diem Sancte Penthecostes. (30. Mai). Das. fol. CXL.

gefunden würden, sollten sie seinem Landes- und Lehensherrn keinen „Unstaden" oder Nachtheil bringen, sondern todt und kraftlos sein [937]) und am lezten Tage dieses Monats erneuerte der mainzer Erzhirte Konrad mit unserem Spanheimer den alten Bundesbrief und die Vereinbarung des Prälaten Werner mit dem ehemaligen Grafen Johannes von Spanheim v. 1282 und versprach, demselben nachzuleben. [938]) Weil das Privilegium mit welchem Simon II. und dessen Gattin Elisabetha die Stadt Kasteln (Castelhun) 1305 begnadigt hatten, der dasigen Bürgerschaft „vergangen was", so bestätigte dessen Enkel Simon III. und seine Gemahlin Maria von Bianen, auf die Bitten der Bürger und aus dem triftigen Grunde: „want nu die Lute dotlich sint vnd sich die Zyt verwandelt, was man nu gethut, das macht hernach vergessen werden" im J. 1392 denselben ihren Freiheitsbrief von Wort zu Worte und gelobten zugleich „yne auch den von vns vnd „vnser Erben vnd alle vnsere Nachkommenden Grafen zu Spanheim vnd „Hrn. zu Crutzenach stede, veste vnd vnverbrochlich an eyns Eydts statt „zu halten, ane Argeliste" [939]) und in dem nämlichen Jahre verschrieb sich Johann von Ar unserer Grafschaft zum losledigen Manne auf seine Lebenszeit, was Simon von Arynswank und Gerhart von Gulpen, genannt Hebreßheim, mitbesiegelten. [940])

Die Einwohner Genzingens hatten 1393 zwei Händlern 118 Schweine „offgehalden", daher leztere deshalb jene vor das Landgericht laden ließen, und da zu befürchten stand, solcher gewaltthätige, räuberische Vorgang möchte eine schlimme Wendung nehmen, nahm sich der Landesherr dieser Sache rechtzeitig an und stellte die Benachtheiligten zufrieden, worauf sie erklärten, sie seien mit den Beamten vollständig gesühnt und stünden von allen weiteren Forderungen ab; [941]) nachher

---

[937]) Datum Anno dni. M⁰.CCC⁰.XC⁰. primo in die sce. Elysabeth vidue. (19. Nov.). Sp. Copb. in R. aus neuerer Zeit No. 1 fol. 66 ꝛc.

[938]) Datum Pingwie Ipso die Bti. Andree Apli Anno dni. M⁰.CCC⁰.XC⁰ Primo. (30. Nov.). Daf. B fol. CCCXCVII.

[939]) Datum Actum et Scriptum Anno Domini M⁰.CCC⁰.XC⁰. secundo sedecimo Die mensis Aprilis. (16. April). Daf. aus neuerer Zeit No. XIII fol. 725 ꝛc.

[940]) Datum Anno dni. M⁰.CCC⁰.LXXXXII. Quinta feria post diem Sancti. Allexy. (18. Juli). Daf. B fol. CXCI b.

[941]) Datum Anno dni. M⁰.CCC⁰.LXXXX⁰. tercio Dolea. proxima post festum Purificacionis Bte. et gloriose Marie virginis. (9. Febr.). Daf. B fol. LXXII.

war aber Simon III. und Friederich von Belденz, nebst vielen Edeln
in das Bündniß des Erzbischofs Konrad in Mainz und des pfälzer
Kurfürsten Ruprechts II. aufgenommen, um der, unter Wenzels nach-
lässiger Regierung immer mehr einreißenden Stegreifplackereien, die,
zum großen Nachtheile der Reisenden und des Handels, aus dem Gan-
erbenhause Schelodenbach mit der größten Frechheit verübt wurden,
Ziel und Schranken zu setzen, [942]) worauf denn auch die Wegelagerer
binnen wenigen Monaten zu Paaren getrieben wurden und der eben
genannte Pfälzer besserte in diesem Jahre auch die Lehen der Grafschaft Spanheim mit der Vogtei, dem Gerichte, den Leuten und Gütern
zu Fankel an der Mosel, nebst ihren sämmtlichen Zuständigkeiten,
welche Mannlehenstücke durch den Tod Johanns von Montreal der Kur
heimfällig geworden waren. [943]) Bereits im Frühlinge dieses Jahres
war der Schenk Johannes von Erbach, der die Rauhgräfin Schonetta
geehelicht hatte, in deren und ihrer Schwester Margaretha Namen, mit
Ansprüchen an die, durch den Rauhgrafen Heinrich unserem Simon III.
überlassene, Veste Ebernburg aufgetreten und beide erwählten auch den
mainzer Prälaten Konrad sammt dem Kurfürsten von der Pfalz, Ruprecht II, als Schiedsrichter in dieser Angelegenheit, deren Spruche
sie sich fügen und unterwerfen müßten, [944]) allein es bedurfte
einer solchen Vermittlung nicht, sondern der von Erbach und die
Seinigen verglichen sich nach Jahresfrist auf friedlichem Wege mit
dem Spanheimer, sowohl wegen jener Veste, als auch wegen Runburg
und stellten einen feierlichen Verzicht aus auf „Ebernburg, Bilde,
Baumgarten, Runburg, Becherbach und Lympach mit gerichten luden
felden walden waßern" u. s. w., welchen Act sie jedoch zu größerer
Sicherheit und vesteren Haltens wegen, durch jene beiden Schiedsrichter
von Mainz und Kurpfalz mit ihren Siegeln beglaubigen ließen. [945])

---

[942]) Der geben ist uf Samstag nach Quasimodo geniti ꝛc. 1393 Jare. (19. April).
Ungedruckt, siehe auch meine urkundl. Geschichte der Stadt Kaiserslautern.
S. 55 und 56.

[943]) Datum Heidelberg anno domini Mo.CCCo.XCo. tercio quinta feria post
diem beati Bartholomei apli. (28. Aug.). Pfälzer Copb. in K. No. 45.
fol. 282 und sp. Copb. daselbst B fol. XXVII.

[944]) Datum Anno dnl Mo.CCCo.LXXXXo. tercio feria tercia ante diem sancti
Georgii. (22. April). Sp. Copb. in K. F fol. CCXXV b. ꝛc.

[945]) Datum Anno dni. Mo.CCCo.LXXXXo. IIIIto Infra Octauas Pascha.
26. April). Daf. B. fol. LXIIII b.

Damals erhob auch der Bischof Nicolaus von Speyer wieder Anstände wegen des uns schon bekannten Lehens der Stadt Kreuznach und da aber derselbe keine urkundlichen Beweise zur Begründung seiner Ansprüche an das spanheimer Haus hinsichtlich jener Stadt hatte, ließ er sich von dem Prälaten Lambrecht in Bamberg, der von 1364 bis 1371 den speyerer Bischofssitz inne gehabt hatte, eine Kuntschaft folgenden Inhalts ausstellen: Der Graf Walram seie nach Speyer gekommen und hätte, nach „vielem teidingen“, die Stadt Kreuznach und die taner Vesten als hochstiftische Lehen von ihm empfangen. [346]) Die drei gräflichen Inhaber der Veste Altleiningen, Simon III., Friederich VII. zu Leiningen und Johannes von Nassau, erneuerten mit dem Beginne des Jahres 1395 den Frieden daselbst, unter den gewöhnlichen Bedingungen und mit genauer Angabe dessen, was ein Fürst, Graf, Herr oder Ritter an Enthaltgeld entrichten müßte [347]) und auch Henne von Morsheim gelobte seinem spanheimer Herrn, dem bereits öfters erwähnten Oeffnungsbriefe über den Rheingrafenstein von 1328, genau nachkommen zu wollen; [348]) der Erzbischof Werner in Trier suchte indessen unseren Grafen noch näher mit sich zu verbinden und noch inniger in sein Interesse zu ziehen, denn im April nahm er denselben in seine „heymelichelo“ auf (d. h. er wählte ihn zu seinem vertrauten Freunde oder Berather), besserte ihm auch seine erzstiftischen Lehen mit einer erblichen Jahresrente von 100 Gulden, die er auf den Zoll zu Boppart verschrieb und erlegte ihm endlich dazu, „uff daz wir die gerner und die vestelicher in synre heymelicheit syn und verliben,“ noch 3000 „gute swere (also Gold=) gulden;“ jene 100 Gulden sollten aber mit 1000 Gulden abzulösen stehen, wolle jedoch der Graf nicht mehr in der Heimlichkeit bleiben, so hätte er nur die Hälfte jener Summe mit 1500 Goldgulden zurück zu zahlen und das Verhältniß zwischen beiden wäre dann wieder aufgelöst. [349])

---

346) Der geben ist zu Mergentheim an dem mitwoch uff unser frauwen tag amuntiationis rc. 1394ten jare. (25. März). Remling's speyerer Urkundenbuch I. 699. No. 671.

347) Datum Oppenheyen Anno dni. Mo.CCCo.XCo. quinto sexta (feria) post Octanam Ephie. dni. (8. Jan.), Sp. Copb. in R. B fol. XVIII.

348) Datum Anno dnj. Mo.CCCo.XCo.Vto Sabatho ante purificacionem marie virginis. (30. Jan.). Das. F fol. CCLII.

349) Der gegeben ist zu Boparð rc. 1395 jare uff den nesten maendag na Sant Marcus dage des heiligen ewangelisten. (26. April). Orig in Coblenz.

Mit seinen Mannen stand Simon III. auf sehr freundlichem Fuße, denn der Wäpeling Wilche von Dille sezte seinen gnädigen Herrn 1895 in rechte Gemeinschaft zu sich in sein Haus Erweisbüresheim mit seinem ganzen Begriffe ein, um sich daraus nach seinem Belieben in allen Nöthen zu behelfen, nur nicht gegen den Kurfürsten von der Pfalz, worauf beide noch den Burgfrieden daselbst beschworen [950]) und an dem nämlichen Tage gab auch Ritter Johann vom Steine demselben, „umb nutze und notdorfft willen, meyn eygenschafft des Dorffs zu Wilre gelegen off der Nahe obenwendig Montzingen" nebst der Pfandschaft des von Oppelborn darin, sammt allen Zubehörden, auf Lebenszeit ein, um dasselbe, sowie er bisher, zu besitzen, zu gebrauchen und zu genießen. [951]) Der vorhin angeführte Henne Marschalck von Waldeck und seine Lebensgefährtin Helmburg mußten ihrem spanhelmer Herrn einen Rückschein ausstellen über den Ersatz der zufälligen Beschädigungen an der Burg Ueben, die sie demselben auf seine Lebenstage übergeben hatten [952]) und der Cardinalpriester Franciscus ertheilte unserem Grafen, sowie dessen Gattin und Tochter im Jahre 1396 die Erlaubniß, sich einen besonderen und tauglichen Priester als Beichtvater zu erwählen, der sie auf fünf Jahre lang von allen, dem römischen Stuhle nicht vorbehaltenen, Sünden lossprechen und ihre Gelübde in andere gottselige Werke verwandeln dürfe, mit der alleinigen Ausnahme, wann sie etwa eine Pilgerfahrt ins heilige Land, zu Sanct Peter und Paul, oder zu dem Apostel Jacob von Campostella gelobt hätten. [953]) Der Rhein- und Wildgraf Johannes zu Daun beschwor einige Monate später die ihm von seinem Neffen von Spanheim und Vianden vorgezeigte, durch seinen Vater Johannes und seine Mutter Jutta 1376 mit Walram abgeschlossene Vereinbarung wegen ihrer beiderseitigen Grafschaften und Besitzungen [954]) und bald darauf gelobte

---

[950]) Beide sind gegeben: Datum Anno dni. M⁰.CCC⁰.LXXXX⁰. quinto Die actor. Philippi et Jacobi aplor. (1. Mai). Sp. Copb. in R. B fol. CXII und CX b. ꝛc.

[951]) Datum Anno dni. M⁰.CCC⁰.XC⁰. Quinto die Philippi et Jacobi Apostellor (1. Mai). Orig. in Str. Fasc. XIV. N⁰. 19.

[952]) Der geben ist ꝛc. 1395 jare an sant Albanstage. (21. Juni). Original in Coblenz.

[953]) Dat. Rome apud Sanctum Petrum Kal. Juny Pont. dni. Bonifacii ppe. VIIII. Anno Septimo. (1. Juni). Orig. in Str. Fasc. III. N⁰. 21.

[954]) Datum Anno Dni. M⁰.CCC⁰.XC⁰. sexto dnica. ante decollacionem. Si Johannis Baptiste. (27. Aug.). Sp. Copb. in R. aus neuerer Zeit N⁰. IV fol. 646 ꝛc.

jener auch, den Vertrag seiner Vorältern von 1328 über die Oeffnung des Rheingrafensteins gewissenhaft befolgen zu wollen ⁹⁵⁵)

Der Edelknecht Johann Compan von Beckelnheim verzichtete am Schlusse dieses Jahres gegen Simon III. auf verschiedene Mannlehens-gelder, welche er, wie er jetzt durch seine Freunde belehrt worden wäre, bisher mit Unrecht in Anspruch genommen hätte ⁹⁵⁶) und im Mai 1398 belieh der speyerer Bischof Raban denselben mit der Burg Gre-ventan, allein das Lehen der Stadt Kreuznach widersprach letzterer ganz entschieden und ließ sich dasselbe nicht austragen. ⁹⁵⁷) Der Edel-knecht Gyselbrecht von Simmern hatte unseren Spanheimer übergriffen, zugleich beschädigt und war deßhalb in Kreuznach eingethürmt worden, daher er seinen Bruder Wilhelm um seinen vermittelnden Beistand er-suchte, dessen Bemühungen es würklich und endlich gelang, ihm des Grafen Gunst wieder zu erwürken, worauf sich dann beide demselben zu ledigen Mannen verschrieben und diese Verpflichtung durch ihren Schwager, Johann von Schonenburg, mitbesiegeln ließen. ⁹⁵⁸) Um diese Zeit erneuerte auch, einer zuverlässigen Nachricht zufolge, unser gräfliches Ehepaar den Bürgern Kreuznachs ihre Privilegien, Rechte und Freiheiten, ⁹⁵⁹) allein im folgenden Jahre traf diese Stadt ein großes Unglück, indem in der Neustadt ein heftiger Brand aus-brach, wodurch mehr als die Hälfte der Häuser von den gierigen und schnell um sich greifenden Flammen in Asche verwandelt wurden ⁹⁶⁰) und so kam auch während des Sommer's in dem Dorfe Spanheim unversehens Feuer aus, das einen großen Theil desselben verzehrte und ebenfalls beträchtlichen Schaden anrichtete, ⁹⁶¹) bei welchen traurigen Veranlassungen sich aber, handschriftlichen Notizen zufolge, die wohl-wollenden, menschenfreundlichen Gesinnungen Simon's III. durch thätige

---

⁹⁵⁵) Datum anno dnj. M⁰.CCC⁰. Nonagesimo sexto die sanctj Remigij confessoris. (1. Oct.). Sp. Copb. in K. F fol. CCLIII.

⁹⁵⁶) Datum Anno dni. M⁰.CCC⁰. nonagesimo Sexto Sabbato post Diem Sce. Luciæ virginis. (16. Dec.). Daf. B fol. LXV.

⁹⁵⁷) Datum Heidelberg feria tercia ante festum ascensionis dnl. anno dni. 1398no. (14. Mai). Liber feudor. Rabani Epi in Karlsr. fol. 29 b.

⁹⁵⁸) Datum Anno dni. M⁰.CCC⁰.XCVIII⁰. Dnica. post festum Jacobi Apli. (28. Juni). Sp. Copb. in K. B fol. CLXXXII.

⁹⁵⁹) Datum anno M⁰.CCC⁰.XCVIII⁰. Daf. F folio CCLXX.

⁹⁶⁰) Trithemii Chron. spanh. fol. 340 ad a 1399.

⁹⁶¹) Ibidem l. c.

18*

Hülfe und schleunige Unterstützungen, in ihrem schönsten Lichte offenbarten.

In demselben Jahre erneuerte der Rauhgraf Wilhelm zu der Neuen- und Altenbaumburg mit unserem Spanheimer nochmals den Frieden, den er früher mit seiner Ahnfrau Agnes und mit seinem Vetter, dem Rauhgrafen Philipp errichtet hatte [962], und Peter Decker von Algisheim, welcher gleichfalls wider seinen Herrn Uebels gethan hatte und deswegen von dessen Amtleuten und Dienern gefänglich eingezogen worden war, mußte bei seiner Entlassung aus dem Kerker im Monate Juni, in seiner Urfehde einen körperlichen Eid dahin ablegen, nie mehr gegen seinen gnädigen Gebieter zu sein, das erlittene Gefängniß niemals zu rächen und seine Zerwürfnisse mit den Mainzern auszumachen, ohne aber dabei unsern Grafen im geringsten zu beunruhigen. [963] Wir haben vorhin der Weigerung desselben gedacht, sich durch den Bischof Raban von Speier mit Kreuznach belehnen zu lassen, daher lezterer um seine unbegründete und ungerechte Forderung dennoch durchzusetzen, in Uebereinstimmung mit jenem, einen gütlichen Tag auf den 7. October 1399 ansezte, der in dem Refectorium des Baarfüßerklosters zu Speier abgehalten werden sollte, wo denn auch die beiden betheiligten Herrn vor einem öffentlichen Notar nebst Zeugen erschienen; der Prälat ließ wohl viele Briefe verlesen, in denen die Meinung oder Ansicht ausgesprochen war, ein gewisses, auf dem Gaue gelegenes, Dorf Kreuznach seie hochstiftisch speierisches Lehen, ohne daß aber auch nur in einer einzigen jener Urkunden gestanden hätte, dieses Dorf wäre den Grafen von Spanheim als Lehen geliehen worden, worauf unser Herr jenen fragte, ob er über diesen Gegenstand keine andere Urkunden oder Beweise mehr hätte, damit sie auch noch vorgelesen würden, was aber derselbe mit einem entschiedenen: Nein! beantwortete. Simon III. berieth sich darauf beiseits mit seinen Freunden und kam dann mit der Erklärung zurück: solche Briefe könnten ihm im Besitze Kreuznachs ohnmöglich nachtheilig sein, weil von einem Lehen nichts darin stünde und sowohl er als seine Vorfahren dasselbe vom Hochstifte Speier auch niemals empfangen hätten, oder ihnen geliehen wor-

---

[962] Datum Anno dni. M⁰.CCC⁰.XCIX⁰. Sabbato ante Dnicam. Esto michi. (8. Febr.) Sp. Copb. in K. B fol. CCCCXVII.

[963] Datum Anno dni. M⁰.CCC⁰. Nonagesimo Nono. In festo Btor. Petri et Pauli Aplor. (29. Juni). Daf. B fol. CLXXVIII.

ben wäre, seie es aber ein würkliches Lehen, so wolle er es gerne em=
pfangen und tragen; er bat also den Bischof, diese Angelegenheit durch
die Manne seines Bisthums austragen zu lassen und als derselbe
dies verweigerte, ersuchte er ihn zulezt, ihm über diese Verhandlungen
eine Urkunde auszustellen, damit er und seine Erben aus künftige
solcher Ansprüche überhoben sein möchten, auf welches Ansinnen aber
der Prälat ebenfalls nicht einging; worauf dann der Graf demselben
endlich den lezten Vorschlag machte, er wolle nämlich aus den bischöf=
lichen Edelleuten einen Obmann nehmen oder ernennen, wozu jene
Parthie noch zwei Manne oder Beisitzer erwählen müsse, welche fünf
sodann über diese Lehenssache endgültig sprechen sollten und als der
geistliche Herr auch sogar dieses Begehren kurz und rundweg ausschlug,
gieng man unausgemachter Sache auseinander, nachdem Elmon den
Notar, Johann von Oberkirch, vorher noch aufgefordert hatte, ihm über
diesen ganzen Vorgang ein Instrument zu ertheilen, was derselbe auch
that und wobei als Zeugen zugegen waren: der Markgraf Bernhart
zu Baden und die Grafen Johannes IV. zu Spanheim=Starkenburg,
Philipp von Nassau=Saarbrücken, Emich V. von Leiningen, Wildgraf
Gerhart zu Kirburg und Johannes von Starkenburg der Junge oder
V., die auch sämmtlich ihre Siegel anhiengen. ***)

Die Abtei Nifeln in der Diöcese Lüttich besaß Aecker, Weinberge,
Zinsen, Gefälle und Gerechtsame in den Dörfern und Marken von
Sprendlingen und zu Bingen, welche zum Tische der Aebtin Katharina
gehörten, die sie aber, der zu weiten und lästigen Entfernung wegen,
1399 unserem Grafen für jährliche 40 Goldgülden zum Genusse ein=
gab; ***) die Waldboten von Ulmen, Friederich und Gotfried, erhoben
aber damals Ansprüche an das spanheimer Haus bezüglich der Vögtei
zu Prodich und der damit verbundenen Gülten und Gefälle, worin sie
mit dem seligen Friederich von Erenberg gemeinsam gesessen hätten,
daher der Ritter Eberhart von Spanheim, als Vorsitzender eines span=
heimer Manngerichtes zu Kreuznach, jenen im Jahre 1400 auftrug,
die behauptete Gemeinschaft urkundlich nachzuweisen, worauf sie, wann

***) Den siebenten Herbstmonat oder October 1399 in dem Barfüßen Keuental
zu Spire. (7. Oct.) Sp. Copb. in K. B fol. XXVIIb ꝛc.
***) Datum Anno dni. MCCCCXOIXo. Decima die mensis Novembris. (10.
Nov.). Daf. B fol. CCCLIIb ꝛc.

dies geschehen seie, damit bollehen werden sollten ***) und Walther von
Tan traf bald darauf mit Simon III. wegen der, über ihre neben
einander liegenden Felsen oder Burgen Alttan und Greventan, seither
bestandenen Irrungen, eine gütliche Uebereinkunft folgenden Inhalts:
der zwischen jenen beiden Felsen und Vesten durchgebrochene Graben
sollte ihnen gemeinsam zustehen und keiner von ihnen dürfe denselben
verbauen, damit er stäts offen bleibe, auch habe jeder die Befugniß.
darin Steine für seinen Bedarf zu brechen und endlich verzichtete jener
Walther noch auf seine Ansprüche und Berechtigungen, die er bisher
an des Grafen Haus oder Felsen Greventan gemacht hätte, ***) wofür
derselbe, aller Wahrscheinlichkeit nach, von unserem Herrn 150 gute
Gulden erhielt, welche ihm zwei spanheimer Vasallen, von Waleck
und von Leyen, im August gegen einen Empfangschein einhändigten. ***)

Simon III. beschwor nachher mit dem Rauhgrafen Otto von der
Neuen- und Altenbaumburg den Frieden in jener Veste, wie Graf
Walram denselben früher 1367 mit der Rauhgräfin Agnes, sowie mit
deren Sohne und er selbst vor einigen Jahren mit dem Bruder jenes
Otto, Namens Wilhelm, gelobt hatten, ***) welche Friedenserneuerung
wir, gegen unsere Gewonheit, hier nur deßhalb anführten, weil durch
den genannten Otto und seinen gleichnamigen Sohn, die damals noch
vorhandenen rauhgräflichen Besitzungen größtentheils verkauft oder versezt wurden und so, allmälig in fremde Hände, hauptsächlich aber an
Kurpfalz gelangten und einige Tage darauf sezten und gaben Agnes,
Hugelin's vom Stcine Wittwe und ihre zwei Söhne, das Dorf Elenrich,
nebst noch anderen Ortschaften und sonstigen Zuständigkeiten, in die
Hand und Gewalt unseres Grafen, um dieselben lebenslänglich ingu-
haben und zu genießen, wobei sich jene zugleich anheischig machten,
wann während dieser Zeit die darin wohnenden Leute „gedoit, gebrant
oder verdarfft" (verdorben) würden, für solche Beschädigungen, an lezteren und an dessen Erben nie etwas zu fordern, oder deßhalb An-

***) Datum Anno dni. M⁰.CCCC⁰. feria quarta post Ephiam dni. (7. Januar).
Sp. Copb. in K. B fol. LIX b.

***) Datum anno dni. M⁰.CCCC⁰. Sabbatho ante dnicam. Jubilate. (8. Mai).
Orig. in Str. Fasc. VII No. 93 und daselbst B fol. CXXIX b.

***) Der do geben ist ꝛc. M⁰.CCCC⁰. Jare uff Sant Johansdag als er enthaupt
wart. (29. Aug.) Daf. B fol. CXXX b.

***) Datum Anno dni. M⁰.CCCC⁰. Die sancti Galli Confessoris. (16. October).
Daf. B fol. CCXLIIII.

sprüche zu erheben, [870]) auch haben wir vorhin eines Manngerichtes
gedacht und es scheint, als seien dieselben gewöhnlich in Kreuznach, oder
vielmehr in der oberhalb dieser Stadt befindlichen Burg Kauzenberg
abgehalten worden, denn der Ritter Clais von Smydeburg, der seinem
Spanheimer Herrn, einer Mannschaft halber, 102 Gulden schuldete und
dessen Unterthanen überhaupt mit Brand und Brandschatzungen hart
heimgesucht hatte, ward durch Urtheil eines, unter dem Vorsitze Eberharts von Spanheim, 1401 in jener Stadt abgehaltenen spanheimer
Manngerichtes, vorgeladen, an einem ihm benannten Tage vor ihnen
zu erscheinen, um sich über solche verübte Unbill auszuweisen und zu
vertheidigen. [871])

Henne Becker von Dieburg, genannt Metzer, und seine Ehehälfte
Else nahmen von Simon III. dessen Backhaus zu Melsheim in Erb-
pacht, für jährlich ein Malter Käse, das am Walpurgistage, 16 Malter
Korn, die nach der Aernte und 12½ Unzen Hellergelts, welche auf
Martini zu liefern seien, wofür sie vor dem dasigen Gerichte ihre
sämmtlichen Güter aufgaben, und den Pachtbrief mit den Siegeln der,
in der Nähe wohnenden, Edeln von Wachenheim beurkunden ließen [872]);
Philipp von Duwe, Herr zum Oberstein und seine Hausfrau Mena,
eine geborene Rauhgräfin, ertheilten nachher im August 1401 ihre
Einwilligung zu allen Verpfändungen, welche die Rauhgrafen Heinrich
und dessen Sohn Philipp, „unße lieben swegere hren. anhrrn. und
vatter", unserem Grafen „uff das Sloiß Imßwiler und Munchwiler
baile und uff das Sloiße und Besten Nuwenbeymburg und Welbestein
das Dorf" mit allem Zugehör verschrieben hatten und versprachen die
darüber vorhandenen Briefe beständig zu halten [873]), wodurch sich also
der Spanheimer hinsichtlich der Erwerbungen rauhgräflicher Güter
sicher zu stellen suchte und einige Monate später nahm unser Herr
abermals zwei von Adel zu seinen losledigen Mannen auf, nämlich
den Johann von Spanheim und Hennchin von Hassenluch, welche sich

<hr>

[870]) Datum Anno dni. M°.CCCC°. feria quarta post diem Sct. Galli. (20.
Dctober). Sp. Copb. in K. B fol. LXIII. b.
[871]) Datum Anno dni. M°.CCCC°. primo feria quarta post dolcam quasimodogenitj. (13. April). Daf. B fol. LXIII.
[872]) Anno dni. M°.CCCC°. primo feria quinta post Georii Martiris. (28.
April). Daf. B fol. XV b.
[873]) Datum Anno dni. M°.CCCC°. primo Sabbato post diem Bartholomei
Apostoli. (27. Aug.). Daf. B fol. CCCCXVIII.

beibe; vorher schwer gegen benselben vergangen, auch sein Gebiet und seine Leute angegriffen und in Schaden gebracht hatten, dann aber mit Hülfe ihrer Freunde wieder zu dessen Gnade kamen und sich mit ihm aussöhnten [874]. Simon III. besaß zugleich noch viele Güter und Liegenschaften außerhalb des Bereiches seiner Grafschaft, denn er erwies 1402 dem Anthis von Montfort die große Gunst, dessen spanheimer Lehen, bestehend in einem Hause und Garten zu Grünstadt, könnten [875], falls er keine männlichen Leibeserben hinterlassen würde, auch auf seine Töchter vererben, welcher Fall nicht lange hernach würklich eintrat, indem jenes Lehen durch ein Fräulein an die Blicke von Lichtenberg gelangte.

Dieterich Herr zu Manderscheid-Wartenstein und seine Gattin Irmengarte vom Steine überließen ihrem spanheimer Herrn, „umb sunderlich fruntschafft gonst und gnade", die ihnen derselbe seither oft erwiesen hatte und auch später erzeigen würde, im J. 1403 auf seine Lebenszeit zum beliebigen Besitze und Genuße ihre drei Dörfer Henweiler, Oberhausen und Guntelnberg, mit hohen und niederen Gerichten, Leuten, Wassern und Waiden u. s. w. jedoch müßten diese Orte nach dessen Hinscheiden sogleich und ohne Widerrede der gräflichen Familie, wieder an jenes Ehepaar oder an ihre Nachkommen zurückfallen [876] und zwei Tage nachher erwarb derselbe käuflich von Johann von Trys und dessen Ehefrau deren Theile am Dorf und Gerichte zu Kellenbach mit Leuten und allen Zubehörden, worauf letztere vor dem dortigen Gerichte und in Gegenwart des spanhelmer Amtmannes zu Kirchberg, Meynharts von Koppenstein, darauf Verzicht leisteten [877]. Nach Verlauf einiger Monate traf unser Graf verschiedene Anstalten, um sich den Besitz seiner, ihm durch die Rauhgrafen verpfändeten, Theile an Reuenbaumburg noch mehr zu sichern, denn er setzte vorerst seinen Getreuen, Johann Marschall von Walleck, in sein Viertheil daselbst

---

[874]) Datum Anno dnt. M⁰.CCCC⁰. primo Dominica (und feria scda.) post Katherine virginis. (27. u. 28. Nov.). Sp. Cop. in R. B fol. CLXXXIX und CLXXXVIII.

[875]) Datum Anno dnt. M⁰.CCCC⁰. secundo Dominica post fabiani et sebastiani martirum. (22. Januar). Aus einer Urkundensammlung.

[876]) Datum Anno dnj. M⁰. Quadringmo Tercio in Ephia. duj. (6. Januar). Orig. in Str. Fasc. VIII. N⁰. 94.

[877]) Actum et datum Anno dnj. 1403cio feria secunda post Ephiani an. domini. (8. Januar). Sp. Cop. in R. B fol. CII.b.

ein, derselbe dürfe jedoch keine Nutzungen oder Gefälle daraus ziehen, sondern er müsse im Gegentheil noch die Verbindlichkeit eingehen, auf das erste Begehren Simon's III. oder seiner Erben, die Beste sogleich zu verlassen und damit zugleich auf die Eide zu verzichten, welche ihm die darin befindlichen Knechte gelobt hätten, wobei ihm aber sein Burg=mannsrecht vorbehalten bleibe und in der nämlichen Stunde versetze er dem genannten getreuen Vasallen auch noch ein Viertel seines An=theils in jenem Schlosse (also ein Sechszehntel), das aber derselbe nicht weiter verpfänden dürfe, es seie denn mit Wissen und Willen des Spanheimer's, des Rauhgrafen Otto's und Philipps von Dune, Herrn zum Oberstein, welche mit einander in einem beschworenen Burg=frieden daselbst stünden, den jener von Waldeck ebenfalls zu halten gelobte. [378])

Einige Tage nach diesem Vorgange ertheilte der Papst Bonifacius IX. (wie schon früher, 1396, durch den Cardinal Franciscus geschehen war) dem Spanheimer Grafen die Vergünstigung, für sich und die Seinigen einen besonderen Beichtiger erwählen und halten zu dürfen [379]); später verschrieb sich aber Henne von Schonenburg für 50 gute Gulden zu einem gräflichen Manne und Diener auf seine Lebenstage [380]) und am Schlusse dieses Jahres vollbrachte Simon III. aus frommem Gemüthe ein Werk der Milde und Wohlthätigkeit, indem er, in Verbindung mit seiner Tochter Elisabetha, der verwittweten Pfalzgräfin, auch Herzogin von Bayern und Frau zu Grymberg, so=wohl zu ihrem eigenen, als auch zum ewigen Seelentroste seiner seligen Gattin Maria, gebornen Gräfin von Blanden, sowie ihrer beider Eltern und Vorfahren, dem Meister und den Brüdern des Hospitals zu Blanden, vom Orden der heiligen Dreifaltigkeit, das Patronat zu Nußbaum in der trierer Diöcese schenkten und ihnen auch diese Kirche selbst sammt den damit verbundenen Einkünften und allen sonstigen Zuständigkeiten, zum Besten jener wohlthätigen Anstalt und der dienen=

---

[378]) Beide Urkunden haben denselben Datum: Datum Anno dni. M°.CCCC.° tercio Dnica. Reminiscere. (11. März). Sp. Copb. in K. B fol. CCLVI und CCCCXXVI.

[379]) Dat. Rome apud Sanctum petrum II. Id. Marcii Pontiscatus nri Anno Quarto decimo. (14. März). Orig. in Str. Fasc. III. N°. 23.

[380]) Datam Anno dni. M°.CCCC.IIII°. In Crastino Margarete virginis. (14. Juli). Sp. Copb. in K. B fol. CXCI b.

den Brüder, zu immerwährendem Genusse überließen [ºº¹]), aus welcher
Handlung wir den ungefärbten Glauben und die religiösen Gesinnungen
unseres Grafen und seiner Familie klar hervorleuchten sehen. Johann
Hertwin von Lorch ersuchte denselben, im Beginne des folgenden Jahres
1404, um die Vergünstigung, seinen Eidam, den Johannes Sameck von
Waldeck, zu sich in die Gemeinschaft seines Burglehens in Kreuznach
einzusetzen, jedoch so, daß er dafür allein der Grafschaft als Mann
verbunden bleibe [ºº²]), was ihm auch zugestanden ward.

Nachfolgende Begebenheit ist sehr bezeichnend für die Sittengeschichte damaliger Zeit: der Jude Gotschalck von Kazenelnbogen, dessen
Frau Bulin und ihre Kinder waren wegen verübten groben Wucher's,
dem römischen Könige Ruprecht von der Pfalz und unserem Simon III.
mit Leib und Gut verfallen, da sich aber diese beiden Herrn (also damals schon!) sehr gnädig und herablassend gegen jenen Israeliten erwiesen hatten, so gab ihnen derselbe, anstatt für sein Vergehen vor
Gericht gezogen und strenge bestraft zu werden, folgendes schriftliche
Versprechen: wenn jetzt oder künftig an einigen Stätten oder Enden
und in welchem Lande es auch sein möge, Schätze oder Gut an Gold
oder Silber, gemünzt oder ungemünzt, die früher jenem Gotschalck,
zur Zeit als er in Kreuznach ergriffen und gefänglich eingezogen
worden seie, zugehört hätten, gefunden würden (mit Ausnahme sowohl
der Habe, Pfänder und Briefe, die sich in dem Gewölbe seines Wohn-
hauses zu Kreuznach vorfinden, als auch der 5150 Goldgulden, die
dem Spanheimer Grafen zu Mainz bereits eingehändigt worden seien),
so sollten solche Funde dem Reichsoberhaupte und dem Grafen, jedem
zur Hälfte, zustehen und als Eigenthum verfallen sein, welche Uebereinkunft die Ritter Johann von Lewenstein und Johann vom Stein,
statt jenes Wucherer's, mit ihren Siegeln beurkunden mußten [ºº³])!
Dem Nicolaus, Vogt und Herrn zu Hunoltstein, hatte Simon III.
350¹/₂ mainzer Goldgulden geliehen und dadurch eine große Gefällig-
keit erwiesen, daher sich derselbe 1404 mit jenem aufs innigste verband

[ºº¹]) Datum Anno dni. Mº.CCCCº. Tercio in vigilia bti. Thome apli.
(20. December). Orig. in Coblenz.

[ºº²]) Dat. Anno Dnl. Mº.CCCCº. quarto feria Secunda proxima post Octavam
Ephye. dni. (14. Januar). Sp. Copb. in K. B fol. CLXXXV b.

[ºº³]) Datum Anno dni. Mº.CCCCº.IIIIº. Die Bti. Petri ad Kathedram. (22.
Febr.). Daf. B fol. CXCVII ꝛc.

und sich ihm und seinen Erben freiwillig folgendermaßen verschrieb: er
wolle gegen seinen genannten spanheimer Gebieter, sowie wider dessen
Land, Schlösser, Städte, Unterthanen, kurz, gegen alle diejenige, die
demselben zu verantworten stünden, niemals und auf irgend welche
Weise sein oder handeln, auch dürfe lezterem und den Seinigen aus
den hunoltsteiner Burgen und Gebieten durchaus kein Schaden zugefügt
werden, sondern jener Nicolaus und seine Erben mußten im Gegentheile „dem obgen, mym lieben neffen vnd herrn getruwe, holt vnd
gunstig sin vnd sinen schaden warnen, ane alle gevorde"; wolle indessen
der Dynaste von Hunoltstein oder einer seiner Nachkommen später
nicht mehr in solchem freundschaftlichen Bündnisse bleiben, so könne
dies mittelst der Rückgabe jener 356½ Goldgulden, jedoch nach vorhergegangener vierteljährigen Aufkündigung, bewerkstelligt und ihm
dann auch dieser Brief wieder eingehändigt werden [284]).

Unser Graf, wiewohl damals schon in vorgerücktem Alter stehend,
bewies und übte demohngeachtet immer noch eine ungeschwächte Thätigkeit und obgleich er keine männliche Leibeserben hatte, verlor er dennoch
die Erhaltung und Vermehrung des spanheimer Besitzthums, sowie das
Wohl seiner Bürger und Unterthanen nie aus den Augen; denn mit
dem Lemphin von Gundersdorf lebte er lange Zeit hindurch in Fehde
und Unfrieden, die sie aber doch endlich gütlich beilegten, indem jener
alle bisherigen Ansprüche und Forderungen aufgab und sich dem Spanheimer noch zum Manne und Diener verschrieb, welchen Dienst er
aber nur dann aufsagen dürfe, wann er einen Monat zuvor 40 Goldgulden erlegt hätte und dessen Bruder Heinrich von Gundersdorf, der
zugleich auf eine Forderung wegen eines Hengstes verzichtete, besiegelte
ebenfalls diese Vereinbarung [285]); Eberhart Meysewin von Spanheim
aber gab seinem Herrn, einige Monate nachher, die Zusicherung, daß
seine Erben, wenn er ohne Kinder versterben würde, demselben die an
Eberhart von Spanheim und an dessen Haußfrau versezten Lehen, bestehend in den Zehnten zu Westernhart, Bergen, Grubelscheid und
Staufenberg, zu stellen müßten [286]) und auch Wyrich von Dudelndorf

---

[284]) Datum Anno dni. millo CCCC⁰. quarto sabato ante dominicam letare.
(20. März). sp. Copb. in K. F XXXIIb ꝛc.

[285]) Anno dni. M⁰.CCCC⁰. quarto ipso die Btor. Philippi et Jacobi Aplor.
(1. Mai). Das. B fol. LXXXIb.

[286]) Datum Anno dni. 1404to sabbato die post Natiuit. bte. Marie virginis.
(13. Septb.). Orig. in Coblenz.

hatte um diese Zeit Zerwürfnisse und Forderungen an Simon III. wegen eines zu Camerforst gelegenen Hofgutes, worüber sie sich jedoch bald verständigten und jener, für sich und seine Nachkommen, sich aller und jeder Ansprüche darauf begab [287]. Abermals haben wir eine gräfliche Gnade gegen reiche und daher widerspenstige Hebräer zu vermelden, denn Gumprecht, des obgenannten Juden Gotschalks Schwager und gleichfalls in Kreuznach wohnhaft, dessen Weib Burlin, nebst Sohn und Tochter, Smohel und Bune, ferner Salam von Oppenheim, seine Frau Burlin, sowie deren Sohn Liebmann und dessen Frau Brune, hatten sämmtlich wider unsern Grafen und gegen die Freiheiten, Rechte 2c. der Stadt Kreuznach schwerlich und freveln gehandelt und gesündigt; so daß sie alle in den bastgen Kerker geworfen, aber doch endlich durch die Fürsprache guter Freunde wieder entlassen wurden und die Gnade des Landesherrn aufs neue erlangten, worauf sie jedoch 1405 vor dem Schultheißen und den Schöffen daselbst, die feierliche eidliche Erklärung abgeben mußten, das erduldete Gefängniß weder an ihrem Gebieter oder an der Stadt, noch an allen denen, die dabei mitgewirkt hätten, jemals rächen zu wollen [288].

Der Erzbischof Johannes zu Mainz erneuerte im J. 1406 den Bundesbrief, welchen ehemals der Prälat Wernher mit dem spanheimer Grafen Johannes geschlossen hatte und gelobte schriftlich, demselben in allen seinen Theilen nach zu leben [289]; damals ruhete auch auf zwei Männern aus Laupach der schwere Verdacht, die Scheuern der Propstei in Schwabenheim angezündet zu haben, allein sie wurden doch endlich für unschuldig erfunden und auf die dringenden Bitten vieler Männer und Frauen, hauptsächlich aber des Herrn Philipps von Falkenstein zu Münzenberg, ihres Herren, durch Simon III. und den Propst ihrer langwierigen und scharfen Haft erledigt, welchen Act jener Philipp, nebst dem Edelknechte Junker Konrad Pfeffersack mit ihren Siegeln be-

---

[287] Datum anno dni. M⁰.CCCC⁰. quarto feria sexta post diem scl. Michahel (3. Oct.). Orig. in Str. Fasc. XVI No. 80 und Sp. Copb. in R. B fol. LXXII b.

[288] Datum Anno dni. M⁰.CCCC⁰. quinto in die Btor. Philippi et Jacobi Aplor. (1. Mai). Daf. B fol. CXCVIII b.

[289] Datum Eltuil Ipsa dominica Judica. Anno dni. M⁰.CCCC⁰.VIta. (28. März). Daf. B fol. CCCXCVII.

kräftigten ***) und im September gieng unser Graf mit seinem Schwager
und Vetter, Johannes IV. von Spanheim-Starkenburg, einen Vertrag
ein, wegen der durch lezteren an Otto Knebel von Kazenelnbogen versezten halben Burg Dille, daß nämlich derselbe diese Pfandschaft jederzeit mit 1400 guten schweren Goldgulden wieder an sich kaufen könne,
indessen sollte auch unserem Herrn ein solches Auslösungsrecht zustehen,
jedoch nur unter der Bedingung, wann er oder seine Tochter Elisabetha,
die verwittwete Pfalzgräfin von Baiern, ohne Leibeserben aus dieser
Welt scheiden würden, so müsse dann jene Veste an den starkenburger
Stamm und an „Niemand anders" fallen ***). Mehrere Tage später
war derselbe, nebst einigen verwandten Grafen und Dynasten, Schiedsrichter zwischen Johannes von Kazenelnbogen und zwischen dessen Gattin
Anna, ebenfalls einer gebornen Gräfin von Kazenelnbogen, in einer
sehr wichtigen, die Vererbung ihrer Grafschaft betreffenden, Angelegenheit ***); auch suchte unser Herr, sogar in seinem hohen Alter,
immer noch den Kreis seiner Vasallen und Manne zu erweitern und
sie zu vermehren, denn im J. 1407 verglich sich Fritsch von Echterdingen
gütlich mit demselben wegen einer alten Schuld, auf die er Verzicht
leistete und dessen Diener ward ***) und kaum war Johann vom
Steine, Schene geheißen, nicht lange darauf seines Gefängnisses entlassen, so verschrieb er sich gleichfalls zum losledigen spanheimer
Manne ****).

Grede Bayerin von Boppard und ihr Sohn stellten, noch von
weiland Herrn Rudolfs von Ansenbruch des ersten Hauswirthes jener
Grede wegen, an unsern Grafen, für „Gefengnisse Schetzunge Schulde
Kosten schaden verluste Hengeste vnd Harnasch", eine ansehnliche Forderung auf, bis sie endlich einen Vergleich eingiengen, worin Mutter

---

***) Datum Anno dni. Mº.CCCCº.VIto. Secundum Stilum Mogunt. dyoc.
Ipsa die Sanctorum Septem dormiencium. (27. Juni). Sp. Copb. in R.
B fol. CXCII b.

***) Datum Anno Dni. 1406to. Dominica die post Egidii confessoris. (5. Sept.)
Sp. Copb. das. aus neuerer Zeit No. IV fol. 425 ec.

***) Datum Anno Domini 1406to. feria quarta ante diem Sancti Lamperti.
(14. Sept). Wenck's hessische Landesgeschichte I Doc. 222 No. CCCII.

***) Dat. Aº. dni. Mº.CCCCº. septimo feria scda. post dnicam. Javocavit.
(14. Febr.). Sp. Copb. in R. B fol. LXXXVI.

***) Dat. Anno dni. Mº.CCCCº.VIIº. feria Quarta post dnicam. Quasimodo-
geniti. (6. April). Das. B fol. CXC.

und Sohn erklärten, ihr Herr hätte ihnen für allen erlittenen Schaden „ohne ganze gut genugen gethan;"[995]) Philipp Ganwer von Flomborn aber ward am folgenden Tage, als er wegen Uebergriffen und häufiger Drohungen gegen Simon III. und die Seinen, in Kreuznach gefänglich eingezogen worden war, nach seiner Befreiung aus dieser Haft, auf Lebenszeit dessen und der Grafschaft „loißledig" Mann;[996]) auch fand sich derselbe im Januar des nächsten Jahres mit den Gebrüdern von Morsheim wegen des Nachtheils ab, den ihnen sein verstorbener Vater Walram „an Brant, Namen vnd schaden" in Walbertheim zugefügt hatte[997]) und ebenso bekannten Richart Herr zu Elze und dessen Ehefrau Grede, sie seien über allerlei Ansprachen, namentlich wegen Fankel, bis auf den heutigen Tag mit demselben vollständig gesühnt und verglichen.[998]) Im folgenden Monate 1408 hatten fünf edle spanheimer Vasallen, von Waldeck, von Elz, von Boppart, von Leyen und von Gulpen, als Rathsmänner ihres Herrn und auf dessen Befragen, den Ausspruch gethan: er solle dem Johann Schonenburg von Erenberg das Lehen zu Prodich leihen, wenn derselbe nämlich sein Recht dazu vor einem Manngerichte erweisen könne,[999]) welchen Beweis lezterer auch noch würklich in diesem Jahre führen wollte, allein er wurde durch das, in dem Hofe der Pfalzgräfin Wittwe zu Kreuznach im November abgehaltene, Mann= und Rittergericht, welchem Eberhart Erlenhaupt von Sauwelnheim präsidirte, später mit seiner unstatthaften Forderung abgewiesen.[1000])

Bei dem Prälaten Johannes zu Mainz und bei dessen Domcapitel hatte der Rauhgraf Otto von der Neuen= und Altenbaumburg 1600 Gulden aufgenommen und dem Erzstifte dafür den vierten Theil

---

995) Datum Anno dni. Mº.CCCCº.VIIº. Die Mathei Apli. ((21. Sept). Sp, Copb. in K. B fol. LXI.

996) Der geben ist. ꝛc. 1407 Jare uff den nehsten Donrstag nach Sant Matheusdage Jn der fronfasten. (22. September). Daselbst B folio CLXXX.

997) Datum Anno dni. Mº.CCCCº. Octauo Die Sanctorum Fabiani et Sebastiani. (20. Januar). Daselbst B fol. LXVII.

998) Datum Anno dni. Mº.CCCCº. octauo dominica Letare Jherusalam. (25. März). Daselbst aus neuerer Zeit No. 1 fol. 206 ꝛc.

999) Datum Popartie dnica. ante Walpurgis. Anno dni. Mº.CCCCº. Octauo. (29. April). Daf. B fol. LIIII.

1000) Geben zu Cruzennachen des Donrstagis nach Sant Martins dag Anno 1408uo. (15. Nov.). Daf. B fol. LIII.

an erfterer Befte eingegeben und verfezt, daher jener bei der Anweifung
in feinen Antheil, dem Simon III., welcher ebenfalls ein Viertel davon
unterpfändlich inne hatte, die Zuficherung gab, ihn in feinem Theil
nicht zu hindern oder zu irren, den jedesmaligen Burgfrieden mit ihm
zu erneuern und auch keinen Amtmann dahin zu fezen, er habe denn
gleichfalls zuvor den Frieden dafelbft befchworen [1001]) und der Edelknecht
Brant von Boxberg gelobte demfelben Grafen, nie mehr gegen ihn fein
zu wollen, mit der Verpflichtung, auf deffen Begehren fein Helfer zu
werden gegen Konrad und Dieterich von Brule die Jungen, fo wie
gegen Dieterich von Kerpen, Herrn zu Warsburg [1002]). Wir haben
aus den früheren Verhandlungen über das angeblich hochftift-fpeyerifche
Lehen der Stadt Kreuznach zur Genüge vernommen, wie wenig begründet die Anfprüche des Bifchofs Raban in diefer Beziehung waren
und weil nun diefer fchlaue Prälat diefelben auf dem Wege Rechtens
gegen das fpanheimer Haus nicht durchfezen konnte, fo benuzte er
feinen bedeutenden Einfluß als Canzler des Königs Ruprecht von der
Pfalz, um auf hinterliftige Weife fein Ziel zu erreichen, indem er im
Monate November 1408 den Sohn diefes Monarchen, den Pfalzgrafen
Stephan, den nachherigen Gründer der zweibrücker Linie des kurpfäl-
zifchen Stammes, mit Burg und Stadt Kreuznach, fammt allen Rechten
und Zubehörden, aus dem gefuchten und nichtigen Grunde belieh [1003]),
weil diefes Lehen feit Walram's Zeiten nicht gemuthet, auch von deffen
Sohne Simon III. nicht empfangen worden und demnach feinem Bisthume heimgefallen feie, welcher Vorgang aber weder dem Charakter
des Lehensherrn, noch auch demjenigen des Königs (unferem Grafen,
feinem Vafallen und nahen Verwandten gegenüber, deffen Tochter Elifabetha den älteften Sohn Ruprechts zur Ehe gehabt hatte) zur be-
fonderen oder vortheilhaften Empfehlung gereicht, fo wie derfelbe auch
überhaupt gar keine Folge hatte.

Der Ritter Johann von Hirfchhorn verfprach unferem Spanheimer im Jahre 1409, die bekannten Uebereinkunft bezüglich der

---

[1001]) Datum Olme feria secunda post dominicam Iubilate. Anno dni. M°.
CCCC°.VIII°. (7. Mai). Sp. Copb. in K. B fol. CCCCVIII.

[1002]) Datum Anno dni. M°·CCCC°.VIII. Die undecim millium virginum. (21.
October). Daf. B fol. CLXXI b.

[1003]) Datum Heidelberg feria secunda post beati Martini epifcopi, anno Domini M°.CCCC°. octavo. (12. Nov.). Remlings fpeyerer Urkundenbuch II.
70 No. 81.

Oeffnung des Rheingrafensteins von 1328, ebenfalls nachkommen zu
wollen [1004]) und zum Beweise, wie sehr dem lezteren die Beförderung
des Wohlstandes seiner Grafschaft und Unterthanen am Herzen lag,
dient uns ein Brief von diesem Jahre, in welchem er sagt: „Daz wir
han angesehen vnsern Nutze vnd vnsirs Lanis vnd Lude Besserunge"
und worin er, um Arbeit, Verkehr und Gewerbe zu heben, einigen
Goldschmieden aus Frankfurt ein Erblehen auf den Petersberg bei
Altlei ertheilte, um daselbst allerlei Erze, Gold, Silber, Kupfer, Zinn
oder Blei, zu suchen und zu graben, von deren Ertrage sie aber der
Herrschaft Spanheim den zehnten Theil abgeben müßten, auch sollte
ihnen, wenn sie ein Bergwerk anlegen wollten, aus den gräflichen Waldungen das nöthige Holz dazu verabreicht werden und wenn ihre
Knechte und Arbeiter sich zanken oder schlagen würden, so könnten sie
dies selbst schlichten, jedoch müßten Todschläge und andere wichtige oder
peinliche Streitsachen, welche Leib und Gut antreffen, durch die gräflichen Amtleute gerichtet werden [1005]); nachher lebte derselbe in Fehde
mit der Wittwe Heinrichs von Partenheim, Adelheid und mit deren
Söhnen Engelhart und Syfried, welche sich jedoch bald mit ihm aussöhnten, nachdem er ihnen hundert baare Gulden erlegt hatte, worauf
sie gelobten, gegen ihren Herrn und dessen Tochter, die herzogliche
Wittwe Elisabetha, nichts mehr zu unternehmen, ohne jenes Geld vorher wieder zurückerstattet zu haben [1006]) und im Delember 1409 ver-
tauschte Heinrich von Eich, Herr zu Ollbrücke, mit dem Grafen zwei
Leibeigene zu Fulkenreit und Godelriet, gegen einen spanheimer armen
Mann in Beltheim [1007]).

Der Graf Ruprecht von Birnenburg und seine Gattin Agnes
von Solms, hatten unserem Simon III. und dessen Tochter Elisabetha,
der verwittweten Pfalzgräfin, die Vesten Sanct Vit und Butzenbach
verpfändet, daher dieselben im Jahre 1410 jenen über den Wiederkauf

---

[1004]) Der geben ist zc. 1409ben Jare vff vnser lieben frauwen tag Kirmihe den
man next zu latin purificacio. (2. Febr.). Sp, Coph. in K. F fol. CCLIII.

[1005]) Datum anno domini M⁰.CCCC⁰.IX⁰. die sancti Iohannis ante portam
latinam. (6. Mai). Günther Cod. dipl. rheno mosell. IV, 188 No. 85.

[1006]) Datum Anno dni. M⁰.CCCC⁰.IX⁰. Die Gereonis et Sociorum. eius. (10.
October). Sp. Coph. in K. B fol. CXCX.

[1007]) Datum anno dni. M⁰.CCCC⁰. Nono. in vigilia Barbare virginis. (8. December). Das. aus neuerer Zeit No. 1 fol. 215 zc.

oder die Einlösung dieser Güter eine Versicherung ausstellen mußten [1008]) und die Gebrüder Johann und Heinrich von Sötern erklärten einige Tage hernach, sie seien mit dem spanheimer Grafen wegen Brandes, Rahme und anderer Beschädigungen, die er ihrem seligen Vater und auch ihnen an Wäldern, Dörfern und armen Leuten zugefügt hätte, gänzlich oder so vollkommen gesühnt und „gerächt", daß sie weder an denselben, ihren Herrn, noch an dessen Nachkommen auch nicht die geringste Forderung mehr zu machen hätten; [1009]) in demselben Monate entschied auch König Ruprecht, als freiwillig erwählter Schiedsrichter, einen Streit seines Schwiegersohnes, des Grafen Adolph von Cleve und der Mark, mit unserem Herrn, über das durch lezteren dem Grafen Engelbrecht von der Mark, dem ersten Gemahle seiner Tochter Elisabetha, der späteren Herzogin, versprochene Hinlichsgeld. [1010]) Im September dieses Jahres errichteten die Grafen Simon III von Spanheim-Vianden, Philipp zu Nassau-Saarbrücken und Friederich zu Veldenz, mit dem Beirathe ihrer Freunde, dem allmächtigen Gott zu Lobe, dem heiligen römischen Reich zu Ehren, sowie auch ihren Landen und Leuten zu Frieden und Besserunge, hauptsächlich aber um Kauf= leute, Pilger und andere Personen, geistlichen und weltlichen Standes zu beschirmen, unter den damals gebräuchlichen und gewönlichen Be= dingungen und auf drei Jahre lang, eine freundliche Einung, oder ein sehr zeitgemäßes, äußerst wohlthätig würkendes Bündniß, in den Gebieten zwischen dem Rheine und der Mosel. [1011])

Im November 1410 belohnte unser Spanheimer die treuen Dienste, welche Emich von Dun, Herr zum Oberstein ihm erwiesen hatte, mit einem jährlich in 30 mainzer Goldgulden bestehenden Lehen, [1012]) seine Burg Greventan aber vertraute er dem Konrad Wolf von Spanheim zur Besorgung und zum Bewachen an, worüber derselbe

---

[1008]) Der geben ist 2c. 1410 den Jare uff unser lieben frauwen lertwihe. (2. Febr.). Orig. in Coblenz.

[1009]) Datum Anno dni. Mo. CCCCo. Decimo Die doica. qua cantatur In ecclesia Sancta Innocauit. (9. Febr.). Sp. Copb. in K. B fol. LXV.

[1010]) Geschehen zu Heidelberg uff Sant Mathiastag des heiligen zwölfboten in dem Jare 2c. 1410 den Jare. (24. Febr.). Daselbst B fol. LI b.

[1011]) Der gegeben wart uff unß lieben frauwen dag als sie geboren wart 2c. 1410 Jare. (8. Sept). Orig. in Str. Fasc. VIII. No. 98.

[1012]) Geben uff Sant Katherinen tag 2c. 1410 Jare. (25. November). Copie daselbst Serie E. 6624.

einen Bürgschein von sich gab [1013]) und sein Neffe, der Wildgraf Friederich zu Daun und Rheingrafenstein, versicherte ihn im folgenden Jahre, den Oeffnungsbrief seiner Voreltern über die zulezt genannte Veste von 1328 treu und gewissenhaft zu halten. [1014]) Daß auch manchmal unbegründete Forderungen aus früheren Jahren an Simon III. gemacht wurden, entnehmen wir aus folgender Erklärung Lamprechts Fust von Stromburg, der in seinem eigenen, sowie im Namen seiner Mutter und Geschwister vielerlei Ansprachen an jenen Grafen gestellt hatte, derselbe habe nämlich von seinem seligen Vater für den Pfalzgrafen Ruprecht Pipan, seinen Eidam, einen Hengst käuflich erworben, dessen Kaufpreis aber noch ausstehe und dann auch wegen einer rückständigen Gülte, als Walram, des Grafen verstorbener Vater, ihm die Burg Arnswang zur Behütung anbefohlen hatte, bis sich endlich herausstellte und jener Lamprecht „unterweiset" wurde, es stehe ihm durchaus kein Recht zu solchen Forderungen zu, daher er für sich und seine Familie im Jahre 1411 darauf verzichtete [1015]) und wenige Tage nachher ward Heinrich von Waldertheim, nach gepflogener Abrechnung mit seinem gräflichen Herrn, dessen lostediger Mann auf Lebenszeit, [1016]) vorher aber hatte lezterer dem Hanns Kämmerer von Worms ein, durch das Ableben Johanns von Hattenheim ledig gewordenes, Lehen aufgetragen. [1017])

Richart auf dem Weiher zu Rieckenbig und dessen Frau Jutta waren bisher mit Simon III. in vielen Zweiungen gestanden, bis sie sich im Jahre 1412 auf folgende Weise mit einander sühnten: ihr Haus (Burg) „uff dem Wiher zu Rieckenbich" sollte demselben geöffnet sein gegen Jeden, mit Ausnahme der Erzhirten von Cöln und Trier, des Grafen von Virnenburg und überhaupt aller derjenigen, welchen Richart mit Eiden zugethan seie und zugleich erklärte derselbe, des

---

1013) Datum Anno Dni. M°.CCCC°.X°. Die Bti. andree apli. (30. November). Sp. Copb. in R. B fol. CXXIX.

1014) Datum Anno dni. M°.CCCC°. vndecimo die sanctorum Sebastiani et Fabiani martirum. (20. Jan.). Daf. F fol. CCLIIII.

1015) Datum Anno Dni. M°.CCCC°. vndecimo Die Sci. Anthonii confessoris. (13. Juni). Daf.

1016) Datum Anno dni. M.CCCC°.XI°. Die Sabbto. ante diem Sci. Iohis. baptiste. (20. Juni). Daf. B fol. CLXXX b.

1017) Datum Anno dni. M°.CCCC°.XI°. secundo die Junii. (2. Juni). Gudeni Cod. dipl. mogunt. V. 749 No. 122.

Grafen loslediger Mann sein und bleiben zu wollen, womit auch sein
Sohn Herrmann sogleich zufrieden war und deßhalb mitsiegelte, [1018]
nachdem der Spanheimer ihm einige Monate zuvor 10 mainzer Goldgulden, ablöslich mit 100 Gulden, als kasteluner Burglehen zugewendet hatte. [1019] Nach dem Hinscheiden Ruprechts von Randeck waren
der Grafschaft Spanheim folgende Mannlehen heimgefallen, nämlich
Hof und Dorf Mandweiler (Mannweiler) mit Gerichten, Leuten und
allem was dazu gehörte, dann das Dorf Umelnheim und den Wald
genannt Höster See, nebst der Wiese daselbst, ferner der Hof zu Ychen-
bach mit Zubehör, sammt der langen Wiese und derjenigen unter dem
Waag, endlich den Hof zu Ganenbach (Gonbach) und zuletzt noch das
Dorf Wachenheim, dieses jedoch nur theilweise, welches alles den Rittern
Johannes von Lewenstein, Vater und Sohn, 1413 zu Mannlehen gereicht ward. [1020] Bei fühlbarer Abnahme seiner Kräfte ließ sich unser
Herr durch den mainzer Erzbischof Johannes die Versicherung ausstellen, daß er dem zwischen der Grafschaft Spanheim und seinem Erzstifte früher abgeschlossenen Bündnisse, wie bisher mit ihm selbst, also
auch künftig mit seiner Tochter, der herzoglichen Wittwe und Gräfin
zu Spanheim, Elisabetha, treu und redlich nachleben wolle. [1021]

Simon III. schuldete dem Dieterich Herrn zu Dune und zu
Broiche 400 schwere Gulden, an welcher Summe er jedoch im Mai
1413 die Hälfte abtrug [1022] und nicht lange darauf versöhnte er sich
mit Stephan von Oeernheim, genannt Winmar, der aber geloben
mußte, in Zukunft nichts mehr gegen seinen Herrn und Gebieter zu
unternehmen; [1023] auch war Clais Vogt von Sonheim dessen Mann

---

[1018] Datum anno dni. M⁰.CCCC⁰.XII⁰. feria secunda post Mathei Apli. et
Ewangeliste. (26. Sept.). Sp. Copb. in R. aus neuerer Zeit No. 1 fol.
102 ꝛc.

[1019] Datum anno dni. M⁰.CCCC⁰.XII⁰. in festo visitationis beate Marie virginis. (2. Juli). Daf. No. 1 fol. 104 ꝛc.

[1020] Datum Ao. Dni. M⁰.CCCC⁰. Tredecimo Sexta feria post purificationem
Marie virginis. (3. Febr.). Daf. No. 1 fol. 620 ꝛc.

[1021] Datum Eltuil feria Quarta post Dnicam. qua Cantatur In ecclia. dei
Letare Anno domini M⁰.CCCC⁰. Tredecimo. (5. April). Orig. in Str.
Fasc. VIII, No. 103 und sp. Copb. B fol. CCCCXXVIII b.

[1022] Datum Anno dni. M⁰.CCCC⁰.XIII⁰. Scda. feria post dnicam. Iubilate.
(15. Mai). Daf. B fol. CXXIII.

[1023] Datum Anno dni. M⁰.CCCC⁰.XIII⁰. Die Btc. margarethe virginis. (13.
Juli). Daf. B fol. CLXXXIII.

geworden für 200 Gulden, die derselbe auf den sechsten Theil seines Zehnten zu Muredorf verlegt und zu Lehen bekommen hatte; da sich aber später herausstellte, dieser Zehnte seie trierisches Lehen, so mußte er seinem Herrn für jene Summe seine Güter zu Maisborn, sowie auch im kirburger und ressersberger Gerichte verschreiben. [1024] Die Irrungen unseres Grafen mit dem Vorstande der Abtei Weissenburg über die Zugehörungen Greventan's, erwachten ebenfalls wieder im Laufe dieses Jahres, ohne daß sie aber zu Ende gebracht worden wären, ja ums Pfingstfest 1414 wurden noch Briefe zwischen beiden gewechselt, während welcher Verhandlungen jedoch jener im Monate August das Zeitliche segnete [1025] und nachdem die schon mehrmals erwähnten Zerwürfnisse mit Johannes von Schönenburg dem Jüngern über das Lehen Prodich durch ein friedliches Uebereinkommen endlich ausgeglichen waren, sprachen dessen Schwäger, Johann von Lewenstein der Junge, nebst Clais und Siffried von Oberstein bei dem Grafen dafür gut, daß jener dem eingegangenen Verzichte, in den sie selbst mit einstimmten, zuverlässig nachkommen würde. [1026]

Bereits am Rande des Grabes stehend hatte unser Spanheimer noch eine hartnäckige „vientschafft" mit dem Rauhgrafen Otto zur Neuen- und Altenbaumburg, deren Veranlassung jedoch, wie gewönlich oder doch wenigstens gar oft, nicht gemeldet wird, die aber doch zuletzt im März 1414, durch die freundliche Vermittlung des edeln Nikolais, Vogts und Herrn zu Hunoltstein, folgendermaßen ihre gütliche Beilegung fand: die Gefangnen sollten frei gegeben und von beiden Seiten Verzicht geleistet werden auf alle und jede „brantschatzunge geringnisse schetzunge und vßsteende gelte" (i. e. Gülten und Zinsen), besonders aber von Seiten Spanheims auf zwei bedeutende „Namen" jenes Otto's zu Leubersheim, Hackenheim, Bonheim und zu Kreuznach, sowie überhaupt auf alle gegenseitige Beschädigungen und sonstige frühere Forderungen, allein die, gleichfalls nicht genannten, Ansprüche des Rauh-

---

[1024] Der gegeben wart ꝛc. 1413ste. Jair uff der heiligen Kinder Dag. (28. Dez.). Günther Cod. dipl. rhen. mosell. IV. 166 No. 61.

[1025] Siehe meine urkundliche Geschichte der Burgen in der bayerischen Pfalz. Band I, 185 und 186, wo aber die Noten 14 bis 17 irrig in das Jahr 1414 versetzt wurden.

[1026] Datum Anno Dni. M⁰.CCCC⁰. quarto decimo feria Tercia post Purificacionem sancte marie virginis. (6. Februar). Sp. Copb. in K. B fol. LVII.

grafen an Simon III. und an dessen Tochter Elisabetha die Pfalzgräfin, sollten ihm, nach dem Absterben beider, an die Erben derselben vorbehalten bleiben; [1027] diese Sühne zwischen den Erbitterten scheint indessen nicht aufrichtig gewesen zu sein, denn unmittelbar nach der Aussöhnung wies Rauhgraf Otto, gleichsam als hätte er mit unserem Spanheimer nichts mehr zu schaffen haben wollen, eine in zwei Zielen fällige Schuld desselben dem Propste zu Sanct Stephan in Mainz zum Empfange an und am nämlichen Tage sandte Simon III., vermuthlich aus dem gleichen Grunde, das fragliche Capital nach Neuen = oder Altenbaumburg, worüber Otto sogleich einen Empfangschein ausstellte [1028] und so blieb der gegenseitige Groll bei Beiden.

Dieterich von Frentschberg der Junge und Heintze Kemppe von Gauwersheim, die ebenfalls bisher mit unserm Grafen und dessen Tochter Elisabetha in Feindschaft gelebt hatten, betheuerten damals auch aufs Höchste, nichts mehr gegen jene zu unternehmen, [1029] die zwei Edeln, Johannes von Eschelborn, Snelle geheißen und Peter von Senheim, genannt von Britzenheim, verschrieben sich hingegen um dieselbe Zeit, als Simons III. und dessen Tochter Elisabetha „loißlerig vnd bynntlich manne", auf ihre Lebenstage [1030] und die lezte uns bekannt gewordene Handlung des unermüdet thätigen Herrn war ein Kauf, denn am 1. August erwarb er von Ritter Hermann Hirt von Sauwelnheim und von Fetzer von Udenheim, für eine nicht angegebene Summe Geltes, deren in der Gemark von Spanheim und anderswo gelegenen Güter, die sie ihm vor Gericht aufgaben, [1031] allein noch vor Ende dieses Monats war dieser lezte Graf der kreuznacher Linie

---

1027) Der bo geben wart des nesten mitwochis nach halpfasten ꝛc. 1414 Jare. (21. März). Sp. Copb. in R. B fol. LV b.

1028) Beide von einem Tage: Datum Anno dni. M⁰.CCCC⁰.XIIII⁰. Quinta feria ante dominicam qua cantatur Iudica. (22. März). Orig. in Str. Fasc. XX No. 45 und daselbst B fol. CXXI.

1029) Datum Ao. dni. 1414to. Tercia feria post dnicam. ꝛc. Letare Jherulm (30. März). und Dat. Ao. dni. 1414to. Quinta feria ante diem Sancti Vrbani. (24. Mai). Das. B fol. CLXXXIII b. und CLXXVIII b.

1030) Datum Anno dni. 1414to. Quinta feria ante diem Sancti Vrbani. (24. Mai). und Geben off Mitwoch vor Sant Albansdag Ao. dni. 1414to. (20. Juni). Das. B fol. CLXXXIX b. und CLXXXVIII.

1031) Datum Anno dni. M⁰CCCC⁰.XIIII⁰. Die ad vincula Petri. (1. August). Das. B fol. XCII b.

am 30. August eine Leiche, welche in der Pfarrkirche auf dem Wörth zu Kreuznach beigesezt ward, wo ihm seine Tochter Elisabetha ein herrliches, noch vorhandenes Monument errichten ließ. [1033]) Seine schon oft genannte Gemahlin Maria, war ein Sprößling des Grafen Gotfrieds III. zu Blanken im Luxemburgischen, welcher nur zwei Töchter hatte, nämlich die ältere Maria, die sich Simon III. bereits im Jahre 1348 zu seiner Lebensgefährtin wählte und welche vor oder in dem Jahre 1403 aus der Welt schied, die jüngere Tochter aber hieß Adelheid und war an den Grafen Otto von Nassau vermählt. Nach jenes Gotfriebs III. Tode fiel die Grafschaft durch dessen älteste Tochter an unseren spanheimer Grafen, der auch, wie wir bisher oft vernommen haben, den Namen davon annahm und führte, allein nach dem kinderlosen Hinscheiden seiner Tochter Elisabetha kam das blander Land an das nassauische Haus. Kinder hatte Simon III. drei mit jener Maria gezeugt, nämlich einen Sohn, der des Großvaters Namen Walram erhielt, aber schon vor dem Jahre 1392 das Zeitliche segnete ohne Leibeserben zu hinterlassen und dann zwei Töchter, Elisabetha und Maria; leztere verschied im jungfräulichen Stande und jene ergriff die Zügel der Regierung unserer Grafschaft, deren in mehrfacher Beziehung interessante Lebensgeschichte wir jezt, nach den zu unserer Kenntniß gekommenen Urkunden über dieselbe, schlüßlich noch geben wollen.

VI. Gräfin Elisabetha von Spanheim-Blanken.

Nach dem tödtlichen Hingange Simon's III. von Spanheim-Blanken 1414, beruhete unsere spanheim-kreuznacher Hauptlinie nur noch auf dessen einzigen Tochter und Erbin Elisabetha, welche jedoch in zwei Ehen keine Kinder erworben hatte und auch bereits seit dem Jahre 1398 im Wittwenstande lebte, so daß also mit dem Tode derselben jene Linie ihr Ende erreichte und deren Besitzungen, den Familien-Verträgen zufolge, als Erbe an den starkenburger Stamm unseres Hauses fiel, daher wir noch, zum Beschlusse der Geschichte des kreuz-

---

[1033]) Dasselbe befindet sich in dem schönen alten Chore jener Kirche und hat folgende Umschrift: Anno Domini M.CCCC.XIIII. III. Calendas Septembris obiit Nobilis Dominus Simon Comes in Spanheim et Vienne hic sepultus. Cuius anima requiescat in pace. Amen. Siehe Acta Acad. pal. I. 28 und Andreae Crucinacum palatinum etc. pag 152.

nacher Aftes, die wenigen jedoch nicht unwichtigen Lebensmomente dieser Gräfin erwägen müssen.

Dieselbe ward zum erstenmale im Jahre 1381 mit dem Grafen Engelbrecht von der Mark vermählt, der sich in dem Hinlichsbriefe verbindlich machte, jene Elisabetha, Simon's III. Tochter, zwischen hier und dem nächsten Geburtsfeste Mariens, ehelichen zu wollen, wozu ihm ihr Vater, in einer an demselben Tage ausgefertigten Urkunde, ein Mitgift von 12,000 guter kleiner Goldgulden cölner Währung, oder statt dieser Summe eine jährliche Rente von 1200 Gulden zusagte, welche auf die beiden Herrschaften Grimberg und Landerscheit als Pfandstücke verschrieben wurde und die jedes Jahr aufs heilige Weihnachtsfest bezahlt werden sollte, wofür sich die Grafen, Eberhart von Kazenelnbogen, Heinrich II. von Spanheim=Tannenfels und Friederich von Veldenz seine Vettern, nebst den Wildgrafen Friederich von Kirburg und Johann zu Daun, sammt noch anderen Edeln verbürgten. [1033] Später, im Mai, verlegte der Bräutigam Engelbrecht den Witthum seiner zukünftigen Gattin mit 1300 Gulden, zahlbar jährlich am heiligen Christfeste, auf die Burg Wetter mit Burgmannen und allen sonstigen Zubehörden [1034] und im folgenden Monate, als die Zeit des Beilager's herannahete, mußte die Jungfrau Elisabetha in dem Hofe zu Kreuznach, da die Lamparter „zu gezyden inne woneten", in Gegenwart ihres Vaters, ihrer Mutter Maria von Vianden und ihres Bruders Walram, auf alle möglichen Ansprüche an die Grafschaften Spanheim und Vianden verzichten, jedoch mit dem Vorbehalte ihrer Erbrechte, wenn nach des Vaters Ableben auch ihr einziger Bruder Walram die Welt kinderlos verlassen würde; welche Erklärung und Verzichtleistung vor vielen edeln Zeugen geschah und die ein Notar in ein öffentliches Instrument verfaßte [1035] und im Juli ward die Vermählung würklich vollzogen, denn der Graf von der Mark verschrieb

[1033] Beide sind gegeben: Disse sachen sint beredt vnd gedeghebingt In der Stat zue Cobelentze off den neisten Frytach vur dem Palme taghe ꝛc. 1381sten Jaere. (5. April). Orig. in Str. Fasc. XVIII No. 28—29.

[1034] Der geben ist am Sondag als man in der heyligen kirche singet Cantate Domino ꝛc. 1381ten Jare. (12. Mai). Crollius Elisabetha von Spanheim, Gemahlin Ruperts Pipan ꝛc. 30 und 31, auch ungedr. Urkundensammlung.

[1035] In dem Jare ꝛc. 1381 Jare in dem Mande den man nennet zu Latyne Junius off den sibenden dag desselbin Mandes. (7. Juni). Orig. in Str. Fasc. XVIII No. 30.

rte Morgengabe seiner Braut auf seinen Hof zu Hollhusen in dem
Amte Hürde, nebst allen dazu zählenden Renten, Gülten [1036]) u. s. w.;
nach vollbrachtem Beilager sicherte derselbe nochmals den Witthum
seiner Gattin mit jährlichen 1300 Gulden nicht nur auf die vorgenannte Veste Wetter, sondern auch noch auf Burg und Schloß zu
Bolmestene, gleichfalls mit allen Zuständigkeiten [1037]) und 1386 wies
er derselben von ihrem Zugelte oder ihrer Mitgift 400 Gulden zum
Genuße an, die sie jährlich bei ihrem Vater in Empfang nehmen
sollte, [1038]) woraus wir auf ihr angenehmes eheliches Verhältniß einen
sicheren Schluß machen können. Dieser schöne Ehebund wurde jedoch
nach Verlauf von zehn Jahren durch den Tod getrennt, denn am
Schlusse 1391 bescheinigte Engelbrecht dem Grafen Simon III. noch
den Empfang der Mitgift seiner Gemahlin mit 800 Gulden für das
laufende Jahr [1039]) und zu Anfang des folgenden Jahres gieng er den
Weg alles Fleisches, ohne aber während seiner Ehe Kinder erzeugt
zu haben.

Einer solchen jungen und sehr reichen Wittwe konnte es natürlicher Weise nicht an neuen stattlichen Bewerbern fehlen und das um
so mehr, weil ihr Bruder Walram seitdem auch Todes verblichen war,
ohne Leibeserben zu hinterlassen, wodurch also jene Elisabetha, nach
dem dereinstigen Ableben ihres Vaters, die einzige, rechtmäßige und
unzweifelhafte Erbin der beiden Grafschaften Spanheim (die vordere)
und Vianden war; da warf denn der pfälzer Kurfürst Ruprecht II.
oder der Aeltere, nebst seinem Sohne dem Pfalzgrafen Ruprecht III.
oder dem Jüngern und dessen Gemahlin ihr Augenmerk auf jene ge-
bildete Wittwe, sowie auf deren sonstige äußerst günstigen Verhältnisse,
besonders aber auf die erwünschte Aussicht für die Zukunft, hinsichtlich
der Erwerbung der zwei genannten Grafschaften und bestimmten die-

---

[1036]) Der geben ist 2c. 1381sten Jare off sant Margaretentage der Heyligen
Jungfrauwen. (13. Juli). Orig. in Str. Fasc. XVIII No. 31.

[1037]) Der geben ist off der Burgh zu Weter des Gutenstages nach sente Margarethen baghe In dem 2c. 1381sten Jahre. (17. Juli). Orig daselbst Fasc.
XVIII No. 32.

[1038]) Datum anno dni. Millo.CCC°.LXXX°. sexto in vigilia Natiuitatis Johis.
Baptiste. (23. Juni). Orig. daselbst Fasc. XIX No. 34.

[1039]) Datum Anno Dni. M°.CCC°. Nonagesimo primo in Profesto Circumcisionis Dni. 31. Dec.). Orig. daselbst Fasc. XIX No. 30.

selbe zur Gattin des Pfalzgrafen Ruprecht des Jüngsten, Pipan geheißen, des ältesten Sohnes Ruprechts III. des nachherigen teutschen
Königs und Enkels jenes Ruprechts II., die Einleitungen und Verabre-
bungen dazu waren bald getroffen und so traten darauf sämmtliche Betheiligten, gegen Ende Augusts 1392 in der pfälzischen Stadt Alzei zusammen, um jenes beiderseits gern gesehene und gebilligte Vorhaben
thatsächlich in Ausführung zu bringen. So ehrenvoll und erwünscht
auch eine solche innige Verbindung mit dem mächtigen Kurhause Pfalz
für den Grafen Simon III. war, so gieng derselbe dabei doch nicht
übereilt, sondern sehr besonnen zu Werke, denn die beiden Pfalzgrafen,
der Kurfürst und sein Sohn Ruprecht III., mußten, ehe man zu der
Ausfertigung der damals gebräuchlichen Hinlichsbriefe schritt, jenem
Grafen vorher auf sein ausdrückliches Verlangen, eine wahre und
stäte Versicherung folgenden Inhaltes ausstellen: ihr Enkel und Sohn,
Ruprecht Pipan, sollte, falls er sie beide überleben würde, den Haus-
gesetzen gemäß und als der älteste Sohn, die Pfalzgrafschaft am Rhein,
mit sämmtlichen dazu gehörigen Schlössern, Städten und Gebieten, als
regierender Herr oder Kurfürst, erhalten [1040]) und nachdem dieser
Hauptpunkt gelobt und vestgestellt war, wurden erst die eigentliche
Eheberedung, nebst den übrigen dazu gehörigen und üblichen Urkunden
an demselben Tage auf nachstehende Weise abgeschlossen.

Der Kurfürst, sein Sohn Ruprecht III. und dessen Gemahlin
Elisabetha, Burggräfin zu Nürnberg, stifteten nämlich eine Ehe zwischen
des zuletzt genannten Pfalzgrafen ältestem Sohne Ruprecht und zwischen
Elisabetha, der Tochter des Grafen Simon's III. von Spanheim-Vianden, ihres lieben Neffen und dessen Ehefrau Maria Gräfin von Vianden,
unter folgenden Bestimmungen und Bedingungen: letztere verschrieben
„vergifftigten, vererbten vnd gaben" ihrer Tochter Elisabetha und dem
Pfalzgrafen Ruprecht dem Jüngsten, ihre beiden Grafschaften Spanheim und Vianden, mit den Herrschaften Grymberg, Lunderscheid,
Corroit und was sie sonst noch besaßen, nebst allen möglichen und
denkbaren Zubehörden, daher sämmtliche Amtleute, Burgmänner, Bürger xc. eiblich geloben mußten, nach Simon's III. Hinscheiden, die

---

[1040]) Datum Alzeye sexta feria post decollacionem beati Johannis Baptiste
anno dni. M°.CCC°.XC°. secundo. (30. August). Pfälzer Copb. in Karlsr.
No. 8 fol. 85.

Grafschaft Spanheim mit allen Zuständigkeiten, sammt der dazu gehörenden Stadt Sanct Vit und dem Schlosse Bützinbach, an Ruprecht
den Jüngsten und an dessen Gemahlin zu übergeben, ihnen damit zu
warten oder zu dienen und ein Gleiches müsse auch nach dem Tode
der Gräfin Maria mit Vianden geschehen, „wann auch dieselbe grane-
„schafft zu vyanden vnd die obgen. Herrschaffte Grymberg, Lunbirscheit
„vnd Corroit der obgen. vnser dochtir vnd Enurchin Elizabeth recht
„muterlich erbe sint;" würde jedoch Simon III. nach Maria's Ableben
sich wieder vermählen und einen Sohn zeugen, so soll derselbe die
Grafschaft Spanheim erben, allein Vianden und die drei eben genannten Herrschaften müßten der Elisabetha als mütterliche Erbschaft verbleiben, hinterlasse aber jener Graf nur Töchter, so sollte jede derselben
mit 12,000 Gulden ausgesteuert werden und die älteste Tochter Elisabetha solle die Grafschaft Spanheim allein erben; stürbe indessen dieselbe vor ihrem Gemahle Ruprecht ohne Kinder, so behalte lezterer
sämmtliche vorerwähnten Graf = und Herrschaften im lebenslänglichen
Besitze und nach seinem Ableben sollten sie fallen an wen Rechtens,
übrigens müsse der spanheimer Graf auf seine Lebenszeit im Genusse
seiner sämmtlichen Besitzungen bleiben, [1041] welchem Hauptbriefe sich
nun noch die übrigen Verschreibungen vom nämlichen Tage anreihten,
denn Pfalzgraf Ruprecht der Jüngste bewies seiner lieben ehelichen
Haußfrau auf dem Hofe Hemßheim, unterhalb Mannheim bei Friesen-
heim gelegen, zur Morgengabe 3000 Goldgulden, den Witthum derselben aber verlegte er auf seine Städte Lambsheim, Agersheim, sowie
auf Burg und Stadt Wachenheim mit Zubehör und wann sie sich
nach seinem Tode wieder verehelichen würde, seien diese sämmtlichen
verschriebenen Liegenschaften mit 15,000 Goldgulden abzulösen; [1042]
ferner versprach Ruprecht Pipan noch seinem Schwäher, wenn das, in
einer jährlichen Rente von 1200 Gulden bestehende Zugelt seiner Gattin mit 12,000 Goldgulden losgekauft würde, leztere Summe auf

---

[1041] Datum Altzey sexta feria post decollacionem beati Johannis baptiste
Anno dni. M⁰.CCC⁰.LXXXX⁰. secundo. (30. Aug.). Pfälzer Copb. in
Karlsr. No. 8 fol. 82—83.

[1042] Beide sind datirt: Geben zu Alczey off den frytag nach sant Johans baptisten tage als er enthaupt warde ꝛc. 1392sten Jaren. (30. August). Orig.
in Str. Fasc. XVIII No. 36—37; lezteren Brief auch im pflzr. Copb. zu
Karlsruhe No. 8 fol. 83—84.

eigene Güter zu verlegen, verscheide aber seine Elisabetha vor ihm
ohne leibliche Erben, so falle jenes Zugelt oder ihre Mitgift wieder
an Spanheim zurück; weil nun die Stadt Kreuznach sich den Neuver-
mählten verschrieben hatte, dieselben nach Simons Absterben als ihre
rechte Erbherrschaft anzuerkennen und ihnen den Huldigungseid zu
leisten, so gelobten diese den Bürgern, sie bei ihren früheren herkömm-
lichen Rechten, Freiheiten und Privilegien zu belassen und zu schützen [1043])
und an demselben Tage gaben auch noch die Städte Kirchberg, Dian-
den, Winterburg und Kastelen (Castelhun) die nämliche Erklärung
wie Kreuznach von sich, was jedoch von der Stadt Dagspurg erst im
Jahre 1395 erfolgte. [1044]) Zum Schlusse der gesammten Verhandlungen an diesem feierlichen Vermählungstage, verkündigte unser spanheimer Graf noch seinen Mannen, Burgmannen, Bürgern, Schultheißen,
Bürgermeistern und allen armen Leuten in den Schlössern, Städten
und Dörfern seines Gebietes: er habe seine Tochter dem Pfalzgrafen
Ruprecht Pipan oder dem Jüngsten zur Ehe gegeben und gebot ihnen
zugleich, nach seinem tödtlichen Hingange, diesen beiden, als ihrem rechten Erbherren und ihrer Erbfrau, zu huldigen, zu schwören nnd gehorsam zu sein. [1045])

Im folgenden Jahre bestätigten jener Pfalzgraf Ruprecht und
seine eheliche Hausfrau Elisabetha, Pfalzgräfin und Herzogin in Baiern,
den edeln Burgleuten in der Veste oberhalb Kreuznach (dem Kauzen-
berge), ihre sämmtlichen nicht unbedeutenden Privilegien und Gerechtsamen [1046]) und am folgenden Tage stellten sie allen ihren spanheimer
Mannen und Burgmannen, dies= und jenseits des Saanwaldes, die
unverbrüchliche Zusicherung aus, sie, auf den Fall des Hinscheidens
ihres Schwäher's und Vaters Simon's III., bei ihren sämmtlichen
Freiheiten, Rechten und guten Gewohnheiten verbleiben zu lassen, wie

---

1043) Beide sind am nämlichen Tage gegeben: Dat. Alzei sexta feria post decollacionem bti. Johis. Bapte. Anno dni. M⁰.CCC⁰.LXXXX⁰. scdo.
(30. Aug.) Pflzr. Copb. in Karlsr. No. 8 fol. 84 und 85.

1044) Datum Byanden Anno dni. M⁰.CCC⁰.XCVto ipso die bte. marie magdalene. (22. Juli). Alte Verträge des Amts Kreuznach in Coblenz
fol. CXL.

1045) Datum Alzen Anno dni. M⁰.CCC⁰.XCII⁰. feria sexta post decollacionem
Johannis baptiste. (30. Aug.). Das. fol. CXL.

1046) Datum Anno dni. 1393cio feria quarta ante dnicam. Esto michi. (12.
Febr.). Ungedruckt, siehe auch: Andreae Crucinacum palatinum pag. 135.

sie dieselben seither genossen und gehabt hätten [1047]) und im Monate October endlich Kurfürst Ruprecht II., oder der Aeltere, bei seinem „lieben Sweher" von Spanheim 1200 Goldgulden, welche Summe für dessen Tochter, die Hausfrau Ruprechts des Jüngsten, bestimmt seie, um damit Kleinodien einzulösen und noch andere Sachen in ihren Schlössern in Westphalen auszurichten und versprach, dieses Geld bis zum künftigen Weihnachtsfeste wieder zurück zu erstatten, unter der Bürgschaft mehrerer Adelichen. [1048]) Jener Simon III. hatte von der Mitgift seiner Tochter Elisabetha zu 12,000 Goldgulden, seinem Eidam die Hälfte sogleich baar erlegt und 2000 Gulden auf Einkünfte ge= sichert, daher der Pfalzgraf Tipan im Dezember 1393 erklärte, die noch übrigen 4000 Gulden sollten nicht abgetragen, sondern bis zum Ableben seines Schwiegervaters mit einer Jahresrente von 400 Gul= den verzinst werden, die aber bereits bezahlten 6000 Gulden habe er jedoch auf Burg und Stadt Luden an der Tauber verschrieben, würde er indessen vor seiner lieben Gemahlin Todes verfahren, so solle die= selbe Luden bis zur Ablösung der Pfandsumme inhaben, allein dabei müsse diese Stadt der Kurpfalz stäts geöffnet sein und bleiben. [1049]) Der Witthum jener Elisabetha war durch ihren Gemahl wohl theil= weise mit 6000 Gulden auf Nuwenburg und Murach verlegt worden, weil aber die dortigen Jahres=Gefälle kaum 300 Gulden ertragen moch= ten, so wies ihr der Kurfürst Ruprecht II. „von sonderlicher liebe die wir zu ir haben," 1394 noch einen jährlichen Zins von 150 regens= burger Pfennigen, zu „besserunge irs Wydemes vnd ir lipzocht" an, wann sie nämlich durch Ruprecht Tipans Tod Wittwe würde und auch bliebe, auf den Fall jedoch, daß sie dann vielleicht Mangel an einer anständigen Wohnung haben möchte, bestimmte er noch zwei große herrschaftliche Häuser zu Amberg „off der syls" zu ihrem lebens= länglichen Aufenthalte. [1050])

[1047]) Datum anno domini M⁰.CCC⁰. nonagesimo tercio feria quinta ante do= minicam Esto michi. (13. Febr.) Aus dem hunoltsteiner Hausarchive No. LXVII.

[1048]) Geben zu Winheim am Mantag nach sant Gallen tag ꝛc. 1393sten Jare. (20. Oct.). Pflzr. Copb. in Karlsr. No. 8 fol. 110 a.

[1049]) Datum Heidelberg Sabbato in vigilia Thome apli. Anno dni. M⁰.CCC⁰. nonagesimo tercio. (20. Dec.). Das. No. 8 fol. 114 a.

[1050]) Geben zu Heidelberg off sant Andres tag des heiligen Apostel Anno dnl. M⁰.CCC⁰.LXXXX⁰. quarto. (30. Nov.). Daselbst No. 8 fol. 125 a.

Das eheliche Glück blühete indessen jenem Pfalzgrafen Ruprecht dem Jüngsten nicht lange, denn er zog im Jahre 1395 mit vielen anderen Fürsten, dem Könige Sigismund von Ungarn gegen die Türken zu Hülfe, wo er, in der furchtbaren und entscheidenden Schlacht bei Nikopolis 1396, mit lezterem sogar in türkische Gefangenschaft gerathen sein soll, aber er kehrte, nach vielen ausgestandenen Mühseligkeiten und großen Gefahren, sowie auch von allem entblößt, doch endlich wieder in die rheinische Heimath zurück, allein er überlebte solche Strapazen und Unfälle nicht mehr lange, sondern er entschlief zum besseren Leben zu Anfang des Jahres 1398. Seine Gattin Elisabetha war nun zum zweitenmale Wittwe und verblieb auch seitdem in diesem Stande, denn Kindersegens hatte sie sich auch in dieser Ehe nicht zu erfreuen gehabt und sie verweilte daher seitdem größtentheils bei ihrem Schwiegervater Kurfürsten Ruprecht III., dem nachherigen Reichsoberhaupte, an dessen Hofe zu Heidelberg, welcher Fürst nebst seiner Familie große Stücke auf dieselbe hielt, wo sie überhaupt, ihrer Bildung, ihrer ausgezeichneten Kenntnisse, sowie ihres liebenswürdigen Charakters wegen, ein Gegenstand allgemeiner Verehrung und Achtung war; allein nicht blos im Pfälzischen, sondern auch in ihren Grafschaften Spanheim und Planden stand sie in hohen Ehren, welche lezteren Gebiete sie auch manchmal besuchte und sich besonders in Kreuznach, sowie in der Burg zu Wachenheim an der Hart, ihrem Witthumssize, öfters und gern aufhielt. Wie besorgt und aufmerksam jener Kurfürst für seine Schwiegertochter war, geht unter anderem auch daraus hervor, daß er derselben die von ihrem Zugelte auf die Stadt Luden verschriebenen 6000 Gulden, 1398 in eine jährliche Rente von 400 Guldgulten (eigentlich nach damaligem Zinsfuße von nur 300 Gulden) verwandelte, die er ihr auf den näher gelegenen pfälzischen Zoll zu Germersheim anwies. [1051])

Im Juni desselben Jahres fanden wir unsere Elisabetha von Spanheim und Pfalzgräfin bei Rhein, als erste Zeugin in der Hinlichs- oder Eheberedung des Hanns von Hirschhorn mit der Wildgräfin Jolantha [1052]) und da derselben, wie uns bereits bekannt ist,

---

[1051]) Geben zu Heidelberg off den Dinstag vor unsers Herren Offart tag 2c. 1398ſten Jare. (14. Mai). Orig. in Str. Fasc. XVIII No. 38.

[1052]) Geben zu Flanheim 2c. 1398 Jare off den nehſten Dinstag vor sant Johans Baptiſten tag. (18. Juni). Gudeni Cod. dipl. mogant. III, 639 No. 336.

von ihrem erſten Gatten Engelbrecht von der Mark jährlich 1000
Golegulden auf die Burgen und Freiheiten Wetter und Volmeſtein
mit allem Zubehör, ſowie auf den Hof Holthaſen, zur Morgengabe
und zum Witthum verſchrieben worden waren, ſo verlegte der Graf
Adolf von Cleve und von der Mark, um dieſe Güter von ſolcher Wit-
thums-Pfandſchaft zu befreien, im Jahre 1401 jene 1000 Goldgulden
auf den Zoll zu Kaiſerswerd, die ihr jährlich und zwar 500 Gulden
auf Weihnachten und die andere Hälfte an Sanct Johann's des Täufers Tage, auf Lebenszeit gereicht werden ſollten, [1053]) wofür ſich mehrere Edle verbürgten und welche Zuſage jener Graf 1415 nochmals
erneuerte. [1054]) Der König Ruprecht von der Pfalz bezeigte einige
Jahre darauf ſeiner verwittweten Sohnsfrau wiederholt eine ganz be-
ſondere Aufmerkſamkeit, denn da derſelbe in ſeinem Staate, als Pfalzgraf, eine neue Steuer, den ſogenannten zwanzigſten Pfennig, 1404
eingeführt hatte, erlaubte ihm unſere Eliſabetha, dieſe Auflage auch in
den, ihr durch den ſeligen Ruprecht Pipan zum Witthum angewieſenen,
pfälziſchen Städten Agersheim, Lambsheim und Wachenheim erheben zu
laſſen, worauf er ihr jedoch die beruhigende Zuſicherung ertheilte, daß
ihr dies an ihren Witthumsbezügen durchaus keinen Eintrag thun,
ſondern ſie vielmehr, ſo lange ſie lebe, darin geſchützt werden ſollte. [1055])

Unſere Wittwe Eliſabetha bewies indeſſen auch im Jahre 1405
durch die That, wie ſehr ſie die fortwährende liebevolle Behandlung
am königlichen Hofe und im Schooße der pfalzgräflichen Familie zu
ſchätzen wiſſe, indem ſie (um uns ihrer eigenen das gegenſeitige innige
Verhältniß genau bezeichnenden Worte zu bedienen: „das wir haben
„angeſehen vnd betracht ſunderliche freuntſchafft vnd liebe die der Aller-
„durchl. kunig Ruprecht ꝛc. vnſer lieber gned. herr vnd ſweher allezit
„zu vns gehabt vnd noch hat" und der ſie auch nach ihres Erzeugers
dereinſtigem Abſterben am beſten und kräftigſten in ihren Erbgraf-

---

[1053]) Gegebin ꝛc. 1401 des frytagis vff Sant Martynsbag Jn dem wynter des
heyligen Biſchoffis (11. Nov.). Sp. Copb. in R. B fol. CCCXVIII ꝛc.
und Copie in Str. Faſc. XVIII No. 80.

[1054]) Gegeben ꝛc. 1415 Jare des Dinſtages voir ſunte Lucien tag. Orig. in
Str. Faſc. XVI No. 33.

[1055]) Datum Heidelberg feria sexta post btl. Galli confessoris Anno Dni.
Millimo. quadrinmo. quarto. Regni etc. (17. Oct.). Authentiſche Copie in
Str. Faſc. II No. 62.

schaften zu schirmen und zu handhaben im Stande seie) dem Könige
und Kurfürsten und seinen pfalzgräflichen Erben, sobald der Allmäch-
tige über ihren Vater Simon III. gebieten würde, den fünften Theil
der Stadt Kreuznach und aller anderen Schlösser, Städte, Land und
Leute, mit einem Worte den fünften Theil der beträchtlichen vorderen
Grafschaft Spanheim diesseits der Mosel, sowie ihr Vater dieselbe bisher besessen hätte, sammt allen Zuständigkeiten, mit alleiniger Ausnahme der Mannlehenschaften, verschrieb und zusicherte, wogegen aber
der König und Pfalzgraf, sowie seine Erben, sie in dem ruhigen Besitz und Genusse der übrigen vier Fünftheile dieser Grafschaft schützen,
verantworten und versprechen müßten und was dergleichen Bestimmungen über den der Pfalzgräfin verbleibenden Antheil daran noch
mehrere waren. [1056] Im darauffolgenden Jahre ernannte dieselbe den
Daniel Vorschuß zu ihrem Drossetzen (d. h. Truchseßen, oder Erheber
der jährlichen Zinsen und Gülten) und zum obersten Diener ihres
Landes von Grymberahen und Lunderscheit rc., der darauf das Versprechen ablegte, die Gefälle einzutreiben und darüber jedes Jahr ge-
wissenhafte Rechnung zu stellen [1057] und 1409 war sie die hauptsäch-
lichste Triebfeder, um, aus Anhänglichkeit an die kurpfälzische Familie,
die eheliche Verbindung der Erbgräfin Anna von Veldenz, ihrer nahen
Verwandtin, mit Stephan, dem Sohne des Königs und Kurfürsten,
dem Stifter der heute noch blühenden Pfalz zweibrücker Linie des
königlich bayerischen Regentenhauses, zu Stande zu bringen, durch
welche die ganze Grafschaft Veldenz und der größte Theil des spanheimer Gebietes später erblich an den fürstlichen Stamm von Zwei-
brücken-Veldenz gelangten. Unterdessen hatten sich „spenne vnd zweye-
tracht" zwischen dem obgedachten Adolf von Cleve und von der Mark
(welcher seitdem des pfälzer Kurfürsten Eidam geworden war) und
zwischen dem spanheimer Grafen Simon III. erhoben über die Mitgift
Elisabetha's, der Tochter des lezteren, bei ihrer ersten Vermählung mit
Engelbrecht von der Mark zu 12,000 Goldgulden und davon eine
jährliche Rente von 1200 Gulden, daher sich der König Ruprecht be-

---

[1056] Geben vff Sancti Mathei tag des heyligen Zwolffbotten vnd ewangelisten rc.
1405 Jare. (21. Sept). Pfälzr. Copb. in Karlsr. No. 45 fol. 216 rc. und
Drig. in Coblenz No. 806.

[1057] Datum Scda feria post festum sancti Martini Epi. Anno dni. Millimo.
CCCC°. Sexto. (15. Nov.). Orig. in Str. Fasc. XVII No. 8.

eilte und bemühte, durch einen gütlichen Entscheid das gute Einver=
nehmen jener beiten ihm gleich nahestehenden Verwandten wieder her=
zustellen, was demselben auch im Jahre 1410 durch folgenden Ausspruch
gelang: weil jener Graf von der Mark ohne Leibeserben verschieden
seie, so falle, den Rechten nach, die Mitgift zu 12,000 Gulden wieder
an die jetzige Pfalzgräfin Elisabetha von Spanheim zurück und Adolf
müsse sich seiner Ansprüche darauf begeben, allein was jener Engel=
brecht von der jährlichen Pension davon zu 1200 Gulden bis an sein
Lebensende von seinem Schwiegervater Simon III. nicht empfangen
hätte, das müsse derselbe, wenn er darüber keine Quittungen vorweisen
könne, an den Grafen von Cleve herausbezahlen, [1058]) wodurch dann
die frühere Eintracht wieder herbeigeführt war.

Dies ist es, was wir von unserer pfalzgräflichen Wittwe seit
dem Ableben ihres Gatten Ruprechts aufgefunden haben, allein nach
ihres Vaters Simon's III. Tode, der am 30. August 1414 eintrat
und wodurch sie in den Besitz der zwei Grafschaften Spanheim und
Vianden kam, zeigte sie eine noch erhöhtere Thätigkeit wie bisher, denn
die nach dem Aussterben der Edeln von Halbstetten an Spanheim
heimgefallenen Lehengüter zu Gauhilbersheim, verlieh dieselbe 1414
dem Hendrin von Ravengiersburg, „etwan unsers vatterseligen snider“
(Schneider) und dessen Frau nesgin, „umb den genauen Dinst „den
Hendrin unserm vatter sel. getan hat“ (also gleichsam ein Beweis kind=
licher Liebe und Dankbarkeit) auf dessen Lebenstage zum Genusse, die
jedoch nach seinem Hinscheiden wieder an die Grafschaft zurückfallen
müßten, [1059]) um dieselbe Zeit bestätigte sie auch die Privilegien ihrer
Stadt Kreuznach [1060]) und erneuerte zugleich im October die, dem
Gerichte und den Bewohnern im Thale Ebernburg, durch ihren Ahn=
herrn Walram ertheilten und später durch ihren seligen Vater Simon
III. confirmirten Rechte und Freiheiten. [1061]) Mit dem Grafen Frie=
derich VIII. von Leiningen beschwor sie ebenfalls im October den

---

[1058]) Der geben ist 2c. zu Heidelberg uff sant Mathiastag des heiligen zwölff=
boten 2c. 1410ben Jare 2c. (24. Feb.). Orig. in Str. Fasc. II No. 63.

[1059]) Geben uff sant Michahelistag Anno dni. M⁰.CCCC⁰.XIIII⁰. (29. Sept.).
Cp. Copb. in K. F fol. CX 2c.

[1060]) Datum Anno MCCCCXIIII Jar. Notiz daselbst F Anhang fol. CCLXX.

[1061]) Der geben wart uf den frytag nach Sant Michelstag des heiligen Erz=
engels anno domini 1414mo. (5. Oct.). Urkundensammlung.

Frieden zu Altleiningen und dem Cuno von Sweinheim ertheilte sie im folgenden Monate sein altleininger Burglehen, bestehend in einer Wiese, einem halben Fuder Weingülte zu Melsheim und in mehreren Hellerzinsen daselbst und zu Abenheim [1062]) und so sind uns von derselben noch viele Lehenserneuerungen aus den lezten Monaten dieses Jahres bekannt, die wir jedoch, als unbedeutend, nicht namhaft machen wollen.

Unsere Fürstin sezte 1415 den Hertwig Eckbrecht von Dürkheim aus der nahen Veste Drachenfels in ihr Schloß Greventan ein, um dasselbe in Amtsweise, oder als ein getreuer Amtmann zu behüten, das er jedoch auf das erste Begehren ihr oder ihren Erben wieder einräumen müsse, ohne aber für Kosten, Schaden oder dergleichen die geringsten Ansprüche machen zu dürfen; [1063]) die Forderungen des Ludwig von Hammerstein und zur Lynzer für Beschädigungen, die er von dem seeligen Grafen Simon III. und den Seinigen in dem Lynzer Thale erlitten haben sollte, beschwichtigte aber die umsichtige Elisabetha indessen durch einen Hengst, den sie ihm überliefern ließ [1064]) und ebenso sühnte sich auch Siegel von Bissersheim, der Junge bald hernach mit derselben aus und verzichtete auf seine bisherigen Ansprachen. [1065]) Es ist uns bereits von früher her bekannt, der Vogt und Herr Niclais von Hunoltstein habe bei dem Grafen Simon III. 356½ Gulden aufgenommen und sich dabei schriftlich verbindlich gemacht, bis zum Abtrage dieser Summe nicht gegen denselben zu sein, oder ihn nicht zu beschädigen und weil ihm nun dessen Tochter Elisabetha dazu noch weitere 73 Gulden „zu unsern notten" einhändigen ließ, so wiederholte er seine frühere Verpflichtung gegen die Grafschaft Spanheim nochmals in diesem Jahre dahin, erst nach Zurückerstattung der Gesammtsumme von 429½ Gulden, etwas gegen die Pfalzgräfin, oder gegen ihr Land unternehmen zu dürfen. [1066])

[1062]) Datum Anno dni. M⁰.CCCC⁰.XIIII In die sci. Galli Confessoris. (16. Oct.) und Dat. A⁰. dni. 1414⁰. feria tercia post Martini. (13. November). Sp. Copb. in R. B fol. XVIII b. und VI.

[1063]) Datum Ipso die Conuersionis Sancti Pauli Anno dni. M⁰.CCCC⁰.XV⁰. (25. Januar). Das. B fol. CXXXVI.

[1064]) Gegeben des nesten mitwochen nach deme palme dag ꝛc. 1415 Jare. (27 März). Das. B fol. CXXI b.

[1065]) Datum Anno dni. M⁰.CCCC⁰.XVto. feria quarta post dominicam Quasimodogeniti. (10. April). Das. B fol. CLXXLI b.

[1066]) Datum die Johannis ante portam latinam anno dni. Millia.CCCC⁰.XVmo. (6. Mai). Das. F fol. XXXIIII.

Wir finden um diese Zeit einige Beispiele, daß unsere Wittwe
mehrere ihrer Verwandten von ihrer ersten Ehe her zu begünstigen
und denselben weit entlegene und ererbte Besitzungen, worüber sie frei
und ohne Jemandes Einsprache verfügen konnte, zuzuwenden suchte,
was ihr wohl schwerlich Jemand verargen wird, sondern das als ein
augenscheinlicher Beweis von verwandtschaftlicher Liebe und Zuneigung
angesehen und als solcher geachtet werden muß, indem ja ihr spanheimer Erbe, das sie nach ihrem Tode dem starkenburger Stamme
hinterließ, noch sehr beträchtlich, sowie zugleich ganz frei und unbeschwert von allen Schulden war; vorerst verpachtete sie nämlich 1415
dem Grafen Engelbrecht von Nassau, Herrn zu Breda und zu Lecke
und dessen Gattin Johanna ihre Güter, die sie in Brabant hatte,
nämlich die Pflegen Grimmberg und Lunderschied (auch Londerseel ꝛc.
geheißen) mit allen Herrlichkeiten, Freiheiten, Rechten, Dörfern, Gerichten, überhaupt mit allem, was damit verbunden war und dazu noch
das Schloß Corroit, nebst dem Dorfe Fraen und ebenfalls mit allen
Zubehörden, für eine jährliche Pachtsumme von 800 guten rheinischen
Gulden, mainzer Währung, welches Geld der Pfalzgräfin jedes Jahr
an der Münze zu Cöln bezahlt und geliefert werden sollte, wofür jenes
Ehepaar den Grafen Ruprecht von Virnenburg, nebst sieben Adelichen
zu Bürgen stellen mußte [1067]) und da sie nun dabei das Versprechen
gegeben hatte, den Grafen Engelbrecht durch den Herzog von Brabant
in die ihm übergebenen Güter einsetzen zu lassen und dies aber, „weil
„er (nämlich der Herzog) in dem stribe zu Frankenriche abelybich ge-
„worden ist" (oder umgekommen war), nicht geschehen konnte, die Pfalzgräfin jedoch durchaus wollte, daß die genannten Gebiete dem gräflichen Paare „vest vnd sicher sin sollen", gab sie öffentlich vor den
Gerichtsschöffen zu Lonen an, sie seie dem Nassauer 25,000 Pfund
alter Groschen schuldig, wofür sie jenes Gut verpfändet hätte, daher
letzterer und seine Frau Johanna im Jahre 1416 in einem, wahrscheinlich geheimen, Rückscheine erklärten, an diese Summe später keine
Ansprüche mehr machen zu wollen, was indessen unserer Wittwe an
der jährlichen Pachtsumme von 800 Gulden keinen Schaden oder Ab-
trag thun sollte [1068]) und das nämliche bekannten jene Eheleute auch

[1067]) Datum et actum Anno dni. M°.CCCC°.XVmo. In vigilia Penthecostes.
(18. Mai). Sp. Coph. in K. B fol. XXXV ꝛc.

[1068]) Datum in Crastino Natiuitatis Xpi. Anno eiusdem M°.CCCC°.XVI°. (26.
Dec.). Daſ. B fol. XXXVI b.

im folgenden Jahre, als ihnen Elisabetha zu jenen Ländereien noch
ihre darauf haftenden Lehenschaften und Rechte eingeräumt und auf
dieselben verzichtet hatte, oder „vßgangen" war. [1069] Bei der Ab-
fassung dieses lezteren Schreibens muß unsere Gräfin bereits unwohl,
oder krank gewesen sein, weil die drei Herrn vom Adel, welche die
vorerwähnte zweite Urkunde von 1416 besiegelt hatten, sich anheischig
machten, dieselbe persönlich nach Kreuznach zu überbringen. [1070]

Die Herzogin Elisabetha hatte zugleich eine Hinlich, Verlobung
oder Heurath eines Sohnes des mehrgenannten Grafen Engelbrecht
von Nassau, mit einer der Töchter des Grafen Ruprechts von Virnenburg eingeleitet und vollbracht und um auch diesen Verlobten die ihnen
zugedachten oder bereits versprochenen Güter zuwenden zu können,
wählte sie gleichfalls die Form einer Pfandschaft und versezte jenen
beiden Grafen, Engelbrecht und Ruprecht ihren Neffen, an demselben
18. Mai 1415, ihre Städte und Schlösser Sant Vit und Butginbach
mit „landen, dorffern, Mannen, Burgmannen, huißluden, gerichten,"
Gütern, Gefällen und sonstigen Zugehörungen, für 10,000 gute mainzer Goldgulden, unter dem Vorbehalte der Wiedereinlösung mit derselben Summe, würde aber dies nicht geschehen, so sollten dann nach
ihrem Hinscheiden die eben erwähnten Städte und Besten an die verlobten Kinder jener zwei Grafen als rechte Erbschaft verfallen sein,
die sie auch in rechter Gemeinschaft gebrauchen und genießen möchten,
ohne Einspruch, Hindernisse oder Irrung ihrer spanheimer Erben und
Nachkommen; [1071] weil indessen dieser Pfandbrief für jeden der betheiligten Grafen, also doppelt, ausgefertigt worden war, damit, wenn
einer verloren gehe oder verbrannt werde, der andere noch vorhanden
wäre, so bekräftigten leztere ausdrücklich für sich und ihre Erben im
Jahre 1417: beide Briefe sollten nicht mehr Kraft haben, „ban ob ir
nit wan eynte were." [1072]

Anfangs Juli 1415 belieh der Erzbischof Wernher von Trier
die verwittwete Herzogin von Bayern, Elisabetha, in dem Teutschordens-

---

1069) Geben vff Mitwoch fur vnsers Herren lychams dag Anno eiusdem
M⁰.CCCC⁰.XVII⁰. (9. Juni). Sp. Copb. in K. B fol. XXXVII ꝛc.

1070) Daselbst B folio XXXVII ꝛc.

1071) Datum et Actum Sub Anno Dni. M⁰.CCCC⁰.XV⁰. In vigilia Penthecostes. (18. Mai). Daselbst B fol. CLVIII bis CXXI.

1072) Datum Anno dni. M⁰.CCCC⁰.XVII⁰. In die Conuersionis Sancti Pauli·
(25. Januar). Das. B fol· CLXI.

haufe zu Coblenz mit den vom Erzstifte Trier abhängigen Lehen der
Graffchaften Spanheim und Vianden und in jenem Gebiete, namentlich
mit der Burg Kirchberg und der Veste Winterburg [1073]) und im
folgenden Monate gelobte fie mit dem mainzer Prälaten Jo=
hannes den Frieden in Burg und Thal Neuenbaumburg und zwar
diefer für feine drei Viertheile (alfo hatte derfelbe feit 1408 noch zwei
Viertheile zu feinem früheren einen erworben), jene aber für das den
Spanheimern verpfändete eine Viertel, unter den gewöhnlichen Be=
dingungen, jedoch von Seiten unferer Wittwe mit dem Vorbehalte ihrer
Forderungen an den Rauhgrafen Otto und an Philipp von Dun,
Herrn zum Oberstein. [1074]) Weil diefelbe die lezte ihrer Linie war,
machte jener trierer Erzhirte jezt schon entfernte und leife Anstalten
bezüglich der feinem Erzstifte heimfällig werdenden Lehen, befonders
Winterburgs und Kirchbergs, denn er schrieb ihr um diefelbe Zeit:
er habe zuverläffig vernommen, fie hätte etliche Leute in ihre „floffe
vnd lande" annehmen oder fetzen wollen, welche Güter jedoch trierifche
Lehen „vnd vnfer vnd vnfers stiffts eigenthum" feien, daher er fie
davon abmahne, indem ihm fonst unrecht von ihr geschehe und fie zu=
gleich um Antwort erfuchte, [1075]) die auch nicht lange auf fich warten
ließ und kurz und spitz wörtlich alfo lautete: „da hoffen wir vns an
dem, daz wir von uch zu lehen haben, in gliche zu halten." [1076])

Ueber folchen Vorgängen vergaß jedoch unfere Spanheimerin des
fpeierer Lehens über Greventan nicht, denn fie kam in diefer Abficht
am 19. Augnst 1415 früh um neun Uhr mit dem Junker Ulrich von
der Leien auf die Brücke vor der äußeren bifchöflichen Burg zu Kir=
weiler, wohin fie geladen war und lezterer verlangte für feine gnädige
Fürstin das fpeierer Lehen Greventan; weil aber der Bifchof Raban
damals abwefend war und fich bei dem General=Concil zu Constanz
befand, fchüttelte jene dreimal an dem Ringe der Burgpforte und ließ

[1073]) Anno dni. 1415to. ipsa die visitationis boate Marie virginis quo fuit
secunda die mensis Julii. (2. Juli). Orig. in Coblenz.

[1074]) Datum Erenfels Anno dni. Mo.CCCCo. Decimo quinto feria Sexta. ante
festum Assumpcionis Bte. et gloriose virginis Marie. (12. Aug.). Sp,
Copb. in K. B fol. VII b.

[1075]) Datum Cochme dominica post Assumption. bte. Marie virg. anno dni.
1415to. (18. Aug.). Orig. in Coblenz.

[1076]) Dat. Alzey feria quinta ante festum bti. Bartholomei apli anno dni.
1415to. (22. Aug.). Orig. dafelbst.

dem Pförtner durch ihren Schreiber fünf alte Weißpfennige einhän-
bigen, als ein Wahrzeichen, daß sie ihr Lehen habe muthen und empfangen wollen, welche Formalität sie auch an demselben Nachmittage
in dem Eingange zum speirer Dome wiederholte und darüber durch
einen kaiserlichen Notar ein Instrument aufsetzen ließ, [1077] was denn
auch, gegen Ende des nächsten Monats ihre Belehnung mit Greventan
durch Raban zur Folge hatte, jedoch vorbehaltlich ihrer beiderseitigen
Rechte [1078] und zwar in der wachenheimer Burg, wo sich die Fürstin
hauptsächlich zur Herbstzeit gerne aufhielt. Der Ritter Clais von
Huyste zu Ulmen war mit der Pfalzgräfin Elisabetha, seit ihres Vaters
Tode, ebenfalls in Ansprache und Forderungen über eine Verschreibung
seiner Voreltern vom Jahre 1358 gerathen, die aber lezteres sogleich
beilegte, daher jener sich für die Zukunft aller Ansprüche begab. [1079]

Aus dem Jahre 1416 haben wir mehrere wichtige Vorfälle zu
berichten, welche eben so viele Beweise für die Umsicht, Klugheit und
das Wohlwollen unserer Wittwe Elisabetha sind; wir wissen nämlich,
daß dieselbe bereits 1405, da also ihr Vater Simon III. noch lebte,
ihrem Schwiegervater, dem Könige und Kurfürsten Ruprecht III., einen
fünften Theil der vorderen Grafschaft Spanheim vorläufig zugesichert
hatte; weil ihr aber damals, bei Lebzeiten ihres Erzeugers, noch kein
Verfügungsrecht über Land und Leute zustand und auch, den Familien-
verträgen gemäß, eine solche Schenkung von spanheimischen Gütern,
ohne Vorwissen und Zustimmung der starkenburger Linie keine Gültigkeit haben konnte, so war sie darauf bedacht, ihr begonnenes Werk zur
Zufriedenheit der beiden Betheiligten auf solche Weise zu vollenden,
damit zwischen dem Kurhause Pfalz und dem starkenburger Aste später
keine Zerwürfnisse mehr auftauchen oder stattfinden möchten und eine
dunkle Ahnung, daß ihre Lebenstage gezählt seien, mochte dieselbe zugleich bewogen und bestimmt haben, mit der Ausführung dieses Vor-

---

1077) In dem Jare 2c. 1415 Jare des 19ben Dagis des Augstes, zur munden
    stunden zu Kirweiler 2c. vnb als die vesper in der muter Kirchen, dem
    monster zu Spire gethan was 2c. Sp. Copb. in R. B fol. XXVII.

1078) Datum in Castro Wachenheim an der Hart feria sexta ante festum
    Michahelis Archangeli. Anno dni. M°.CCCC°.XVto. (27. Sept.). Liber
    feudorum Rabani Epi. in Karlsr. fol. 62 b.

1079) Datum Anno dni. Millio.CCCC°. quinto decimo In Crastino beati
    Martini Epi. (12. Nov.). Orig. in Str. Fasc. VIII No. 104.

habens nicht mehr länger zu zögern. Sie verschrieb und übergab daher mit Wissen und Verhängniß ihres Vetters und nächsten Erben, des Grafen Johannes V. von Spanheim-Starkenburg, dessen Erbrechte auf die übrigen vier Fünftheile vorbehalten wurden und damit sie ihre Grafschaft so lange sie lebe um so friedlicher besitzen und genießen möge, am 24. Januar 1416 ihrem Schwager dem pfälzer Kurfürsten Ludwig IV. und dessen Erben, die Pfalzgrafen bei Rhein wären, in Erwägung der herzlichen Liebe und besonderen Freundschaft, die ihr seliger königlicher Schwiegervater Ruprecht III. und der ebengenannte Schwager ihr jederzeit bewiesen hätten, einen fünften Theil an folgenden Städten, Vesten und Schlössern, Kreuznach Burg und Stadt, Ebernburg und Guttenburg die Vesten und Thäler, Arenzwang und Nunburg die Schlösser, Koppenstein Burg und Thal, Gemünde Veste und Stadt und Kirchberg, sammt allen Herrschaften, Burgmannschaften, Märkten, Dörfern und sonstigen Zubehörden, mit alleiniger Ausnahme der Mannlehen und Manne, also ein **Fünftel** der ganzen vorderen Grafschaft Spanheim, erblich und ewig zu rechtem Eigenthume.[1080] Diesen Gift- oder Schenkungsbrief ließ die Fürstin einige Wochen darauf nochmals für ihren Schwager den Kurfürsten Ludwig IV. ausfertigen und setzte ihn zugleich in das ihm übergebene, seitdem sogenannte pfälzische oder spanheimer Erbfünftel der vorderen Grafschaft ein, worauf er ihr, in der nämlichen Stunde, den jährlichen Ertrag desselben für ihre Lebensdauer, auf die Renten und Gefälle des pfälzischen Zolles zu Bacharach anwies;[1081] am folgenden Tage beschworen nun der Kurfürst, die pfalzgräfliche Wittwe und Graf Johannes V. von Starkenburg den Frieden in der vorderen Grafschaft Spanheim, welches weitläufige und wichtige Aktenstück man gewöhnlich den **kreuznacher Burgfrieden** zu nennen pflegte, der aber sämmtliche vorgenannten Vesten des ganzen Gebietes in sich schloß und nach dessen Bestimmungen alle späteren Irrungen und Mißstände geordnet und entschieden

---

1080) Der geben ist zu Crutzenache off den Fritag vor sant Paulstage Conuersionis zu latin ꝛc. 1416 Jare. (24. Januar) aus einer ungedruckten Urkundensammlung; siehe auch Günther Cod. dipl. rhen. mosell. IV. 186. No. 72.

1081) Beide sind datirt: Der geben ist zu Crutzenache uf den Sontag nach unser lieben frauwen tag lertzwiche purificacio zu latin genannt ꝛc. 1416. (9. Febr.) Ungedruckt.

wurden; [1082]) jene drei Betheiligten räumten dann zugleich noch dem Ulrich von der Leien die Burg Arnswang mit dem darunter gelegenen Thale ein, jedoch unter der Bedingung der Oeffnung für die künftigen Theilhaber daran [1083]) und nachdem dies geschehen war, stellten der Kurfürst und der spanheimer Graf der Fürstin Elisabetha, welche jene beyden zu einem und zu vier Fünftheilen zu sich in die Gemeinschaft der vorderen Grafschaft aufgenommen hatte, folgenden Tages einen Rückschein darüber aus, sie nämlich in dem Bezuge der Renten und Gefälle ihres spanheim=kreuznacher Gebietes nicht zu hindern oder zu stören, sondern sie im Gegentheil auf ihre Lebenszeit darin zu schützen, zu schirmen und zu handhaben, [1084]) womit also diese wichtige Familien=Angelegenheit zu allseitiger Zufriedenheit vollbracht war.

Nachher nahm unsere Wittwe die vier Gebrüder Peter, Thiel, Jeckel und Johann von Schmidburg, die Brunen geheißen, zu ihren Mannen und Dienern an, unter dem Gelöbnisse ihr treu und hold zu sein bis zu ihrem Tode und ebenso auch noch später ihren Erben, [1085]) allein Wilhelm Humbracht von Schonenburg lebte lange Zeit mit derselben in Krieg und Feindschaft und hatte ihre armen Leuten mit Brand, Nahme und Haft sehr beschädigt und bedrängt, welchem Uebelstande ihr Freund und Beschützer, der pfälzer Kurfürst, durch einen Vergleich ein Ende machte und jenem Wilhelm für seine Ansprüche durch den Zollschreiber zu Bacharach 100 Gulden verabreichen ließ [1086]) und im Monate Juni setzte Elisabetha den Johann von Wansheim, unter den gewöhnlichen Bedingungen, in ihren Theil zu Neuenbaumburg und bald darauf auch den Hermann Boos von Waldeck als Beamten in ihre Grafschaft Vianden ein, um dieselbe bis zu ihrem Absterben zu ver-

---

[1082]) Der geben ist zu Crutzenach zc. 1476 Jare off den Montag nach sant Dorotheen tag, der heiligen Jungfrauwen. (10. Febr.). Orig. in Str. Fasc. VIII. No. 105.

[1083]) Datum et actum Crutzen. feria scda. ante valentini anno dni. Millmo. quadringenmo. sexto deoimo. (10. Febr.). Orig. daf. Fasc. II. No. 64.

[1084]) Datum anno Dni. M⁰.CCCC⁰.XVImo. feria tercia ante Valentini. (11. Febr.). Vidimirte Copie daf. Fasc. XVIII No. 40.

[1085]) Datum Anno Dni. M⁰.CCCC⁰.XVI. Dominica qua cantatur in ecclesia Innocauit me. (8. März). Joannis Reliquiae diplomatum mscpt. No. LIX.

[1086]) Geben zu Alzei off Sant Phylippi und Jacobi der zwölff boden tag zc. 1415den Jare. (1. Mai). Sp. Coph. in L. B fol. LVIII.

sorgen, würden aber später ihre spanheimer Erben keine Ansprüche mehr
an jene Grafschaft zu machen haben, so möge lezterer ebenfalls von
seiner Stelle abtreten und darauf Verzicht thun, ohne aber deßhalb
noch Forderungen zu erheben. [1087]) Die Gewissenhaftigkeit dieser
Herzogin bezüglich des, ihrem so werthen und nahestehenden pfälzischen Hause zugewendeten, spanheimer Erbfünftels und wie sie jeder
Zweideutigkeit oder Veranlassung zu Familien-Irrungen vorzubeugen
suchte, lernen wir aus einer nachträglichen Urkunde vom 14. Juni
kennen, in welcher sie die bestimmte und gemessene Erklärung abgab:
sowohl bei der früheren Verschreibung jenes Erbfünftels an ihren
Schwäher, den König Ruprecht, als auch später, nach ihres Vaters
Hinscheiden, an den Kurfürsten Ludwig IV., habe sie keine andere
Meinung oder Absicht gehabt, als daß jener Gebietstheil einst nur
demjenigen zufallen und zugehören sollte, der die Pfalzgrafschaft am
Rhein und also auch die Kurwürde inne haben würde, weil ein solcher
der Tauglichste und zugleich der Mächtigste seie, sie in ihrer Grafschaft
zu schützen und zu handhaben. [1088])

So gut und nachsichtig unsere Fürstin gegen ihre Umgebung
war, so wußte sie doch auch schwere Vergehen gegen ihre Person strenge
zu ahnden, denn ihr Schreiber, Johannes von Lambsheim, welchem
sie bisher die größten Wohlthaten erzeigt, der aber dennoch ihr Vertrauen gröblich gemißbraucht und wichtige geheime Sachen schändlich
verrathen hatte, ward auf ihren Befehl in verdienten schweren Kerker
geworfen, aber dennoch ließ sie, auf die flehentlichen Bitten seiner
Freunde und Angehörigen, später wieder ihre angeborene Milde vor-
walten und schenkte dem Undankbaren, nachdem er lange Zeit gezüch-
tigt worden war, gegen eine feierliche Urfehde, wieder seine Freiheit. [1089])
Die Brüder Simon und Gotfried von Guntheim verschrieben sich derselben nachher für 100 Gulden zu allen Diensten und Heinchen von

[1087]) Beide find gegeben: Datum Anno dni. Mo.CCCCo.XVIto. uff dem heyllgen
Phingiftage (7. Juni). und: Datum in dis Corporis Cristi Anno eiusdem
1416mo. (18. Juni). Orig. in Str. Fasc. XVII No. 6 und jene Sp.
Copb. in K. B fol. CCCCXXVIIa.

[1088]) Der geben ift 2c. 1416 Jare uff Sontag nach dem Heiligen Phingiftag. (14.
Juni). Ungedruckt; unrichtig bei Tolner in Codice diplom. palat, fol. 161
No 215.

[1089]) Datum feria quarta post festum Btor. Petri et Pauli Aplor. Anno dni.
Mo.CCCCo.XVIo. (1. Juli). Sp. Copb. in K. B fol. CLXXXVI b.

Montfort, genannt Waldertheimer, verzichtete gegen sie auf allen Brand, Nahme und sonstige Beschädigungen, welche er und seine Eltern früher von dem Vater unserer Gräfin erlitten hätten, [1090]) Henne vom Stege, Wolf geheißen, versprach hingegen aufs feierlichste, nie mehr gegen dieselbe zu sein und sie nicht beeinträchtigen zu wollen. [1091]) Unterdessen war das Sterbejahr unserer Wittwe Elisabetha herbeigekommen und wir haben zum Schlusse nur noch einige Nachrichten von ihrem Würken zu erwähnen; eine ihrer armen Frauen oder Leibeignen aus Altenfeld bei Winterburg, hatte einen, den vier Gemeinherren der Burg Rheinberg zugehörenden, armen Mann oder Unterthanen aus Luckenmule geheurathet und Kinder mit demselben bekommen, welche die Pfalzgräfin 1417 jenen vier Herrn überließ, so lange nämlich die Frau bei Rheinberg jenseits Rheins wohnen würde, ziehe sie aber wieder aufs linke Rheinufer, so müßte dieselbe, nebst ihren Kindern, wieder spanheimische Leibeignen sein; [1092]) welches entsetzliche Schicksal solcher unglücklichen sogenannten armen Leute, mit denen man damals gleich einer Waare umgieng! Der vorhin erwähnte Henchin von Montfort ward für zwei Jahre lang der Herzogin Diener für 50 gute Gulden, [1093]) dem Peter von Schuppen aber, welcher im Dienste seines seligen Herrn, Simon's III., niedergelegen, gefangen und geschätzt worden war, dazu auch noch in diesen Kämpfen seinen Harnasch verloren hatte, ließ dieselbe, gegen einen Verzicht, 55 Gulden als Entschädigung auszebahlen [1094]) und den Philipps von Dun, Herrn zum Obernstein, gewann sie ebenfalls zu ihrem Diener für 300 Gulden, wobei jedoch ausbedungen ward, ihre sonstigen beiderseitigen Forderun-

---

[1090]) Beide sind gegeben: Datum Ao. dni. 1416mo. feria sexta ante diem bti. Lauren. mris. (7. Aug.). und: Datum Anno dni. 1416to. Doica. ante Mathei Apli. et Enante. (13. Sept.). Orig. in Str. Fasc. XX No. 48 und Sp. Copb. in K. B fol. LVIII.

[1091]) Datum Anno Dni. 1416mo. feria Quarta Infra Octavas natiuit. Xpi. (30. Dez.). Daf. B fol. CXCII.

[1092]) Datum Anno Dni. Mo.CCCCo.XVIIo. Ipso die Conuersionis Sci. Pauli Apli. (25. Jan.). Daf. B fol. LVIII b.

[1093]) Datum Anno dni. Mo.CCCCo.XVIIo. Ipsa die Mathie Apli. (24. Febr.) Daf. B fol. CXX b.

[1094]) Datum Anno dni. Mo.CCCCo.XVIIo. Dnica. ante festum palmarum. (28. März). Daf. B fol. CLXXXIIII.

gen und Ansprachen sollten auf sich beruhen bleiben, allein nach ihrem Ableben könne jeder Theil die seinigen wieder geltend machen. [1095]

Bei fühlbarer Abnahme ihrer Körperkräfte gedachte unsere pfalz=gräfliche Wittwe daran, sich, dem Glauben ihrer Zeit gemäß, durch fromme Spenden ein sanftes, ruhiges Sterbestündlein und dann auch ein seliges Loos im besseren Jenseits zu bereiten, daher sie am 15. Juni in der Burg zu Kreuznach durch einen öffentlichen Notar ihren lezten Willen aufsetzen und gerichtlich beglaubigen ließ. Vorerst befahl sie darin ihre Seele der Gnade und Barmherzigkeit des Allmächtigen und gebot darauf, ihre irdische Hülle in dem Chor der durch sie, seit 1400, erbauten Pfarrkirche zu Kreuznach, neben der Gruft ihres seli=gen Vaters, einsenken zu lassen, welche Ruhestätte jedoch, so wie sie selbst jederzeit einfach und schmucklos gelebt und gewandelt hatte, eben=falls nur mit einer schmucklosen Steinplatte belegt, das Jahrgedächtniß ihres Todes aber eben so einfach mit Vigilien, Seelmessen und Prie=sterschaft, nur mit fünf Kerzen, also mit keinem überflüssigen Aufwande oder Kosten, noch „Ydelkeyd als der werlut (d. i. Welt) Gewohnheyd ist", abgehalten und gefeiert werden sollte, zu welchem Behufe sie fol=gende gute Freunde und „Rede" (oder Räthe) zu rechten „truweu=heltern" (d. h. Testamentsvollziehern) anordnete, nämlich den Prior des Carmelitenklosters zu Kreuznach, die beiden Pfarrer in Kreuznach und Kastelun, ihren Capellan Peter, den Junker Ulrich von der Leyen, in welchen sie überhaupt ein großes Vertrauen sezte und den sie ge=wöhnlich zu wichtigeren Geschäften und zu geheimen Sendungen ver=wendete und endlich noch die beiden Junker Brenner und Rudewin von Stromburg, welche Männer sie beauftragte, über ihrer und ihres Vaters Grabstätte in der genannten Pfarrkirche einen Altar errichten, denselben zur Ehre der heiligen Maria Magdalena, sowie des heiligen Augustin einweihen zu lassen und mit reichlichen Einkünften und Gülten zu versehen, damit auf demselben ihr Jahrgedächtniß gefeiert, sowie auch eine tägliche Messe gehalten und gelesen werde, für ihr Seelenheil und für dasjenige ihres Vaters Simon's III., ihrer Mutter Maria, ihres Ahnherren Walram, ihrer Ahnfrau Elisabetha, ihres Bruders Walram und ihrer Schwester Maria, ferner ihres ersten Ehe=

[1095] Datum Anno dni. M⁰.CCCC⁰.XVIImo. uff Sonbag vor unsers herren offartstage (16. Mai). Orig. in Str. Fasc. XVII No. 5.

herrn Engelbrechts von der Mark und ihres zweiten; des Pfalzgrafen
Ruprecht des Jüngern und endlich noch ihres Vetters, des Grafen
Johannes V. von Spanheim-Starkenburg und dessen Mutter „ir
Wasen" d. h. ihrer Baase Elisabetha, der Schwester ihres Vaters;
zugleich befahl sie noch, damit ihre stäts geübte Milde und Güte auch
nach ihrem tödtlichen Hingange verherrlicht und in segensreichem An=
denken erhalten werden möchte, bei der jährlichen Gedächtnißfeier ihres
Ablebens, jedesmal zwölf neue Röcke und eben so viel Paare neuer
Schuhe „durch gotswillen dorsstigen luten vff die zyt zu geben" oder
auszutheilen, sowie sie von ihrem Vermögen auch endlich noch ansehn=
liche Summen für gottesdienstliche Handlungen in andern Klöstern
und Kirchen für ewige Zeiten stiftete und begabte und nachdem dieselbe
auf solche Weise für das Wohl und den Trost ihrer unsterblichen
Seele gesorgt hatte, verfügte sie zum Schlusse noch über ihre fahrende
Habe, oder über ihr bewegliches Eigenthum in den Schlössern ihres
Landes, das sie den gesetzlichen Erben ihrer beiden Grafschaften, näm=
lich ihrem Vetter Johannes V. von Starkenburg diesseits der Mosel
im Spanheimischen und ihrem Neffen, dem Grafen Engelbrecht von
Nassau, jenseits der Mosel in Vianden vermachte, welche sämmtliche
leztwillige Anordnungen der Schultheiß und die Schöffen zu Kreuznach
mit ihrem Gerichtssiegel bestätigen und beurkunden mußten. [1096])

Von unserer Gräfin haben wir jetzt nur noch zwei Handlungen
vor ihrem Lebensende mitzutheilen, indem sie vorerst durch ihren Amt=
mann zu Kastelun, Gerhart von Gulpen, genannt von Hedesheim,
mit dem Rheingrafen Konrad, Propst zu Ravengiersburg, einige
arme Leute zu Wielenhausen, Mannhausen und in der Zynsenbach ver=
tauschen ließ [1097]) und endlich, zwei Tage darauf, mit Philipps von
Dun, Herrn zum Oberstein, nochmals den Frieden zu Neuenbaumburg
erneuerte und zwar sie selbst in ihrem vierten Theile daselbst und dieser
in dem Achtel an den Viertheil, das sein gnädiger Herr zu Mainz

[1096]) Gescheen zu Crutzenach of der Borg in myner Frauwen vorgen. Kammer
in dem Jare 1417 Jare rc. uff dynstag des funffzehenden Tagis in dem
Maenden zu latin genant Junius vnd zu dutsche Brachmand vmb die
none ggt oder na baby. (15. Juni). Crollius Nachricht von der Elisabetha
von Spanheim rc. Seite 40 No. VIII. (Leider nur im Auszuge!)
[1097]) Datum Anno dni. M⁰.CCCC.⁰XVII. dominica ante diem Margarethe
virginis ac martiris. (11. Juli). Sp. Copb. in R. aus neuer Zeit No. 1
fol. 216 rc.

von ihm inne hatte, wobei sich aber jene wieder ihre früheren Ansprüche
an ihren Neffen, den Rauhgrafen Otto und an den genannten Philipp
von Dun vorbehielt [1098]). Einige Wochen später hauchte sie ihre edle
Seele aus und zwar am britten September des Jahres 1417; ihr
Todestag war bisher noch nicht ermittelt, wir entnahmen aber unsere
Angabe aus einem Documente vom J. 1439, in welchem der Provincial
des Carmelitenordens, nebst dem Prior des Carmelitenklosters zu
Kreuznach, sich gegen den Markgrafen Jacob zu Baden und den Grafen
Friederich von Velbenz, als Erben der Gesammtgrafschaft Spanheim
pflichtig machen mußten, sämmtliche Stiftungen und Vermächtnisse der
Grafen von Spanheim für Messen „Jargezit vnd Allmußen" und
unter denselben vorzugsweise das Jahresgedächtniß der hochgebornen
Fürstin Elisabetha, Gräfin zu Spanheim und zu Vianden, am nächsten
Freitage vor dem Geburtsfeste der heiligen Maria, also am britten
September, als ihrem Sterbetage, in der kreuznacher Pfarrkirche feier-
lichst zu begehen, aus welcher Urkunde uns auch die oben angegebene
Stiftung derselben für Arme aus der Stadt an Kleidern und Schuhen
bekannt geworden ist [1099]). Die Verstorbene fand, ihrer ausdrücklichen
Anordnung gemäß, ihre Ruhestätte neben ihrem Vater Simon III. in
der Kirche zu Kreuznach, allein statt eines ganz einfachen Grabsteins,
wie sie es befohlen hatte, ließ ihr Regierungs-Nachfolger und Erbe,
Graf Johannes V., der Lezte des spanheimer Stammes, derselben
später aus Dankbarkeit ein kostbares Grabmonument errichten, auf
welchem ihre, aus Messing gegossene Gestalt in Lebensgröße ruhete,
welches Denkmal jedoch nicht mehr vorhanden ist, indem es, als die
Katholiken (während des schweren Druckes der Protestanten unter den
pfälzer Kurfürsten aus der neuburger Linie) im J. 1717 den Mitbesitz
jenes Gotteshauses sich gewaltthätig aneigneten, aus demselben ver-
schwand [1100]) und so dieses Kunstwerk nicht mehr auf unsere Zeiten
gekommen ist.

[1098]) Datum Crutzennach die Margarethe virginis Anno dni. M⁰.CCCC⁰. Decimo
septimo. (13. Juli). Das. B fol. CCCCXIX ꝛc.

[1099]) Datum Anno Millesimo quadringentesimo Tricesimo Nono. Daselbst F
fol. LXXI b bis LXXIII.

[1100]) Andreas Crucinacum palatinum etc. pag. 150 u. 151.

Maschinendruck von R. Voigtländer in Kreuznach.

Hugo
bischof v. Cöln † 1137
oder 1138.

Jutta
Aebtin zu Disibodenberg
† 31. Dec. 1136.

Hiltrud
ne zu Disiboden „
k. Rupertsberg
† 17 Nov. 1177.

Meinhart der Jüngere.

Jda.
Nonne auf Sanct
Rupertsberg
1189.

Heinrich
1183.

Symon
1183 & 1189.

Ludwig
1183. 1189 & 1190.

Herrn von Spanheim

Marquard
Mönch in Spanheim
1214 † 1227.

Walram
Domherr zu Cöln 1264
Cantor daselbst 1277.

Lith. Anst v J.G.Bach, Leipzig.

| **Margaretha** | **Imagina** | **Johanna** | **Katharina** |
| *Rit. Gemahnich II Graf von Leiningen Landeck. 1265.* | *Gem. Walther I Herr v. Geroldseck. Sulz 1270.* | *Gem. Friedrich II Graf v. Leiningen seit 1270.* | *Gem. Wildgraf Konrad II.* |

| **Imagina** | **Gerhart** | **Eberhart** | **Elisabetha** |
| *† 1311 Gem: ...rht Schenk: ...n Erach.* | *1310 bis 1349 Gem: Adelheid.* | *1349.* | *...9.* |

Heinrich II
Graf von Spanheim Rolanden-Tannenfels † 1393 Gem: Adelheid Gräfin von Katzen-elnbogen 1351.

Johannes
† 1383 ohne Erben Gem: Walpurga Gräfin von Leiningen.

Elisabetha *oder Lyse*
Gem: Crafft Graf von Hohenlohe 1370.